湘南起义

湖南红色基因文库

《湖南红色基因文库》编纂出版委员会 — 中共湖南省委党史研究院 ◎ 编著

湖南人民出版社 ◇ 中共党史出版社

图书在版编目（CIP）数据

湘南起义 /《湖南红色基因文库》编纂出版委员会，中共湖南省委党史研究院编著. 一北京：中共党史出版社；长沙：湖南人民出版社，2023.6

（湖南红色基因文库）

ISBN 978-7-5098-6167-7

I.①湘… II.①湖… ②中… III.①湘南起义（1928）—史料 IV.①K263.06

中国版本图书馆CIP数据核字（2022）第213065号

XIANGNAN QIYI

湘南起义

出版发行	中共党史出版社　湖南人民出版社
策划编辑	夏丽芬
责任编辑	赵　雨
社　　址	北京市海淀区芙蓉里南街6号院1号楼
邮　　编	100080
网　　址	www.dscbs.com
经　　销	新华书店
印　　刷	长沙鸿发印务实业有限公司
开　　本	787 mm × 1092 mm　1/16
字　　数	473千字
印　　张	26.5
版　　次	2023年6月第1版
印　　次	2023年6月第1次印刷
书　　号	ISBN 978-7-5098-6167-7
定　　价	92.00 元

营销电话：0731-82221529　（如发现印装质量问题请与出版社调换）

总 序

习近平总书记反复强调，要把红色资源利用好、把红色传统发扬好、把红色基因传承好。红色基因记录着中国共产党筚路蓝缕、奠基立业的光辉历程，蕴含着共产党人初心如磐、使命如山的坚定信仰，承载着党带领全国各族人民不懈奋斗、实现中华民族伟大复兴的使命担当，是党带领人民战胜一个又一个艰难险阻、不断从胜利走向胜利的精神密码和重要法宝。

湖南是伟人故里、红色圣地、革命摇篮，拥有得天独厚的党史资源和革命胜迹，以毛泽东、刘少奇、任弼时、彭德怀、贺龙、罗荣桓等为代表的一大批革命家、军事家及英雄模范人物群体在这里孕育诞生。百年来，湖南以其砥柱之坚、开创之功、牺牲之众、贡献之大，奠定了在百年党史特别是中国革命史上的重要地位，成为当之无愧的红色基因宝库。

习近平总书记高度赞誉湖南"十步之内，必有芳草""寸土千滴红军血，一步一尊英雄躯"，多次嘱托湖南"要教育引导广大党员、干部发扬革命传统，传承红色基因，牢记初心使命，走好新时代长征路"。为深入贯彻习近平总书记系列重要讲话指示精神，推动全省红色资源保护利用，中共湖南省委部署启动《湖南红色基因文库》这一大型党史系列丛书编纂出版项目。

编纂出版《湖南红色基因文库》是一项重要的政治工程、历史工程、文化工程。省委对此高度重视，先后担任省委书记的杜家毫、许达哲、张庆伟多次作出指示批示，省委几任秘书长谢建辉、张剑飞、谢卫江多次协调调度并作出批示，省委办公厅、省委组织部、省委宣传部、省教育厅、省财政厅、省社科联、省新闻出版局等部门单位密切配合，省委党史研究院精心组织、周密安排，各市州及相关县市区委高位统筹、协同协作，确保丛书征编、组稿、审核、出版等各项工作稳步推进、有序展开。

《湖南红色基因文库》以中国共产党在湖南百年历史中的重大事件、重要人物为经纬，共编纂百余种图书，包含湖南地方党史基本著作、以新中国成立后国家批准认定的湖南一类革命老区县为基础编纂的地方革命斗争史、以湖南发生的重大党史事件及重要历史经验为内容的专题史书、以湖南重要党史人物及先锋模范人物为内容的史料著作，以及重要红色遗址遗迹、纪念场馆、红色文献资料图书，从史料的时间跨度、覆盖的广度、挖掘的深度上可谓"百科全书"式的党史著作。

丛书编纂出版始终坚持以习近平新时代中国特色社会主义思想为指导，以党的三个历史决议为遵循，坚持辩证唯物主义和历史唯物主义，坚持正确党史观，牢牢把握党的历史发展的主题主线、主流本质，按照突出重点、区分层次、优化设计的要求，以收集整理历史文献资料为主，适当兼顾党史故事叙述宣传，力求融政治性、思想性、资料性、可读性于一体，做到观点正确、史实准确、主题鲜明、图文并茂。

丛书编纂出版从一个侧面显现中国共产党的百年苦难辉煌历程，集中反映百年党史中湖南的重大事件、重要人物及其重要思想，着力阐释宣传中国共产党团结带领全省人民在为实现民族独立、人民解放和国家富强、人民幸福而不懈奋斗中取得的重要成就、成功经验及所锻造形成的伟大精神，为党员干部、社会群众尤其是青少年提供最好的"教科书""营养剂""清醒剂"。

迢迢复兴路，悠悠中国梦。一切向前走，都不能忘记走过的路，走得再远、走到再光辉的未来，也不能忘记走过的过去，不能忘记为什么出发。让我们永远传承弘扬中国共产党的伟大建党精神，紧密团结在以习近平同志为核心的党中央周围，砥砺初心、高举旗帜，不断把红色基因滋养转化为加快建设现代化新湖南、实现中华民族伟大复兴中国梦的强大精神力量。

是为序。

《湖南红色基因文库》编纂出版委员会

前言

湘南起义，是土地革命战争时期中国共产党领导的，由三大起义余部共同参与的，最有特色、最有影响力的一次工农武装起义。这次起义，"组成了中国的第一支主力红军"①，即中国工农红军第四军，进而发展成了中国工农红军第一军团、中国工农红军第一方面军，中国工农红军总司令部，创建了伟大的井冈山革命根据地和光辉的井冈山时代！从这里走出了中国共产党历史上最具影响力的党和国家领导人：毛泽东、朱德、陈毅、罗荣桓，以及一大批军事将领。湘南起义在中共党史、军史上留下了光辉的一页。

一、中共中央对湘南起义的策划与关注，为湘南起义奠定了起义的思想基础，湘南特委，朱德、陈毅对湘南起义的策划奠定了湘南起义的组织基础和群众基础。

湘南起义经历了多次策划和组织发动，但由于当时错综复杂的形势，前几次都未能成功实现。

1927年7月初，中共中央军事部长周恩来派陈东日、武文元到汝城组织湘南和粤东工农赤卫队建立中国工农革命军第二师，中共中央首次策划了在湘南的工农武装起义；8月15日第二师被打散。1927年7月底，毛泽东在武汉以中共湖南省委的名义提交给中共中央一份《湘南运动大纲》。中共中央

---

① 胡耀邦：《在朱德同志百周年诞辰纪念会上的讲话》，《回忆朱德》，中央文献出版社1992年版，第16页。

于 8 月 3 日下达《湘鄂粤赣四省农民秋收暴动大纲》，将《湘南运动大纲》纳入中央暴动计划，同时组建了以毛泽东为书记的中共湘南特委，并通告湖南地方各级党组织和南昌起义前委。中共中央第二次策划了湘南起义。9 月，毛泽东赴湘东平浏领导秋收起义，放弃了湘南起义计划。湖南省委受到中共中央的批评。中央指出："抛弃湘南是一个大错误。"随即湖南省委命令原湘南地方执行委员会书记陈佑魁回衡阳接替毛泽东的湘南特委书记，重建了马日事变后被破坏了的湘南地下党组织的基层网络，落实毛泽东提出的《湘南运动大纲》计划。其间，中共中央致函南昌起义前委，通告中央关于筹备湘南暴动的计划，又写信给朱德和广东省委，要求他们与已上井冈山的毛泽东联系，到湘南一带开展红色割据。

1927 年 11 月，朱德率南昌起义余部 800 余人到达湘南汝城，与国民党十六军军长、老同学范石生达成合作协议，首次提出"组织上独立，政治上自主，军事上自由"的统一战线原则，得到范认同，部队编入范部隐蔽。11 月 26 日至 28 日，朱德在汝城主持召开了湘粤地方党组织负责人联席会议，中共湘南特委委员、中共郴县县委书记夏明震参加了这次会议，会议决定 12 月中旬举行湘南暴动。12 月初，中共郴县县委书记夏明震到达衡阳，向湘南特委汇报了朱德主持的联席会议精神，陈佑魁即于衡阳湘江中心小船上召开特委紧急会议，制订了详细周密的《湘南暴动计划》，对所辖地区党组织做出了暴动部署。

12 月上旬，朱德接到中央命令，赶往广州参加广州起义，第三次湘南起义的计划搁浅。但朱德率部走到韶关，与广州起义余部 200 人相遇，得知广州起义仅三天就已失败，南去已无意义，遂将广州起义余部 200 人收编到南昌起义部队中，一起撤往韶关北犁铺头，仍用国民党十六军一四零团番号隐蔽练兵。12 月 20 日，毛泽东委派的特使何长工到达犁铺头，与朱德取得联系。不久，朱德在范部的消息走漏，蒋介石命令范石生迅速解决朱德。1928 年 1 月 3 日，范石生念旧情，通知朱德逃走。朱德连夜率部撤往宜章边境莽山洞，与宜章地方党组织取得联系，了解到湘南地方党已对汝城会议的暴动计划做了贯彻。万事俱备，只欠东风。遂在莽山洞与中共湘南特委委员、中共宜章县委书记胡世俭等县委领导定下智取宜章的暴动计划，这第四次策划湘南起义，一举获得成功。

二、中共湘南特委领导下的湘南各县地下党组织，早已将地方武装组织起来，枕戈待旦，待机而发。朱德、陈毅率领的南昌起义军一到，立即星火遍地，红旗漫卷湘南。

1928年1月12日，朱德在中共宜章县委的紧密配合下，让中共宜章地方武装负责人胡少海假借国民党十六军一四零团副团长的名义入城，不费一枪一弹，拿下宜章县城，随即打出工农革命军第一师的军旗，朱德任师长，陈毅任党代表，王尔琢任参谋长，蔡协民任政治部主任，正式宣布起义。第四次策划湘南起义的顺利实施，揭开了伟大的湘南起义的序幕！随后成立了宜章工农革命军第三师，胡少海任师长，龚楚任党代表。并成立各区乡不脱产武装赤卫队，由此构成中共人民战争军事体制雏形——主力军、地方部队、赤卫队三结合。同时成立宜章县苏维埃政府、工农青妇群众组织。

1月31日，朱德的第一师1000余人，与宜章工农赤卫队2000余人，在邻近各村赤卫队的配合下，将国民党许克祥部6个团打得落花流水，并抄了许克祥在坪石的老巢，许克祥化装逃脱。朱德缴获大批军火装备和银圆。此战初步显示了人民战争的巨大威力。2月2日，朱德与宜章县委举行联席会议，共同商量，拟定了宜章党政建设、军事发展、优待俘虏的工作方针和计划；决定了朱德主力北上郴、耒、衡发展，以落实中央确定的向湖南省城长沙战略目标逼进的方针。

2月初，朱德应湘南各县党组织和农军的邀请，北进郴县、永兴、耒阳、安仁，西出桂阳，东进资兴，短短月余，占领了湘南7县，逼近湘南重镇衡阳，震慑省城长沙。其间又先后成立了郴县工农革命军第七师，邓允庭任师长，夏明震任党代表；耒阳县工农革命军第四师，邝鄘任师长，邓宗海任党代表；永兴县工农革命军赤色警卫团，尹子韶任团长，黄克诚任党代表兼参谋长；资兴县工农革命军独立团，李奇中任团长，黄义藻任党代表；成立了以水口山工人为主的第一师独立第三团，宋乔生任团长，谢翰文任党代表。朱德的第一师也在耒阳征募了一个新兵营，全师已由起义时的1260人，迅速发展到2000多人。同时成立了7个县的苏维埃工农兵政府，开展大规模的插牌分田，废除封建礼教陋习，建立工农青妇群众组织，开展轰轰烈烈的土地革命运动。

3月上旬，湘南特委军事部长周鲁以湖南省委特派员的身份上井冈山，传达 1927 年 11 月中共中央临时政治局关于撤销毛泽东临时政治局候补委员和湖南省委委员的决定。周错误地传达为开除毛泽东党籍，随后撤销毛泽东前委书记职务，将毛泽东的"中国工农革命军第一军第一师"改为"湘南工农革命军第二师"①，仍任命毛泽东为师长，并命令毛泽东下山参加湘南起义。毛泽东于 3 月 12 日率部下山，先后在湘南的酃县、桂东建立了两个县委，两支游击大队，一个桂东县苏维埃工农兵政府，并于 4 月 3 日在桂东正式颁布了《三大纪律六项注意》工农革命军纪律。其间，毛泽东曾送信给朱德，建议朱德撤向井冈山根据地以保存实力。

3月 16—20 日，湘南特委在永兴召开湘南工农兵代表会议，成立了中国第一个地区级工农兵政府——湘南工农兵苏维埃政府，湘南特委书记陈佑魁当选为主席。会上，南昌起义的朱德、陈毅，秋收起义的何长工均被选为湘南工农兵苏维埃政府执行委员。同时，大会颁布了"政治决议、湘南工农兵苏维埃政府政纲、暴动总口号、工农武装、土地问题决议、肃清反革命条例、县区乡苏维埃政府组织法"等多项政纲，成为后来井冈山土地革命的范本。

3月初，国民党"宁汉战争"结束，蒋介石集中九个师一个旅一个军官教导团的兵力对付湘南的朱德、毛泽东。湘南特委此时执行中共湖南省委的"焦土战略"，不顾及农民利益，要求烧光湘粤大道两边房屋，坚壁清野，以阻止国民党军的进攻，引起农民的不满，被反动豪绅地主利用，酿成郴县"返白事件"②，郴县县委书记夏明震等主要党政军领导 7 人被害，死伤近千人。中共湖南省委撤销陈佑魁湘南特委书记职务，调长沙述职；任命杨福涛为湘南特委书记。湘南特委随即任命陈毅为郴县县委书记。陈毅吸取教训，

---

① 中国人民解放军军史编写组编：《中国人民解放军军史》第一卷，军事科学出版社 2010 年版，第 25 页。

② "返白事件"：原称"反白事件"。是指 1928 年 3 月 12 日郴县县委在神隍庙召开群众大会动员烧房时，反动劣绅崔氏兄弟趁机发动暴乱，他们曾用一句"反白了"的暗号，在会场将红带子换成白带子，表示反水叛变，反对共产党。这次事件造成郴县党政负责人夏明震等 7 人遇害。后人将此事件写成"反白事件"，不通，故纠正过来。

坚决镇压幕后扇动暴乱的劣绅地主，同时，代表县委向全县人民道歉，制止乱烧乱杀，并表示不追究"反水"农民，所有农民均享有分田分地的权利，遂赢得农民信任，迅速恢复土地革命的大好局势。

3月底4月初，国民党又增调了6个师，从湘北赣西向湘南压过来。湘南特委与朱德、陈毅商议对付来犯之敌的方针策略时，湘南特委要求死守湘南，朱德则坚决要求按毛泽东意见东撤井冈山。最终朱德以果敢的精神，不顾特委的反对，毅然率部经安仁酃县上井冈山。陈毅则率湘南农军由郴州经资兴酃县上井冈山。湘南特委部署农军在耒阳、宜章抗击国民党军，农军以牺牲数万人的代价，阻滞了国民党的进攻，为朱德赢得了东撤的宝贵时间。特委也因坚守湘南而集体壮烈牺牲。得知朱德东撤以后，毛泽东的第一团张子清部、第二团袁文才部先后在桂东、汝城、资兴、酃县等地组织多次阻击战，成功掩护了朱德的大部队顺利撤上井冈山。

4月22日左右，刚回到井冈山的毛泽东得知朱德率部已先期到达沔渡，立即再度下山，赶到沔渡与朱德见面，迎接朱德上井冈山。

4月28日，回到井冈山茨坪的毛泽东到朱德驻地龙江书院，与朱德、陈毅商谈两军整编事项。会议上得知江西方面国民党杨如轩师，三个团逼近井冈山，朱毛遂休会，临时部署部队迎战，由三十一团（原毛泽东部）阻击敌七十九团。由二十八团（原朱德部）、二十九团（宜章农军）歼灭敌八十一团。经黄坳、七星岭、永新县城战斗，将杨如轩的七十九、八十、八十一团全部击溃，赶出永新县境，朱毛两军首次合作取得全胜。5月2日，朱毛班师回井冈山。5月4日，两军会师庆祝大会在井冈山砻市西河滩召开，会上宣布成立工农革命军第四军，朱德任军长，毛泽东任党代表，陈毅任教导大队大队长兼士兵委员会主任（不久改政治部主任），王尔琢任参谋长。同年6月改称中国工农红军第四军。湘南起义发展并保存下来的这支英雄部队，成为井冈山斗争的中坚力量，被誉为"朱毛红军"。朱毛红军成为中国共产党的"第一支主力红军"，并进而发展成为中国工农红军第一军团、中国工农红军第一方面军、中国工农红军总司令部。朱德成为中国工农红军总司令，毛泽东成为中国工农红军总政委。"朱毛红军"享誉世界。

三、湘南起义是中国共产党领导下的一次最有特色、最具影响力的工农武装起义。

在土地革命战争时期，中国共产党领导了大大小小 577 次武装起义①，在策划起义层次上、起义参与主体上、起义活动内容上、起义范围上、起义参与人数上、起义坚持时间上、起义创新方式上、起义最终成就上，湘南起义都是最具特色，最有影响力的一次武装起义。

1. 三大起义余部聚集，共同参加湘南起义。朱德、陈毅率南昌起义余部和广州起义余部 1000 余人发动了湘南起义，湘南特委命令毛泽东率秋收起义余部 1000 余人下山参加了湘南起义。

2. 湘南起义酝酿的起点高，时间长。自 1927 年初，中共中央军事部长周恩来首次策划湘南起义，8 月初毛泽东提出《湘南运动大纲》，被中共中央纳入《关于举行湘鄂粤赣四省秋收暴动大纲》，并单独给中共湖南省委下达了暴动指令。这表明湘南起义是中共中央直接部署的一次工农武装起义。11 月底朱德到汝城策划暴动，到 1928 年 1 月 9 日②，朱德到宜章莽山洞决策智取宜章，前后经历了整半年的 4 次策划筹谋，起起落落，历经坎坷。

3. 湘南起义坚持的时间最长。起义自 1928 年 1 月 12 日发动，到 4 月 28 日朱德率部到达宁冈砻市，前后达三个半月。

湘南起义是一次有影响力的工农武装起义。主要表现在：

1. 湘南起义是继南昌起义、秋收起义、广州起义之后参加人数最多，起义规模最大、持续时间最长的一次起义。参加湘南起义的工农群众上百万，影响范围达 20 多个县。

2. 湘南起义保存革命有生力量最多。起义初时仅有朱德南昌起义余部 800 余人、广州起义余部 200 来人，在湘粤边扩军 200 来人，共 1260 人③。后湘南特委调毛泽东秋收起义部队 1000 余人下山参加起义，加起来也就 2000 余人。到井冈山整编成中国工农革命军第四军时，毛泽东秋收起义部队和井冈山农军 1600 人，朱德率领的南昌起义、广州起义、湘南起义主力部队

---

① 据解放军出版社《土地革命战争时期各地武装起义》综合册 2001 年版，第 1389—1460 页"土地革命战争时期武装起义一览表"统计数。

② 朱荣兰：《朱德与湘南起义》，中国计划出版社 2016 年版，第 111 页。

③ 李浩伟：《中国共产党宜章历史》第一卷，中共党史出版社 2007 年版，第 75 页。

2000 多人，湘南农军 8000 多人。全军约有 12000 余人①。由中国工农革命军第四军改名为中国工农红军第四军，后发展成为中国工农红军第一军团、中国工农红军第一方面军，创造了光辉的井冈山时代，并形成了中国工农红军总司令部。朱德成为中国工农红军总司令，毛泽东成为中国工农红军总政委。

3. 湘南起义创新甚多，为中国革命提供了很多宝贵的实践经验和理论基础。如武装斗争与土地革命相结合，武装斗争与苏维埃政权建设相结合，创立军队统一战线三原则，创立优待俘虏三政策，创立主力部队、地方部队、赤卫队三结合的军事体制模式，创造主力部队、地方部队、赤卫队联合作战的人民战争范例，首次实践农村包围城市、武装夺取政权的正确革命道路，创造一系列插标分田的规范和政策，创造灵活机动的游击战和运动战相结合的战例，这些对于井冈山革命斗争，乃至后来的中国革命实践，无疑有着相当的影响力。

4. 湘南起义中，湘南人民为掩护朱德主力部队安全转移，各县地方部队、赤卫队以大刀长矛奋起抗击国民党正规军十余个师的进攻。陈毅于 1929 年写给党中央的报告中说，朱德部"不战而安全转移"，正是湘南人民不惜代价，付出了近两万人的巨大牺牲换来的胜利结局。这在土地革命时期的历次武装起义中，一次武装起义人民群众牺牲如此之巨是没有的。没有湘南人民的巨大牺牲，就没有朱毛红军的胜利会师，就没有后来光辉的井冈山时代！我们的历史，应该记住伟大的湘南人民。

中华人民共和国成立以来，人们对湘南起义的光辉历史不断有新的发现，新的认识。自 1988 年湘南起义 60 周年举行"湘南起义学术研讨会"以来，又先后举行了 70 周年、80 周年、90 周年纪念研讨会，党史界发表了大量关于湘南起义的历史资料和研究论文，一致认为湘南起义的历史地位和历史价值不亚于"三大起义"。党和国家领导人、湘南起义亲历者、全国党史专家学者，都从不同的角度对湘南起义予以高度评价。最具代表性的是原中

① 工农革命军初上井冈山人数，系陈毅 1929 年 9 月 1 日写给党中央《关于朱毛红军（第四军）的历史及其状况的报告》统计数，结合湘南各县党史正本的统计数。

央文献研究室研究员吴殿尧在湘南起义 80 周年学术研讨会上的发言，他说："在大革命失败后全国一片腥风血雨的白色恐怖中，湘南大地上能掀起百万群众参加的革命风暴，能放弃城市中心论而坚持在农村区域发展革命势力的正确方向，能开创性地运用'敌进我退，敌驻我扰，敌疲我打，敌退我追'的战术，以少胜多，打垮'进剿'之敌，能首次把武装斗争同政权建设、土地革命结合起来，最后能有一万余人浩浩荡荡奔赴井冈山，实现具有历史意义的'朱毛会师'，随即创造了工农武装割据的新局面，这不是值得中国革命史大书特书的一页吗？"①

本书在原来《湘南起义史稿》的基础之上进行了增补、完善，力求呈现湘南起义的历史原貌。

不忘初心，牢记使命。中国共产党波澜壮阔的百年革命斗争历史，每一页都具有丰厚的底蕴，值得我们记取和回味。湘南起义的光辉历史，很值得我们总结、学习、借鉴。前辈英烈的光辉形象，值得我们牢记心中。光荣的革命传统，值得我们发扬。复兴中华民族的伟大事业，需要我们继承。

---

① 吴殿尧：《湘南起义特点和朱德的伟大旗手作用》，原文载中央文献出版社《风展红旗漫湘南·纪念湘南起义 80 周年学术讨论会论文集》第 40 页。

目 录

第一编　历史足迹

第三编　珍闻辑要

★

第一编

历史足迹

第一章

红色湘南

---★---

一、概说湘南

湖南简称湘，因此，湖南的南面就称为湘南。

湘南包括宜章、郴县①（含郴州市）、永兴、资兴、安仁、桂东、汝城、桂阳、临武、蓝山、嘉禾、衡阳（含衡阳市、衡南县）、耒阳、衡山（含衡东县、南岳区）、攸县、酃县②、祁阳（含祁东）、常宁、零陵、道县、宁远、东安、江华、永明、新田等25个县市，面积达63362.5平方公里。湘南分别与广东韶关、江西赣州、广西桂北接壤，多丘陵山地，五岭山脉横贯境内，扼湘粤两省咽喉：东临万洋山、诸广山，与江西接壤；南枕骑田、九峰，与广东毗邻；西倚越城、都庞、萌渚，

---

① 郴县，现郴州市城区所在地，含现在的北湖区、苏仙区。1997年，郴县郴州镇分割出来设为县级郴州市。1995年郴州撤地建市，县级郴州市改为北湖区，郴县改为了苏仙区。郴县名即消失。

② 酃县：古县名，地处湘东。东邻江西，西临衡阳。1994年更名为炎陵县。现隶属株洲市。

与广西相连。"南户藩篱层层，北门关锁叠叠"。对岭南的广东来说，湘南是重要的门户；而对湘北和湖北来说，湘南又是坚实的屏障。由于所处地理位置的重要，所以湘南历来为兵家必争之地。这里也曾是秦汉时期楚粤边界。秦始皇曾派 50 万大军戍守南岭，兵戈不断，因而南向珠江的河流叫武水，临河而筑的小城叫临武，武水入珠江，奔向南海。而北向而行的河流叫郴江，入耒水，进湘江，汇入长江，奔向东海。

湘南历史悠久，根据出土文物考察及衡永郴 3 州历史沿革记载，五六千年前，我们的祖先就使用石器等原始工具，在湘南地区种植水稻，饲养猪牛，定居生活。境内流传着大量的炎帝农耕文化的传说故事：炎帝神农氏历尽艰辛，巡游至林竹茂繁、古树参天、奇峰入云、土地肥沃的湘南，尝百草制药治病于安仁，斫木为耜，煣木为耒，制农具于耒山（汝城），采禾草创水稻教民耕种于嘉禾……

秦末，刘邦、项羽争锋，项羽迁义帝于郴，又杀义帝于郴。项羽无信不义，最终败于垓下，自刎于乌江。郴州市内的那座义帝陵，似乎告诫郴州人，信义则立，无信无义必败！

湘南历史悠久，楚置临武邑、郴邑。秦（公元前 221—前 207 年）置郴县、耒县。秦始皇统一全国并将原楚国南部分为黔中、长沙两郡，湘南地域属于长沙郡。

三国时，庞统治耒阳，赵子龙智取桂阳，无不为湘南人民津津乐道。

然而这里毕竟是南蛮边地，山高林密，荒芜闭塞，以致成为古代皇朝贬官流放之所。

唐宋元明清，湘南这块土地上，既上演着忠耿志士的流放悲歌，也孕育出了文学大家的经典名作。

郴州地处南岭山脉，古代水陆交通不便，贫家子弟极少走出大山，因而整体文化水平欠发达。然而，翻阅本地县志、州志中的《艺文志》，却看到很多巨匠大师的名字：李白、杜甫、韩愈、柳宗元、刘禹锡、周敦颐、程颐、秦观、王安石、解缙、李东阳、徐霞客、纪晓岚、魏源等。或诗或文，流光溢彩，目不暇接。最有名的要数韩愈的诗代表作《八月十五夜赠张功曹》，柳宗元的传记作品《童区寄传》，周敦颐的百字散文《爱莲说》，程颐的诗《春日偶成》，秦观的词《踏莎行》等。

纵观郴州古代典籍中留存的文学作品，不但贬官文学数量多，内容深刻，艺术成就均占了主导，而且一些京师友人的赠别诗，也感离伤怀，悲剧色彩浓烈。这种人文底蕴造就了湘南人勇于进取，斗争性强，具有一种"魁奇而忠信""厚朴而遒劲"的性格。湘南地区揭竿而起的义举，几乎代代有之。尤其是近百年来，革命斗争的火焰越烧越旺。据史书记载：清咸丰二年（1852），太平军从广西入湘南，途经道州①、郴州、茶陵等地，一时响应参军者达五六万人。资兴人焦亮，即洪大全，以"天地会"首领的身份，去广西参加太平军，英勇善战，足智多谋，成为太平军领导集团成员之一。嘉禾人尹尚英，也是"天地会"的著名首领。他发动起义，坚持斗争了3年。尹牺牲后，其部下参加太平军，成为有名的花旗军。1855年，翼王石达开因"天京事变"，率部由江西进入湘南时，贫苦农民从四面八方赶来参军，其势如"万马奔风，山鸣谷应，千旗蔽日，波委云连"。

清朝末年，湘南一大批爱国志士加入孙中山先生的同盟会，如郴州地区宜章同盟会员彭邦栋、嘉禾同盟会员李国柱、永兴同盟会员刘重、临武同盟会员陈校经等知识分子，秘密开展反清反袁（世凯）的斗争，救亡图存。在他们的努力下，湘南成为反清反袁的基地。

二、党醒湘南

1914年7月，第一次世界大战爆发，德国、奥匈帝国、奥斯曼帝国结成同盟国，对战英国、法国、美国结成的协约国。最终协约国战胜了同盟国。1919年1月，战胜国在巴黎凡尔赛宫举行和会。巴黎和会是战胜国瓜分胜利果实的会议。当时中国作为战胜国被邀请参会。会上，列强各国对中国的合理诉求公然蔑视，中国的合理诉求一条也没被列强采纳，相反，还将德国人在山东的权利转让给日本，这使长期积压在中国人民心中的愤怒像火山一样爆发了。

在这场伟大的爱国运动中，有两个北京大学的湘南学子一马当先，在中国伟大的马克思主义者李大钊的领导下，发挥了重要的领导作用。他们一个是宜章县邓家塘村人邓中夏，当时被推为北京学生联合会总务干事股主任；另一个是永兴县鲤鱼塘镇人廖书仓，被推为北京临时学生会主席。1919年5月4日的北京大学生大游行，就是廖书仓发令开始的。邓中夏与廖书仓一直走在五四运动队伍的前面，成为五四青年运动的先锋。

1921年7月，中国共产党成立，当时党在全国的党员共50多人，其中湘南有三人，即北京早期党组织成员邓中夏（郴州宜章人），上海早期党组织成员李达

---

① 道州，即今湖南道县，原是湘西南州郡治所。与衡州、永州、郴州同为湘南古代四州。

（永州零陵人）、李启汉（永州江华人）。

湘南有一个重镇衡阳，位于湖南省中南部，湘江中游，是南北大交通京广线上的一个枢纽城市。衡阳历史悠久，山水优美，以石鼓书院为代表的人文景观与以南岳衡山为代表的自然景观享誉国内外。曾是衡阳郡、衡州府、应天府的政府首脑驻地。民国三年（1914年），废府存道，改衡永郴桂道为衡阳道。

1921年10月，毛泽东偕夏明翰到衡阳省立第三师范学校，发展了黄静源（郴县人）、蒋啸青（耒阳县人）、蒋先云（新田县人）、贺恕（耒阳县人）等湘南地方共产党员4人，并成立了湘南第一个中国共产党党小组，组长黄静源。

1922年10月，经毛泽东与陈独秀联系，浙江人张秋人被派到衡阳三师担任党的领导工作，湘南第一个中共党支部衡阳三师党支部成立，支部书记张秋人。毛泽东第二次到衡阳考察发展党组织，宣传中国共产党的主张。

1923年初，衡阳又先后成立了第三中学党支部、新民中学党支部、常宁水口山党支部。四个支部均归中共湘区委员会领导，由张秋人负总责指导。三师支部改由黄静源接任支部书记。6月，张秋人因领导三师大学潮遭遇军阀迫害，不得已离开衡阳回上海。

1924年5月，中共湘区执行委员会委员长李维汉到衡阳考察，主持召开4个党支部负责人会议，宣布成立中国共产党湘南地方执行委员会（简称湘南地方执委），书记戴晓云（戴述人）。7月，戴晓云调湘区委工作，由郭亮接任书记。但郭亮因故未能到职。8月，省委又派陈佑魁接任湘南地方执委书记。中国共产党湘南地方执行委员会成为湘南片区中共的领导机关。

1925年6月，中共湘区委书记李维汉到衡阳潇湘女子中学召开衡阳党员骨干会议，成立中共湘南区委（不久改为特委），书记戴晓云。10月底，中共湘区委召开扩大会议，传达中共四届二次中央执委扩大会议精神，总结前段工作，通过了组织、宣传工作和工人、农民、青年、妇女运动等决议案。《农民运动决议案》比较全面地分析了农村的阶级状况，提出了农民运动的基本内容和宣传方法，特别指出，解决农民的土地问题，实现"耕地农有"，是农民参加革命的目的。会议决定湘区委下设农民运动委员会，由夏明翰任书记。

1926年1月1日至19日，在国共合作的背景下，国民党第二次全国代表大会在广州举行。由于共产党员和国民党左派代表占很大优势，大会通过的宣言中，重申了联俄、联共、扶助农工的政治主张。于是，大批共产党人被秘密派到各地，以国民党的名义发动农民起来造地主阶级的反。

1926 年 5 月，国民革命军先行出兵湖南，沿途在中共领导的农会组织支持下，势如破竹，北洋军阀迅速败退，短短几个月，国民革命军占领了湖南全境，各县国民党县党部全都打出了公开的旗号，并组建国民党县政府。由于湖南的国民党县党部大都掌握在共产党人和国民党左派手中，农民运动便也由地下走上地面，名正言顺地大规模公开活动起来。

1926 年 8 月 15 日，陈佑魁奉命由长沙奔赴湘南重镇衡阳，接替郭亮任中共湘南地方执行委员会书记兼衡阳县委书记①。

陈佑魁，字斗垣，1900 年 12 月出生于湖南省麻阳县桐云乡槐树陇一个富裕家庭。1926 年下半年，湘南各县农民运动开始高涨起来。为了切实加强对农民运动的领导，陈佑魁除了向各县党团组织认真贯彻省委的指示以外，还通过湘区党委将派到叶挺独立团去的衡阳工农运动领袖屈淼澄调回来，负责领导近郊农民运动。他们一起深入到郊区农村，指导农民群众开展减租减息和退押毁约斗争。他们组织平粜委员会，帮助和指导农民群众，同土豪劣绅开展"合法斗争"。

湘南广大农民纷纷起来同地主土豪展开斗争，各地迅速建立了乡、区、县的农民协会或农民协会筹备处。据 1926 年 11 月各县的报告，已成立县农民协会或筹备处的，有衡阳、茶陵、衡山、祁阳、蓝山、耒阳、郴县、宜章、临武、永兴、汝城、嘉禾、攸县、新田，常宁、酃县等 16 个县，成立农运通讯处的有零陵、道县、安仁、桂东、资兴、东安、宁远等 7 处。计有区农民协会 280 个，乡农民协会 2461 个，加入农协会的总人数达 32 万余人。以衡阳县为例，成立了区农协 23 个，乡农协 244 个，会员群众数猛增到 88111 人②。到年底，农民喊出了"打倒土豪劣绅"的口号，普遍要求推翻乡村旧的统治机构。

1927 年春，据湘南各县报告，参加革命斗争的总人数的情况大体如下：近万人的县有零陵、宁远、道县、蓝山等县，超过 1 万到 5 万的有茶陵、安仁、嘉禾、常宁、新田、桂东、资兴、酃县、桂阳、汝城等县；超过 10 万到 20 万的有衡山、耒阳、郴县、攸县、宜章等县；衡阳一县就达 60 万。整个湘南地区有农协会员 150 万

---

① 中共湖南省委党史资料征集研究委员会：《湖南党史大事年表》，湖南人民出版社 1986 年版，第 29 页。另见吕芳文《陈佑魁与湘南特委》，载内部资料《衡阳党史通讯》1984 年第四期，第 22—31 页。

② 见吕芳文《陈佑魁与湘南特委》，载内部资料《衡阳党史通讯》1984 年第 4 期，第 22—31 页。

人，约占当时全省农协会员总数的三分之一①。

这就是湘南觉悟了的农民的状态，它比湘北、湘西、湘东的农民运动都要胜一筹。

三、血火湘南

湘南农民运动的高涨，为国民革命军北伐造就了极为有利的条件。1926 年 5 月 1 日，国民革命军叶挺独立团由广东肇庆、新会出发，到达广州。独立团在汝城与当地豪绅武装发生遭遇战后，一路北上，沿途都受到共产党人组织的农民协会的支持。上将李涛回忆说："1926 年 5 月，北伐军由广东出师北伐之初，中国共产党湖南省郴州特别支部派朱青勋同志和我由郴县回到汝城，去发动群众，响应北伐。"②中共宜章县委发动群众为北伐军送茶送水煮饭，还组织了数十名青壮年参加北伐军。

据各地党史调查情况，在湘南各县农民协会、国民党党部（共产党人主持）的领导下，湘南人民倾其所有，对国民革命军以物资上、人力上、军事情报上给予了大力支持。加之共产党人领导的独立团奋勇争先，北伐军因此出师一路顺利，打得各路军阀如秋风扫落叶般，至 9 月 10 日攻下武汉三镇，仅 3 个多月时间。当年国民革命军总司令蒋介石路经郴州，亲历这一场景，曾亲口赞叹湘南"农会组织完善，为他省所不及，殊深欣羡"。③大革命时期的两湖农运，对国民革命军北伐事业，做出了巨大的贡献。

然而，到了 1927 年 4 月 12 日，蒋介石却突然举起屠刀"剿共"，将他所赞美的湘南农民协会置入血海之中。

5 月 27 日凌晨，衡阳国民党右派俞业裕、徐芳济在反动师长李抱冰部的支持下，发动了反革命的"沁日事变"，宣布封闭衡阳总工会、衡阳县农民协会；解散了农民自卫军、农民运动讲习所等革命团体；公开屠杀共产党员和革命群众。好在这时的陈佑魁头脑清醒，早有准备，湘南特委机关早已及时转移，让敌人扑了个空。

在这场大屠杀中，湘南党的县级地方组织却被摧毁殆尽，共产党早期党员被杀

---

① 见吕芳文《陈佑魁与湘南特委》，载内部资料《衡阳党史通讯》1984 年第四期，第 22—31 页。

② 李涛：《工农革命军二师一团之路》。载解放军出版社 2007 年 8 月《星火燎原未刊稿》第一集，第 80 页。

③ 见 1926 年 8 月 6 日长沙《大公报》。

戮殆尽。

马日事变后湘南地下党创始人遇害情况

姓名	职务	遇害地点	牺牲时间
李文香	宜章县第一任县委书记	宜章县城	1927.5
唐朝英	嘉禾县第一个特支书记	永州浮桥	1927.5
李翼云	郴县第一个党小组长	长沙	1927.6
黄庭芳	永兴县第一个党支部书记	耒阳上堡	1927.6
朱青勋	汝城县第一个党小组长	汝城县城	1927.8
袁痴	临武县第一个党小组长	临武县城	1927.10

据不完全统计，国民党1927年5月至10月间，仅湘南郴州10余县就杀害共产党人、农会骨干、农会群众数千人。

更有惨无人道的屠村屠族血腥大屠杀：以郴县为例，郴县挨户团团长黄孝球带领人马围住中共湘南特委委员、中共宜章县委书记胡世俭的老家良田胡家湾，将全村男女老少39人赶到村前禾坪上全部斩杀后放火烧掉了这个村庄。秀贤区清水塘村是共产党员李才佳的家乡，反动派说这个村子是"土匪窝"。在7月的一个晚上，敌人重兵包围住村子，首先用机枪扫射，然后放火烧屋，致使全村男女老少无一人幸存。短短的几个月时间，郴县被杀害的共产党员和革命干部达368人，无辜群众达1600多人，被毁灭的村庄8个。

经历了革命洗礼的湘南人民，在血腥屠刀面前，没有沉沦，没有退缩，以其革命的觉悟，挺身反抗，走上了艰难的暴动之路！

第二章

湘南起义的酝酿

★

1927 年，正当中国人民反帝反封建的大革命洪流向高潮发展的关键时刻，代表大地主、大资产阶级的国民党反动派，投靠了帝国主义。先是蒋介石在上海发动了四一二反革命政变，仅 3 天时间（到 15 日止），就有 300 多人被杀，500 多人被捕，5000 多人失踪。随后于 4 月 15 日，李济深在广州叛乱，逮捕和杀害共产党人、革命群众达 2000 多人。5 月 17 日，独立十四师师长夏斗寅在宜昌叛乱，向武汉进攻（被叶挺部队击退）。5 月 21 日，国民党何键所部独立三十三团团长许克祥在长沙发动马日事变（21 日的电报代日韵目是"马"字，故称"马日事变"），突然围攻和捣毁了省党部、省总工会、省农民协会、农民自卫军总部、省党校、特别法庭等革命团体和机关，释放了在押的全部土豪劣绅，捕杀了共产党员、革命干部 140 余人。7 月 15 日，汪精卫等秘密召开国民党中央"分共会议"，决定与共产党分裂，公开背叛革命。不久，蒋汪合流。中国共产党领导的轰轰烈烈的第一次国内革命战争就这样失败了。

蒋、汪合流后，建立了以蒋介石为代表的新军阀政权，国民党各派新军阀在反共反人民的基础上，取得了暂时的联合。他们在全国各地对共产党人和革命人民实行疯狂的血腥镇压。据不完全统计："从1927年3月到1928年上半年，全国被杀害的共产党员和革命群众，达31万人以上，其中共产党员被杀2.6万多人。"① 严重的白色恐怖，笼罩着神州大地。为了挽救革命，回击国民党反动派对革命人民的血腥屠杀，中国共产党中央决定陈独秀停职，成立由李维汉、周恩来、张国焘、张太雷、李立三五人组成的中央临时政治局常务委员会。中央临时政治局决定召开中央紧急会议，举行南昌起义和秋收起义。

一、周恩来策划汝城暴动

尽管马日事变后，湖南全省进入了空前的白色恐怖时期，但是，湘南各地广大的革命人民并没有被吓倒，他们在中国共产党的领导下，迅速转入地下，继续坚持同反动派进行顽强的斗争。尤其是汝城，共产党员朱青勋、李湘民（即李涛）为首成立了汝城县第一个党支部后，积极抓枪杆子，在马日事变之前，就接收、改编了保商队、团防局和警察队，成立了工人纠察队和区、乡农民自卫军。因此，马日事变发生后，这里的反革命势力未能得逞。随后，郴县、资兴、永兴、桂东、宜章等县的部分农运干部和农军战士来到汝城；广东惠州、潮州和梅县的农军，由吴振民、余冠民、杨石魂、林甦、李芳岐（即李运昌）、于鲲、林军杰等率领，也辗转来到汝城。他们先后派出3批人前往武汉向党中央汇报，未见回音，便率领队伍继续北进，打算到武汉去。走到衡阳，遇上前往武汉汇报工作返回的方临川（潮安县委书记）。方临川说，他在武汉见到了中共中央军事部长周恩来。周恩来指示说，武汉汪精卫要叛变，部队不要再往武汉去，回到汝城坚持斗争；中央已有安排，让陈冬日以中央军委特派员的身份到汝城组织暴动。1927年7月上旬，根据周恩来的指示，中共中央军事委员会派陈东日、武文元（马日事变前，任湖南省工人纠察队副总队长）来汝城组织和领导这一地区的武装斗争。② 7月9日，他们将会集在汝城的农军合编为"工农革命军第二师"，师长陈东日，副师长吴振民，参谋长武文元。下辖3个团，汝城农军为第一团，团长何举成，党代表朱青勋；郴县、宜章等地农军为第二团，团长高静山；惠潮梅农军为第三团，团长吴振民（兼），党代表李运

昌。第二师成为"中国共产党领导的第一支打出工农革命军旗号的武装力量"①。并由任卓宣（后叛变，改名叶青）、陈东日、陈佑魁、吴振民、朱青勋五人组成"C. P. 驻汝城特别工作委员会"，任卓宣为书记，同时成立了湘南军事委员会，计划以汝城为中心，开展湘南秋收暴动。这时，在湖南全省处于万马齐喑的情况下，汝城这一隅之地工农运动却依然生气蓬勃，被革命者誉为"新湖南"。这些情况都经湖南党组织逐级上报到了在武汉的中共中央负责人那里。于是就有了中共中央对湘南起义的一系列计划、政策、指示。

二、毛泽东拟制《湘南运动大纲》

1927 年 6 月 24 日，中共中央鉴于马日事变后的湖南省委不健全，任命毛泽东为省委书记，组建新的湖南省委。但此时的毛泽东，人还在武汉。7 月 4 日，毛泽东在武汉参加中共中央常委扩大会议，会上指出："不保存武力，则将来一到事变，我们即无办法。"他还主张"上山"，并预料，"上山可造成军事势力的基础"。

1927 年 7 月，中共湖南省委发出《关于湖南目前工作的计划》，对于湖南省在马日事变后的工作做出安排，其中第五节专门讲"武装问题"。

1927 年 7 月底，毛泽东起草了《中共湖南省委关于湘南运动的大纲》（简称《湘南运动大纲》）："湘南特别运动以汝城县为中心，由此中心而占领桂东、宜章、郴州等四、五县，成一政治形势，组织一政府模样的革命指挥机关，实行土地革命……"

这个计划实实在在是一个战略性的工作提纲，缺少具体措施和细节安排，操作性很难。但它给中共中央提供了一个武装斗争的战略方向——湘南，因而在稍后的武装暴动计划中，湘南始终是全国暴动全局中的一个重点。这个大纲于 8 月初提交给了中共中央，得到中央批准，并纳入了中共中央的《关于举行湘鄂粤赣四省农民秋收暴动大纲》。

三、中共中央与湖南省委对湘南起义的部署

1927 年 8 月 7 日，中共中央在武汉召开紧急会议。出席会议的有中央委员瞿秋白、李维汉、张太雷、邓中夏、任弼时、蔡和森、罗亦农、苏兆征、顾顺章（后被

① 中共湖南省委党史研究室：《中国共产党湖南历史》第 1 卷，第 213 页。

捕叛变）、陈乔年，中央候补委员毛泽东、李震瀛、陆沉，中央监察委员杨匏安、王荷波，共青团代表李子芬、杨善南、陆定一，湖南代表彭公达，湖北代表郑超麟，军委代表王一飞，中央秘书处负责人邓小平等20多人。共产国际代表罗明纳兹和纽曼也参加了会议。会议总结了大革命失败的经验教训，批判了以陈独秀为代表的右倾机会主义错误，确定了土地革命和武装反抗国民党反动派的总方针，并把发动农民举行秋收起义作为当前党的最主要的任务。会议讨论通过的《最近农民斗争的议决案》指出：共产党应当转变过去的方向，坚决地发展与提高农民革命。"因之共产党现时最主要的任务是有系统的有计划的尽可能地在广大区域中准备农民的总暴动，利用今年秋收时期农村中阶级斗争剧烈的关键。"

会上，毛泽东在关于共产国际代表报告的发言中，对于我党要重视革命武装的建设，发表了自己的意见："对军事方面。从前我们骂中山专做军事运动，我们则恰恰相反，不做军事运动专做民众运动。蒋唐都是拿枪杆子起来的，我们独不管。现在虽已注意，但仍无坚决的概念。比如秋收暴动非军事不可，此次会议应重视此问题，新政治局的常委要更加坚强起来注意此问题。湖南这次失败，可说完全由于书生主观的错误。以后要非常注意军事，须知政权是由枪杆子中取得的。"这就是著名的"枪杆子里面出政权"的论断。

这次毛泽东从武汉回湖南，原本是准备去湘南发动湘南暴动的，但他一回到湖南，各方形势剧变，毛泽东草拟策划了《湘南运动大纲》，却又自己放弃了湘南暴动的计划，其实事出有因。

1927年8月12日，毛泽东由武汉秘密回湘，住妻子杨开慧板仓老家；8月17日，回到长沙"板仓杨寓"；8月18日，以中共中央特派员身份参加中共湖南省委会议。

省委会议在湖南新省委书记彭公达主持下召开。参加新省委会议的有毛泽东、彭公达、夏明翰、易礼容、贺尔康、毛福轩等。会议讨论了农民问题、土地问题、暴动问题。在暴动地点的选择上，"缩小范围的暴动计划，泽东持之最坚，礼容、明翰等均赞同其说。其时仅公达一人主张湖南全省暴动，并要泽东即去湘南，当时因想在长沙即刻举行一个暴动，于是没有坚持下去"[1]。彭公达在会议不久后给中央的报告应该是可信的。取消湘南暴动计划正是策划湘南起义的毛泽东本人，但得到

---

[1] 中国人民解放军历史资料丛书编审委员会：《土地革命战争时期各地武装起义综合册》载1927年10月8日《彭公达关于湖南秋收起义经过向中央的报告》，解放军出版社2001年版，第194页。

了大多数省委委员的赞成。

毛泽东之所以改变中央暴动计划，背景是，当时湘东正好有二方面军总指挥部警卫团卢德铭部没有赶上南昌起义，转道江西修水，靠近湖南来了；加上浏阳农军一个团，还有安源工人纠察队一个团，号称三个团，此外还有警卫团传来消息，他们又收编了国民党的邱国轩团，这就有了四个团。完全满足会上大家一致认为的暴动一定要有一两团武装的条件，机会难得！毛泽东又根据这段时间了解到的情况，汝城赖以支撑的工农革命军第二师农军已在三天前被打散，湘南已失去了起义的前提条件。因此，毛泽东认为举行全省规模的起义主观和客观条件都不具备。在革命力量方面，人力财力都很有限，在全省范围内暴动，势必造成革命力量的过于分散。认为暴动可以在全省举行，这是一种过低地估计敌人力量的盲动思想。他坚决反对全省同时起义，极力主张缩小范围，集中力量，在湘东赣西地区发动起义。

毛泽东的精辟分析和坚决态度，使得与会人员找不出合适的理由将其否定。最后，省委决定放弃其他几个中心，进行以长沙为中心的湘中和湘东暴动；决定同时参加暴动的是湘潭、宁乡、醴陵、浏阳、平江、安源、岳州等6县一矿。

然而，中共中央并不认同湖南省委的决定。事实上，中央对组织湘南暴动寄予厚望。为了成功举行湘南暴动，中共中央采取了一系列措施：

中共中央在8月3日发出《中央关于举行湘鄂粤赣四省农民秋收暴动大纲》的同时，给湖南省委专门发出了关于举行湘南暴动的指示信。8月8日给南昌起义前委发去了关于支持湘南暴动的指示信。8月9日，即中央在给前委的信发出的第二天，中共中央临时政治局专门就湖南的暴动工作作出决议，要求湖南省委落实中央在湘南发动武装起义的指示精神。并以信件的方式将此决议发给了湖南省委，并强调："湘南计划只是全省暴动计划中之一部分，只有在全省暴动之下，湘南计划才能实现才有意义。万不可本末倒置。"

然而，历史在急剧变化的形势中，并没有按既定的剧本演进，秋收起义失利，毛泽东率领不足千人起义军余部上了井冈山，从此，开辟了中国革命道路的新天地。

四、湘南地方党组织的恢复与重建

湘南起义前，中国共产党在湘南的最高领导机关是湘南地区特别委员会。1927年8月3日，中共中央命令组建湘南特委，任命毛泽东为特委书记，任卓宣、郭亮、陈东日为委员，调整陈佑魁到中央工作。8月18日，湖南新省委举行扩大会议，会上决定取消湘南暴动计划，毛泽东到湘东平浏一带领导秋收起义，任秋收起义前委书记，不再到湘南任职。省委同时决定，陈佑魁不去中央，仍由陈佑魁去衡阳领导湘南党的工作，由他接替毛泽东任湘南特委书记。陈佑魁服从了省委的决议，放弃了去中央工作的机会。陈佑魁在湖南省委会议之前，正确掌握了敌情我情，及时转移了湘南执委会的干部，有效地避免了执委会机关的重大损失。因此，"湘南执委"改"湘南特委"，在陈佑魁的领导下，在敌人的大屠杀血腥环境中，组织机构保存完好，干部也大都躲过了敌人的屠杀，骨干较多，斗争坚强。特委委员及机关工作人员都有比较明确的分工。据老同志回忆，湘南起义前夕和起义期间，在特委机关工作过的（特委委员或工作人员），有如下一些同志：

组织：胡世俭、胡昌衡、朱舜华、吴汉兴等；

宣传：田兴、罗峰、罗严等；

工运：陈佑魁（兼）、王球、唐朝英、陈芬、陈清河、屈淼澄、吴先瑞、彭平之、李少三、黄庆云等；

农运：夏明震、姜敬祥、罗子平、胡兴昌等；

妇运：夏明衡、邝玉英、曾昭学（即曾志）、龙淑、侯碧兰等；

青运（包括社会主义青年团）：向翼飞、刘寅生、蒋云斋、傅昌表等；

秘书：袁痴、杜家俊。

湘南特委当时的工作重点是积极发展党团组织，大力开展工农运动和其他各种群众运动。贺恕、刘泰、陈芬、高静山、李文香等分别到衡阳、衡山、耒阳、宜章筹备建立了党的县级地方执行委员会（即县委），是为湖南最早成立的一批县委。到1927年春，特委管辖的地方已建立党团县委、特支或支部的，还有水口山、常宁、酃县、攸县、郴县、永兴、安仁、资兴、汝城、桂东、桂阳、临武、嘉禾、蓝山、零陵、新田、道县、永明、江华等地。共有党员1500多人，约占全省党员总数的20%。在党的发动和领导下，自1925年起，湘南的农民运动就蓬蓬勃勃地开展起来了。据郴州地区11个县（衡阳、零陵二地区除外）的统计，到1927年春，农会会员已达60万人，为11个县总人口3133000人的近20%。同时，各县都建立了农民自卫军、工人纠察队等工农武装。湘南特委的领导作用巨大。

陈佑魁列席了"8·18"省委扩大会议，完全拥护新省委的决定。根据会议决定，省委扩大会议后，陈佑魁回到衡阳，并兼任湘南游击队总指挥①。为迅速开展工作，他和特委其他同志日夜奔赴县区农村，恢复和重建党的基层组织，尽快将分散在各地的同志秘密集中起来，分批开办短期训练班。"训练班的教材以新省委紧急会议决议案，湘南紧急会议决议案，游击战争计划及农村暴动政纲等文件为主"。陈佑魁亲自为训练班讲课、作报告，充分肯定湖南农民运动的伟大功劳，高度赞扬农民的革命行动，痛斥蒋介石、汪精卫和湖南国民党右派的反革命罪行。他还写了《建立武装参加秋收暴动》的诗歌，歌词大意是：工农团结起来向前进，拿着枪，扛着炮，纪律严明，精神百倍，冲向帝国主义大本营……特委还积极开展宣传，诸如"反革命滚开去！""打倒土豪劣绅！"等标语口号传遍城乡，有力地压制了反动派的反革命气焰。

当时，白色恐怖笼罩衡阳。陈佑魁在城区处境十分险恶。为了坚持斗争，他常扮作大商人、小伙计或教书先生，坚守秘密联络站，联络同志，聚集力量，筹措枪支弹药，发布指挥命令。特委机关多次转移，从衡阳文化书社通讯处，先后转到天马山黄荃家、江东何玉霞家。最后以潇湘河街三顺祠和81号街旁邓牧良家为交通联络站。陈佑魁乔装打扮，隐身于三顺祠。白天，他端坐在香案前，敲击木鱼，口念佛经，俨然一僧人；夜晚，"接待各县来衡同志，把特委的指示传下去"，指挥各路游击队，积极响应和配合全省的秋收暴动。

1927年9月27日，中共湖南省委草拟《关于今后武装起义的计划》，计划中要求："最近三个礼拜内，在湘西的常德、桃源、澧县、临澧、石门、慈利、汉寿，以常德为中心；湘南之衡阳、汝城、彬（郴）县、宜章、新田、桂阳，以衡阳为中心；西南之宝庆、武冈、新宁，以宝庆为中心。扩大农民的争斗，夺取重要县镇的政权，准备力量夺取长沙。"

陈佑魁在艰难的环境中，克服各种困难，贯彻湖南省委指示，带领特委一班人，深入发动群众，开展武装斗争，取得很大成绩。

一方面，他将中共湘南特委委员和共青团湘南特委的大部分成员派往湘南各县，恢复各地被国民党破坏的基层党组织，联络失散同志，组织秘密农会，筹备秘密武

---

① 吕芳文：《陈佑魁在湘南》，载《衡阳党史通讯》1984年第4期，第22—31页。

装，储备暴动物资。最艰难的时候，"特委就一个书记，一个秘书"①。同时，抓紧衡阳中心区的武装暴动工作。

湘南特委派赴各县恢复地方党组织的干部一览表

姓　名	特委职务	派驻地点	任命职务	时间
陈　芬	特委委员	耒　阳	特派员	1927.5.27
姜敬祥	特委委员	祁　阳	特派员	1927.5.27
夏明震	特委委员	郴　县	特派员	1927.5.27
向大复	特委委员	永　兴	特支书记	1927.8
胡世俭	特委委员	宜　章	县委书记	1927年秋
陈　芬	特委委员	郴　县	县委书记	1927.8
夏明震	特委委员	郴　县	县委书记	1927.9
贺辉庭	团特委委员	临　武	特支书记	1927.11
袁玉松	特委委员	临　武	特支组织委员	1927.11
罗醒吾	特委委员	江　华	特派员	1927.11
邵杰生		资　兴	临时支部书记	1928.1

1927年10月间，陈佑魁指导屈淼澄、黄常岗等在衡北组织暴动，屈带领农军百多人"夺取了衡山石桥团防局步枪30余支"。罗子平带领几十人来支援，并广泛发动受苦农民参战。一夜之间，起义武装力量"由200多人猛增加到7000人""杀豪劣68个。衡山、南岳、界北乡、麻町、元山、石头桥、西乡等处周围数百里的人民群众，相机而起，声势浩大，乡里的反动大豪劣，几乎全肃清，县伪团防局与我战斗月余，均节节失败"②。在衡北暴动影响下，各地武装暴动风起云涌，相继建立了"衡北游击师""第九支部"（工农革命军第九师三团前身）等农民革命武装。后在此基础上，正式建立了工农革命军第七师、第八师，与地下党支部互相联络，在衡阳西北乡等山区坚持武装斗争③。衡山、衡阳的反动军队和挨户团，龟缩县城，不敢出城门。

----

① 中国人民解放军历史资料丛书编审委员会：《土地革命战争时期各地武装起义湖南地区》载1927年11月30日《陈佑魁关于湘南形势向中共湖南省委的报告》，解放军出版社1997年版，第190页。

② 屈淼澄：《回忆工农革命军第七师在湘南的战斗》，存湘南学联纪念馆。

③ 衡南、衡阳农运调查办：《工农革命军第八师的战斗历程》，《衡北游击队的成立和斗争》，载《衡阳文史资料》1983年第1期。

1927年10月24日，中共湖南省委作出《紧急会议决议案》，这个决议案在总结过去的工作时明确承认，"忽略了湘西、湘南的工作，好像长沙及长沙附近的我们的武力与民众可以推翻唐生智的政权，用不着湘西、湘南的农民参加"；在谈到"农民暴动问题"时，将湘南列为重点暴动区域："湘南区：为衡阳、衡山、耒阳、常宁、祁阳、永兴、安仁、汝城、桂东、酃县、茶陵、攸县、桂阳、郴县、宜章等县（如工作发展，汝城、桂东、酃县、永兴可划成一个独立区）。"并强调："在总的暴动未成熟以前，应当特别注意领导农民的经济斗争，如抗租抗税抗粮抗捐等，应当以游击战争为主要的工作方法，在农民的力量比较充足的地方应当多组织农军，普遍加以军事训练，同时即须把所在的地方划成战斗区以锻炼农民，在我们的力量可以攻占或占据某几县，必须坚决实行。这样的县分为区域，必须在占据时候很迅速杀尽政府官吏，杀尽豪绅大地主，没收全部土地，其方法各乡农民协会组织土地委员会，在没有农协的地方组织农民协会，城市政权归革命委员会……农村中斗争口号应当是：暴动取消一切赋税田租！暴动杀尽土豪劣绅反动的地主！暴动没收地主土地！暴动实行耕者有其田！暴动杀尽贪官污吏！暴动实行一切乡村政权归农民协会！暴动组织农军！暴动打倒唐生智！暴动打倒反革命省政府！农民革命胜利万岁！共产党万岁！"这个决议案虽然明确了湘南暴动工作的重要性，确定了湘南为全省暴动的一个重点区域，提出了一些可行的暴动方法，但末尾的斗争口号却显露出极左的思想意识，对湘南特委的工作思路有很大的不良影响。

1927年马日事变前后，湘南特委对陈独秀的右倾机会主义路线进行了抵制，坚决否定了对反动派不搞武装反击的错误主张。在严重的局势下，特委书记陈佑魁召集有田兴、吴汉兴、罗子平、陈芬、夏明震等人参加的特委紧急会议，作出了发动群众、组织群众、武装工农，加强工农队伍团结等项决定。他们在汇柏堰、平田山、麻町、麻向前等乡恢复了4个党支部，同时成立了暴动队。还派陈芬、夏明震、向大复、邓宗海、姜敬祥、文干周、贺辉庭、傅昌表等分别赴衡山、耒阳、郴县、永兴、安仁、道县、酃县、临武等地，与当地党员取得联系，恢复和重建党的组织，发动工农群众，开展武装斗争。特委机关的另一部分同志，则转移到南岳山，组织南岳山周围的农民自卫队，对敌展开武装斗争。

1927年7月，夏明震、曾志被派赴郴县，恢复郴县县委，夏明震任县委书记兼郴属特委书记。① 在宜章，县委书记李文香牺牲后，湘南特委派去接任书记的胡世俭迅速将县委机关转移到碛石，以承启学校为掩护，继续坚持斗争。在耒阳，湘南特委派了郿县人刘寅生到这里任县委书记，因语言不通，人地生疏，未能重建党的组织，便回了原籍。8月，湖南省委从武汉调回邓宗海任县委书记，邓找到留县的伍云甫、由广东回来的刘泰，3人秘密分头行动，联络上失散的李天柱、资桂林、徐鲁企、周施等，进行筹谋，传达上级指示，再分头发动群众，9月底就恢复了中共耒阳县委员会，邓宗海任书记。在永兴，湘南特委派去的向大复，很快集聚了一些失散的党员，重新建立了特别支部。1927年10月底，黄克诚经湖南省委介绍，从外地回到家乡永兴油麻圩，即与从北平回乡的共产党员刘申、转入地下的共产党员尹子韶、由衡阳回乡的共产党员邝振声、共青团员黄景凡（即黄平）等取得联系，11月底，找到特支书记向大复接上了组织关系；并介绍由长沙、衡阳等地回乡的进步青年李卜成、何保成、刘木、刘明初等加入中国共产党。12月初，在永兴县城召开特支扩大会议，讨论中央临时政治局11月扩大会议的决议，决定将党员分为两部：江左（即永兴西部）由黄克诚负责，江右（即永兴东部）及县城，由向大复负责，深入各区、乡农村发动群众，俟形成组织基础后，相机举行暴动。在资兴，湘南特委派去的邵杰生、伍业建，与三都地下党接上头，即建立了党的临时支部，随后他们又与黄义藻等取得联络，逐步恢复了党的基层组织。在临武，湘南特委派去的贺辉庭、傅昌表组建了中共临武汾市特别支部，积极发展党员，联络临（武）蓝（山）嘉（禾）三县地下党员，形成了一个地下党组织的联络网，策划三县武装暴动。在嘉禾，马日事变后党员已经星散。参加南昌起义回来的萧克，先在临武牛头汾找到地下党支部书记贺辉庭，恢复了组织关系，又在傅昌表家认识了宜章碛石支部的彭暌；然后到嘉禾老家秘密联络参加南昌起义、广州起义失败后回家的同志，以黄益善为首建立了中共嘉禾县南区支部，并通过牛头汾的临武支部与宜章碛石支部取得了联系。在安仁，参加过南昌起义的唐时雍（即唐天际），受中共长江局的派遣，于1927年11月回到家乡华王，与当地的共产党员唐德丝、唐德级、侯岳生取得联系，并与湘南特委派来的文干周见面，重建党的组织。到旧历年底，发展了唐德寅、唐楚才、唐冬发等四名党员，建立了中共华王支部；同时，组建了十几个

① 1927年7月初，湖南省委将全省划成11个特别委员会，其中郴县、宜章、资兴、汝城4县为一特委，简称郴属特委，夏明震为书记。10月24日，省委又决定解散11个特委，全省只设3个特委，在湘南成立湘南特委。

人的游击武装。在桂阳，有一位叫周树堂的朱德副官，南昌起义失败后回到耒阳，被派到桂阳，联络了永兴、桂阳、宜章、郴县4县的共产党人发动武装暴动，桂阳县洋字团坟山下村的邓华堂、邓名阀、邓北钥、邓友玢、邓友祉等共产党人成为桂阳县党组织成员骨干（但没有组织名称、负责人姓名的相关资料）。

周树堂到桂阳后，根据中共湘南特委的指示，积极筹备武装暴动。他通过与邓华堂、邓三雄等人的多方奔走，联系上郴（县）、永（兴）、桂（阳）、耒（阳）、宜（章）五县的党组织，于1927年10月25日在桂、永、郴三县交界的东华山东华庵，召开了郴县、永兴、桂阳、耒阳、宜章等五县党组织负责人和军事干部参加的军事会议，史称"东华山会议"。参加会议的代表有耒阳的陈得志，宜章的李林、廖子泽，郴县的李才佳、王继武、曹飞，永兴的刘明初、邱尚文、李藩周、康子良、邓大亮、刘景升，桂阳的邓华堂、邓北钥、邓三雄、杨奎生（又名杨彪）、吴万程、邓芳林、邓友杰、邓友梓、邓三元、邓友玢、邓芳玩、邓葵金等，共30余人。① 会议开了3天，由周树堂、邓华堂主持，邓三雄做记录。会上周树堂传达了中央八七会议精神，宣讲了中共中央致全体党员书，提出了当前革命的具体任务和要求，研究讨论了武装起义和土地革命等问题，号召5县联合起来，举行年关武装暴动。周树堂在报告中说："今后的任务是放手发动群众，组织革命的武装去击败反革命的武装。同时又要狠狠打击土豪劣绅，彻底推翻其统治，建立苏维埃政府，实行土地革命。"会议提出了"反对军阀、解除民团武装""打倒土豪劣绅和贪官污吏""反对蒋介石反动集团""团结工友农友们，杀尽反革命分子不留情""建立苏维埃政权，实行土地革命"等革命口号。但这次会议流于形式，没有明确一个统一的暴动指挥机构、组织系统、人事安排、工作安排、时间安排、联络方式，因此没有形成行动，也没有影响力。

1927年底，湖南省委又奉临时中央命令，布置年关暴动，攻取各个县城。陈佑魁即派屈森澄去衡山，派夏明震、杜家俊、向大复、傅模、傅昌表、贺辉庭等九人去耒阳、郴州一带开展斗争。随后又派团特委书记周鲁去这一地区协助指导军事行动。

经湘南特委的努力，湘南各县地方党组织大都得到恢复。到1928年湘南起义前夕，各县党组织恢复情况如下：

---

① 罗卫华：《中国共产党桂阳历史》第1卷，中共党史出版社2009年版，第59页。

湘南起义前后中共湘南特委所属部分县委（特支）的组织情况：

郴县县委

书记：夏明震

组织部部长：黄光书　宣传部部长：李佑余

军事委员：伍一仙　青年委员：邝朱权（后叛变）

妇女委员：何善玉　群工委员：孙宇宁

农运委员：曾子刚　工运委员：曹廉

委员：李杰　万能　李才佳　陈子源等

（"返白事件"以后）

书记：陈毅

组织部部长：王湘合　宣传部部长：李佑余

青年委员：周重联　妇女委员：刘善淑

军事委员：万伦　　农运委员：曾子刚

工运委员：曹廉　　群工委员：孙宇宁

委员：李杰　李才佳　陈子源等

宜章县委

书记：胡世俭

委员：高静山　杨子达　毛科文

（1928年1月补）陈东日　张际春　陈策

碕石特别支部

书记：彭晒

组织：吴统莲（即吴仲廉）　宣传：彭暌

耒阳县委

书记：邓宗海

委员：刘泰　刘霞　徐鹤　伍云甫　徐勋　徐仲镛

永兴县委

书记：李一鼎

组织部部长：刘馨　　宣传部部长：李卜成

委员：黄克诚　何宝臣　李腾芳　许玉山　邝振馨

刘明初　刘让山　邓燮文

资兴县委

书记：黄义藻　　副书记：袁三汉

委员：李奇中　黄义行　刘英廷　李世成　谢流昆

安仁县委

书记：徐鹤

组织：唐德寅　宣传：彭八鸾　军事：唐时雍（即唐天际）

桂阳县特支

书记：何汉

临武汾市特支（以牛头汾为中心）

书记：贺辉庭

组织部部长：唐代文

宣传部部长：袁玉松

农民部部长：傅昌表　唐维新（后）

军事部部长：唐仁骧（叛变）

联络部部长：文吐锦

秘书：唐仁贵

嘉禾南区支部

书记：黄益善　萧克允

成员：萧克允　萧克　毛中心　唐仁宅　彭芳（叛变）

彭启贤　彭瞻贤　何辅汉

汝城特支（1926 年 8 月—1927 年 8 月）

书记：朱青勋
组织：何举成　　宣传：何翊奎
委员：李湘民（即李涛）　　李清贤

汝城县委（1927 年 9 月—1928 年 4 月）

书记：何日昇
组织：胡伟章
宣传：？（一说范旦宇）

桂东县委（1928 年 3 月）

书记：陈奇
组织：郭振民　　工农部长：邓声揪　　财政部部长：谭雅

这个任职情况表，没有原始文献依据，是相关党史部门经大量调查研究整理出来的大致情况，不一定完全正确，但能基本反映当时的组织情况。它反映了湘南起义前夕湘南党的组织的健全状况。

五、白色恐怖下湘南革命武装力量的聚集

四一二反革命大屠杀后，湘南许多在外工作的共产党人参加到反蒋的革命队伍中来，多数参加了南昌起义，也有的在当地参加了革命暴动。由于当时共产党人没有掌握武装，也没有掌握政权，起义大多失败，幸存下来的革命者只得逃回家乡。如毕业于黄埔军校的萧克、邝鄘、伍中豪、唐天际、谭新、陈俊、颜文达、万仁、朱瑛、刘铁超、谭衷、李腾芳、李天柱、李奇中、邓毅刚，毕业于国民革命军第二军官学校的陈东日，毕业于国民党中央政治讲习所的黄克诚，毕业于攻鄂军讲武学校①的胡少海。他们除胡少海以外，全都是中国共产党党员，是文武双全的湘南翘楚。这就成就了湘南的虎踞龙盘之势，湘南成了藏龙卧虎之地。它为湘南起义储备

---

①　1924 年 9 月，孙中山准备北伐，任命程潜为攻鄂军总司令。程潜在韶关开办讲武学校，培养北伐军事人才，胡少海得以入该校学习。

了一大批军政人才。这批人在湘南起义的过程中，分别担任各县武装暴动中的主要军事干部，对湘南起义发挥了重要的作用。

以上仅只罗列了1927年底从外地回湘南比较有名的共产党军事人才，还有许多无名的英雄和在外担任党的地下工作、因党组织遭受破坏无处立身的共产党人，也在这一时期回到了湘南家乡，成为湘南武装起义中的骨干。

星火汇聚，将星云集。当年仅湘南就聚集了这么多黄埔军校中共学子，这对于中共顺利发动湘南起义，并取得伟大胜利，显然是一个基础条件。蒋介石只后悔没有将他们都杀完杀尽，却不知道共产党人理想远大，目标明确，应者如云，根本就杀不完！正如他十分赏识的黄埔学生邝鄘临刑时用脚夹住笔杆在湘南大地上写下的大字那样：杀了邝鄘，还有邝鄘！

"砍头不要紧，只要主义真，杀了夏明翰，还有后来人！"湘南大地上共产党人的铿锵誓言、革命者的信仰何其相似，何其坚定，何其光辉！

屠刀挥舞，星火四溅。烈火是不能用刀扑灭的，蒋介石一生都没明白这个道理……

湘南起义前夕，各县农民武装在这些骨干的组织领导下，纷纷起来与国民党武装展开游击战，主动袭击地主豪绅武装。同时也在极左口号下滥杀了一些地主豪绅。

至1927年11月间，湘南特委属下的衡山、耒阳、永兴、郴县、宜章、资兴、桂阳、蓝山、临武等县党的组织都迅速恢复或重建起来。特委机关重新进行了整顿，积极酝酿开展反对新军阀的示威运动，并重建了印刷机构，开始印刷党的文件和传单。在各地党组织的秘密领导下，衡阳、衡山、耒阳、水口山等地农村不断发生暴动；茶陵一带，党掌握着1400多人枪，一直同特委联系；汝城农军仍保持有100多人枪，与宜章、郴县、永兴及广东来的惠（州）潮（州）梅（州）农军相配合，在党的领导下，积极开展武装斗争；鄳县、安仁、攸县的武装斗争也在猛烈地进行着。陈佑魁亲自到水口山矿区，依靠宋乔生等党团员骨干，组织上千工农群众，用梭镖、大刀解除了矿警队和矿务局两处反动武装，得枪360多条，有力地支援了各地农民的武装斗争。

李文香牺牲后，中共宜章县委委员高静山等率领宜章农军余部撤往汝城，与郴县农军编为工农革命军第二师第二团，高静山任团长，宜章县委党的组织转入地下。1927年秋，湘南特委派了特委委员胡世俭到宜章任县委书记，才恢复党的组织。县委由县城迁往西南方向的黄沙区碛石村承启学校。这里是辛亥革命志士彭邦栋的家乡，素有革命的造反精神。这里的承启小学校长是中共党员吴汉杰，多数教员是共产党员。嘉禾县共产党创始人唐朝英、雷晋乾在衡阳三师大学潮中被开除学籍后，也曾到此以教书为掩护，开展党的活动。马日事变后，碛石在衡阳、长沙等地求学的 20 多名男女青年，都因白色恐怖而回到村里。他们几乎都参加了共产党或共青团，给碛石注入了强大的革命力量。县委同时派人联络各地党员，恢复和建立一些基层组织。1927 年冬建立了中共宜章县碛石特别支部。不久又在鹧鸪坪成立黄沙区第二党支部，李赐凡任书记。栗源党支部恢复后，由陈策负责，中央军委原特派员陈东日以及参加北伐战争后回乡的陈俊都参加了栗源党支部活动。麻田、笆篱、茶园、洛阁等地也都秘密恢复了党组织和团组织活动，在斗争中考验和发展了一些新党员。吴树隆、简载文、邓光汉、周庭彦、彭良等宜章党史军史上的一批优秀人物，都是在大革命失败后白色恐怖加剧的危难时刻加入共产党或共青团组织的。

碛石特支从大革命失败的教训中，深刻认识到必须掌握革命武装的重要性。为了控制武装，县委通过上层关系，派彭晒打入黄沙挨户团任副团总。11 月初，碛石特支又以"防东匪、办团防"为名，在村里组建了 40 余人的"挨户团"，把原来掌握在豪绅手中用于宗族斗争的一批枪接过来，控制在自己手里。彭晒等人还召集村中地主豪绅开会，以"保护家产"的名义，迫使豪绅捐款，购回 12 支新枪及几箱子弹。又在村里开办兵工厂，请来 8 名嘉禾铁匠制造土枪土炮和梭镖。经过精心筹备，碛石特支组建了一支有 30 多支步枪和 100 多杆土枪、梭镖的武装。同时，设立"教武场"，请来武师训练队员。白天认真习武，晚上则读"夜学"，在承启学校里向队员们宣讲革命道理，启发阶级觉悟，使这支革命武装队伍日益强壮。

郴县成立了暴动营，营长万伦，党代表伍一仙。下辖 6 个暴动连。省委还派去朱瑛、何可、张志东等辅导军事。伍一仙亲自率领秀良、秀贤两个暴动连，在良田、黄茅、五盖山一带开展武装暴动。1927 年 11 月 9 日晚上 10 时，暴动队分 4 路包围良田"清乡委员会"所在地崇义堂，用唯一的一支枪打死了敌人的哨兵，随即纸炮齐鸣，喊声震天，敌人不知虚实，不敢妄动，除个别在逃外，其余全部缴械投降。11 月 18 日，暴动营在县委书记夏明震亲自指挥下，攻打良田税卡，缴获税勇步枪 4 支、子弹 600 发，并烧了税卡的房子。11 月 21 日，良田、走马岭暴动队攻打折岭税卡，缴获步枪 5 支。1928 年 1 月 7 日，县委在五盖山召开 9 个区的党政扩大会议，传达桂阳东华山会议精神，做出了开展武装暴动的决议，在全县部署了年关暴动的行动计划。8 日晚上，在暴动营的统一指挥下，暴动队分头行动，良田、走马岭等地的暴动队包围高雅岭大土豪劣绅陈世泽家，用大树撞开大门，活捉了陈世泽和他的小老婆、次子陈治槐夫妇、管家，当场处死。良田另一部分暴动队员，在良田上冲杀了土豪陈文木一家两人。五、六区（保和一带）的暴动队，也于当晚杀了石寺邓家土豪邓传岳和他的小老婆。

耒阳县也建立了暴动武装。1927 年 10 月中旬，县委通过县委机关报《耒潮》发出"拿起刀枪，为烈士报仇"的号召，各基层党组织便以党、团员为骨干，带领革命农工，拿起梭镖、鸟铳、大刀，"先杀自首自新①，后杀土豪劣绅，杀尽土豪劣绅，再杀挨户团丁"。11 月上旬，县委书记邓宗海率 200 多农民武装，从春江铺出发，一直打到郴县。沿途砍倒电杆，割断电线，到处张贴"打倒蒋介石""打倒唐生智"的标语，严惩土豪劣绅，枪杀挨户团首恶分子，开官仓，分钱粮，救济贫苦农民。12 月 27 日，高寨共产党员李育美、伍云山、伍华等率领暴动农民，手持菜刀、柴刀、梭镖等武器，一夜杀了梁开吾等 5 个罪大恶极的土豪劣绅，使反动派惊恐万状。11、12 月间，李振鹏（即李鹏，1926 年入党，任区委书记）、谢竹峰（1927 年入党，任东江口乡苏维埃主席）等分别在哲桥、东江口统领暴动队捕杀挨户团头目，继而率领农民武装渡耒河，到常宁县的烟州等地活动，与当地农民武装协同作战，捕杀民愤极大的豪绅。在南乡，张凤岗率领暴动农民，一度攻下云峰镇挨户团。

马日事变后，汝城逃往粤北的土匪头子何其朗，一面写信给汝城的国民党县党部，诡称愿意回县"真诚合作"；一面派爪牙范惠民潜回县城，收买农民自卫军中原为保商队队副的朱宾华充当其进攻汝城的内应。农民自卫军领导及时察觉其阴谋，逮捕了朱宾华，此计未成。7 月 6 日，何其朗亲率匪众数十人，乘夜偷袭汝城南乡大坪圩哨所，打死农军班长朱炳洪。汝城县农军总指挥谢发明即率农军奋起痛击。何匪不支，败回粤北，但仍贼心不死，继又勾结国民党十六军范石生部，于 8 月 15 日，将工农革命军第二师驻地包围，进行突然袭击。因寡不敌众，农军不得不撤离县城。在这次战斗中，从广东来到汝城的惠潮梅农军几乎损失殆尽，总指挥吴振民身负重伤牺牲，大队长以上干部林军杰、吴耀民、林铿、黄强等皆中弹身亡。汝城共产党的领导人朱青勋，突围后被敌人捉住，壮烈牺牲。突围出来的四五百人，后来进入江西崇义县的上堡，编成一个团，由何举成任团长，任卓宣任党代表，于鲲

---

① "自首自新"，即共产党内的叛徒。

任副团长，李湘民（即李涛）任团部书记长。同时，组建了中共汝城县委，由原团县委书记何日昇任县委书记。随后，改编为湖南工农革命军第二师第一团，于9月23日，打着"国民革命军补充团"的旗帜，开进桂东县城。26日，用设宴请客的办法，逮捕了桂东县县长谢宪章、团防局长胡少彬等20多名反动官吏和土豪劣绅，然后高举工农革命军的大红旗，正式宣布起义，并立即向汝城进军。经过寨前圩时，烧了大土豪邓满娴的房屋。因范石生部正撤回粤北仁化、乐昌一带，便很顺利地占领了汝城县城。9月29日，工农革命军在城郊虎头寨下处决了桂东县县长谢宪章和汝城县"清党"委员何沛霖。同日，在县城张贴工农革命军布告，宣布成立汝城县苏维埃政府。

桂东是汝城的紧邻。马日事变后，留在桂东的共产党员郭亚臣、郭佑林、刘雄、黄奇志等，与汝城的革命力量相结合，击溃大塘的挨户团，俘敌5名，烧掉省参议员、代理桂东县长方忠翰的房屋，严惩了反动派。随后，郭亚臣等又率领农军50余人，从汝城奔袭桂东沙田圩，缴获沙田挨户团步枪5支、子弹20余发。

在严酷的斗争中，在湘南特委的努力下，湘南地方党组织得到迅速恢复，农民革命武装队伍逐步壮大起来，整个湘南的革命形势有较大的好转。

湘南地方党组织的努力，造成了湘南暴动的有利局势。如下表：

湘南起义前湘南各县农民武装情况

县 别	武装名称	负责人	成立时间	人数
宜 章	宜章三分队	队长杨子达	1927年冬	60
宜 章	栗源赤卫队	队长陈光	1927年冬	30
宜 章	湘粤边武装	负责人胡少海	1927年冬	100
郴 县	郴县暴动营	营长万伦	1927年10月中旬	500
耒 阳	湘南游击总队	队长谢翰文	1927年11月	400
耒 阳	公平暴动队	队长张奉光	1927年11月	100
耒 阳	集贤暴动队	队长李振鹏	1927年11月	
耒 阳	东乡暴动队	队长黄龙飞	1927年11月27日	
耒 阳	工农革命军独立师	师长周树堂	1927年10月	1000

续表

县 别	武装名称	负责人	成立时间	人数
桂 阳	农民赤卫军	队长邓三雄	1927 年 12 月	600
桂 阳	农民赤卫队	队长邓北钥	1927 年 12 月	500
桂 阳	郴桂边农民自卫军	师长杨赤	1927 年 12 月	1000
永 兴	九区赤色独立团	团长曹钧	1927 年秋	
永 兴	江左八区暴动队	队长刘木	1927 年秋	600
永 兴	太平里暴动队	队长尹子韶	1927 年冬	100
永 兴	工农赤卫大队	队长陈伯诚	1927 年冬	100
汝 城	工农革命军第二师第一团	团长何举成	1927 年 9 月	500
桂 东	桂东赤卫队	队长刘雄	1927 年冬	40
衡 阳	衡北游击师	师长萧觉先	1927 年 6 月	1000
衡 阳	车江暴动队大队	大队长金雨农	1927 年 6 月	100
衡 山	石湾暴动队	队长贺尔康	1927 年 6 月	1000

湘南起义前各县武装暴动情况

县 别	暴动名称	暴动时间	参战人数	战斗成果	暴动损失
衡 阳	车江暴动	1927.6.2	100	队伍壮大至 2000 人	
	廖田暴动	1927.9.27	400	镇压劣绅 2 人	失败
衡 山	石湾暴动	1927.6.13	1000		失败
	衡山暴动	1927.6.13	200		撤退
	枣山暴动	1927.10	50		失败
耒 阳	白沙袭敌	1927.12	30	毙敌 11 名	
	云峰袭敌	1927.12 下旬	300	毙伤 10 人，缴枪 20 支，子弹 1000 发。	

续表

县 别	暴动名称	暴动时间	参战人数	战斗成果	暴动损失
郴 县	良田暴动	1927.11.9	200	毙敌 2 人，缴枪 10 余支，子弹 200 发。	
	良田暴动	1927.11.13	50	毙敌 16 人，缴枪 12 支。	
	良田暴动	1927.11.18	500	俘敌 20 余人，缴枪 4 支，子弹 600 发。	
	折岭袭敌	1927.11.21	100	缴枪 5 支。	
宜 章	赤石袭敌	1927.10	60	俘敌 6 人，缴枪 3 支。	
桂 东	智取桂东	1927.9.26	500	俘获县长以下 20 多名官绅	
汝 城	攻打县城	1927.9.29	500	占领县城，俘获"清党"委员何沛霖，赶跑县长，成立了中国第一个县级苏维埃政权。	

以上可以看出，这时的湘南，早已是烽火一片，形成了工农武装"农村包围城市"的一个大趋势，武装夺取政权的日子已为期不远！

第三章

南昌起义、广州起义军余部挺进粤北湘南

★

1927 年 8 月 1 日，在以周恩来为书记的中共中央前敌委员会（简称前委）的领导下，贺龙、叶挺、刘伯承、朱德等人率领党所掌握和影响下的军队 2 万多人，在南昌城头打响了武装反抗国民党反动派的第一枪。经过 4 个多小时激烈战斗，起义军占领了南昌城。根据中共中央的计划，起义军于 8 月 3 日陆续撤离南昌，南下广东。这样做是准备同广东东江地区的农民起义军会合，进军广州，占领整个广东，并夺取出海口，取得共产国际的援助，重新北伐。10 月初，起义军在广东潮州、汕头地区失败。保存下来的部队一部分由董朗、颜昌颐率领转移到广东海陆丰地区，同当地农军会合；另一部分在朱德、陈毅率领下，转移到粤北，收编了广州起义教导团 200 余人，然后北进湘南地区，发动了湘南起义。

一、朱德率部西进赣南

1927 年 7 月 19 日，中共中央秘书长邓中夏与李立三受中央委托，到九江商讨"由共产党人指挥的部队随国民革命军第二方面军总指挥张发奎南下的问题"，了解

情况后的邓中夏提出，张发奎这人靠不住，我党"应该抛弃依靠张之政策，而决定一独立的军事行动"，叶挺应"即刻联合贺龙率领的二十军与我们一致，实行南昌暴动，解决三、六、九军在南昌之武装"。[1] 邓中夏的提议得到李立三、谭平山、叶挺等的赞同。经向党中央请示得到批准。中央打算组织一支 5 万人左右的军队，用革命的武装反对反革命的武装；并决定组织党的前敌委员会，任命周恩来为书记。周恩来随即任命聂荣臻、贺昌、颜昌颐三人组成前敌军委，由聂荣臻担任军委书记。邓中夏因要筹备中共中央八七紧急会议赶回了武汉。7 月 27 日，周恩来到达南昌，当晚正式成立南昌起义的领导核心：中共前敌委员会，周恩来任书记，李立三、恽代英、彭湃为委员，谭平山列席前委会。7 月 30 日晚，前敌委员会召开会议，决定成立起义军总指挥部和前敌总指挥部，任命贺龙为起义军代总指挥，黄琪翔为前敌总指挥。但黄未到职，由叶挺代总指挥。同时成立了参谋团，刘伯承任参谋长。

朱德时任国民革命军第五方面军第三军军官教育团团长、南昌市公安局局长。他手中只有军官教育团第三营一个学兵营的兵力，一、二营都已毕业分下去了。周恩来到达南昌后，出于安全考虑，住进了朱德的公馆。朱德的家成了起义总指挥部。7 月 31 日晚，朱德以滇军老乡的名义宴请第三军的二十三、二十四团团长。这两个团是敌人的主力团，是起义的最大障碍。第三军第二十三团团长卢泽民、第二十四团团长萧日文都曾是朱德的老相识，当晚他们应约赴宴，起义发动后这两个团失去指挥，被起义军二十四师歼灭。

8 月 1 日，临时政权性质的中国国民党革命委员会在南昌成立，委员有宋庆龄、邓演达、周恩来、恽代英等 25 人。

在领导南昌起义的党政军所有领导机构中，当时并没有朱德的名字。当下所有中共党史、军史、革命史，都认定朱德为南昌起义的主要领导人，原因在于，朱德在参加南昌起义之前的军事实职很高，并不比贺龙、叶挺低；在南昌起义过程中，他官职虽低，但发挥了独特的作用，建立了不朽的功勋。尤其是他率领南昌起义余部发动湘南起义，创立了红四军中共主力部队；被任命为红四军军长以后，便成为中共中央军事核心领导成员，再没有动摇过。

朱德 1886 年 12 月 1 日生于四川省仪陇县一个佃农家庭。1909 年初到昆明考进云南陆军讲武堂，同年加入孙中山领导的革命团体中国同盟会。1911 年 10 月在云

---

① 刘功成：《邓中夏传》，江苏人民出版社 2016 年版，第 181—182 页。

南参加辛亥革命武装起义。1915 年 12 月参加反对袁世凯复辟帝制的战争。1917 年 7 月任滇军旅长，在四川参加反对北洋军阀段祺瑞的护法战争。1921 年春任云南陆军宪兵司令部司令官，云南省警务处处长兼省会警察厅长等职，是当时川军名将，享誉全国。

在十月革命和五四运动的影响下，朱德逐渐接受马克思主义。1922 年 8 月，他放弃军职，脱离军阀队伍，为寻求革命真理赴德国，在柏林结识周恩来和其他共产党人，加入中国共产党。曾在德国格丁根市一所大学里留学。1925 年年内返回柏林，当选为中国国民党驻德支部执行委员，因积极从事革命活动两次被德国政府逮捕，并被驱逐出境。1925 年 7 月到苏联学习军事。1926 年夏回国，受中共中央派遣到四川军队中进行革命工作。1927 年初到江西南昌创办国民革命军第三军军官教育团，培训革命军事干部。此时的朱德手里没有队伍，职务也不高，因此在南昌起义领导机构中没有职务。

8 月 2 日，朱德被前委任命为第九军副军长。

8 月 3 日，南昌起义部队撤出南昌。朱德又被前委提升为第九军军长，还被任命为南下先遣司令。南下途中，国民革命军第二方面军总指挥张发奎被开除出中国国民党革命委员会，朱德替补为中国国民党革命委员会委员。

当南昌起义部队撤出南昌城时，由武汉军事政治学校改编成国民革命军第二方面军教导团的部队从武汉开往南昌途中，从欧洲归来的陈毅于 8 月 5 日于九江脱离教导团，追赶南昌起义部队，一直追到临川才追上，即被任命为第十一军第二十五师第七十三团政治指导员。而这个团的前身，正是中共领导的叶挺独立团。陈毅，1901 年 8 月 26 日生于四川乐至县，名世俊，字仲弘。1919 年赴法国勤工俭学。1921 年回国。1922 年加入中国社会主义青年团。1923 年加入中国共产党。1927 年 5 月由中共中央军委分配到武汉军事政治学校秘密担任中共党委书记，公开身份却是学校政治部准尉文书。

9 月上旬，前敌委员会决定以主力取潮汕，留一部分兵力于三河坝监视梅县方面的国民党军，再经揭阳出兴宁、五华取惠州，以便尽早得到休息和取得共产国际的接济。

9 月 19 日，起义军占领广东省大埔县三河坝，按照前敌委员会汀州会议的决定，兵分两路：周恩来、贺龙、叶挺、刘伯承等率第二十军和第十一军的第二十四师，从粤闽边境的大埔乘船，经韩江而下，直奔潮汕；朱德率领第十一军第二十五师和第九军教育团共约 4000 人留守三河坝，准备抗击从梅县向起义军进攻之敌。三河坝分兵，成为南昌起义由胜利走向失败的转折点。10 月 3 日，国民党钱大钧部三个师猛扑三河坝，朱德部一个师，苦战三天，10 月 6 日完成掩护任务撤退，兵员损失过半。率部抵达潮州东部饶平县城以北的茂芝时，与从潮、汕地区撤退下来的一部分起义部队约 200 人相遇，方知潮、汕已失守，并悉主力部队在潮汕失败。

10 月 7 日，朱德在饶平县茂芝全德学校主持召开干部会议，介绍了起义军在潮汕失利的情况后有一部分同志提出：南昌起义是失败了，这是无可否认的事实。目前敌强我弱，再这样硬拼下去，是不会有成功的希望的，不如解散回家，等待时机。朱德却不同意这种意见。他情绪激昂地说："我是共产党员，我有责任把八一南昌起义的革命种子保留下来，有决心担起革命重担，有信心把这支革命队伍带出敌人包围圈，和同志们团结一起，一直把革命干到底。"这时，七十三团指导员陈毅"呼"地站起来说："我也是共产党员，愿意鞠躬尽瘁，辅佐朱军长，把这些革命火种保存下来，把革命干到底。"接着，七十四团参谋长王尔琢等许多人纷纷表示，愿意跟随朱军长，率领这支部队继续斗争。会议否决了解散部队的意见。经过热烈讨论，朱德把大家的意见归纳为四条：第一，我们和上级的联系已断，要尽快找到上级党，以便取得上级指示。第二，要保存这支军队，作为革命种子，就要找到一块既隐蔽又有群众基础的立足点。湘粤赣边界地区是敌人兵力薄弱的地方，是个三不管的地带，这一带农民运动搞得早，支援北伐最得力，我们应当以此为立足点。第三，据最新情报看，敌人已从南、西、北方面向我靠拢，我们要从东北方向穿插出去。现在敌强我弱，我军又是孤立无援，所存弹药不多。行动上要隐蔽，沿边界避敌穿插行进。第四，要继续对全军做艰苦的政治思想工作，要发挥党团员、干部的先锋模范作用，坚决扭转对革命失却信心的混乱思想，安定军心，更要防止一些失败主义者自由离队拖枪逃跑，甚至叛变投敌。会议最后决定：部队先隐蔽北上，然后穿山西进，直奔湘南。

后来朱德在和美国进步作家史沫特莱的谈话中，把他当年在茂芝会议上的正确决策概括为两句话、8 个字："穿山西进，直奔湘南。"茂芝会议后，这支南昌起义剩下来的孤军，由朱德、陈毅率领，隐蔽北上，经大埔、蕉岭到福建的峰市、武平，然后进入江西，开始穿山西进，在粤、赣、湘边境艰苦转战，历尽千难万险。途中，部队团师级以上干部大都脱离了部队，就只剩下七十三团党代表陈毅、七十四团参谋长王尔琢，跟随着朱德。王尔琢（1903—1928），又名蕴璞，湖南石门县人。

1924 年考入黄埔军校第一期，同年秋加入中国共产党。1927 年，任国民革命军第四军二十五师七十四团参谋长。后任中国工农红军第四军参谋长。1928 年 8 月 25 日，在江西崇义思顺墟被叛徒所杀，年仅 25 岁。

从茂芝出发，朱德余部仍有 2500 人。一路上，遭遇国民党围追堵截，战斗减员迅速增加；另一方面，形势严峻，前途渺茫，原先预料到的自由离队拖枪逃跑，甚至叛变投敌的严重事故时有发生。陈毅曾回忆说："失败后，到了大庾①，那些有实权的带兵干部，要走的都走了。大家看到我还没有走，觉得我这个人还不错，所以我才开始有发言权了，讲话也有人听了。"共和国第一大将粟裕回忆说："严酷的斗争现实，无情地考验着每一个人。那些经不起这种考验的人，有的不辞而别了，有的甚至叛变了。不仅有开小差的，还有开大差的，有人带一个班、一个排，甚至带一个连公开离队，自寻出路去了。其中也有一些人后来又重返革命部队，继续为革命工作。我们这支队伍，人是愈走愈少了。到信丰一带时只剩下七八百人。不少人对革命悲观动摇，离队逃跑，特别是那些原来有实权的带兵的中高级军官差不多相继自行离去，给部队造成了极大的困难，使部队面临着瓦解的危险。"

朱德率领着这支南昌起义军余部，一路穿山西进，由福建进入江西，部队七零八落，营不成营，连不成连。一天，七连连长林彪把第七十三团指导员陈毅邀到一边。陈毅是当时师、团政工干部中唯一留下来的。他来部队时间不长，上下关系都很陌生，职务也不高，再加上他是搞政治工作的，当时政治工作人员被人们说成是五皮主义：皮带、皮鞋、皮包、皮鞭、皮手套，因此很多人说，"陈毅在汉口、南昌是五皮主义，现在他又来吹狗皮膏药，不要听他的"。然而潮汕失败之后，在部队面临极端严重的处境时，陈毅以顽强的革命精神和为人表率的实际行动，逐渐在部队建立起了威信。当时七连连长林彪对陈毅也是挺佩服的，他曾有过脱离队伍的想法，找陈毅相商，被陈毅劝止。②

10 月下旬，部队来到江西安远县天心圩，朱德、陈毅决定在这里召开全体军人大会，对起义军余部进行整顿。在军人大会上，朱德字字千钧地说："同志们！大家知道，大革命是失败了，我们的起义军也失败了！但是，我们还是要革命的。同志们！要革命的，跟我走。不革命的可以回家，不勉强。"天心圩会议，提高了队伍的自信心，大家从失败主义的阴影中走出来，坚定了跟着朱德不会错的信念，稳

---

① 大庾，大庾县，今为大余县，1957 年因"庾"字生僻，改名大余县。
② 粟裕著：《粟裕回忆录》，解放军出版社 2007 年版，第 32 页。

定了队伍。天心圩会议之后，擅自离队的就几乎没有了。但纪律涣散，甚至发生了士兵以手榴弹相威胁抢当铺的恶性事件。

朱德得知，勃然大怒。他与陈毅、王尔琢商量，采取断然措施，将犯事的两名主犯执行枪决。陈毅并向大家讲述了朱德舍弃高官厚禄，为了农民翻身解放，跟大家一起来吃苦受罪的生动事例，启发众人坚定革命信念，保持革命纪律，才是这支队伍的希望所在。所有官兵受到了极大的心灵震撼。

1927年10月底，朱德和陈毅率领部队到达赣、粤边界的大余地区，朱德将散乱的各单位整编为7个步兵连、1个机关枪连和1个迫击炮连，合编为1个纵队（相当于1个团）。当时，这支部队虽然很小，但目标却很大，国民党反动势力及地主、民团都知道是南昌起义保存下来的部队。为了缩小目标，便于隐蔽，部队采用"国民革命军第五纵队"番号，以迷惑敌人。朱德任纵队司令，陈毅任纵队指导员，王尔琢任参谋长。林彪、杨至成等当时分别担任连长，粟裕则担任排长。

部队对党团组织也进行了整顿。原有党员重新登记，又发展了一些新党员，成立了党支部，陈毅为支部书记。当时有五六十名党员，多数是军官和在机关工作的。为了加强党对基层的领导，部队选派一些党团员到连队，并由党员担任政治指导员，从而加强了党在基层的力量，加强了党对军队的领导。粟裕就是在这次整编中调任第五连指导员的。朱德的这套措施，与毛泽东的"三湾改编""支部建在连上"有异曲同工之妙，具有开拓性的重大意义。经过整编后的部队面貌焕然一新。朱德非常自豪地说："我们经过这次整训，部队走向统一团结了，纪律性加强了，战斗力也提高了。"[1] 粟裕也回忆道："潮汕失败，我们算是打了大败仗，几乎全军覆没，一路走来部队情绪低沉，经过这一段的工作，部队逐渐活跃起来，人们不再愁眉苦脸，议论声、谈笑声常常在部队中回响，初步显示了政治工作的强大威力。"[2]

11月初，朱德和陈毅率部队转移到了湘、粤、赣三省交界处崇义县的上堡、文英、古亭一带山区。在大革命时期，这里农民运动高涨，革命影响较深，群众基础较好，而且这里又是一片连绵不断的山区，便于部队隐蔽活动。同时，国民党对朱德这支部队失去了追踪的目标，战事趋缓。朱德、陈毅抓住这个有利时机，进行了人民军队军史和战史上具有重要意义的尝试——上堡整训。

这次整训，一是整顿纪律，二是开展军事训练。整训的20天时间内，每隔一两

---

① 朱德：《从南昌起义到上井冈山》，见《朱德选集》，人民出版社1983年版，第395页。
② 粟裕：《粟裕回忆录》，解放军出版社2007年版，第37页。

天上一次大课，小课则保持天天上。通过学习和训练，部队的作战能力大大提高了。在朱德的领导下，起义军还进入山区，收缴地主和土匪武装，开展游击战争。部队除了出操上课进行政治和军事训练外，还以连、排为单位分散开来，帮助群众生产劳动；向群众宣讲共产党的政策，以及起义部队是为穷人打天下的，穷人多，革命一定能胜利等革命道理。在此以前，这支部队只知道打仗，现在也会做群众工作了。

朱德、陈毅在赣南地区对起义部队进行的以上三次整顿，使部队走向团结统一，军事、政治素质大大提高，组织纪律进一步加强，完成了从旧式军队到无产阶级领导的新型人民军队的初步转变。赣南整军不仅对人民军队的巩固与发展起了重要作用，而且还为以后的整党、整军提供了宝贵经验。

二、朱范合作——人民军队统一战线的工作范例

朱德余部在上堡休整了一个来月，部队士气提高很多，革命的思想认识也有很大的改变。但因给养不足，物质方面却十分困难，冬天即将来临，战士们却都还是单衣短裤，没有钱换装。

1927 年 11 月 2 日，朱德在从敌人的报纸上得知云南陆军讲武堂的老同学范石生驻扎在广东韶关一带，便给范石生写了封信，按报上提到的地址给他寄去。此前，周恩来、朱德与范石生已有书信往来，寻求合作。此次信寄出去以后，好久也没有回音。朱德正在焦急万分，11 月中旬的一天，上堡墟场上来了一个人。此人自称是驻扎在湖南东南部汝城的国民革命军第十六军的一名军官，叫韦伯萃，是奉范石生军长之命来给朱德送一封信。朱德接到这封信，开心得不得了；朱德打开信一看，信中写道：

"春城一别，匆匆数载。兄怀救国救民大志，远渡重洋，寻求兴邦救国之道。而南昌一举，世人瞩目，弟感佩良深。今虽暂处逆境之中，然中原逐鹿，各方崛起，鹿死谁手，仍未可知。来信所论诸点，愚意可行，弟当勉力为助。兄若再起东山，则来日前途不可量矣！弟今寄人篱下，终非久计，正欲与兄共商良策，以谋自立自强。希即枉驾汝城，到日唯①处一晤，专此恭候。"②

朱德接信后立即与陈毅商量，并召开党支部会议慎重讨论。会上，有的人同意，有的人持反对意见。同意的人认为，与范石生合作是切实可行的，目前起义军面临

---

① 日唯，曾日唯，范石生十六军四十七师师长。
② 黄仲芳著：《湘南暴动史要》，华文出版社 2010 年版，第 45 页。

着困难，与之合作，不仅可以解决部队当前的燃眉之急，而且还可以相机争取范石生向左转，有利于革命事业的发展。另一部分同志则提出了相当尖锐的反对意见。持这种意见的人认为：第一，范石生纵然与蒋介石有很深的矛盾，但毕竟是一个锅里吃饭的人，一家人不说两家话，在对付共产党的问题上目标是一致的。与敌人合作，无疑是右倾投降主义，这种事情是万万不能做的。第二，范部被蒋介石收编已久，其部下的官兵受蒋介石影响很大。如果与范石生部合作，必将带来严重后果。第三，范石生部队生活作风糜烂，军纪败坏。我们的部队编入他的序列，必然会处于他的恶习包围之中。掉进军阀部队的染缸，以致变质，自毁长城。会场上，两种意见相持不下，各有各的道理。针对这些意见，朱德在会上做了系统的发言。他辩证地分析了合作的利弊，指出：搞合作，要看对革命有利无利，利多还是弊多。利用合作关系，壮大自己力量，即使不能使范变成我们的长久朋友，起码能使他暂时中立，这对革命会大有好处。所以，与范合作不是右倾投降。朱德还说："大家都清楚，范石生是我云南讲武堂的同学，有比较好的同窗之谊；范部的三个师长，都是我在云南讲武堂任队长兼教官时的学员，我可以利用旧关系亲自做通他们的工作。至于有的同志担心部队会掉进染缸，这问题提得好。不过，只要我们坚持'组织上的独立、政治上的自主、军事上的自由'这三大原则，这个问题也是可以解决的。"[①] 朱德提出的这三大原则，是这次合作的基础，正确地解决了这一难题，使指战员们心服口服。同时，它也创造性地成为以后我军军事统一战线工作的基本原则。

1927年11月18日，朱德带着作战参谋王清海、黄义书及从教导队中挑选出来的五六十名身强体壮、机智灵活的青年学生兵，由汝城农军负责人叶愈蕃、何跃生等带队，从上堡出发向汝城开拔，与范石生谈判。

11月19日上午，朱德率部抵达汝城县城东5里的永安村，第十六军四十七师曾日唯师长率百余人早已恭候迎接。老师与学生见面，彼此十分高兴。双方各自介绍了情况，回顾了当年师生之间的情谊。曾日唯告知朱德，范军长已接到他的报告，正从仁化城口赶赴汝城，迎接老同学。当天，在曾日唯师长、随身副官孙开科等约一连官兵的陪同下，范石生到达预约地——汝城县城东的教场坪，举行隆重的欢迎仪式。当范石生看见朱德时，即令士兵吹号击鼓，热烈欢迎，并快步跑过去紧握朱德的双手，两人亲切拥抱，兴奋异常。当晚，两位同窗学友谈至深夜。朱德将部队

---

① 黄仲芳著：《湘南暴动史要》，华文出版社2010年版，第44页。

安排在县城西门西街和津江朱氏宗祠宿营。

第二天，朱德、范石生在城南外储能小学（城郊中学旧址）正式谈判。就在谈判的前一天晚上，韦伯萃利用吃晚饭的时候约见了朱德，将曾曰唯四十七师的情况报告给了朱德，并告知，范部第十六军有许多是我们党内的同志，保留了一批骨干。早在1926年范部改编为十六军时，周恩来就通过黄埔军校的政治教官——云南人王懋庭（王德三）将在广州的云南籍共产党员王振甲（王西平）、韦济光、夏崇光、马季唐、饶维昌、李静安、赵贯一、向镇弼以及广西人余少杰等派入范部，组成了政治部，担任秘书、科长、股长及下属部队的党代表。四一二政变以后，各部队奉命"清党"。范石生阳奉阴违，搁置不理。所以十六军内至今仍有我党的秘密组织。朱德听后，感到欣慰。谈判席上，朱德明确提出"政治上自主、组织上独立、军事上自由"的合作原则。由于此前朱德已在和曾曰唯谈判时，说服了曾曰唯，因此范石生完全接受了朱德的条件。最后，双方达成了如下合作协议：

一、朱德部队暂用"十六军四十七师一四〇团"番号，张子清、伍中豪率领的部队，暂用"十六军四十七师一四一团"番号。朱德化名王楷（朱德字玉阶），名义任十六军参议、四十七师副师长兼一四〇团团长。陈毅任一四〇团政治指导员，王尔琢任团参谋长。

二、同意朱德提出的三条合作原则。

三、先发薪饷。每支步枪配200发子弹，机炮配1000发。损坏的枪支，由军部修理所尽先修理。每人发给一套冬装及毯子、背包带、绑腿、干粮袋等。洋镐、十字锹、行军锅、木桶等，均予补充齐全。

当时朱德部只有七八百人，却按一个团的编制足额配备军需物资，装备有俄式重机枪两挺、手提轻机枪4挺、驳壳枪120余支、步枪500余支，补充了6万发子弹。[①] 谈判取得了意想不到的成功，消息传到上堡后，指战员们欢呼雀跃，士气为之一振。

11月21日上午，范石生在储能小学召开尉官以上军官会议，向大家介绍朱德。朱德在会上作了慷慨激昂的讲话。他说："我们中国外受帝国主义侵略，内受新军阀蒋介石的独裁统治，整个中国民不聊生。今天，我们必须团结起来，打倒这个新军阀。有蒋介石就没有我们，有我们就没有蒋介石！我愿与大家共同努力。"朱德

---

① 黄仲芳著：《湘南暴动史要》，华文出版社2010年版，第47页。

的讲话博得众军官一片喝彩声。后闻桂系黄绍竑部即将开赴汝城，进攻范石生部，情况紧急。于是，范石生急忙撤往郴州、永兴，朱德率部也随第四十七师移驻资兴。不久，以何举成为团长的湖南工农革命军第二师第一团到达宜章、汝城、资兴交界的瑶岭，范石生立即派人前去迎接。这支部队到达乐昌后，被编为十六军特务营。何举成任营长，黄文灿任副营长。同时建立了中共第十六军特务营支部，李涛任支部书记。为了加强党对一四〇团、一四一团、十六军军部特务营这三支部队的统一领导，朱德、陈毅还特意成立了秘密的中国共产党十六军军委，陈毅任书记。汝城谈判的成功，标志着朱德与范石生统一战线的建立，为我党早期探索建立统一战线积累了经验，充分地体现了朱德高超的领导艺术，为困境中的南昌起义军余部争取到了难得的休整补充的机会，是历史上值得称颂的一笔。

三、汝城联席会议——朱德策划湘南起义

朱德在汝城、资兴站稳脚跟后，分析了敌我双方态势，认为此时在湘南举行武装起义，占尽天时地利。但根据南昌起义失败的教训，关键是要有地方党组织的配合，发动地方群众广泛参与，做好"人和"这篇大文章，起义才有成功的希望。于是，朱德安排部属与汝桂边区赤卫队指导员赖鉴冰等送信给湘南、粤北各县党组织，约定在汝城召开各地党组织负责人联席会议，讨论制订湘南起义计划。中共汝城县委书记何日升接到通知后，同县委组织部部长胡伟章，宣传部部长范旦宇，农会干部朱良才、朱赤等人，秘密选择城外西街衡永会馆（文塔西向 40 米）作为开会地点，并细心做会前准备。

11 月 24 日—26 日，汝城联席会议在衡永会馆如期秘密举行。朱德主持会议，陈毅、王尔琢参加了会议。出席会议的各地党组织领导人是：湘南方面，郴县夏明震（时任郴属特委书记），耒阳谢竹峰，宜章毛科文、杨子达、彭晒，资兴黄义行，汝城何日升、何举成，桂东郭佑林；广东方面，乐昌李光中、仁化阮啸仙、始兴梁明哲等。"来自湘南和粤北的代表所举行的桂阳会议一共开了三天，会后代表们分头回去，准备在十二月中旬举行起义。"[1] 朱德曾这样回忆说。

朱德首先在会上简要介绍了与范石生谈判合作的情况，传达了中共中央关于以汝城为中心发动湘南暴动的指示，并就以后的工作做了布置。接着会议就湘南起义

---

① 艾格妮丝·史沫特莱：《伟大的道路》，生活·读书·新知三联书店 1979 年版，第 247 页。

问题进行了紧张热烈的讨论、研究。

郴县县委书记夏明震、宜章县农协委员长杨子达、宜章县农协副委员长毛科文、宜章县碕石特别支部书记彭晒、汝城县委书记何日升先后就起义的相关工作进行了积极发言和建议。

听过大家的发言，陈毅颇受启发，在会上也做了简短发言。最后，朱德综合了大家意见：当前敌人占据了城市，从城市向农村进攻，企图消灭农民武装力量，实行"清乡"大屠杀，我们必须坚持以农村为阵地，在湘南、粤北率先组织和发动广大农民开展武装斗争。特别要像汝城这样，充分利用敌人统治薄弱的农村，积极组织力量，发展壮大农民武装。大家回去后，立即组织农民暴动队，白天分散生产，晚上秘密行动，在各地开展武装斗争，不断扩大暴动队伍和活动区域；必须立即恢复和建立党的地下组织，以及农会、妇女、学生等群众组织；在暴动成功的地方，迅速建立苏维埃政府，开展土地革命。因此，我们要从政治上、军事上、组织上充分做好暴动的准备，确保起义成功。经过充分讨论，最后会议制订了以朱德、陈毅率领的南昌起义军打先锋的湘南起义计划，决定 12 月中旬以汝城为中心发动湘南暴动。

会议结束时，朱德特送郴县县委书记夏明震两支驳壳枪，叮嘱他一定要做好工作，防止急躁情绪，尽可能地领导好郴县一带的农民暴动。①

夏明震由汝城回到郴县后，12 月上旬在郴州城外卸货坪共产党员万伦家里召开党的会议，传达汝城联席会议精神。参加会议的有陈鹏、孙宇宁（即孙开球）、邝朱权（后叛变）、万伦、李杰、段辉礼（又名段玉廷）、廖昭福、萧光堤、陈奇（郴县人）等十多人。与会人员进行了认真讨论后，即分头到郴县各地开展活动，组织暴动队伍。

同时，夏明震赶到衡阳，向湘南特委书记陈佑魁做了汇报。陈佑魁得知情况后，非常高兴，于 12 月初在湘江河上召开特委会议，研究湘南暴动方案（史称"江心会议"），12 月 6 日最终形成了《湘南暴动计划》，确定在湘南组建 12 个师的工农武装，其中在衡阳组建七、八、九、十等 4 个师。②

这个计划将对敌交通、通信的破坏，自己交通通信的创建，起义经费，武器装

① 朱德主持的湘南粤北各县党组织负责人汝城联席会议情况，见邝若刚主编的《中国共产党汝城历史》第 1 卷，中共党史出版社 2009 年版，第 94—97 页。

② 《中国共产党衡阳历史》第一卷，中共党史出版社 2007 年版，第 149 页。

备，宣传工作，党务工作，对敌瓦解工作等都做了详细的规划。这个计划因缺了首页，无法判定它与汝城会议的关系。计划形成时，湘南并无其他我党掌握的军队，但文末有一句"加紧军队中政治教育"的话，似有所指；是否指朱德的部队，也无法判明。但这个计划客观地对应了朱德主持的汝城联席会议的军事部署，且有较强的操作性，不空洞，它对湘南起义的指导起了重要的作用。

汝城会议后（12月上旬），朱德、陈毅率部随十六军军部转移至韶关。途经仁化时，朱德和广东北江特委取得了联系。特委同志对朱德说："中央有指示：第一，要你参加北江特委。第二，要你率领部队南下，参加广州起义。"这样，朱德便成为北江特委三委员之一。

由于上级命令朱德部参加广州起义，立即动身，汝城会议确定的12月中旬举行湘南暴动的计划落空，第三次湘南起义的策划流产。但这次会议后，各县党组织加紧了暴动准备，为后来第四次策划湘南起义奠定了胜利的基础。

四、朱德、陈毅转道湘南

湘南起义有一个非常奇特的巧合，毛泽东经常讲的中国革命三大武装起义，即南昌起义、秋收起义、广州起义，余部都参加了湘南起义。1927年12月上旬，朱德部为支援仁化地下党工作，移师仁化。在这里，中共广东省北江特委通知朱德：中共中央指示，让朱德率部队参加广州起义。

11月28日，广东省委根据党中央指示，做出了在广州发动工农兵武装起义的决定。1927年12月19日，奉命参加广州起义的朱德部由仁化匆忙南下，刚走到韶关，便与广州起义失败后撤出的200余人相遇，始知起义失败。这200余人是国民革命军第四军教导团的学员。朱德把这200余人收编后，即将队伍带到韶关北一个叫犁铺头的地方练兵。其中有位广州教导团的学员叫洪超，朱德见其聪敏灵活，便将其安排在身边当了警卫员，后来成长为红军师长，在长征之初牺牲。

犁铺头是韶关近郊的一个大圩场，人口稠密，经济富饶，是一个适宜扎营练兵的好处所。部队在这里掀起了较之上堡练兵更为正规、时间也较长的大规模的练兵运动。朱德根据自己在云南讲武堂和在德国、苏联学到的军事知识，以及辛亥革命后在滇越边界平息战乱和护国、靖国战争中所摸索到的一些实践经验，特别是南昌起义以来我军作战的经验、教训、特点等，亲手编写出《步兵操练》和《阵中勤务》两类教材，并亲自担任教官。在犁铺头期间，朱德还经常率领部队到附近的仁化、曲江等县，支援农民运动，镇压土豪劣绅。一次，他带部队到董塘，配合石塘、安冈、高寨等乡的农民自卫军，一夜逮捕了谭学云、谭清元等33个土豪劣绅，并处决了其中的27名罪大恶极者。朱德率部离开董塘以后，逃亡的恶霸地主纠集反动武装300多人，向农民自卫军反扑。朱德闻讯再次率部来到董塘，击溃了反动武装，又一次给农民自卫军撑腰壮胆。12月底，曲江县清水塘村恶霸地主冯厉赞，搜罗附近的反动民团2000多人，包围清水塘农会，妄图予以摧毁。清水塘农会组织农民自卫军英勇抗击，冯厉赞遭到失败后，便以25000元的代价到犁铺头请国民党正规军协助进攻。恰巧他找到的是朱德的一四〇团。朱德将计就计，带领200多人枪前往清水塘，援助农民自卫军，给了反动民团以狠狠的打击。对于朱德的这些活动，范石生从不干预或制止。

1927年12月21日，中共中央发出《关于二十五师去湘南发动农民起义致朱德信》，长达4000余字，写了12个方面的问题，有的很有针对性、前瞻性、正确性。其中告知朱德他们毛泽东在桂东的北边茶陵、酃县，并要求朱毛"共同计划—发动群众以这些武力造成割据的暴动局面，建立工农兵代表会议——苏维埃政权"。并指示：如果没有联系上毛泽东，"你们在桂东、桂阳应该单独的做起来，当地如有我们的党部，自然应该与他们计议发动群众采取适当机会举行暴动；假使没有党部，你们亦应由军中挑选得力同志派入乡村，做组织群众鼓动群众的暴动预备工作，同时并派人与湖南省委作切实的党的联络"。信中还告知朱德部队的番号为"工农革命军第一师"，系广东省委任命的。指示新建工农革命军的命名方法"由当地革命委员会或苏维埃政府任命为某某地工农革命军第几师"。明确军队党的政治工作者职岗为"党代表"，这与过去叫"指导员"不同。对照检视湘南起义后来的发展，中共中央上述指示精神得到基本贯彻。可见朱德他们应该是见到了这封信的。

当中共中央致信朱德，告知毛泽东在桂东的北边茶陵、酃县以至江西莲花驻扎，并指示"你们应确实联络，共同计划—发动群众以这些武力造成割据的暴动局面，建立工农兵代表会议——苏维埃政权"时，朱德、毛泽东事实上已经有过三次联系：第一次是朱德于11月与毛泽东部下第三营张子清部，在赣南的上犹县鹅形村相遇，双方介绍了彼此情况。第二次是朱德于11月中旬派毛泽覃上井冈山见大哥毛泽东介绍朱德部情况。第三次是毛泽东派部下何长工于12月20日到达韶关犁铺头，见到了朱德、陈毅、王尔琢。

在朱毛两军会合之前，井冈山的毛泽东部和活动在湘粤边的朱德部通过各种渠道，取得了密切的联系，加深了彼此的了解，为两军后来胜利会师奠定了基础。

1928年1月3日，朱德应范石生部师长赵超的邀请，到韶关参加宴会去了。下午7时许，范石生从广州派人专程到犁铺头给朱德送一封紧急密函，陈毅、王尔琢立即把密函设法转到已去韶关赴宴的朱德手里。密函大意是说"合作事已被告发"，要朱德"从速离开"，建议朱德行军"多走大路，勿走小路"。还说："来日方长，后会有期。"原来十六军教导团团长丁腾（一说丁煦）是蒋介石安插在范部的亲信，他将朱德和范石生建立合作关系的事密告蒋介石，蒋即电令掌管广东军政大权的军阀李济深转告范石生，即将朱德部队就地解决。范石生不忘旧情，暗中写信把这消息迅速告诉了朱德。随后范又给朱德送来10000块银洋和10箱子弹，以示送行。

朱德看完范石生的密函后，马上赶回团部，召集部队主要负责人陈毅、王尔琢和龚楚（后叛变投敌）商议。初步商议结果，决定部队向东，往海陆丰方向，前去与董朗、颜昌颐会合。1月3日晚，大雨滂沱，朱德以演习的名义冒雨率部离开了范石生部。其间，蒋介石安排在十六军的国民党特务丁腾请求范石生立即捉拿王楷，但范石生不为所动，故意让朱德部从容离去。在中国革命史上，范石生这位朋友，是应当留下一笔的。

在朱德离开犁铺头之前，张子清、伍中豪已率部于12月中旬返回井冈山归队。显然，此时朱德没能指挥这支部队，而朱德也并没有上井冈山的设想。还有汝城农军改编的军部特务营何举成部，仍留在韶关，驻在韶关城内女子学校里。"朱德同志也派人秘密送信要何举成火速设法脱离十六军，但因何举成存在着严重的右倾麻痹思想，加之受到对方的欺骗，总是犹豫不决"，[①] 一直拖延不动。至2月初，副营长黄文灿叛变。正月十五日（2月6日），广东地下党写了封信交范卓送明德女校交何举成，让何举成利用早操时将队伍拉到犁铺头。不料信被一个叫直开文的内奸截去，报告了四十七师参谋长。当晚，特务营被敌人一举围歼。何举成在战斗中牺牲，李涛、宋裕和等少部分人逃脱，让人痛心不已。

朱德、陈毅率部离开犁铺头，向仁化进发，途经董塘圩时，和当地党组织联系，策动农民500余人，攻占仁化县城，缴获步枪32支，全部分给董塘圩的农民。部队在仁化县城住了一天，筹集了2000多元现款，并在这里将董塘圩农军改编为独立第四团，任命刘三凤为团长。临走时，朱德召开了群众大会，鼓舞农军斗志，赠送了

---

① 李涛：《工农革命军二师一团之路》，解放军出版社2007年8月《星火燎原·未刊稿》第1集，第28页。

两箱子弹和一面红旗给独立四团，并且留下了十二支队的滕铁生、杨开平、石生根、蒋围、范卓、孙德隆、刘海、何大修等8名军事人员，帮助当地开展农运，搞武装斗争。但当朱德部准备离开仁化东进时，发现国民党军方鼎英的第十三军正沿着浈水开往南雄，截住了东去的路，朱德只好听从了龚楚的建议，折向西进，计划去湘南找一块地方建立根据地。

朱德率部第二天驻回董塘圩，第三天继续西进，6日攻打广东乐昌未成功。朱德、陈毅等人接受团副龚楚的建议，到达龚楚的家乡乐昌县长垇村，从这里渡过武江，再沿乐（昌）乳（源）边境的黄坪、大洞、小洞，进入乳源县北的梅花乡杨家寨。杨家寨包括十多个自然村，共300多户，1000多人。除十几户住在山上寮棚外，其余都住在村寨里。这里自古以来是杨姓族人聚居的地方，没有农会组织，封建宗族统治极严，族长掌握最高统治权。"非我族类，其心必异"的观念十分顽固。可是，只要是同姓的，即使来自外地，也被以为同一"族类"，深信不疑。寨里有个叫杨子达的，本是湖南宜章人，曾任中共宜章县委委员、县农协委员长，马日事变后，才避居到这里。就是靠他利用宗族关系，说通族长的思想，把朱、陈大军接进了寨子。朱德后来在《从南昌起义到上井冈山》一文中回忆说：杨子达"当时就住在杨家寨子，他对我们进驻这个寨子也起了重要作用"。杨子达曾在汝城联席会议上见过朱德、陈毅，说来也是老相识了。

到达杨家寨的当天晚上，在朱德主持下，朱德、陈毅、王尔琢、蔡协民、龚楚与杨子达、胡少海、李光中在杨家寨贤观阁（又称文奎楼）召开会议，听取杨子达、胡少海等关于宜章的地理民情和敌我双方情况的汇报，朱德由此了解到宜章的党组织已经为暴动做了诸多准备，决定进入宜章发动暴动。参加这个会议的成员：朱德是一四〇团团长，陈毅是政治指导员，王尔琢是参谋长，蔡协民是政治部主任，龚楚是团副，杨子达是中共宜章县委委员、农民协会委员长，胡少海、陈东日是宜章农军负责人，李光中是广东乐昌县畈塘村农军负责人。会议还决定，与宜章县委进一步加强联系，密切配合，具体商议组织宜章暴动的步骤。这次会议，承继了汝城联席会议的精神，执行了汝城联席会议关于在湘南起义的部署。

五、宜章莽山洞联席会议——朱德第二次策划湘南起义

1月8日，朱德率部从杨家寨到达梅花圩，住在孔圣会馆。宜章县的陈东日（原汝城中国工农革命军第二师师长）、陈俊带领10余名赤卫队员从栗源赶来接头，

向朱德等人反映了宜章最新的敌情：县城没有正规军驻防，只有400人的民团，且无电台，无接通广东的电话线，消息闭塞。朱德深入分析敌情后，决定部队分两路行动，一路由龚楚带领留驻梅花，再进入宜章栗源的径口；另一路由朱德、陈毅率主力同胡少海进入宜章境内的莽山洞。同时安排陈东日回栗源，以买马为名开展联络工作，准备暴动。

莽山地处乐昌的西北和宜章的西南，属南岭山脉中段，是大庾山脉向南延伸的一座大山。洞是湖南人对山中盆地或田坝的通称。莽山洞风景非常好，散居着数百户汉瑶贫苦农民。山上是一大片原始森林，有很多古树奇花、珍禽异兽。从山上流下来一泓奔腾明亮的溪水，穿过数百亩稻田，蜿蜒如带，山得水而活，水得山而秀，又是两省边界的地方，部队在这里休整，确有一个良好的环境。

1月9日，宜章县委获悉朱德、陈毅率领部队进入莽山后，县委书记、湘南特委委员胡世俭和县委委员高静山、陈东日、毛科文等，立即前往联系。之后，朱德、陈毅、王尔琢、蔡协民、胡世俭、毛科文、高静山、杨子达和胡少海等，在莽山洞一座古庙里举行联席会议。① 会上朱德首先分析了当时国内局势。他指出，湘桂新军阀混战，李宗仁、唐生智正酣战于湘北，而湘南敌人的统治力量相对较弱；同时年关已到，土豪劣绅逼租逼债更甚，穷苦农民与土豪劣绅的矛盾更加激烈；宜章又有大革命工农运动很好的基础，地方党组织盼望我们去把火点起来。因此我们完全可以趁这个机会在湘南打出红旗大干一场。会议对各种情况进行了全面分析和认真研究之后，决定智取宜章县城。具体办法是：一、由胡少海以范石生第十六军一四〇团副团长的名义，先给宜章县长写封信，说是奉范军长之命回桑梓来抵抗从广东北上的共军，借以麻痹敌人；二、由胡少海率领两个加强连，扮成国民党部队的模样，先期入城控制局面，并出面邀请县长为首的全部反动头目赴宴，来个"一网打尽"；三、主力则由朱德等率领尾随其后入城，陈毅、王尔琢负责指挥，以迅雷不及掩耳的敏捷行动，彻底解决县团防武装。这里说的胡少海，宜章人，原名振弼，学名占鳌，字绍海，又称胡老五，1898年2月22日生于栗源团岱下胡家村一富豪家庭。他先后在武昌、广东乐昌等地求学。1921年投入嘉禾李国柱部当兵。由于机智勇敢，不久被破格提升为独立营营长。1924年到广东韶关进入鄂军讲武学堂第二期学习。学习期间听过周恩来、林伯渠等人讲演，思想倾向马克思主义。1925年参

---

① 莽山洞会议情况，见李浩伟主编《中国共产党宜章历史》第1卷，中共党史出版社2007年版，第69—70页。

加讨伐陈炯明的东征。1926年7月参加北伐战争，在国民革命军第六军任团长，屡立战功。大革命失败后因思想左倾，受到新军阀歧视，愤而脱离旧部，转入湘粤边境建立武装，隐藏在乐昌、乳源一带打游击，并接受共产党的领导。朱、陈进驻杨家寨时，他特地赶来参加起义军。但是，他的这些经历，宜章人谁也不知道。因为他具备了这样一个特殊的条件，所以挑选他来扮演智取宜章的一员主角。

会上，进一步研究制定了整个湘南起义的大政方针和口号。

莽山洞会议，是中共党组织第四次湘南暴动策划会议。在朱德、胡世俭主持下，军队和地方党的领导互相配合支持、共同决策，它对暴动的时间、地点、方法、策略、注意事项都做了详尽的规定，对暴动的成功起到了决定性的作用；而且对起义以后的发展方向、军事战略、军队建设、地方工作都做出了相应的规定，推动了整个湘南暴动势如破竹的顺利发展。由于莽山洞军事会议制定了正确的战略决策，因而取得了"智取宜章"的成功，掀开了湘南起义的序幕。

第四章

宜章年关暴动

★

宜章县位于湖南省最南端，周边分别与湖南省的临武县、桂阳县、郴县、资兴县、汝城县，广东省的乐昌县相邻。县城在县域中部的一个山窝里，北靠骑田岭，东临五盖山，西南就是原始森林莽山。正南不到15公里就是广东乐昌县的坪石。当年的宜章城，就只有县衙门前的一条主街和几条小巷子。县衙左前方，就是县立女子职业学校，北边是一个广场，城南是南关街。伟大的湘南起义序幕（又称宜章年关暴动）就在这里拉开了大幕。

一、智取宜章城——工农革命军第一师的成立

1928年1月11日（旧历十二月十九日）下午，宜章栗源岱下胡家村五少爷胡鳌穿着笔挺的军官服，骑着高头大马，率先遣部队向宜章城前进，路上行人看了，不明所以，纷纷让开。

五少爷率队从南关街进城，直达县衙，拜会杨孝斌县长大人，投上名帖。

县长杨孝斌正愁县防空虚，无力御敌，忽然接到报帖有本县乡绅之子带正规军

回乡驻扎，信以为真，将五少爷接进府衙，好好招待。

听五少爷说一四〇团团长王楷要亲临宴请县府各要人，杨孝斌赶紧接过话题，主动承担东道主的义务，于是变成了杨县长宴请一四〇团长官宴。

朱德、陈毅在胡少海出发的同时，即率主力部队向宜章城靠拢。中共宜章县委负责人胡世俭、高静山、杨子达、陈东日、毛科文也化装杂在部队行列里。

1928 年 1 月 12 日①下午 2 点左右，朱德、陈毅率主力部队从栗源堡出发，经武阳司、长岗岭、小塘向宜章进发。部队走出五里冲后，在小山坳里短暂休息，召开部队党的活动分子会议，再次进行战斗动员和部署。入城后，司令部设在女子职业学校。在布防设营的名义下，陈毅、王尔琢按原计划，立即指挥部队悄悄地包围了县政府、警察局和团防局所在地——养正书院，并在各条要道上布置了岗哨，做好了战斗前的一切准备。

朱德在司令部听取了县委关于暴动前准备工作情况的汇报后，对暴动做了一些具体指示。这时，胡少海前来报告说，县长杨孝斌坚持由他设宴为一四〇团的长官"接风""洗尘"。朱德和陈毅、王尔琢等商量后，告诉胡少海，正好来个"就汤下面""顺水推舟"。

当晚，县长杨孝斌在县议会二楼设席宴请一四〇团长官。

县议会的所在地叫明伦堂，右旁隔壁是专办酒席的宴春园。这次县长办的鱼翅席，就是由宴春园承包的。

宴会的时刻到了。朱德、胡少海领了 14 名干练的卫士，带着驳壳枪，登上了县议会大楼。县长杨孝斌请朱德、胡少海坐在首席，他和前县长黄得珍等 20 余名官绅依次坐在陪席。席间，他们频频举杯向朱、胡敬酒，极表欢迎之情。酒过三巡，朱德突然起立，摔杯在地，随来的卫士，忽如猛虎扑羊，缴了县府哨兵的武器。这时，高静山、杨子达等带领一班人闯进了宴会大楼。官绅们见了，一个个瞠目结舌，面如土色。卫士们一拥而上，把县长杨孝斌、前县长黄得珍等全部捆绑起来。杨孝斌吓得结结巴巴地说："你……你…你们是什么人？"朱德桌子一拍，庄严宣告："我们是工农革命军！我就是朱德！你们这些贪官污吏、土豪劣绅，平时作威作福，鱼肉乡里，屠杀工农，十恶不赦，死有余辜，是劳苦大众的死敌。现在通通扣押起来，听候公审！"官绅们绝望中不约而同又把求救目光投向"胡团副"，指望这位"保护

---

① 智取宜章县城时间，原来粟裕回忆是 1 月 22 日。后来经宜章县委党史办反复考证，并经军事科学院办公室请示粟裕复信认可，确认是 1 月 12 日。

桑梓"的"胡家五少爷"能给条生路。胡少海这时也义正词严道："别做梦了，我胡少海已信仰共产主义。"新老县长等当时宜章县反动统治阶级上层的 20 多人，瞬间成了阶下囚。只有保安队长邝镜明，狡猾阴险，借故未来参加宴会，得以漏网逃脱。

陈毅、王尔琢负责指挥部队解决团防局和警察局的武装，共缴获了步枪 350 支、驳壳枪 10 支，俘虏警察及民团共 400 余人。

接着，起义军打开监狱，放出了被捕的革命者和无辜群众；打开粮仓，把粮食分给了穷苦工农。顷刻，宜章城里，一片欢腾；大街小巷，贴满了红绿标语。群众兴高采烈，奔走欢呼："暴动了！""起义了！""胜利了！"这时，几面绣有镰刀、斧头，象征工农革命武装的鲜艳红旗，在县政府和城门楼上徐徐升起，高高飘扬。它宣告宜章年关暴动的胜利，揭开了湘南起义的序幕。

1 月 13 日上午，中共宜章县委在城西门广场召开群众大会。前往参加大会的群众，个个臂缠红布，手擎红旗，有的背着鸟铳、梭镖，有的唱着"打倒列强，打倒列强，除军阀，除军阀"的战歌，从四面八方拥入会场。

县委书记胡世俭介绍朱德和群众见面后，宣布大会开始，并带头鼓掌欢迎朱德代表部队向大会演讲。朱德站在主席台前，以豪迈的气概对大家说："我们是共产党领导的、为穷人打天下的革命军队，是南昌起义的队伍。我们已经推翻了县衙门，抓了一批贪官污吏、土豪劣绅。我们支持大家组织起来闹革命。因为工农大众只有掌握了枪杆子，彻底打倒蒋介石、唐生智等新老军阀，实行耕者有其田，才能真正当家作主人。"群众聚精会神地倾听朱德的讲演，不时高呼："拥护共产党！""拥护工农革命军！""组织起来！""打倒土豪劣绅！""农工大众解放万岁！""共产党万岁！"在群众会上，朱德还庄严宣布：中国共产党组织和领导的中国工农革命军第一师①正式成立！师长朱德、党代表陈毅、参谋长王尔琢、政治部主任蔡协民（湖南华容人，1934 年 7 月在福建漳州就义）；一营长兼教导队长李奇中（湖南资兴人，后脱党），二营长袁崇全（湖南桃源人，后叛变，1928 年 8 月 24 日他亲手枪杀了军参谋长王尔琢。1928 年 9 月 13 日，红四军攻克遂川县城，生擒了这个可耻的叛徒，二十八团全体官兵召开公审大会，处决了这个败类），三营长周子昆（广西桂林人，

---

① "中国工农革命军第一师"的番号是中共中央南方局于 1927 年 10 月初决定命名的。南昌起义二十四师董朗余部被命名为中国工农革命军第二师，成立于 10 月 11 日，但广东省委 10 月 4 日给海陆丰特委的信中已有工农革命军第一师、第二师的称谓。

后任新四军副参谋长，1941年3月13日皖南事变中在泾县赤坑山蜜蜂洞被叛徒杀害）。全师1260人枪。参加暴动的宜章农军暂被编为赤卫大队，由胡少海指挥。起义部队把原在南昌起义时用的青天白日旗当场废掉，改为满天红斧头镰刀军旗；战斗识别符号，一律用红布领巾和红布袖章；部队印章原来的方形篆字改为圆形正字。

会后，工农革命军第一师司令部设宜章县女子职业学校内，同时设暴动总指挥部于此。朱德的"工农革命军第一师"的番号，中共中央1927年12月21日来信告知，是中共广东省委决定他们这支部队使用的番号。陈毅这个政治工作者的角色，以往都是称呼为"政治指导员"，各级都一样，但这次改为了"党代表"，这也是中共中央12月21日来信中的要求。

此前，朱德部一直用的是国民革命军的番号：南昌起义时，他的所部是国民革命军第十一军第二十五师七十三、七十四、七十五团，国民革命军第三军教育团第三营。为了迷惑敌人，到大余整军时，不得不使用国民革命军第五纵队番号。到汝城，用的是国民革命军十六军四十七师一四〇团的番号。宜章一战成功后，正式打出中国工农革命军第一师自己的旗号，光明正大，扬眉吐气，全军上下，欢欣雀跃，兴奋之至。

大会接受群众意见，当场处决了前后两任县长杨孝斌、黄得珍，以及挨户团副主任刘秉钧、保管员萧星若、队副陈茂金、副官彭亮、分队长谷寅宾等。原在宴会上逮捕的其他国民党官绅，劣迹不大者，经过审问、罚款后即予释放。有个名叫曾日三的，是教育局的督学，曾与共产党内一些同志有过交往，思想比较进步，当即被吸收参加革命队伍，后来成了共产党的高级干部（曾日三上井冈山后，历任红四军参谋、红三军政治部主任、红军总政治部秘书长、红五军团政治部主任、红九军代政委兼政治部主任等职。1937年在甘肃作战时牺牲）。

智取宜章的时间，正是旧历年的十二月二十日，离"小年"只有4天，离"大年"也只有10天。所以人们又称之为"年关暴动"。

智取宜章城胜利之后，地方党组织在部队的支持下，立即以战斗的姿态积极展开各种活动。首先组织了三五人一组的宣传队，分头到街头、广场、郊区，向群众宣传革命道理。城里的工人（特别是盐卡的搬运工人），农村中的贫苦农民，都成群结队地前来参加斗争。每人都在颈上挂起约一寸宽、两尺长的红布带作记号。这些积极分子当天就被编成队伍，分别奔向四乡活动，革命的浪潮很快席卷了全县。

1928年1月14日，县委召开扩大会议，朱德应邀列席会议。县委书记胡世俭，委员高静山、杨子达、毛科文、吴泗来、颜秉仁、吴子忠参加会议，会上增补陈东日、张际春、陈策为县委委员，确定当时党组织的主要斗争方针：迅速发动全县工农群众，恢复群众组织，配合工农革命军，随时迎击和粉碎敌人的反扑；建立和壮大地方革命武装，消灭地主武装，以扩大和巩固暴动的成果。朱德在会上表态，工农革命军主力做大家的后盾，如遇地主武装反抗，工农革命军随时出动予以打击。史沫特莱著《伟大的道路》记述说："宜章被朱德的部队攻占以后，湘南湘东到处燃起了革命的火焰，农民开始分地。他们川流不息请求协助对付地主。他便选派干部跟他们回去，或是派遣小部队去帮助他们。没过多久，他的大部分队伍便分布在远近各处，而地主都逃向国民党或当地军阀部队控制下的大城镇去保命。敌军从南面来威胁时，朱德还照样派出两营精锐去动员和武装农民；唐生智的部队移到北面的郴县时，朱德仍然向外派人。最后，宜章只由寥寥可数的工人自卫团来守卫。"可见当时朱德部工农革命军全都参与到土地革命基层去了。

同日，恢复宜章县总工会，成立共青团宜章县委和工人纠察队、少年先锋队等群众组织。县总工会由吴子忠任会长，下设织业、店员、鲁班、轩辕、轿行、雕刻、燃灯等分会；共青团县委书记由李子超担任；工人纠察队有30多人，由城内工人和店员组成，李建中、李佐先先后任队长；少年先锋队队长由王杰担任。

1月15日上午，县委在城内广场召开县农民协会恢复成立大会。近城区四乡农民扛着梭镖，有的背着锄头，有的还将马日事变后密藏的农会红旗取出来，套在旗杆上高高举起，从二三十里地外赶来参会，城内工人店员则手执红绿小旗参加大会。会场一片欢腾，人民革命热情空前高涨。大会当场选举杨子达为县农民协会委员长，高静山、吴泗来、毛科文等11人为委员，中共宜章县委农委书记张际春兼任县农会秘书长。县农会设执行、土地、监察、军事、宣传等委员会。接着，又恢复了县妇女联合会，由李定莲任会长，刘冬秀、吴惠初、杨佩兰等为委员。

每个群众组织的成立大会，都是一次盛大的宣传活动，不几天，宜章红遍了天，村村寨寨、家家户户都知道农民翻身的日子又到了。这回还有朱德的工农革命军武装保卫，农民的积极性更为高涨。相反，地主豪绅却如丧家犬，惶惶不可终日。中共宜章县委趁热打铁，县委指派陈东日、陈俊回栗源，彭晒、李赐凡、彭暎回黄沙、碛石，余经邦回赤石，刘廷魁回白石渡，张际春、张登骥回罗轸、满塘，欧阳祖光到梅田、麻田，分别在各地配合工农革命军组建工农武装，普遍发动暴动，把年关暴动的烈火迅速燃遍全县（笆篱区暴动领导人张际春，字存向，号晓岚，1900年12

月9日生于笆篱团罗轸村廖家。1920年考入省立三师。1922年在省立三师聆听毛泽东政治启蒙演讲。1925年夏毕业回乡任教,开展农民运动。1926年11月由李文香、高静山介绍加入中国共产党,任笆篱党小组组长。1927年初,他到县立女子师范学校当教员,并任国民党县党部执监委员,中共女师党小组组长,做学生工作和教师联合会的工作。后在宜章农运讲习所主讲"东江、普宁农运"课程。马日事变后被通缉,在笆篱、连县等地隐蔽。1928年1月参加湘南起义,与谭新、张登骥在笆篱、满塘等地组织暴动,并指派农会骨干打入莽山民团中做内应,暗中配合工农革命军战斗。时任中共宜章县委委员、农委书记,兼任县农民协会秘书长。领导建党建政,广泛开展土地革命,与胡少海等率宜章第三师和梅田农军组织了攻打临武水东等战斗。上井冈山后一直从事党的政治宣传工作,新中国成立后任中共中央宣传部副部长,并兼国务院文教办副主任、主任等职,1968年9月12日蒙冤逝世,终年68岁。遗著有解放军出版社出版的《张际春文选》)。

1月13日夜,宜章地下党接到坪石内线情报,说汝城胡凤璋匪部由曲江移驻坪石,打算趁朱德在宜章立足未稳,偷袭宜章工农革命军。

朱德得知胡凤璋移驻坪石的消息后,率一个营的兵力,在宜章农军和乐昌皈塘农军的配合下,全歼了前来增援的胡凤璋儿子胡昭南的一连人,并击毙了胡昭南本人。最后,胡凤璋只剩下18名残兵败卒突围出去。胡凤璋苟延残喘,直到1949年新中国成立之初才被捕,偿还了人民的血债。

这时的宜章,到处是干柴,一遇火星,便燃起熊熊大火。只过了几天,全县各地的农民暴动就如火山爆发,红遍了宜章。

1928年1月18日,胡少海率部分工农革命军到栗源,同陈东日、陈俊、陈光等竖起红旗,正式宣布举行栗源暴动,成立农会和赤卫队。栗源暴动中走出了三杰:陈东日、陈光、陈俊。陈东日曾任工农革命军第二师师长,湘南起义中任工农革命军宜章第三师副师长,在红军中最高职务任至红二十军政委。陈光曾先后代理红一军团军团长、八路军一一五师师长,新中国成立后任广东军区副司令员兼广州警备区司令员。陈俊1930年初任红十一军五〇团政委,后与担任红军医生的父亲都在井冈山壮烈牺牲。

1月19日,受县委派遣的彭晒、李赐凡、彭暌发动了碛石暴动。

1月27日,萧克从嘉禾赶来碛石参加暴动。萧克,嘉禾县人,1926年参加了北伐战争,1927年在叶挺部任连政治指导员,参加南昌起义时任连长,起义军南征失败后回到家乡。2月上旬，碛石赤卫队正式组成为工农革命军独立营，彭晒任营长，龚楷（四川人）任党代表，萧克任副营长兼第一连连长。碛石、黄沙暴动中工农革命军中走出了中共上将第一名萧克，走出了碛石"彭家将"。碛石彭家的革命青年多数曾在衡阳、长沙、广州等地求学，其中不少是衡阳省立三师的毕业生，中共党员和共青团员多，文化和政治素质高，彭晒、彭暌、彭琦、彭东明、彭维桥、彭振雁、彭孚、彭晞、彭文藻、彭严、彭勃、彭胜、彭立木、彭玉明、彭季白、彭成一、彭细奴以及吴仲廉（彭晒妻子）、彭堃、彭谦、彭儒、彭霞、彭概、彭娟、刘深、郭怀振等女同志都参加了碛石暴动，在湘南起义中特别活跃，被誉为"彭家将"，蜚声湘南，家喻户晓。令人敬仰的是，吴仲廉、彭儒等女同志冲破礼教束缚，走出家门闹革命，四处宣传和发动群众参加起义，斗争积极，表现活跃，人们当时就称她们为"彭家女将"。碛石彭家一个村就有 167 人上了井冈山，"彭家将"后来成为红四军中的英雄群体。不足 15 岁的彭儒，成为"彭家将"中最年轻的女将。他们中的绝大多数都英勇牺牲。而彭儒和二嫂吴仲廉，与宜章城郊的曾志，曾被誉为井冈山"三女杰"。李赐凡在湘南起义中任县委组织委员，参与领导了碛石、黄沙暴动。1934 年 10 月，中央红军长征后，李赐凡与曾山重组江西省军政委员会，率留下的军政人员及游击武装转入山区坚持斗争，1935 年 1 月英勇牺牲在江西宁都小布陂下村。

与此同时，宜章城西的白沙区，在欧阳祖光、王政、欧阳毅带领下，发动了暴动。宜章赤石区在余经邦率领下发动了暴动。近城区在刘廷魁、李兴泉等的带领下，发动了暴动。满塘、罗轸、水北岸在张际春、张登骥领导下发动了暴动。革命浪潮席卷全县，从城镇到乡村，迅速掀起一场起义风暴。

朱德智取宜章的成功，大大地震惊了国民党当局。于是驻广州的国民革命军第八路军总指挥李济深于 1 月下旬命令他的独立第三师北上"剿灭"朱德。这个独立第三师师长，原是唐生智手下第三十五军独立第三十三团团长，臭名昭著的杀人魔王许克祥。许克祥（1880 年—1967 年）湖南湘乡人。湖南讲武堂毕业。曾任第六混成旅第十九团团长、国民革命军第三十五军第三十三团团长。许克祥本是一个惯于在军阀厮杀中东奔西投的亡命之徒，其父在湘乡老家受到农民斗争，因此他对共产党怀有刻骨仇恨，毅然充当了反共急先锋。在长沙发动了马日事变后，转而投靠了李济深，升为师长。全师 6 个团 8000 余人，装备优良，弹药充足，是精锐之师。这次他来湘南"剿灭"朱德，他是志得意满，以为又是大功一件。许克祥获悉，朱德只有南昌起义余部 1000 余人，人瘦马乏，装备差，弹药少，且力量之比是八比一，认为是手到擒来。

1927 年 1 月下旬，许克祥率 6 团之众，由坪石向宜章扑来。许克祥率军在坪石驻扎，派出 1 个团向莽山方向搜索前进。

与此同时，北面何键部王东原师也派出一个团到达郴州。1928 年 1 月 21 日，朱德令工农革命军一个连随郴县联络员李克如到郴县良田支援郴县暴动。该连在折岭遭遇王东原先头部队。工农革命军与敌短暂交火后撤回宜章。当夜，朱德率部队在宜章县委带领下撤出县城，向梅田、浆水、碕石转移。县委领导及赤石大队和工人纠察队随部转移，沿途地方党组织为部队作向导，并保障工农革命军后勤供给。第二天，王东原部詹筠松团占据宜章，随即蒋棣华接任县长，疯狂捕杀来不及转移的革命群众。1 月 22 日是除夕，碕石特支派彭东明带赤卫队拂晓前往浆水，迎接工农革命军。彭晒率领 500 多村民到青山下列队夹道欢迎部队入村。部队驻在碕石村宗祠里，全村群众忙着杀猪、烧水、煮饭，热情慰劳工农革命军，军民联欢共迎新年。

1 月 23 日，正是大年初一。朱德命工农革命军二营营长袁崇全率二营支援地方农军围歼黄沙堡反动武装。黄沙堡里，驻扎着宜章县保安队大队长邝镜明和黄沙堡团总李绍文，邝镜明正是朱德智取宜章城时唯一漏网的那位。堡内敌保安队员和民团兵力约有 1000 来人。来自各地围攻堡城的农军已达 2000 多人，碕石独立营营长彭晒的妻子吴仲廉带领妇女和青年学生为战士们送水、做饭、护理伤员。上午，朱德、陈毅亲自率袁崇全的二营前往黄沙堡，支援地方农军攻城，朱德亲自指挥工农革命军和农军向堡城发起进攻。堡城四周刀枪晃晃，杀声震天。

这时，黄沙堡团总李绍文的拜把兄弟、广东大路边反动民团的头子率部前来救援。工农革命军在堡城西南面山上扯出七八面旗子虚张声势。早已胆战心惊的堡城之敌，抵不住工农革命军的凌厉攻势。邝镜明与程绍川、李绍文、黄河源领着一批敌兵，从西面挖地洞逃出堡城，与大路边前来接应之敌会合后溃逃。工农革命军与农军攻占堡城，抓获并处决了挨户团教练李时春等 3 人，缴枪 20 多支。堡城内的群众欣喜若狂，杀猪做饭敲锣打鼓慰劳工农革命军。

紧接着，工农革命军在当地农军配合下，又打垮了来犯的莽山民团大队长刘占甲率领的 100 多人枪，打破了他们想把笆篱区暴动领导人张际春、张登骤等人骗出并除掉的阴谋。在朱德帮助下，县委在堡城将宜章赤卫大队正式改编成宜章农军第一连，将堡城战斗中缴获的20多支枪分配给农军连，朱德任命原工农革命军的连长朱舍我任农军连长。同时将部队撤往宜章西南的山区圣公坛一带，部署对许克祥的歼灭战。

在向圣公坛进军途中，工农革命军遭到一股不明武装的拦击。朱德一打听，原来圣公坛背靠莽山大山林，左临粤北大山区，山峦重叠，丛林茂密，谷深沟险，地势十分险峻，因为地处两省接壤的深山老林，常有盗匪出没其间，杀人越货，掳掠妇女，闹得百姓无法安生。当地有个名叫王光佑的青年农民，为人刚直豪爽，力大过人，平日酷爱拳棒，任侠好义。为了制止盗匪横行，他独自挺身而出，自发性地邀集一些血性男子，组成农民自卫军，护路守山，保卫乡土安全。还规定"有钱出钱，有力出力""一切枪弹给养开支，均向富户募捐摊派"。由于这支部队不断扩充实力，小股土匪才不敢再来骚扰。

朱德得知这一情况后，心里着实高兴。他想，这样一支自发的农民队伍，只要从思想上进一步给予开导指引，很容易改编成为一支人民的革命武装力量。于是他决意收编王光佑的农民自卫军。

朱德的这一想法，得到了宜章县委的拥护和支持。宜章县委立即派遣毛科文去做王光佑的工作。朱德请与王光佑素有交情的李以楠（胡少海的岳父）去联系、疏通。朱德还专门给王光佑写了一封言辞恳切的信，备了6支手枪作见面礼。王光佑是一个非常朴实的农民，经宜章县委做工作，愉快地接受了改编，他的农民自卫军改编为工农革命军后方营，王光佑任营长，张登骥任党代表。不幸的是，王光佑在担任后方营营长后不几天的2月23日腊园战斗中英勇牺牲了。

为了扩充革命武装，朱德在建立起后方营后不久，又在后坛岩办起一个兵工厂。当时跟随萧克出来的几名嘉禾铁匠成为兵工厂的师傅。后来他们成为井冈山第一个红军兵工厂的骨干。井冈山红军第一个兵工厂的厂长就是宜章县财经委员吴汉杰。

兵工厂之后，朱德又办起了一个后方医院，请一个当地草药医生来为伤员们治病疗伤。

朱德在圣公坛创建后方医院、兵工厂的同时，还在湘南特委的大力支持下，建立起工农革命军的交通热线。交通网全部由农民主持，有些人1天可以走100里，面不改色。一般要求是每个人1天走一二十里，把信件、报告或命令传给另外一个人，再由他传到下一站。船夫传得更快一些，而且，自从缴获了敌人的马匹以后，有些通讯员还办理起快递信件。①

可见，湘南起义先后建立起的地下通信网络、兵工厂和后方医院等后勤保障体系，对保障起义胜利发挥了很大作用。

由此，圣公坛成了红色的革命据点。县委抓住时机在周围一带广泛发动农民参加暴动，组织农会，扩建地方武装，有力地打击了土豪劣绅，工农革命军后方营很快发展到130多人枪。朱德、陈毅率部在圣公坛一带山区也得到很好的休整。他们养精蓄锐，待机出击，为打垮许克祥部队做好了充分的准备。

二、岩泉·坪石大捷——以少胜多的光辉战例

宜章县委领导趁势而上，发动农民参军参战，一时间，宜章竟有2000多农民自愿要求参加战斗。广东的畈塘也有几百名青壮年农民、赤卫队员，要求上前线与许克祥决一死战。

新年前许克祥派出一个团搜索前进，到达宜章时，宜章县城已被湘军何键部詹筠松团占领，朱德不知去向。于是全师倾巢出动，于年后正月初三，率6个团的兵力，从乐昌经坪石，长驱直进；一路未遇抵抗；进入宜章县境后，又不见工农革命军的踪影，于是狂叫："朱德被吓跑了！"当朱德、陈毅率部抵达圣公坛时，许克祥把他的教导团和补充团留守坪石（指挥部驻地），自己带2个团的兵力闯至岩泉，其余2个团则部署在坪石、长岗岭、武阳司、栗源一线，摆成一字长蛇阵。

与此同时，朱德令当地的共产党员谭新（湖南宜章人。中共党员，黄埔军校第一期学生。北伐时任连指导员。参加过南昌起义，潮汕失败后回到宜章老家）化装成商人，挑一副货郎担，走村串户，深入敌占村庄，摸清了许克祥的兵力部署、火力配置等情况。

朱德、陈毅、王尔琢等根据敌我双方的情况做了全面分析之后，认为歼灭许克祥部的条件已经成熟：第一，我军经过休整，体质增强，士气高涨；第二，许克祥孤军深入，无群众支持，锐气已减；第三，敌6个团，一字摆开，首尾不能兼顾，便于各个击破。并进一步研究、制订了作战方案：工农革命军兵分两路向岩泉之敌发起进攻，一路由熟悉地形的胡少海、谭新率领宜章农军，从侧面走山路，由白沙、笆篱、五拱桥，经姚家村，附敌之后，既可阻止北面增援之敌，又可截断岩泉敌人

① 艾格妮丝·史沫特莱：《伟大的道路》，生活·读书·新知三联书店1979年版，第259页。

的后路；另一路为主力，由朱德、陈毅亲自指挥，出圣公坛、百岁亭，走大路，从正面直捣岩泉。朱德认为，只要把许克祥在岩泉的两个主力团击垮，其余栗源、长岗岭、武阳司、坪石一带的敌人，就不堪一击了。

1928年1月31日（旧历正月初九日）拂晓，工农革命军向岩泉进发。

岩泉是宜（章）乐（昌）老路上一个较大的圩场。这一带群峰并立，山峦起伏，地势险峻。圩场就设在一个山包的平顶上。早上七八点钟，许部军营里开餐的哨音吹响了。敌兵正朝着街心一拥而上，围着饭桶，你争我抢，吵吵嚷嚷，乱作一团。朱德、陈毅亲率工农革命军主力，出其不意，攻其不备，采用犁铺头练兵时学到的猛打猛冲的战术，一声呼啸，杀向敌群。前来助战的四乡农民也在四面山上摇旗呐喊。满山遍野，红旗猎猎，军号阵阵，枪炮似雷鸣，杀声震天地。由胡少海、谭新率领的另一路部队，同时从侧面插入敌军阵地。敌军受到合击，无力招架，只好慌忙向栗源堡方向溃逃。

攻下岩泉后，朱德下令：决不能让许克祥有喘息之机，立即乘胜追击！工农革命军和宜章农军集中优势兵力，快速向坪石攻击前进。当许克祥率部溃逃至栗源时，正好被一条又宽又深的渡头河拦住去路。

驻在栗源堡的敌人，匆忙赶去援救，正渡河时，朱德、陈毅率领工农革命军从敌人身后猛打猛追，农民赤卫队紧密配合，四面围攻，许部被堵在桥上，桥不堪重负，顿时垮塌，许部数百人全掉进河里，有的当场被打死，有的掉进河里被淹死，剩下的像一群丧家之犬，没命地逃往广东坪石方向。

工农革命军和宜章农军乘胜追击，至董水头村时，天色已晚，加上前面有河流，朱德命令部队就地宿营。他对大家说："今天我们打了大胜仗，这是广大人民群众和农民赤卫队帮助我们的结果。但是，敌军还没有消灭，我们要同心协力，继续战斗，今晚好好休息，明天再乘胜追击，打到坪石去，活捉许克祥。"

第二天，天刚蒙蒙亮，朱德就在河滩上集合队伍。他说：许克祥已退到对面的长岗岭，敌人想居高临下，阻止我军前进。我们要发扬昨天猛打猛冲的精神，彻底消灭许克祥匪军。

工农革命军由武阳司越过河沿大路正面进攻；农民赤卫队从左边的牛井坪过河，侧面进攻。敌退至长岗岭时，王光佑等早已率部占领高地，堵截溃逃之敌。工农革命军和农军迅速形成了对敌包围之势。经过激战，许克祥2团主力遭到歼灭性打击，残敌更加慌乱，争先恐后往坪石方向逃命。工农革命军和宜章农军以风卷残云之势，向坪石追击。

坪石是粤北的一个重镇，约有 300 多户人家，为湘粤两省水陆交通的门户，南北往来商贾多在这里汇集。历来兵家都把它作为囤积物资的重地。许克祥本有重兵驻守坪石，因为他骄焰十足，下属官兵受其影响，只顾寻欢作乐，毫无应战准备。朱、陈率部追到坪石时，立即抢占四周高地，敌人仓促应战，已是措手不及，一听八角楼方向枪声大作，炮声隆隆，都吓得丢魂落魄，只顾逃命。坪石地处一条峡谷之中，且无交叉道路，许克祥部像老鼠钻竹筒，只能沿着这个"竹筒"走。朱、陈部队一路追，一路打，许克祥跑到武水渡头，丢下轿子，换上便衣，划一条小船跑了。朱、陈部队穷追不舍，一直追击到乐昌河边，拾得许克祥穿的军服，知道他已落荒而逃，方才停止追击，奏凯而归。

这次战役，歼敌 1000 余人，俘虏敌官兵 1000 余人，3 里长的坪石街道上到处摆满了缴获的步枪、机关枪、迫击炮、弹药、军用器材、炊事锅灶等。其中步枪有2500 余支，各式手枪 100 余支，重机枪 10 余挺，迫击炮、过山炮 30 多门（乐昌农军还缴获 3 门），马 13 匹，子弹 400 多箱，以及大批银圆。"可以说，许克祥帮助我们起了家。"朱德说。亲身参加过这次战役的老同志回忆说："黄洋界上炮声隆"的那台迫击炮就是这里缴获的。

这次参加坪石大战的宜章农军有 2000 多人，他们进入坪石，兴高采烈地帮助工农革命军打扫战场，并把许克祥的名字呼作"许送枪"，都诙谐地说："'许送枪'给我们送来了枪，送来了炮，我们还来不及打收条，他就偷偷地跑掉了。"

根据朱德的意见，缴获的武器弹药首先补充装备主力部队，同时，拿出一部分装备补充王光佑的后方营和李光宗领导的饭塘独立营，其余则运回宜章城，用以组建中国工农革命军第一师第三团（也称独立第三团）。

岩泉·坪石大捷后，部队开到饭塘（粤北的革命老区，距坪石 15 里），召开祝捷大会。朱德在会上讲话，热情地表扬了工农革命军、地方军、赤卫队，无情地嘲笑了许克祥"昔日屠杀工农，何等威风；今日却给我们送来大批枪炮，成了许送枪"。他强调指出："岩泉·坪石大捷，充分证明反动派貌似强大，神气十足，但内部却很虚弱，它是可以被打败的；而人民的力量则是无敌的，尤其是组织起来武装起来的人民是不可战胜的。"他号召农友们团结起来，打倒军阀，推翻反动政府；打倒土豪劣绅，实行土地革命。朱德的讲话，给大家指明了方向，增添了力量，带来了希望。

岩泉·坪石大捷是南昌起义军自潮汕失败后，朱德总结教训，改变作战方法（变正规战为游击战，变阵地战为运动战），注意加强政治工作，发动群众参加战斗，首次获得的重大成功，创造了以少胜多的光辉战例。这一仗给敌人以歼灭性的打击，是起义军进入湘南后第一个大胜仗。朱德说："我们军队起来就靠那一仗。"它震动了湘粤两省的敌人，振奋了起义军和整个湘南工农群众的革命情绪。它对朱德、陈毅部队能在湘南立足，对推动湘南起义走向全面高潮，都具有决定性的意义。

岩泉·坪石大捷，是中国共产党领导武装起义过程中少有的一个大胜仗，而且是主力军、地方工农武装、不脱产赤卫队协同作战，以少胜多，以弱胜强的人民战争的光辉范例。

三、人民军队体制模式的实践和优待俘虏政策的出台

1928 年 2 月 1 日，朱德在中共宜章县委的大力支持下，取得了 1 个团打垮敌人 6 个团的辉煌胜利后，部队集结到离坪石 15 里的皈塘村。这里是广东地界。这次打许克祥，皈塘村几百农军在李家泉、李光宗的率领下，也参加了战斗。

2 月 2 日，部队开到皈塘后，工农革命军领导人与宜章县委、地方党组织干部和农军负责人在此举行联席会议。① 皈塘位于坪石到宜章之间的中间地带。这里地处丘陵，十分隐蔽，离城又近，便于掌握敌情我情。

会议作出如下决定：

（一）关于党政方面

1. 普遍建立湘南各县、区、乡、村各级苏维埃政府。

2. 策动农民向地主斗争，实行土地革命。

3. 策动工人为实行 8 小时工作制和增加工资而斗争。

4. 普遍组织各职业工会，各县成立总工会以领导工人斗争。

5. 保存党的地下组织，但须有部分党员公开活动，以扩大党的政治影响，提高党的地位。

这一决定，给宜章县委的工作指明了方向。

---

① 关于皈塘联席会议，龚楚回忆是在宜章召开，但朱德、陈毅岩泉·坪石大捷后没有再入宜章城，而是从白石渡过折岭直接上郴州去了，显然不对。原《史稿》中记载，同一天另有一个特别会议，也是在皈塘召开。但对两个会议的叙述均不明确。龚楚回忆中只有一次会议，没有两次会议。从时间上来说，也不可能。因此，笔者认为应是只有一次皈塘联席会议，所谓特别会议，并无特别含义的内容，故只叙述皈塘联席会议。

（二）关于军事方面

1. 趁湘、桂军阀内争无暇南顾的机会，对北面取攻势，扫荡郴县、耒阳、永兴等县的敌军和民团，向衡阳游击，以开展苏维埃运动；对南面取守势，以巩固宜章政权。

2. 把宜章独立团改编为工农革命军宜章第三师，师长胡少海，副师长陈东日，党代表龚楚。留守宜章，保卫胜利成果，发展革命形势，并监视坪石、韶关敌人的动态。工农革命军第一师向北发展，由朱德、陈毅指挥。皈塘独立营（营长李家泉、党代表李光宗）和俘获的许克祥士兵，全部编入胡少海的宜章第三师。

这一决定，既确定了工农革命军第一师的战略发展方向，又确立了主力部队、地方部队、赤卫队三结合的武装力量体制。这是一种人民军队武装力量体制的大胆创新！

（三）关于俘虏处置

1. 立即由宜章人民团体发起进行慰问。

2. 由工农革命军军政人员进行政治宣传，揭发敌军军官克扣军饷、虐待士兵的罪恶，发动俘虏检举潜伏在俘虏营内的敌军军官，并宣布我党、我军宗旨。

3. 由朱德对全体俘虏讲话，并宣布：如愿参加革命军者，一律平等待遇，不加歧视。如要求回家者，给以必需的旅费遣散。①

会后，中共宜章县委落实这三条政策，经过向俘虏的教育和宣传，潜伏在俘虏营中的官佐30余人，很快便被清查出来。并有士兵300余人和排长7人自愿参加工农革命军，其余400余人请求准予回家，每人发给3块银洋遣散。湘南起义中的党组织集体制定的优待俘虏政策是在1928年2月2日，比毛泽东同志1928年2月18日在宁冈县茅坪攀龙书院提出的优待俘虏政策还早了半个月，这是湘南起义对中国革命的创新贡献之一。

会上，朱德代表工农革命军第一师就地方党组织的支持、地方武装和广大人民群众的参战，表达了感激之情，充分肯定了人民群众在战争中的重大作用。同时，他在会上做了今后斗争与发展的主题报告，提出"要趁湘桂军阀内争无暇南顾的时机，主力部队立即进军郴州、耒阳，全面发起湘南地区年关总暴动"。

朱德的讲话得到大家一致的认同。陈毅接着说："朱师长讲得对，我们主力部

---

① 皈塘联席会议的内容，引自龚楚《龚楚将军回忆录》，香港明报月刊社1978年版，第130—131页。

队要向北发展，目标是省城长沙。最近，郴县、永兴、桂阳都有我们的同志来要求我们去支援他们的暴动。形势大好呢！我们就要抓住机遇，加快发展。但是主力全走了宜章怎么办，大家要多费心想点办法。我认为一是要加强党组织建设，形成有组织的战斗力。二是要尽快建立苏维埃政府。国民党的政权机构打烂了，形成无政府的真空状态，社会容易出大乱子，给人民群众带来危害。三是要尽快开展土地革命，分田分土，让穷人有实惠，有盼头，才会有热情。"

杨子达是个有实践经验的人，他说："这次打许克祥，我觉得有一个很重要启发，主力军如果走了，我们还必须要有地方的主力，要集中脱产，经过严格训练，随时拉得出，打得赢。同时还要有不脱产的，各自为战的自卫武装，承担各区、各乡、各村的战斗任务。我建议除了县里组建一支工农革命军外，各区乡组建赤卫队，由区乡苏维埃调动。"

毛科文、胡少海都立即赞成。

联席会议开得很紧凑，很周详。会议确定了在湘南总起义的总方针和行动步骤。工农革命军第一师主力向北发展，尽快拿下郴州、永兴、耒阳、安仁、衡阳，向长沙挺进。宜章县委决定要抓住岩泉·坪石大捷的有利时机，开展建政建军，巩固和发展起义成果。会议确定，首先在宜章县建立苏维埃政府，而后在湘南各县普遍建立县、区、乡、村各级苏维埃政权，发动农民实行土地革命，发动工人为实行 8 小时工作制和增加工资而斗争；同时保存和发展党的地下组织，但须有部分党员公开活动，以扩大党的政治影响，提高党的地位。会议还决定用缴获的武器装备为工农革命军组编一个重机枪连、一个步炮连，全师人员枪弹补充齐全。联席会议后，陈毅、蔡协民即与宜章县委领导一起研究成立县苏维埃政府的筹备工作。朱德与胡少海、陈东日一起研究组建农军的编制和装备问题，决定把岩泉·坪石大捷中缴获的一部分武器拨给参战的宜章农军和岅塘农军，将宜章农军先组编成工农革命军独立第三团，待发展后扩编为第三师，留守宜章，对南面取守势，监视广东韶关、坪石方面敌人动态，巩固宜章苏区，保卫胜利成果。同时，以岅塘农军为主，成立了工农革命军乐昌独立营，李家泉被任命为营长①（李家泉，字镜川，乐昌岅塘人），李光宗则被任命为独立营党代表（李光宗，乐昌岅塘人）。

---

① 乐昌独立营营长，原史稿中说是李光化。经查，李光化是嘉禾人，在胡少海的部队里任第二营营长。因此，他不可能去兼乐昌独立营营长。在乐昌党史人物中，李家泉的传记里明确记载"坪石大捷后，成立工农革命军乐昌独立营，任营长"。

工农革命军第一师党委与中共宜章县委㘰塘联席会议，正确决定了湘南起义的战略发展方向，同时在中共党史上有两个创新：一是创建了主力军、地方部队、赤卫队的人民武装体制雏形；二是制定了攻心为上的优待俘虏政策。这不能不说是湘南起义对中国革命的又一个重大贡献！

四、宜章工农革命军第三师的建立和发展

中共宜章县委地方党组织，非常重视建立自己的工农武装。早在1926年7月的大革命时期，就在共产党员余经邦的领导下建立了茶园农民自卫队。1927年1月7日，自卫队缴获了赤石区挨户团30余支枪；1月15日，茶园农民自卫队与近城区农民武装组编成宜章县农民自卫军总队，100余人，30支枪，县委委员颜秉仁任总队长，余经邦任大队长，戴崇德任参谋。这支队伍在大革命时期为保卫宜章轰轰烈烈的农民运动发挥了重要的作用。

1927年5月，国民党发动反革命大屠杀的过程中，宜章农民自卫军总队进行了顽强的抗争，它没有按照省委、特委的指令缴枪解散，而是以战斗的姿态保护党的骨干转移到汝城山区，被编入中国工农革命军第二师第二团，高静山任团长。

1927年8月15日，第二师遭遇国民党范石生部偷袭被打散，宜章农军总队长颜秉仁因重伤被俘，壮烈牺牲。师长陈东日、二团团长高静山带领余部潜回宜章湘粤边境隐蔽活动。后与胡少海的部队取得联系，相互支持，共同活动，在湘粤边境一带打击国民党的乡村势力。

1927年12月，当朱德还在广东韶关犁铺头时，陈东日就曾前去接洽，请求朱德部到宜章支持宜章工农起义。当朱德率队到达莽山时，宜章农军负责人高静山、胡少海又与朱德取得联系，并成为朱德智取宜章的先锋。

随后宜章农军即被改编成宜章县农民赤卫大队，当时为两个分队，一分队长萧语初，二分队长戴贤才，拥有130余人、51支枪。朱德领导的工农革命军正是在宜章农民赤卫大队的配合、协助下，取得节节胜利。赤卫大队也在战斗实践中进一步锻炼成长。黄沙堡城战斗胜利后，赤卫大队改编为宜章农军第一连①。岩泉·坪石大捷后，朱德从缴获的武器中拨了一部分来武装宜章农军，并从工农革命军中抽派了龚楚、龚楷、朱舍我等20多名军事干部，帮助宜章县委建军。朱德率部北进后，

----

① 见李步云《忆二十九团诞生和上井冈山的经过》（1985年9月），宜章档案未刊稿。

县委根据汳塘联席会议上朱德做的部署，为了保卫和发展起义的胜利成果，决定在开展苏维埃运动中加速人民武装的建设。

1928年2月4日，县委在原农军第一连基础上，吸收一些区、乡赤卫队战士，正式组建成宜章工农革命军独立第三团，胡少海任团长，龚楚任党代表。2月6日，在县苏维埃政府成立典礼的大会上，县委又宣布扩军决定，号召青年参军。城乡工农热烈响应，踊跃报名参加，队伍迅速扩大。2月7日，在独立第三团的基础上，成立宜章工农革命军第三师，县委在城关红栈召开了第三师成立大会。县委书记胡世俭、县委军委书记陈东日和胡少海都在会上讲了话。会上宣布：胡少海任宜章工农革命军第三师师长，龚楚任党代表，陈东日任副师长，谭新任参谋长。下辖3个营：第一营营长谭新兼；第二营营长萧云标，不久由李光化继任；第三营营长龚楷。另有碛石独立营，彭晒任营长；圣公坛后方营，营长王光佑；乐昌独立营，营长李家泉；直属机炮连，有2门迫击炮、1挺重机枪。宜章第三师最初成立时兵力约800多人、260多支枪，建制虽是1个师，实际上不足1个团的兵力，师部驻扎在近城模范学校。这是湘南起义中组建的第一支正规的地方军队。

宜章工农革命军第三师师长胡少海，此时还只是个进步的革命军人，经过宜章年关暴动的斗争考验，胡少海经中共宜章县委批准加入了中国共产党。后在井冈山时期任红二十军军长、红二十一军军长。1930年8月5日，胡少海在闽西永福圩战斗中光荣牺牲，时年33岁。副师长陈东日，宜章人，原是中共第一支工农武装"中国工农革命军第二师"师长。井冈山时期任红二十军政委。后牺牲。参谋长谭新，宜章人。1928年3月8日，在观音寺反击敌人围攻的战斗中，指挥尖兵抢占塘前岭时中弹牺牲。他是湘南起义军事斗争中工农革命军牺牲的最高领导人。

在组建宜章第三师的同时，县委和苏维埃政府还十分重视抓好区、乡、村的农民赤卫队武装，依靠这支群众武装来保障土地革命和各项社会革新的顺利进行。县苏维埃政府曾规定：工会、农会会员中19岁至30岁的编组为赤卫队，14至18岁的组成少年先锋队。并且提出：收缴豪绅地主枪械及地方公署枪械，武装工农赤卫队和少年先锋队。如当时白沙区赤卫大队就有200多人、80多支步枪，辅之以来福枪、鸟铳、梭镖、马刀等武器。大队在白沙区苏维埃政府军事委员黄文和赤卫大队长史炳南带领下，多次参加抓捕土豪劣绅行动，还参加了坪石围歼许克祥、围攻临武水东、梅田抗击邝镜明等重要战斗，表现出一定的战斗力。赤石区组建了工农自卫团，余经邦任总指挥，邓学赋任团长，刘安思任副团长，自卫团包围企图逃走的挨户团谷成仁部，缴获步枪 20 余支。近城、黄沙、栗源等区都有一支三四十人的区赤卫队。建立了苏维埃政府和农民协会的村里，也都有农民赤卫队武装。如黄沙区大元村，就有 200 人的农民赤卫队，有来复枪 18 支、抬枪 10 多支，其余均持梭镖、鸟铳，每人有条红布，每天早晨、下午都进行操练，学军事技术。近城区邝家门村苏维埃政府和赤卫队还办了简易兵工厂，制造了 12 支土枪。

白石渡乡农会挖出大革命失败后埋藏的枪支，重新武装赤卫队后参加宜章第三师，被编为第九连，刘廷魁任连长。还有许多乡、村农会也都取出了藏起的武器，勇敢去收缴豪绅的枪械和地方的枪支，用以组建区、乡赤卫队，或参加宜章第三师。

从宜章逃亡的邝镜明、李绍文及各地土豪劣绅，相继窜到临武、广东乐昌和坪石等地，苟延残喘，勾结盘踞坪石的胡凤璋和临武县挨户团副主任曹唯凡，纠集反动武装，不断对宜章新生的红色政权进行反扑、围攻，镇压革命群众。县委根据斗争发展形势和广大人民的要求，决定宜章第三师主动出击，打掉敌人的气焰，捣毁敌人的老巢。"2 月 20 日，胡鳌召集党羽杨子达、吴泗来、李亚全等 2000 余人，分持枪支大刀，攻入坪石。"[1] 乐昌独立营及农民 400 多人助战。经一天激战，再次给胡凤璋部沉重打击，当夜部队返回宜章。随后，"胡鳌派李光中等率部四次围攻乐昌黄圃"[2]，当地土豪劣绅惊慌失措，纷纷外逃，群众受到鼓舞，暴动烈火在粤北迅速蔓延。

2 月 27 日，在县委部署下，胡少海与杨子达、张际春率宜章第三师出击由邝镜明、邓镇邦、李绍文和曹唯凡、李景山盘踞的反动大本营临武县水东村，白沙区与黄沙区赤卫队 1000 余人随军参战。队伍从梅田分两路，一路从泗溪出下烟岗岭，一路经麻田出上烟岗岭，两面包围水东。胡少海一声号令，迫击炮、松树炮、机关枪、步枪、鞭炮齐放，四面杀声中，朱舍我指挥一营主攻。敌军乱成一团，摸不清农军实力。经一个多小时战斗，农军毙敌 10 余人，缴获步枪 30 多支，活捉敌军一名书记官。邝镜明、曹唯凡等率残敌慌忙逃往牛头汾、临武城。农军进水东破仓分粮、分浮财，贫苦农民欢欣鼓舞。同时放火烧了部分豪绅地主的房子。所以这次战斗又叫"火烧水东"。

工农革命军和苏维埃政权互相支持，密切配合，真正成为工农的子弟兵。农民群众参军的热情也十分高涨，有时一个班的战士清早出去做群众工作，晚归时就能

① 1928 年 5 月《广东北区善后委员公署月刊》第 1 期。胡鳌即胡少海。
② 《乐昌县志》，1931 年出版。

带回一个排的新战士。到 3 月底，宜章第三师已发展到近 2000 人，在革命斗争烈火中愈战愈强。

1928 年 2 月 19 日，栗源区"铲共"队长胡绍唐与李树森、马昌纠集反动武装和地痞 800 余人围攻栗源堡城。县委委员陈策与区苏维埃政府主席陈仲章、赤卫队长陈光一起，组织全村 150 户 700 多人集中在堡城内坚守抵抗。从拂晓战至下午，击毙敌人 3 名，伤十几人，敌军无法攻进堡城，只得收兵撤退。赤卫队炮手刘受义和陈积光二人在激战中牺牲。

3 月 2 日，胡绍唐、马昌等再次纠集各路民团并伙同胡凤璋一部共 1000 多人，叫嚷"斩草不留根，见人杀，见屋烧，见了石头要过刀"，气势汹汹对栗源堡城进行更疯狂的围攻。赤卫队一面派人到宜章向陈东日求援，一面架起各种土枪、猪仔炮迎击进犯之敌。激战到傍晚，组织群众乘夜从堡城北门悄悄撤往狮子岭。第二天敌军发现是座空城，兽性发作，烧毁房屋 300 多间，全村几乎成为一片焦土。村中有位 80 岁不愿撤离的老人，也被毫无人性的敌人枪杀。陈光率赤卫队 30 多人转至宜章，被编入宜章第三师特务连，陈光任连长。

3 月 1 日，反动豪绅勾结汝城土匪何其朗部和范石生部一个营的兵力偷袭茶园，被余经邦率赤石工农自卫团和茶园赤卫队打退。3 月 31 日，屯兵广东甘棠的反动头目刘镇南、邓春节纠集反动武装，从九羊、挡风坳、新车湾和田洞里分 4 路第二次前来"围剿"茶园。余经邦闻讯立即率自卫团和群众转至横仁冲，自卫团分布在各山头游击迎敌。敌军刚到山脚，就被土炮轰倒一片，敌军纠集队伍向各个山头发起攻势，冲上一批又被自卫团打下去一批。英雄的茶园人民，接连粉碎了反动派的"围剿"，勇敢地保卫了新生的红色政权。

1928 年 3 月 1 日，逃到临武县城的邝镜明、曹唯凡一伙不甘心失败，不久即拼凑宜章、临武反动武装 2000 多人，1000 多支枪，聚集在临武元富头、溪江、龙水一带，分三路围攻象牙山，农军战士打退了敌人多次进攻，激战中碛石独立营连长彭立木牺牲。战至晚上，面对四面围困的强敌，农军分两路主动撤出。敌军占据象牙山后，接连窜进鹧鸪坪、大坪、碛石等村，所到之处，烧杀掳掠，无恶不作。

2 日，敌军集聚各方人马，又分三路包围大黄家村。大黄家是宜、临边界上较大的村庄，有 400 多户，村后有个大水塘，塘边有座 5 层楼高的炮楼，三面环水，只有前门的岗楼连接巷道，故称水楼。赤卫队只有 4 支步枪、1 门松树炮，其余都是鸟铳、梭镖，不能与敌人硬拼火力。经短暂交火后，赤卫队便将敌人引进村中巷道，利用熟悉的地形地物，与敌人展开巷战。赤卫队出没巷道，挥动梭镖大刀奋力厮杀，老人和妇女也从楼房、窗口向敌人投掷砖头、石块。敌人防不胜防，伤亡很大，只得仓皇撤出村外，经集结调整后，在村中到处放火，全村顿时一片火海。赤卫队和群众最后撤进了村后的水楼里。敌军窜进村后，把全村财物猪牛掳掠一空。

赤卫队凭借水楼，居高临下打击敌人，使其无法靠近。相持到第二天，敌军从临武调来两门土大炮，向水楼轰击，黄沙区农民赤卫队队长、共产党员黄祯刚与黄佑朝和简载文等人沉着应战，在坚守水楼三昼夜里，没有人动摇退缩，赤卫队员和群众都决心与水楼共存亡，誓死坚守水楼。3日晚，赤卫队员用绳子把黄祯刚吊下水楼，向宜章第三师告急。胡少海即派萧克率先遣连70多人、携30多支枪，连夜抄小路直奔大黄家，从后山绕到敌军后侧。4日拂晓，萧克指挥队伍攻击，声东击西。敌军受突然袭击，不明虚实，慌忙退往广东方向，后来发现工农革命军兵少没有追击，又掉转回头反攻。激战中，排长彭胜等人牺牲，因力量太小，被迫后退。5日，胡少海率主力赶到，击溃敌军。被围困的群众冲出水楼，感谢工农革命军的救援，欢呼水楼保卫战的胜利，全村上百名青年当即报名参加工农革命军。

3月8日，胡少海率宜章工农革命军第三师主力经大井头到观音寺，发动农民去分皂角山土豪囤积在观音寺的粮仓，与栗源区挨户团胡绍唐、李树森与马昌矿警、笆篱区挨户团刘占甲、水北岸逃亡的土豪李宪文和李鲜利发生遭遇战，激战于塘前岭，参谋长谭新被敌击中左胸，当即英勇牺牲。胡少海义愤填膺，指挥部队穷追猛打，一鼓作气追至岩泉圩，敌军落荒而逃，作鸟兽散。坪家塘村28名青年当即参加工农革命军。胡少海率部一路横扫残敌，班师回到县城。

1928年3月12日，萧克率宜章碛石独立营支援桂阳农军作战，打下桂阳城。后来朱德从耒阳写信给宜章第三师，表扬宜章农军队伍了不起，头一次远征打仗就缴获了敌人的机枪大炮。

同日，郴州城内发生"返白事件"。宜章县委派师长胡少海率一营前去支援平叛。13日，胡少海与朱舍我率一营赶到良田，会合李克如等带领的良田3000农军向郴州进发，激战南塔岭，战至郴县工农革命军第七师、永兴农军和工农革命军第一师教导队赶到，城内局面得到控制，暴乱初告平息。

宜章工农革命军第三师参加桂阳、郴州城区对敌斗争，有力地打击了反动势力对革命的进攻，支援了整个湘南起义的斗争。

第五章

武装暴动的烽火遍湘南

★

湘南起义并非单纯地指朱德率领南昌起义余部在湘南的武装斗争，而是指在湘南特委和朱德为首的工农革命军第一师党委共同领导下的湘南地区武装起义。自1928年1月12日朱德与中共宜章县委发动宜章年关暴动后，湘南各县纷纷自发地发起武装暴动，反抗国民党军的血腥镇压，直至包围县城，武装夺取政权。起义中先后发生有记载的60多次战斗，夺取了宜章、郴县、耒阳、永兴、资兴、桂阳、桂东、汝城、酃县、攸县10个县城。可说是暴动烽火遍湘南，百万工农齐举义！

朱德在宜章人民的支持下，一举击溃许克祥6个团之后，按照湖南省委和湘南特委的指示，率主力军向北进军。此时宜章北面的郴州、永兴、耒阳等县的中共地下党组织闻讯，革命热情高涨，纷纷把当地工人农民组织起来，自发地反抗土豪劣绅的血腥镇压；同时，派出得力干部南下与朱德联络，请求主力支援。在这种大好形势下，朱德与陈毅顺应民心，凡有所请，即派出部队支援。粟裕回忆说："广大群众踊跃参军，我们一个班出去，就带回一长列新战士。""军事上的胜利，进一步推动了夺取政权的斗争，这时我们只要派出一个排的兵力，在地方党和农民武装的支援配合下，就可以解放一个县城。"① 在这 3 个多月内，通过武装暴动建立了宜章、郴县、耒阳、永兴、资兴、安仁、桂阳、桂东等 8 个县的县苏维埃政府，革命风暴遍及二十几个县：宜章、郴县、永兴、耒阳、资兴、安仁、桂东、桂阳、汝城、衡阳、衡南、衡东、常宁、临武、嘉禾、蓝山、宁远、道县、祁阳、江华、酃县、茶陵、攸县、乐昌、崇义、仁化、乳源。约有 100 万人参加了起义。可以说，中国共产党在土地革命战争时期所发动的一系列农村武装起义，规模如此之大，参加人数如此之多，坚持时间如此之长，实属罕见。

一、郴县暴动

1. 郴县革命烽火初起。

郴县是郴州地区的中心，长期是州府的所在地，又是湖广南北交通咽喉要道，战略位置十分重要。中国共产党的组织在此发展得十分深入。马日事变前，湘南特委就派了特委委员陈芬来任县委书记，6 月，陈芬身份暴露，调衡山任县委书记，衡山县委书记凌云调郴县任县委书记。这时，湖南省委成立了湘南、湘西、宝庆 3 个指挥委员会，分别指挥各地政治、军事、党务，恢复组织。7 月初，省委改指挥委员会为 11 个特别委员会，其中郴县、宜章、资兴、汝城 4 县为一特委，简称郴属特委，夏明震为书记（1927 年 8 月来郴），曾志（原名曾昭学）为秘书。9 月，凌云牺牲后，省委指示郴属特委书记夏明震接任郴县县委书记。10 月 24 日，省委又决定解散或改组 11 个特委，全省只设 3 个特委，在湘南恢复成立湘南特委，书记陈佑魁，夏明震为湘南特委委员兼郴县县委书记。虽然党的主要领导更换频繁，但县委一班人各职能部门都十分健全，未遭破坏：组织委员孙开球，工农委员李杰，宣传委员伍一仙，军事委员万伦，青年委员邝珠权、段玉庭、曾子刚、李才佳、李佑余。

10 月中旬，县委在五盖山、良田、萧家岭秘密召开扩大会议，制订和通过了郴县暴动计划，同时重新整合了全县暴动队力量，成立了郴县武装暴动营，营长万伦，党代表伍一仙。营下面设 6 个暴动连，其中城区暴动连连长万伦、秀良区暴动连连长萧光迪、秀贤区暴动连连长李杰、凤鸣区暴动连连长李安梓、吉阳区暴动连连长何希杜、丰乐区暴动连连长王继武。

① 粟裕：《粟裕回忆录》，解放军出版社 2007 年版，第 44 页。

11月9日，县委书记夏明震、县暴动营长万伦、党代表伍一仙，带领秀良、秀贤2个暴动连，用自制的土炮端掉了良田"清乡委员会"，打死挨户团士兵2人，缴枪10余支，子弹200多发。11月13日晚，曾子彬带领50多名暴动队员袭击良田挨户团，打死挨户团士兵16人，缴获步枪12支。11月18日晚，县委书记夏明震带领县暴动营，以虚张声势的战略端掉良田税卡，生擒税卡的全部挨户团士兵，缴获步枪4支、子弹600发。11月21日，良田和走马岭暴动连又联合攻打折岭税卡，缴获步枪5支。郴县暴动营的一次次暴动的胜利，激发了全县人民的革命热情，暴动的烈火迅速在全县熊熊燃烧起来。

11月26日，郴县县委书记夏明震受湘南特委书记陈佑魁的委托，代表湘南特委和郴县县委赴汝城参加了朱德在汝城主持的湘南粤北各县党组织负责人联席会议。朱德还送了夏明震两把手枪，以示支持。夏明震由汝城回到郴县后，12月上旬在郴州城外卸货坪共产党员万伦家里秘密召开党的会议，传达汝城会议精神，部署组织暴动队伍等事宜。参加会议的有陈鹏、孙开球、邝珠权（后叛变）、万伦、李杰、段玉庭、廖昭福、萧光堤、陈奇等10多人。与会人员进行认真讨论后，即分头到郴县各地开展活动，组织暴动队伍。其后，夏明震与秘书曾志还前往宜章，在宜章县城秘密召开了一次党组织负责人会议。夏明震在会上再次传达了汝城会议精神，部署研究了组织地下武装起义事项。

1928年1月5日至7日，中共郴县县委在五盖山召开9个区的党的扩大会议。会议由夏明震和伍一仙主持，传达贯彻衡阳江心会议精神，分析总结了前段时间郴县进行秋收武装暴动的情况和经验，研究制订了举行全县年关暴动的计划，确定了重点打击对象。

1月8日，郴县年关暴动率先在良田发动。暴动开始前，夏明震派人到良田高雅岭摸清了大土豪陈世泽的行踪。8日当晚，夏明震带领暴动队员悄悄包围了陈世泽的老巢，暴动队员用大树撞开陈家大院的大门，奋不顾身冲进围墙，活捉了陈世泽全家，将陈处死，并烧掉其房屋。伍一仙、李安梓和李安文等带领保和暴动队攻击保和乡邓家，将大土豪邓传岳夫妇击毙后，又袭击了保和乡公所和乡"清乡委员会"。丰乐区暴动连在王继武的带领下，袭击了栖凤渡关帝庙，解除了设在庙里的"清乡委员会"的武装，杀死2名作恶多端的挨户团士兵，缴获2支步枪。其他几个暴动连均按计划完成了任务，取得了胜利。至1928年1月底，郴县在年关暴动中共处决土豪劣绅21人，摧毁国民党乡公所15个，端掉"清乡委员会"和挨户团12

个，缴获步枪10余支、手枪2支。

1月10日，郴县县委在良田鸭鹰坦召开暴动队骨干会议，决定将郴县暴动营改名为郴县赤色游击队，并对游击队的领导成员进行了调整：队长陈鹏，党代表萧光月，军事特派员伍一仙，军事辅导员李鄂，政治辅导员孙开球和曾子刚。游击队由军事特派员伍一仙统一领导和指挥。会上还明确了游击队的宗旨和要求：严明游击队的纪律，服从党的调遣，作战勇敢机智，行动坚决果断。郴县赤色游击队是郴县县委领导的第一支武装队伍。游击队的成立，标志着郴县武装斗争进入了一个新的高潮。

郴县农民武装发展壮大以后，由于党的领导缺少军事知识，组织内也缺少军事骨干，因而闻听朱德在宜章暴动成功后，急切地盼望朱德尽快地来支持郴州暴动。为此，夏明震三次派人寻找朱德联系，请求支援。朱德接待了郴县联络员，了解了郴县的情况后，通知夏明震将郴县的暴协营改编为工农革命军第一师独立连。

2月1日，郴县县委接到朱德的通知，命令郴县独立连于当晚开到保和圩和水井窝、小溪一带做好战斗准备。同时在郴宜大道两旁发动群众，组织向导队、梭镖队、呐喊队策应工农革命军入郴。

2月2日夜，许克祥部溃兵果然向桂阳方向逃窜，进入伏击圈。战斗打响后，郴县革命群众用自制的纸炮四处鸣放，摇旗呐喊助威。接着，独立连战士迅速出击，分两路夹击敌人。经过近3小时的激战，独立连和工农群众一起全歼许克祥残部，缴获步枪200多支、迫击炮2门、机关枪3挺、手枪20支、子弹等军需物资70余担。

2. 折岭包围战。

岩泉·坪石一仗，工农革命军大败许克祥，郴州守敌大为震惊。何键部的第十九师师长李觉命一副师长带1个营，慌忙到郴、宜交界处的折岭设防。王东原部的十五师也派出了2个营，到城南20多里的走马岭和大铺桥防守，企图阻击朱德北上。

工农革命军第一师党委与宜章县委在饭塘召开了党政军联席会议后，胡少海率农军返回宜章城，朱德、陈毅将一师干部龚楚、龚楷、朱舍我留下帮助宜章建军，自己率工农革命军第一师主力于1928年2月2日，从饭塘出发，经白石渡向折岭挺进，2月2日晚在白石渡宿营一晚。2月3日继续北上，中午到达折岭。2月4日，朱德指挥部队分两路夹击折岭之敌，敌仓皇北逃。工农革命军乘胜追到郴县境内的两湾洞，终将敌人消灭，敌率队的副师长毙命，工农革命军大获全胜。

3. "打虎"与"牵羊"。

2月4日上午9时许，朱德、陈毅率部开进良田。良田区委组织群众欢迎，慰劳自己的子弟兵，还招待了午餐。区委在良田圩文昌宫召开了群众大会，朱德在会上宣讲了革命道理，部署了进军郴州的战斗任务。

为了迅速占领郴州，朱、陈决定立即乘胜前进，围歼大铺桥之敌。

大铺桥在良田以北7公里处，四面环山，北面是走马岭、草鞋岭，南面是黄泥坳，西面是石栋冲，东面是杨岭坳，中间是一条肘形山湾。村子坐落在山湾之中，原野开阔，郴宜大道正从村中蜿蜒而过。此时，守敌2个营6个连，大都是抓来不久的青年学生和贫苦农家子弟，还没有上过战场。朱德、陈毅特制定了"打虎牵羊"的对敌方略，一方面组织狙击手专打敌人指挥官，一方面组织宣传员对敌喊话，争取新兵投诚。经数小时战斗，敌营长周澜被击毙。残敌逃至走马岭，又遭到截击部队的伏击，伤亡惨重，其余新兵尽皆投降。大铺桥一战，俘敌600余人，缴枪600余支。这600余名新兵，经过陈毅亲自出面做工作，在共产党优待俘虏政策的感召下，大部分士兵参加了朱德的工农革命军第一师。

郴州城内何键属下教导师师长王东原指挥的一个守备营，见大铺桥、走马岭已被工农革命军突破，军心涣散，不战而溃，王东原只得率部逃走。我军前锋扫荡了逃往北湖之敌以后，又继续追敌至铜坑湖一带，消灭了王东原的一个特务连。

4. 郴县工农革命军第七师的成立。

1928年2月4日，郴县县委派人到城南磨心塘迎候朱、陈部队；傍晚时分，朱德、陈毅率工农革命军第一师，雄赳赳，气昂昂，从磨心塘、南关上开进郴州城。全城百姓站在街道两旁，点灯照明，燃放鞭炮，敲锣打鼓，挥动三角红旗，高呼口号，欢迎自己的队伍。

朱德、陈毅人城后，司令部和湘南起义总指挥部都设在旧考棚内。2月5日，朱德、陈毅参加了郴县县委扩大会议。会议决定调整充实县委领导班子：夏明震继任县委书记，李一鼎任组织委员（后调永兴任县委书记），李佑余任宣传委员，伍一仙任军事委员，孙宇宁（即孙开球）任群工委员，何善玉任妇女委员，曾子刚任农运委员，邝朱珠任青年委员，曹廉任工运委员。委员还有李杰、李才佳、万伦、陈子源等十人。在这次会议上，朱德、陈毅和郴县县委共同研究、部署了全县暴动、建立红色政权、建立农民武装等项工作。

2月6日，朱德、陈毅又参加了在城隍庙召开的党政扩大会议。

2月7日，郴县县委召开万人群众大会，庆祝郴县苏维埃政府成立。朱德、陈毅和湘南特委代表、郴县县委负责人，以及宜章、耒阳县委的代表，都在大会上讲了话。

会上，中共郴县县委和郴县苏维埃政府在原工农革命军第一师独立连的基础上，吸收一些原武装暴动营、赤色游击队的战士，正式组建郴县工农革命军第七师（简称郴县农七师），师部设在郴州城赵公祠。师长邓允庭，党代表夏明震（后为蔡协民），参谋长刘之至。下辖五个团，第一团以秀良区、秀贤区的农民武装为主组成，团长彭鳌，党代表孙开楚；第二团以凤鸣区、凤岁区、安源特区的农民武装为主组成，团长徐谆，党代表廖开藻；第三团以永一区、永二区、吉阳区、瑶林特区的农民武装为主组成，团长蒙九龄，党代表廖子庭；第四团以丰乐区、安善区等地的农民武装为主组成，团长李升卿，党代表曹廉；第五团为独立团，以郴州城区等地的农民武装为主组成，团长万伦，党代表段横波。当时，郴县农民参军参战的积极性非常高涨。县城有个工人叫唐昌陆，自己报名参加新兵营后，跑回家乡三壁冲，一下就邀集了五六十个青年跟他一起参军。板子楼修铁路的25个醴陵农民也集体参加了郴县第七师[①]。他们中还走出了上将杨得志（杨得志，1911年出生于湖南省醴陵县南阳桥的一个小山村。1928年1月在郴县板子楼修路时加入郴县工农革命军第七师，参加湘南起义。同年10月加入中国共产党。1955年授上将衔）、邓华（邓华，郴县永宁乡陂副村人。1927年3月在长沙加入中国共产党，马日事变后回到家乡。他先是参加桂阳县苏维埃工作团，后调工农革命军第七师第二团。"返白事件"发生后，再调至第七师师部组织科任组织干事，亲历了湘南起义那血与火的洗礼。后来成为中国人民志愿军司令员，1956年授上将衔）。

郴县工农革命军第七师成立时，共有干部战士6300余人、步枪1700余支、大刀200多把、梭镖4900余把，整个部队以农民为主体，战士以红布条系在左手臂上为标记，干部则用红绸带斜佩于胸前，并以胸前绸花大小区分职务高低。此外，为维持各地社会秩序，各区还先后建立了农民赤卫队。

郴县工农革命军第七师师长邓允庭，是个充满传奇故事的老军人。他1879年生于郴县一个贫苦农民家里，因家贫无力读书。10岁那年，观本村私塾先生邓振宇下

---

① 杨得志：《横戈马上》，解放军文艺出版社1984年版，第17页。

象棋，在旁指指点点，显示出一定根底。邓先生大奇，将其收为免费私塾学生。18岁那年，出门习武。后来进入北洋军阀举办的云南讲武堂习武，与朱德成为同学，并参加了孙中山组织的同盟会和他领导的辛亥革命。1927年12月，他受夏明震的委托，到韶关的犁铺头找到了朱德，老同学相见，互道别情，倍感亲切。由韶关返郴向夏明震汇报后，经夏明震、曾志介绍，邓允庭加入了中国共产党。

郴县工农革命军第七师党代表夏明震，是湘南特委委员兼郴县县委书记，也是著名革命烈士夏明翰的胞弟。不幸的是，他在执行湖南省委"左"倾错误政策时，被反革命暴乱分子杀害。继任党代表蔡协民，是朱德工农革命军第一师政治部主任，湖南华容人。湘南起义成立中国工农革命军第一师时，他任师政治部主任。夏明震牺牲后，由他兼任第七师党代表。

朱德部攻占郴州后，原国民党郴县罗东之、罗绍基的团防武装不战而退，逃往桂阳，勾结桂阳团防局长雷澄等反动势力，在郴桂边境杀人放火，肆意骚扰，妄图扼杀郴县革命政权，阻止起义军西进桂阳。1928年2月13日、3月12日，郴县工农革命军第七师两次支援桂阳攻打县城。3月9日，蒙九龄率郴县工农革命军第七师第三团配合永兴赤色警卫团支援资兴农军成功打下资兴县城。

3月12日，反动劣绅崔氏兄弟策划农民"反水"，制造了惨无人道的"返白事件"，邓允庭率农七师一团和独立团于13日由桂阳回郴平叛，14日与其他各地农军一道，将反革命暴乱分子打垮，平息了"返白事件"。

1928年3月中旬，郴永边界的高冲罗家、郴桂边境的庙下雷家等地的"大户团""洋字团"的反动头目傅招荣、雷澄、邓耀、罗东之、罗绍基等人互相勾结，在庙下雷家公祠聚合，准备攻打郴县丰乐区苏维埃政府，血洗栖凤渡。丰乐区委闻讯后，一边派李茂谷、曹俭昌等人去庙下雷家摸清敌情，一边派人向县委汇报情况。县委委员李佑余听到汇报后，立即写信给正在耒阳的朱德求援。朱德立即派在永兴的张山川加强排携迫击炮一门前来增援。3月16日，郴县工农革命军独立第七师四团和丰乐区、安善区赤卫队数千人，攻打庙下雷家，这次战斗共打死打伤敌人200余人，取得重大胜利。

郴县工农革命军第七师在打击敌人的战斗中得到锻炼，保护了红色政权，还支援了兄弟县的武装斗争。1928年4月1日，郴县工农革命军第七师与宜章工农革命军第三师，在郴县折岭一线阻击国民党南线5个半师的进攻，坚持了三天三夜，付出重大牺牲后，该师撤往资兴，在陈毅率领下由资兴经酃县上井冈山。

二、永兴暴动

1. 乡村秘密武装的建立。

永兴县一条便江流经县城，将全县切割成江左江右两大片。早在 1927 年秋，江右九区在支部书记许玉山的领导下，组建了以原九区农民自卫队为基础的永兴县九区赤色独立团，推举原九区农民自卫队队长曹钧为团长，在衡阳农运班受过军训的许郁为党代表。12 月 11 日，广州起义爆发，消息由在南边贩盐的民众传到永兴，极大地鼓舞了永兴人民的斗志，中共永兴特支加快了工农武装的建设。广州起义失败后，参加起义的黄埔军校学员、共产党员何昆回到家乡，担任九区赤色独立团的教官，和曹福昌等一起，共同训练这支最早的农民武装。到年关暴动前，九区赤色独立团已有 9 个连的建制，长短枪 20 余支，其余为梭镖、大刀、鸟铳、抬铳等武器，主要活动在九区、十区、十一区。

江左八区党员刘木、刘明初、李藩周、刘泉芝等利用赶集的机会联络革命骨干，多次召集秘密会议，以办武馆的名义组建一支 600 余人的武装队伍，打制了一批梭镖、大刀、土枪土炮。刘木负责指挥，集中在下路丘的坳背岭训练。油麻塘黄克诚、尹子韶等党员在太平岭组建了一支 100 余人的农民武装。为了筹集武器，黄克诚、尹子韶派刘锄非打入驻永兴的范石生部，计划拖枪出来，武装队伍，但不慎事泄，刘锄非被捕并关进永兴监狱。马田墟党员李卜成从家里拿出 200 块银圆，在马田墟和井岗村开办两堂武馆，挑选了以原农民协会会员为骨干的 200 余人，集中训练。在朱德、陈毅部的李腾芳也被派回永兴，在家乡湘阴渡组建了一支农民武装。

在县城附近，党员戴彦藻重建了城郊党支部，支部书记戴彦藻，成员有陈伯诚、傅赐骏、戴彦士、廖孝润等，恢复了一区农民协会。在党支部的领导下，他们以原宝合煤矿工人纠察队为基础，组建了以工人为主体的工农赤卫大队，陈伯诚任大队长，赤卫队有战士 100 余人、枪支 20 余支。傅赐骏联络各行业协会的工人，也组建了一支 30 多人的工人纠察队。

2. 车田起义。

1 月中旬，刘木率领八区油市农军，在城郊工农赤卫大队的配合下，进攻永兴县城。县长文斐摸不清工农武装的虚实，命令警察局长李辅弼、县警备大队长戴子清掩护，撤出县城。中共永兴临时县委考虑到敌人元气未伤，工农武装力量太弱，怕陷入敌人包围，命刘木、陈伯诚主动撤出县城，先回国民党力量薄弱的各区乡，组织暴动，壮大队伍。同时，派人和朱德、陈毅部队取得联系，请求支援永兴的武装暴动。

八区的农军回到油榨墟以后，于1月24日召开党组织会议，部署武装暴动的事宜，同时派党员刘水哉到宜章与朱德、陈毅部联系。25日，刘水哉到达郴县良田，遇上郴县的农协委员长李才佳。李告知刘，郴县党组织已派人和朱陈部联系，朱陈部将马上北上郴州，并分发了一批布告、标语、传单给刘。刘水哉回到家乡，向刘木汇报，八区党组织马上组织人员联络群众，抄写和散发传单，张贴标语。30日上午，八区党组织和农民武装在车田村树起红旗，公开宣布武装暴动。随后队伍浩浩荡荡地开进油榨墟场，在"打土豪、分田地"的口号以及锣鼓声中，周围农民也手举红旗从四面八方拥入墟场。中共党员刘木组织群众召开大会，宣布成立永兴县第一个苏维埃政权——永兴八区苏维埃政府。大会推举刘木为八区苏维埃政府委员长，并决定恢复八区农民协会，农协委员长李藩周；成立八区赤卫大队，大队长刘水哉。下午，批斗了车田和坪洞村两个鱼肉百姓、作恶多端的大土豪，赤卫队员押着两人游垅示众，壮大革命声威，同时，打开他们的谷仓，把1万多斤稻谷分给贫苦民众。次日，八区苏维埃政府正式在油榨墟祠堂挂牌办公。车田暴动的成功，迅速传遍永兴城乡，正在太平山训练农民武装的黄克诚、尹子韶立即商议发动群众，武装暴动，响应车田暴动。

3. 板梁、油麻起义。

工农革命军在岩泉·坪石打败许克祥的消息，通过从粤北挑盐回来的商贩传到永兴，极大地振奋了永兴的共产党员和人民群众。黄克诚当即同尹子韶、刘馨、黄景凡（即黄平）商量，决定举行武装暴动以响应之。他们推举原永兴县农民自卫队队长尹子韶出面领导，很快组织起一支百多人的武装。

据侦察得来的消息：2月2日，宜章县有一个叫吴国斌的挨户团头目，被工农革命军打散后，带了18名枪兵窜到板梁村，投奔了大土豪刘尧卿。刘尧卿把吴部安排在板梁村的育婴堂，准备次日为吴部设宴洗尘。黄克诚、尹子韶等当即决定吃掉这股溃兵，借此举行暴动。策划好后，当夜由尹子韶赶到板梁刘家，发动农民起来暴动。暴动农民趁刘尧卿办酒宴的机会，混入吴国斌团丁们的驻地育婴堂，把酒醉醺醺的18名团丁全部抓起，缴了他们的枪。

2月5日，黄克诚、尹子韶率领农军到达三塘乡玉兰村大丘头——首任中共永兴支部书记、农民协会委员长黄庭芳的家乡，在烈士的墓前举行隆重的追悼大会。

黄克诚、尹子韶带头庄严宣誓："杀尽土豪劣绅，为死难同志报仇！"队伍在三塘、悦来、马田墟一带，打击土豪劣绅，宣传发动群众，扩展武装队伍。

农民占领油麻圩，威震四乡。附近一带村子，都举起了红旗，暴动农民头戴红巾，臂扎红箍，腰围红带，腿缠红裹，十分威武。短短的几天时间，暴动队伍扩大到2000余人。

4. 红旗插上永兴城。

1月中旬，永兴农民第一次攻城尝试，使敌人受了一次虚惊。宜章、坪石的胜利消息传到永兴后，中共永兴县委决定组织第二次攻城。

2月7日，刘木受县委的委托，前往郴州向朱德汇报了永兴的暴动情况，请求朱德派正规部队协助。朱德当即派副连长张山川带领一个加强排去永兴协助战斗，并送给永兴57支步枪。张山川率加强排在油榨圩与刘木率领的五六百农军会合，浩浩荡荡，杀奔县城。沿途农民踊跃参战，队伍迅速扩大到1000多人。

2月9日，队伍抵达便江岸边，与县城隔河相望。农军在鲍家码头用步枪、抬铳向城里射击。敌警备队长戴子清、警察局长李辅弼率部在南门口顽抗。由于敌人早已控制了靠近县城一段河面上的船只，南门口一段又河宽水深，攻城部队一时不能渡河突破。刘木当机立断，分出一部分兵力，绕道从下游水势湍急但敌人防备空虚的龙门渡偷袭。同时，陈伯诚、戴彦藻率城郊工农赤卫队，从龙门渡下游配合进攻；江右独立团一部由许郁、刘鼎三等人率领，逼近北门和西门；城内县总工会纠察队长傅赐骢率30多名纠察队员及码头工人，乘势占领了木江渡，将敌人扣留在渡头的十几条木船，迅速撑过对岸，接应陈、戴率领的赤卫队过河。

这时，戴子清、李辅弼等反动头目在南门口魁星楼上举目一看，县城四周已是红旗如海，暴动农民像潮水一样迎面涌来，料想自己难以抵抗下去，只好护着县长文斐从东门冲出城去，狼狈逃窜。

刘木、陈伯诚两路农军和张山川的加强排随即在锣鼓鞭炮声中胜利进城，打开监牢，放出刘锄非等30多位革命同志，一把火烧掉了县衙门，红旗插上了永兴城头。接着，尹子韶带领的农民武装也进了城。中共永兴特别支部的领导人向大复、黄克诚、刘馨、黄平、李卜成等进城后，即在县里成立了县苏维埃政府。

5. 永兴县工农革命军赤色警卫团的建立。

攻克永兴县城后，江左的永兴中国工农革命军第一师，以及其他一些自发组织的农军，陆续会聚县城。1928年2月13日，中共永兴临时县委和县苏维埃政府对进城的各路武装队伍进行了统一整编。因为朱德的主力部队叫中国工农革命军第一师，永兴县的工农武装便改名为永兴县工农革命军赤色警卫团，下设三个营和一个特务连。尹子韶任团长，黄克诚任党代表兼参谋长，陈伯诚任副团长，刘承羔任一营营长，尹镇南任二营营长，曹福昌任三营营长（后邓三雄）。全团共1420人，长短枪231支，大刀、梭镖1189把，以及部分鸟铳、抬铳和松树炮。这支部队经过一段时间的整训，军事素质和战斗力大为提高。

永兴赤色警卫团成立后，制定了农军的宗旨、纪律，为了宣传起义农军的宗旨，扩大农军的影响，中共永兴县委委员、县苏维埃政府秘书何宝臣为暴动农军起草了一份布告。全文为：

照得本军起义，原为解放穷人；

打倒祸国政府，杀尽殃民劣绅；

废除苛捐杂税，以及关卡厘金。

严禁吸烟玩赌，提倡男女平等；

厉行水田旱土，各按人口均分；

所有公共积谷，尤宜妥管备耕；

创造大同世界，达到无富无贫；

特此恺切告谕，务希一体谨遵。

除了县里建立机动作战的赤色警卫团以外，江右的九区农军独立团保留着独立的地位。为巩固苏维埃政权，保卫各区乡土地革命的成果，2月中旬以后，全县普遍建立了基层农民自卫武装，15个区都有农民赤卫队，有100多个常备队。组建农民自卫武装的同时，也加强工人武装的建设，县工人纠察队由30多人扩大到100余人，由黄时楷任队长，下辖两个排。至此，全县工农武装人员总数达数万余人。

赤色警卫团成立后，在县委和苏维埃政府的领导下，开展打击土豪劣绅，镇压反革命叛乱，支援兄弟县的武装斗争，做出了卓越的贡献，也付出了惨重的代价。

1928年2月28日，应资兴县党组织负责人曹亮华、袁才奇的请求，永兴苏维埃政府派工人纠察队长黄时楷、副队长胡隆彪率工人纠察队及赤卫队300多人前往支援，并于当天打下县城后返回。

1928年3月8日，湘南特委指示资兴、永兴、郴县3县农军再攻资兴县城。

9日凌晨，赤色警卫团在团长尹子韶率领下，从正面攻入城内，直捣指挥中心。守敌李政权带领残部逃出城外。3月10日至13日，三县农军与敌人反复争战，最终将敌人全部消灭。3月13日，永兴县赤色警卫团在获胜后回到永兴。在这次战斗中，先后有尹言榜、刘洪昆、李德保等几十人光荣牺牲，负伤100余人。

永兴曹钧、许郁率九区独立团配合耒阳、安仁农军，于3月16日、3月下旬两次攻打安仁安福司，均遭遇失败，损失惨重。

3月17日永兴八区大土豪陈振昆勾结土匪出身、混入革命政权的三区赤卫队大队长刘福亮，纠集反动武装400余人，袭击八区苏维埃政府，杀害区政府秘书刘泉芝等10余人。3月19日，永兴县苏维埃政府派李藩周、刘水哉率部分赤色警卫团战士及朱德部张山川排，赶到油榨墟一举将反革命武装打败，捣毁了敌人设在坪洞岭的指挥机关，处决4个首恶分子。叛乱头目刘福亮败逃到桂阳庙下大土豪雷澄的老巢。

3月下旬，十五区苏维埃政府委员长张仲扬叛变，暗中勾结马田墟的地主豪绅王纯侯、胡承典，三区豪绅刘昌顺、王颐和、张兴角等人，在三区永华水月庵召开秘密会议，阴谋叛乱，策划围攻区、乡苏维埃政府。他煽动马田墟、和平墟、邝家、磊头墟等地农民，手举白旗、脖子上系白带子，宣布"反水"。张仲扬、王纯侯、胡承典带领"反水"人员，对五区苏维埃政府实施突然袭击，包围五区苏维埃政府所在地磊头墟，冲进苏维埃政府机关，见人就杀。留在苏维埃政府机关的工作人员无一幸免。县委特派员、永兴县苏维埃政府副主席邓燮文、五区警卫团副团长刘绍浩、大队长王至法、副官邝东保、军需陈光汉以及炊事员曹顺保等13人惨遭杀害。五区苏维埃政府组织赤卫队员及农民抗击敌人的进攻，一些赤卫队队员和农民被打死打伤，造成永兴最大的"反水"惨案。

县委、县苏维埃政府闻讯后，立即派尹子韶率赤色警卫团及张山川排赶到磊头墟，配合当地农民赤卫队进行清剿，活捉一些反动头目，平息叛乱，恢复五区苏维埃政权，并将邓燮文的遗体运回县城安葬。事后，五区成立特别法庭，对这伙反革命武装叛乱头目进行审讯。审判长邱尚文与张仲扬是同学，想保住他的性命，但副审判长李华容则坚持严办。于是，特别审判庭在马田墟上召开宣判大会，张仲扬、刘昌顺、曹开诚、曹祖业等武装叛乱首恶分子伏法。

3月中旬，永兴赤色警卫团得知桂阳县庙下村反动武装要血洗栖凤渡的阴谋后，尹子韶、刘水哉率永兴赤色警卫团与郴县桂阳农军会合，打垮了庙下之敌。

3月28日，永兴赤色警卫团团长尹子韶和耒阳农军负责人刘霞等率领两县农军1万余人，偕同朱德派出的工农革命军陈道明营第三次向安仁县城挺进。安仁县城城墙坚固，有国民党的正规部队据守，武器精良。农军人数虽多，但武器装备太差，一时难以攻进城内。邝振兴率队强攻，被敌人的枪弹击中，牺牲在安仁城下。29日子夜，永兴农军运来3门长弹松树炮，对准安仁县城的毓秀门，三炮齐放，一举炸开毓秀门，永兴农军首先冲入城内。敌营长江仪声、县长周一峰连夜弃城逃跑。在三次攻打安仁县城的战斗中，中共永兴县委委员邝振兴及20多名农军骨干英勇牺牲，100余名农军战士献出了宝贵生命，烈士遗体安葬在安仁龙海塘。

三、耒阳暴动

1928年2月4日，朱德攻克郴州。中共耒阳县委闻讯，立即指派县委委员刘泰、徐鹤、徐康急赴郴县，向朱德汇报耒阳暴动情况，请求起义部队支援耒阳农军攻城。

1. 第一次攻克耒阳城。

1928年2月10日，师长朱德亲率工农革命军第一师主力离开郴州，向耒阳挺进。党代表陈毅留守郴州，协助湘南地方党组织的建党、建政、建军。

当时，湖南军阀唐生智和桂系军阀白崇禧，都把矛头对着工农革命军。但是，唐生智拥护武汉汪精卫，要"东征"倒蒋；白崇禧、李宗仁则要"西征"反汪，他们之间又是有矛盾的。朱德挺进耒阳的部队到达鲁章时，便利用军阀之间的矛盾，采用金蝉脱壳计，于12日悄悄地撤离鲁章，继续向耒阳开拔。随后唐生智部进驻鲁章，白崇禧部误以为是工农革命军，当夜向鲁章发起攻击；唐生智部则误以为朱德回师打他，也拼命还击，相互打了一个通晚。1957年11月13日，朱德在一次座谈会上的谈话还作了这样的描述："当时白崇禧打唐生智，唐生智又打我们，三家打。那时我们不知道联一家打一家。鲁章那一仗打得最奇怪。白崇禧原来要打我们，我们退出了那地方，他不知道，第二天，三方作战，但我们是清楚的，哪是唐生智，哪是白崇禧。他们不知道，结果白崇禧打唐生智。"[①]

耒阳在湘粤大道上，消息很灵通，反应很灵敏。1928年1月间，耒阳乡下就普遍流传了这样一些说法："现在有个姓苏的，名叫苏维埃（当时广州革命政府的主席是苏兆征，所以有人把苏维埃当作人名）。苏大人在广州成立政府（按：即指广州公社）。他真是个好角色，做工出身。他骂蒋介石不该卖国，不该打倒工会和农

---

① 朱德：《关于南昌起义、湘南起义和井冈山会师》，载中共中央文献研究室编《文献和研究》，人民出版社1988年版，第42页。

民协会，更不该杀工人和农民。他部下的兄弟真狠，一天跑 300 里路不困觉，打仗最厉害。"在工农革命军快到耒阳县境时，中共耒阳县委机关报《耒潮》刊登了红军要来耒阳的消息。广大工农高兴极了，绘声绘色，奔走相告。得知这一消息，耒阳的贪官污吏、土豪劣绅吓得心惊肉跳，坐立不安。城里的国民党正规部队撤回衡阳去了，县长也开溜了。湖南《国民日报》1928 年 3 月 19 日这样报道："迄至正月十七八两日，防军开退，县长失踪。乃组织耒阳地方临时维持委员会，推举王曾奎为主任。"按照维持会的调遣，县挨户团总局常备队的 300 多人枪，由队长章家梅率领，驻守在城南桌子坳，并构筑了工事，妄图负隅顽抗；县挨户团总局副主任王旷萱率领部分武装，龟缩在工事里。东、南、西、北都放了步哨，戒备森严。

1928 年 2 月 15 日，工农革命军进入耒阳公平圩。当天晚上，朱德在圩场上召开群众大会，号召贫苦农民起来革命，起来暴动，打倒军阀，打倒土豪劣绅。当场有四五十名青年农民报名参加革命队伍。

2 月 16 日凌晨，工农革命军占领了灶头（市）街。朱德在这里听取了耒阳县委的汇报，了解到敌军的布防情况，然后与县委共同研究决定：工农革命军第一师主力负责正面解决桌子坳之敌，抽出一个连配合农民武装攻城，负责攻城的部队钻进茂密的森林，以观动静。耒阳县委邓宗海、刘泰等身藏短枪，率领几十名暴动农民，化装成卖猪肉、蔬菜、柴草的小贩，骗过团丁的盘查，从北门进城，与城内地下党组织配合，迅速解决了驻守城门的哨兵。信号枪响后，埋伏在城外的革命战士和农军一跃而出。这支队伍多达数千人，有步枪二三百支，水机关枪两挺，大炮两尊，梭镖二三千杆，分两路扑城：一路从汽车路进西门，一路从化龙桥进北门。他们很快消灭了城内的国民党团防武装，当场击毙耒阳地方维持会主任王曾奎，烧毁了县衙门，并打开牢门，救出了大批被关押的革命同志及其亲属。王旷萱化装成叫化子企图潜逃，刚跑到城外就被农民抓住了。与此同时，工农革命军主力向驻守桌子坳之敌发起了猛烈攻击。敌人开始还想顽抗，后来回头看到县城火起，老窝被毁，便无心恋战了，于是工农革命军趁势攻下了桌子坳。敌常备队见势不妙，由队长章家梅率领，经潭湾过河，败退到耒衡边界的新市街。

这一天，正是春雨转晴。中午时分，耒阳城家家户户挂上了红旗。街头巷尾，里里外外，由武装农民放了步哨。欢迎工农革命军的群众，欢天喜地地排列在从西马路至灶头（市）街八里远的道路两旁。朱德率领的工农革命军排成两路纵队，在热烈的口号声和鞭炮声中进入耒阳县城。当时，朱德、王尔琢等工农革命军第一师的负责人都住在西正街邓家祠堂。一营（不包括二连）、二营驻防县城，三营驻防竹塔市。一营的二连驻防高炉水口（距敖山庙5华里）。

第二天上午，耒阳县委在城隍庙主持召开欢迎工农革命军的群众大会。附近三四里以内的农民都拥进城来参加。大会开得十分热烈。中共耒阳地方执行委员会书记邓宗海、执行委员刘泰、谭衷等分别在会上致欢迎词，表示决心在工农革命军的支持下发动全县暴动。朱德在致答词中，首先赞扬耒阳人民的革命斗争精神，接着分析了当时的斗争形势。他说：目前，李宗仁、白崇禧与唐生智等这些军阀正在混战。趁着这班强盗吵嘴打架、互相揪住辫子不放的时候，我们发起了湘南起义，武装了工农群众，壮大了自己的力量。现在，宜章、郴县已经取得胜利，耒阳的暴动也胜利了。宜章年关暴动的胜利，仅仅是湘南起义一个好的开端，郴县、耒阳的胜利，说明湘南起义已推上了高潮，暴动就要在湘南全面开花，反动派在湘南快要完蛋了。朱德的这一番话引起一阵阵热烈的掌声。接着，朱德又说，耒阳与衡阳交界，衡阳是湘桂反动军阀的巢穴，他们绝不会甘心失败，一定会派兵来攻打我们。我们大家要团结起来，提高警惕，随时准备消灭来犯的敌人。全场又响起一阵掌声和一片欢呼声。

大会结束时，在群众的强烈要求下，处决了王旷萱等4个反革命罪犯。工农群众拍手叫好，欢声雷动。

2. 新市街扫荡敌民团。

新市街是耒阳与衡阳两县共辖的一个边境墟镇，水陆交通比较便利，工商贸易比较活跃，湘南暴动期间，郴县、汝城、永兴、桂阳及耒阳本地的土豪劣绅纷纷逃至新市避难。耒阳县政当局和总团常备队300多名团丁，在工农革命军的追击下亦退守新市镇，盘踞在南街一线构筑工事。衡阳县挨户团400多名团丁则控制着北街，两支民团武装给新生的耒阳苏维埃政权构成了巨大威胁，给风起云涌的土地革命运动带来了较大的阻力，工农革命军和耒阳农军决心摧毁这个反革命据点。

2月21日，朱德派遣一个主力连，配合耒阳泗田、大市、敖山庙等地的2000多名农军，分五路进兵，将新市街团团围住。河东两路农军在朱德主力连的掩护下，向老虎坳、鸡婆山、七寿亭攻击前进；河西两路农军从上、下两个渡口越过耒水进击街区。战斗打响后，工农革命军一营二连十几名战士，沿着沟渠隐蔽前进，突然冲上老虎坳山顶，与敌人面对面厮杀成一团，大批农军趁势蜂拥而上，闪电般砍杀了一批团丁，敌人慌了手脚，四下逃窜，老虎坳制高点被农军牢牢控制。另一路农军则呐喊着冲上鸡婆山，守山的泥田乡挨户团几十名团丁急忙退至河边，涉水逃命，被河西的农军截住，只好举手投降。这次战斗共毙敌 100 余人，缴获各种枪支 200 余条。

驻守镇内同善堂的耒阳挨户团常备队，得知老虎坳、鸡婆山失守，军心动摇，急向衡阳方向溃逃时，被刚刚赶到的衡阳敌十九军一部拦阻，并将常备队队长章家梅以临阵退却之罪就地枪决。其他团丁只好跟随敌十九军反身向新市镇进发，准备反扑。

耒阳农军攻占新市街后，知道衡阳敌军将至，按照县农军指挥部命令，主动放弃新市街，退回大陂市，在敖山庙宿营待命。2 月 25 日，敌十九军李宜煊师一个团，在衡阳县挨户团总局副主任谢凤林部的引导下，扑进新市街，见镇内农军已退，当即穿街而过，向敖山庙方面推进。殊不知，朱德、王尔琢和耒阳县委、县苏维埃政府，已在敖山庙一线，布下了天罗地网，一场漂亮的伏击战，即将打响。

3. 敖山庙伏击战。

工农革命军进驻耒阳城不久，敌十九军李宜煊趁我军立足未稳，即从衡阳分两路进攻：西路由衡耒大道扑来，东路由新市街、敖山庙扑来。耒阳依水为城，城在耒水岸边。"背水作战"，历来为兵家所忌，因此，朱德率工农革命军于 2 月 26 日中午，主动撤离耒阳城，向东转移到耒永边界的上架桥、安福司等地。耒阳党政军领导机关团体则移驻对岸水东江一带。撤退前，县委动员群众将粮食及其他生活必需品运往深山储藏起来，又命宣传员四处张贴标语口号，或用木板书写标语口号投入水中，随水流下，以扩大宣传。

当天下午，西路扑来之敌占领了耒阳县城。东路人马，却在敖山庙遭工农革命军林彪的第二连和徐鹤率领的耒阳数千农军的伏击，被打得头破血流。这一仗，共毙敌 100 余人，缴获 100 多支枪和军马 1 匹。敖山庙伏击战，不仅重创了敌人，而且是农民武装一次大规模的实战演习，使农军看到了自己的力量，更坚定了暴动必胜的信心。

4. 革命军二克耒阳城。

敖山大捷后不久，毛泽东三弟毛泽覃在曾仕峨率领的第一师特务连的护送下，从酃县到郴州，再找到耒阳，与中共耒阳县委取得联系。此时，李宜煊师西路人马正在城内焦急地等待东路人马的到来，耒阳县委请求毛泽覃的特务连配合农军攻克县城。由于敌我势力悬殊，毛泽覃又急于寻找朱德，不能久留城关，农军攻城计划被迫取消。

毛泽覃率部火速赶往上架与朱德会晤，转达了毛泽东邀请朱德上井冈山的建议和对朱德、陈毅、王尔琢的亲切问候，并将耒阳县委要求再次攻打耒阳县城的意见转告朱德。双方还共同商讨了在井冈山会师建立革命根据地的计划。朱德火速派人赶往郴县，将毛泽东的意见转告陈毅。

3月1日，朱德率主力部队开进耒阳城郊，在灶市狮子岭布置二次攻城任务，命令三营六连、七连攻入西门，八连、九连攻取北门，由加强连担任主攻，从马阜岭直扑县城，耒阳农军随主力跟进，清剿残敌，打扫战场。

各攻城部队按计划进入阵地后，由于联络不畅，加强连尚未到位，包围圈尚未合拢，六连、七连过早地发起冲锋，西门久攻不下，只好退回灶市，八连、九连孤军攻城受挫，也只好向南后撤，朱德急令部队停止进攻，退出战斗。

然而耒阳县工农革命军第四师和农民赤卫队不肯停战，各地农军源源不断地加入战斗，当晚9时许，趁着月黑风高敌人惊魂未定之机，各路攻城部队迅速到达指定位置，朱德部加强连的队伍也已赶到，配合农军攻城。战士们如猛虎下山，向县城发起猛烈攻击。县委军事委员会委员长李天柱率3000多农军，配合加强连压向城根，步枪、鸟铳、松树炮一齐开火，分三路发起了攻击。

东乡农军强渡耒水冲进东门；南乡农军从九眼塘、蔡侯祠向南门发起了冲锋；加强连猛攻西门；第一区农军敢死队绕到敌后青麓书院，用干柴稻草燃起冲天大火。在惊天动地的喊杀声中，敌军如惊弓之鸟，不敢恋战，丢下100多具尸体，狼狈逃往遥田墟。耒阳县城再次回到人民手中。

第二次攻克耒阳城后，朱德的工农革命军第一师司令部设在水东江梁家祠（后来又移驻敖山庙）。前锋部队沿衡耒公路追击残敌，一直进逼到衡阳市南站的东阳渡。

5. 三公庙巧计歼敌。

在耒阳农军第二次攻克耒阳城的同时，由林彪率第二连从永兴押送一批军需物资到耒阳前线①，后勤人员到达小水铺附近时，遭到了当地反动地主谭孜生的民团武装的突然袭击。林彪措手不及，运输农民及押运战士死伤逾百，军需物资全部被敌掳走，还丢了3匹军马。有十几位运输农民被抓去关在敌人的巢穴三公庙，惨遭

---

① 少华、游胡：《林彪的这一生》，湖北人民出版社2003年版，第42页。

杀害。

林彪虽败不慌，他摸清了袭击他的民团的底细后，于 3 月 3 日凌晨率领他的第二连，打着"国民革命军第十九军"的旗帜，到小水铺三公庙，将谭孜生在内的 20 多个首恶分子全部抓获处决，将全部军需物资找了回来，还获得了许多额外的战利品。

6. 二打新市街。

湘南起义的枪声打响后，郴（县）、永（兴）、桂（阳）等县的土豪劣绅，纷纷逃到耒阳东北的新市街。这里原属衡阳和耒阳的共管地。逃来这里的土豪劣绅，有的还拉起了武装，企图卷土重来。前面提到的耒阳县常备队队长章家梅，就曾带领二三百人枪，一直躲在新市街，负隅顽抗。同时，反动派陆陆续续调集肥田等地的挨户团来这里加强防御力量。因此，国民党耒阳县县长谢清河也流落在此办公。这样，在新市街周围，集结的反动民团达 400 余人。此外，新市街以北地区，还驻有衡阳县挨户团总局副主任谢夙林的武装约三四百人。这些反动武装盘踞新市街，对耒阳全县的革命显然是一个很大的威胁。此时的新市街，在衡阳民团和耒阳民团的控制下，推行白色恐怖，欺压无辜百姓，将耒阳高炉乡 3 名卖菜农民以"共匪探子"之罪拘押，其中 2 人被酷刑迫害致死，1 人侥幸脱逃，这起血案引起了农民的极大愤慨。他们强烈要求再次攻打新市街，消灭挨户团。为了肃清这些敌人，保证革命顺利进行，工农革命军和农军于 3 月 6 日第二次攻打新市街。耒阳十四区苏维埃政府主席曹仁梓，组织高炉农军 1000 多人，怀着为死难农民报仇雪恨的满腔怒火杀向新市街，其势之猛锐不可当，挨户团团丁急忙后撤，溃不成军。谢夙林急令团丁退守衡阳盐沙塘、冠市街。国民党耒阳县县长谢清河只好将县衙迁至衡阳办公，县政府成了名副其实的"流亡政府"。

"鞭敲金镫响，人唱凯歌还"。一片祝捷声中，朱德和耒阳县苏维埃政府妇女联合会主席伍若兰，在水东江兵工厂近旁的梁氏宗祠结婚了。

关于伍若兰，史沫特莱在《伟大的道路》中有这样一段叙述："她在农民中真是无人不知，是个坚韧不拔的农民组织者。年龄只有 25 岁，演讲富有魄力、才智，大脚，体格非常健壮，头发挽在后面，黑黑的皮肤上有些麻点。她并不好看，可是一双大眼闪烁着智慧与果断的光辉。有人把她介绍给朱德。她名叫伍若兰，是个作家，出身于大革命时期非常活跃的知识分子家庭。"上井冈山后，伍若兰在第四军政治部任宣传队长。1929 年红四军向赣南、闽西进军，在一次突围战斗中，她手持双枪，掩护朱德等司令部首长突出重围，自己不幸受伤被俘。灭绝人性的反动派把她押解到赣州，折磨很久，然后砍下她的头，悬挂在湖南长沙的大街上示众。

7. 耒阳工农革命军第四师的建立。

耒阳县农民武装，早在朱德的工农革命军第一师到来之前就已经初具规模了，只是各自为战，没有整合。

1927年8月，邓宗海由武汉调回耒阳重组耒阳县委后，各级党团组织和农协组织，迅速拉起武装队伍，由数人到数十人组成若干战斗小组，拿起了梭镖、土铳，有的还搞到了手枪和步枪，每个小组均制作一面三角旗作为标志，制订了各式各样的联络暗号。最初的武装斗争大多采用昼伏夜行，速战速决的偷袭战术。队员们白天下地劳作，夜间紧急集合，选准目标，快速奔袭。对罪大恶极、手上沾有烈士鲜血的土豪劣绅和投降变节分子一律处死，对罪行较轻的予以口头警告或留书示警，震慑和瓦解敌人营垒。到年关时节，各乡武装小分队基本上已公开进行活动，甚至可以集结几支小分队公开袭击挨户团和团防局，开展小规模的游击斗争。敌人惊恐地称之为"黑杀队"。

县委工运委员刘泰和周鲂、贺寿彭率领一个武装小分队于12月一个晚上潜入白沙镇，恰逢国民党法官曹水仙娶儿媳大摆筵席。当地豪绅官僚地痞云集曹家，喝酒看戏打麻将，堂上堂下张灯结彩，一片喜庆景象。小分队趁其不备，攻入大堂，当场处决了11名顽抗分子。此举震动全县，扬威湘南。由县总工会副委员长罗涛和张奉光率领的300多名农民武装，突袭云峰镇挨户团，趁团丁开饭之际，冲进敌营，智擒守哨，排枪齐发，在一片喊杀声中，打死打伤团丁10余人，缴获枪支20多条、子弹1000多发，胜利归来。县苏维埃政府特派员谢翰文和雷发徕，潜至耒阳、衡阳、常宁交界的烟炭山，以组建"圈子会"作掩护，打着"杀富济贫，除暴安良"的旗号，带领50多名游击队员，劫杀了一批土豪劣绅，当地富户说到"黑杀队"就谈虎色变，心惊胆战。谢翰文率队进入桐梓山后，利用地形优势，频频出击，队伍迅速扩大到200多人。消息传到常宁水口山铅锌矿区，中共水口山特别区委派人进山，联系游击队进矿配合工人行动。谢翰文等乔装商人，大摇大摆进入常宁，支援矿山工人举行暴动，两次奇袭矿警队，缴获大批枪支弹药，帮助组建了战斗力较强的工人纠察队。矿山当局惊恐万分，急电省府派兵弹压。水口山工人领袖宋乔生亲率工人纠察队进入桐梓山游击区，与谢翰文农民武装会合。经过整编，这支拥有300多人的工农革命武装，组建为湘南游击总队第一师独立第三团，宋乔生任团长，谢翰文任党代表。这支队伍多次与常宁县团防局保安团进行较量，取得全胜。1928年3月，这支队伍进入耒阳县城奔向井冈山。在宁冈改编为中国工农革命军第四军特务营，宋乔生任军械处主任兼特务营营长。耒阳石准乡大木冲人周树堂，在桂阳县东华寺也组织周边地区五县农民联合暴动。周树堂曾任过朱德副官，有较高的军事素质。这支暴动武装成立时称"共产革命起义军"，在永兴、郴县、桂阳、资兴、耒阳五县之间穿梭游击。1928年初，周树堂为扩大队伍规模，在耒阳枫冲、石准乡、大义乡招募200多名青年，在石准墟组建第三营，任命文守寿为营长。由于武器弹药有限，加之训练时间不长，由耒阳人组成的第三营在郴县折岭被罗肇芝民团击散并解体，队员补充到其他营连，继续战斗。后这支队伍尽数被国民党打散，周树堂不知所终。

为了提高耒阳农军的战斗力，朱德一到耒阳，就安排主力部队帮助耒阳县委整训农军。到2月底，将农军中的优秀者选拔出2000多人，组建成耒阳县工农革命军第四师，下辖5个建制团：

师　长　邝　鄘

党代表　邓宗海

参谋长　徐　庸

第一团　团长：梁育东

第二团　团长：王　烈

第三团　团长：资桂林

第四团　团长：梁邦栋

赤卫团　团长：周　鲂

师长邝鄘，字光炉，号爱陶，耒阳市仁义乡邝家村人。1919年考入长沙省立一中，积极参加五四爱国运动。1922考入北京大学。1923年在北京加入中国共产党。1924年，考入黄埔军校，因成绩优秀，留校工作。1926年北伐时任国民革命军政治部宣传科长，创作的不朽战歌《北伐军歌》传遍神州。1927年任叶挺独立团营长，参加了南昌起义。南昌起义失败后随朱德回到耒阳。党代表邓宗海，中共耒阳县委书记兼。

同时各区苏维埃政府组建独立团，各乡苏维埃政府组建独立连，形成了一个以主力部队为主，以农军为辅，互相依存，全民皆兵型的军事组织体系，总兵力接近4万人。在耒阳县苏维埃政府，设立了军事委员会，军事委员会主席李天柱，负责全县地方武装的总调度（李天柱 1899 年生，湖南耒阳人。黄埔军校毕业。1927 年加入中国共产党，参加过北伐和南昌起义。上井冈山后，先后任红军营长、纵队司令等职。1931 年调任湘东独立一师师长。翌年，任红八军军长，红军长征后，留在赣南坚持游击战争，1935 年 4 月，在江西寻邬一次突围战斗中英勇牺牲）。

耒阳县工农革命军第四师在邝鄘、邓宗海、李天柱的领导下，在地方赤卫队的配合支持下，显示出勇猛顽强的战斗力。在第二次攻克耒阳城的战斗中，起初由朱德部正规军为主展开进攻，结果朱德部战败，撤出战斗。但地方农军顽强战斗，坚持到底，最终拿下了县城。1928 年 6 月，共青团湘南特委徐林给中央的报告中记述说："第一、第二（次）之克服耒阳，完全是农民的力量。第一次朱德的队伍还隔耒阳几十里，农民老早就进了城，在几十分钟之久，就把耒阳县城的货物、用品拿到一个精光的跑了；第二次敌人向我们猛烈的进攻，朱德队伍老早打败而退后几十里了，耒阳复被敌人占领，但是农民毫不退让，成千成万的四面包围，到失耒阳第三天夜间大举反攻——打的打锣，打的打鼓，呼的呼，放的放枪，四面八方都是农民，敌人莫名其妙，已经吓慌的当夜退到衡州去了。"[①]

由此可见耒阳农军在湘南起义中的重要作用。

1928 年 3 月 8 日，永济乡农会委员熊和生请示县苏维埃政府批准，定于当日在永济墟天主堂前坪召开乡苏维埃政府成立大会，遭到驻衡敌十九军李宜煊部一个团兵力的偷袭。敌人将 25 位遍体鳞伤的干部群众，押往百里渡伍家祠堂集体屠杀，酿成"百里渡血案"。但敌人的屠杀不但没有吓倒耒阳人民，相反，更激起耒阳人民的强烈反抗。

3 月初，耒阳农军指挥部遵照湘南特委的指示，坚决阻击国民党正规军的来犯，以耒阳工农革命军第四师为主力，调集区乡赤卫队，摆成梯形阵势，前后呼应，两翼联动，防御工事绵延不绝，其气势之雄，组织之严，参战人数之多，堪称前所未有。县党政军领导人邓宗海、刘泰、刘霞、邝鄘等亲临前线督战，李天柱担任前线总指挥，参战农民达 20000 多人。

3 月 10 日，敌第十九军李宜煊师两个建制团，沿衡耒公路向春江铺直扑而来。李天柱从容指挥各部农军进入阵地，坚决予以阻击。敌军曾多次领教过耒阳农军的厉害，临阵畏惧不前，双方对峙几天。3 月 14 日，第四师突然发起反攻，敌军猝不

---

① 1928 年 6 月共青团湘南特委徐林：《关于湘南暴动经过的报告》，《土地革命战争时期各地武装起义·湖南地区》，解放军出版社 1997 年版，第 389 页。

及防，仓皇后撤，阵脚大乱，溃不成军。农军战士冲向敌人，短兵相接，勇猛拼杀，敌十九军伤亡惨重，于20日悄悄退回衡阳。农军指挥部将伤员送回县城治疗后，立即调整部署，告诫大家切实做好战斗准备，防止敌人反扑。

3月23日，衡阳东阳渡的国民党第十九军教导团派出一个营兵力，扑向小江口。耒阳工农革命军予以痛击，共消灭敌军一个整连，缴获各种武器100多件。在战斗中，工农革命军一位连长和10多名战士牺牲。

耒阳县农军，在内惩劣绅、北拒强敌的同时，还派出兵力支持安仁县的革命斗争，两次派"耒（阳）安（仁）永（兴）农民自卫军"司令曾木斋领军参加打安仁，均告失败，损失惨重（曾木斋，耒阳县上架桥界头曾家人，自幼跟随民间拳师学得一身好功夫，性格豪爽，为人正直。1923年1月在蒋啸青、贺恕的介绍下加入了中国共产党。1928年5月，曾木斋不幸在永兴太湖仙山附近阻击尾追之敌的战斗中壮烈牺牲，时年53岁。在湘南起义期间，曾木斋一家共牺牲11人）。

3月28日，在朱德、王尔琢的精心指导下，中共耒阳县委委员、县农会委员长刘霞担任总指挥，调集3000多名农军，携200支步枪、2000多杆梭镖、十几门松树炮，浩浩荡荡向安仁进军。永兴县赤卫团尹子韶指挥2000多名农军配合行动，向安仁发起第三次进攻。3月29日，永兴农军在几百支步枪火力的掩护下，用松树炮轰开"毓秀门"，数千农军在呐喊声中，冲进城内。驻守安仁的国民党正规军"北营"急忙退往攸县，安仁保安团团长侯海鹏率众护卫县长逃往渌田。三县人民三打安仁最终获得了胜利，安仁终于回到了人民的怀抱。

3月28日，国民党第七军第二师取代十九军，向春江铺急速开进，一场恶战即将打响。当日，第二十二区区委书记张奉光率大平、长坪、高岭等乡数百名农军与永兴尹镇南率永兴赤色警卫团第二营数百农军抢渡菱河，进攻白沙去了。邝鄜也率部分农军去攻打荫田去了。李天柱急令田园乡附近村庄中16岁以上男人全部上阵参战。当敌军接近农军阵地时，数十门松树炮一齐轰击，漫山遍野的农军战士喊杀连天，不顾一切冲入敌阵厮杀。第一区独立团农军绕到敌军后面，冲进敌机枪阵地，梁育田率敢死队，像离弦之箭冲入敌群，勇夺数挺机枪，全歼守敌，然后返回前沿，配合正面农军，一鼓作气将敌军逼退。数千农军乘胜追击，在衡阳堆子岭一线遭敌暗算，敢死队长梁育田和几千名农军壮烈牺牲，指挥部急令农军返回春江铺构筑防卫工事，壕沟长达几公里，极为壮观。

3月30日，敌第七军组建一个纵队再次进抵春江铺，耒阳农军奋起反击，在长达几里的战场上，喊杀声响彻云霄。经过两天激战，敌人发现洋油桶放鞭炮伪装的机枪声只是虚张声势，于是放胆猛冲而来。总指挥李天柱和赤卫团团长周鲂命令长枪队排枪齐放，撂倒几十个敌人，勉强稳定了局势。但敌人不甘心失败，再度调集重兵器，加强火力掩护，轮番实施冲锋。李天柱的警卫员滕保合中弹倒地，副总指挥资建候腿部挂花，许多战士壮烈牺牲，农军被迫退至火田资家村。敌人像潮水般四面围来。正值危急关头，桐梓山湘南游击总队（后编为第一师独立三团）300多名战士，在胡炳泰的率领下，从长源熊家横插过来，一路急速冲锋，打得敌军晕头转向，急忙回撤，为耒阳农军突围撕开了一个口子，从而得以安全转移。

四、资兴暴动

1926年8月，中共湖南区委就派邓立平以特派员身份来到资兴，发展党组织。9月，成立了资兴县第一个党支部，吸收了刘英廷、樊淦、尚耀、段廷璧、谢流昆、王卓如、唐士文等为党员。随着湖南农民运动的高潮到来，资兴的农民运动也有很大发展。到1927年3月止，全县有区农民协会5个，乡农民协会100多个，农协会员15000余人。马日事变后，资兴的革命受到摧残，党的组织转入地下。1927年11月，朱德率领学生兵五六十人，从江西崇义上堡来汝城与范石生谈判"合作"，因闻黄绍竑部将要开进汝城，朱德便率学生兵转移到资兴住了几天，并打开监牢，释放了马日事变后被反动派关押的100多名革命同志。这些同志出狱后，继续燃起了革命的火焰。

1928年1月中旬，中共湘南特委派共产党员邵杰生、伍业建2人潜至三都，协助恢复党的组织和筹备武装起义。不久，中共资兴临时支部成立，由邵杰生任支部书记。

1. 李政权意外掌权。

1928年2月5日，即旧历元宵节。过去每逢元宵灯节，资兴城里，满街张灯结彩，玩龙舞狮，扮演"故事"，热闹异常。县长要坐八抬大轿，上街观赏。今年的情况却大不同了，劳动人民闹革命，求解放，玩得更欢；而豪绅地主则害怕革命，躲在家里，不敢露面。县长彭如沛更是吓破了胆，竟在灯节之前（农历正月十三日晚上），就带着老婆孩子挂印逃走了。

彭如沛逃走后，土豪劣绅们为了维持局面，相与商议，成立一个"行政委员会"来代行县政府的职权。在谁来当"主任"的问题上，土豪劣绅们互推"皮球"，迟迟定不下来。大土豪劣绅怕共产党"枪打出头鸟",抵死不肯出头；小土豪劣绅资望不高,怕"维持"不了,要吃大土豪劣绅的亏。个别人也有想捞个"长"字号过过瘾的,但一想这是"鱼骨头",吃了会卡喉咙,只得装模作样,敬谢不敏了。

正在为难之际,西乡大土豪李培生传来一个消息:1928年2月7日,一支队伍流窜至木根桥、东江一带,驻扎一天后,当地人得知是许克祥部一个溃兵连。1月31日,该连在广东坪石被朱德部队击溃后,绕道汝城,经渡头来到东江。为首的连长,叫李政权,余部60余人、58支枪。资兴大土豪李培生意欲购买其枪支,以招兵买马,建立武装,守住县城,李政权未允。李培生当晚赴县找同道们商议,打算让李政权来当这个"行政委员会"的"主任"。豪绅们都想:李政权维持得好,大家有拥立之功；维持得不好,罪魁祸首是他,被共产党拿去杀头也是他。大家认为此计甚妙,却又觉得一县之长,抓夫顶替,古今中外,未之前闻,只怕留下笑柄,遭人议论。大家再思再想,怎么也想不出更好的办法。事出无奈,最后还是采用李培生的建议,决定派人去请那股溃兵的连长李政权来担任所谓"行政委员会"的"主任"。经商议,先派刘海珍(中共地下党员)前往接洽,随后又推举出土豪代表袁指南、李东泉、曾文卿、蔡彪、何灿等前往商谈。

李政权是湖南新化人,时年25岁,马日事变后投靠许克祥,未到一年,就被提升为连长。坪石一仗,许克祥大败,李政权率残部逃到资兴的东江地区,惊魂甫定,就有资兴的豪绅派人来请,又不免踌躇满志。他开始故意半推半就,最后以3000元银洋为条件谈成了这笔肮脏的买卖。于是,李政权沐猴而冠,粉墨登场,做了资兴县"行政委员会"的"主任"。

这个李政权原是在马日事变中双手沾满革命人民鲜血、极端反动的家伙。他当上"行政委员会主任"后,大开杀戒,疯狂镇压资兴的共产党员和革命群众,曹亮星、胡南山、刘瑞瑞等均惨遭杀害。他并以此获得许克祥的嘉奖,被委为"游击大队长"督队驻资。许还命令汝城大土匪何其朗(即何介青)分兵协助,何其朗派副官何文琛赴资兴辅佐李政权。

2. 资兴县武装暴动。

1928年2月初,黄义藻、李奇中受党组织的派遣先后回到资兴。两人均系资兴坪石人。黄义藻是衡阳省立第三师范毕业生,曾任湘南学生联合会负责人,大革命时期任资兴东乡区农民协会主席,后被派往零陵县任农民运动特派员,是一个很有组织能力和威望的领导人,被资兴人民誉为"革命的树兜脑",国民党资兴县政府在 1928 年登造的《资兴各乡共匪年籍详细调查表》中把他列为第一号通缉对象，说"资兴之祸完全由藻造成"。李奇中系黄埔军校第一期学员，参加过北伐战争和南昌起义。湘南起义前他曾任朱德部队教导队长，是一个很有军事才干的人。湘南起义后他受朱德派遣，前来资兴担任军事总指挥。两人到三都后，立即着手发动农民，筹划武装起义。

武装暴动首先从北乡区开始。北乡区包括三都、蓼江市、七里、塘基圹等地，这个区有较好的群众基础，人民最富反抗精神。早在大革命时期的农运中，就已涌现出了一批很有威望的农民领导人，如袁三汉、戴廖斌、段廷璧、袁穆如、袁作恕、李铁民、袁作飞、文瑞姣（女）等。这些人对革命极为坚决，又很有组织力和号召力。2 月上旬，北乡区的群众被发动起来后，党组织立即在蓼江市组织召开了暴动大会。李奇中担任大会主席，邵杰生担任副主席，袁穆如、戴若、曹智莹等为主席团成员，参加会议的有来自附近乡村的群众 1 万人左右。会场上，群情激昂。"打倒土豪劣绅！""苏维埃万岁！"等口号此起彼伏。会后，镇压了两个作恶多端的土豪劣绅。此后，在短短 1 个月的时间里，镇压了段陶卿、段戴吾、谢能镇、袁景太等数十名罪大恶极的土豪劣绅。

与此同时，蓼江市暴动大会后，党组织立即派出大批干部分赴西乡区、南乡区、东乡区，发动组织广大农民起来暴动。饱受地主阶级压迫和剥削的农民，早有起来革命的愿望，一经发动，即像干柴着了火一般，斗争的火焰立刻在全县熊熊燃烧起来。

3. 三打资兴县城。

经过党组织的发动，在短短的一个多月的时间里，全县 5 个区、100 个乡的农民几乎全都行动起来了。其地域之广、参加人数之多，是资兴有史以来从未有过的。革命的洪流从北乡到西乡、从南乡到东乡，以不可抗拒的磅礴气势，横扫着资兴一切反动势力。

为了打击李政权的反动气焰，资兴党组织决定调集农民赤卫队攻打县城。并派曹亮华、袁才奇赴永兴请兵援助。1928 年 2 月 28 日，永兴农军 300 多人由黄时楷、胡隆彪率领开赴三都，与云集在三都的资兴农军 400 多人会合。下午 8 时许，两县农军由三都出发，开始向资兴县城进攻。

2 月 29 日凌晨，农军到达接近县城的大碑脚下，号兵陈佑兴奉命吹响冲锋号，农军立即如出山之虎，猛扑县城，顿时锣鼓齐鸣，杀声震天。李政权事先未获农军攻城情报，毫无应战准备。他从梦中惊起，慌乱之中召集人马，一见农军攻势甚猛，早已心虚胆怯，不敢恋战，只好弃城逃跑，退驻旧市。农军随即占领县城，救出被关在牢狱中的100多名革命同志，并处决了几个罪大恶极的土豪劣绅。当晚，农军主动撤出县城，永兴农军仍由黄时楷、胡隆彪率领返回永兴。

第二天，李政权卷土重来，继续占领资兴县城。

3月6日，资兴县苏维埃政府在三都成立。工农革命军第一师党委、湘南特委命令永兴尹子韶率警卫团、郴县蒙九龄率郴县第七师第三团，援助资兴农军再次进攻县城。

3月8日，郴县农军开到鲤鱼江，永兴农军开到三都，资兴农军则由黄义藻、李奇中率领集结待命。三县农军总数在3000人以上。

攻城部署是：尹子韶部和黄义藻、李奇中部担任主攻；蒙九龄团布置在东江一线，断敌后路，堵截溃逃之敌。

3月9日凌晨，几路农军，呐喊冲锋，齐向县城进攻。李政权因汝城援兵未到，又弃城逃走，农军第二次占领县城。

李政权出城后，调集原来驻守在城外的枪兵70多人，意欲反扑。正好汝城何介青派来一营援兵，约有500人枪。这时，两股匪众合流，气势汹汹，冲进县城。城内店门紧闭，街头一片平静，李政权正在犯疑，突然一声枪响，立即从各条街道民房中冲出一队队、一群群的农军，打了他一个措手不及。战斗从早上6时进行到中午，李政权损失惨重，率残部退出县城，在旧市安营扎寨，伺机反扑。

3月11日，资兴农军再次主动撤出县城。汝城之敌又来援一个营，在朱鸿仪率领下复据县城，重整残部，以图再起。因国民党县政府的办公楼被农军烧毁，行政委员会只好暂住县立中学。

此时，汝城地主武装何介青已有将李政权部吞并的意图。于是他借整顿之名，任命朱鸿仪为资兴游击大队长，李政权为副大队长。原李政权连也由何介青安排亲信萧曙初为连长。所有枪兵均受朱鸿仪的指挥，李政权的权力被架空。论军事才干与指挥能力，李政权均胜于朱鸿仪，但李政权慑于何介青、朱鸿仪的地方势力，不敢抗争，只得屈从。敌内部从此争权夺利，矛盾加剧。

3月13日，何介青恐汝城有失，调朱鸿仪部返回汝城。打入到国民党资兴"行政委员会"的地下党员刘海珍闻讯后秘密通知资兴县委、县苏维埃政府。县委、县苏维埃政府得到消息后，立即组织工农革命军资兴独立团会合郴县半都赤卫队共

2000余人乘势第三次攻城。李政权与萧曙初率一连兵力急忙撤往城外，在县城东南方向半公里路远的牛角湾与农军相遇。激战两小时后，李部惨败。败退至坪石时，李政权部一连兵马已损失大半，随者仅剩19人，是夜露宿于七宝山。李政权遥望县城，见自己一败涂地，大势已去，悲叹不已。第二天，李率残部转道何家山、浓溪、滁口、黄草等地，企图组织何家山、浓溪等地挨户团，以寻时机，东山再起。但中途又与萧曙初发生纠纷，李恐被萧陷害，于是单身只人便服出走，先逃至广东乐昌，后至九峰。湘南起义农军撤往井冈山后，李政权在郴州找到许克祥。许见李惨败，枪兵全被何介青收编，大为不满，即以贻误军机治罪，将李政权枪毙于郴州。

至此，国民党资兴地方政权垮台，资兴人民实现了"农村包围城市，武装夺取政权"的伟大目标。

4. 资兴县工农革命军独立团的建立。

1928年3月13日至16日，资兴县党组织在三都流华湾召开了第一次党的代表大会。出席会议的代表有资兴建党时的早期党员段廷璧、戴廖斌、谢流昆、胡昭日、刘英廷、唐士文、许祖衡、李世成等，还有来自各区乡的代表王樵舟、刘茂筠、何子奇、袁三启、曾昭文、袁漫游、黎先谋、李平阶（后叛变）以及郴县人邓亲明，汝城人朱赤、朱良才等共57人。会议由袁三汉主持，黄义藻做了党组织建设报告，李奇中做了军事报告，刘英廷做了土地革命工作报告。这次大会正式成立了中国共产党资兴县委员会。县委负责人名单如下：

书　记：黄义藻

副书记：袁三汉

委　员：朱良才、李奇中、黄义行、李世成、谢流昆

会上一致决定成立工农革命军资兴独立团（从农民赤卫队里挑选精干1000人左右），由李奇中任团长、黄义藻任党代表；工人纠察队（200人左右），由曾昭文任队长。区成立赤卫大队，乡成立赤卫队。并规定乡苏维埃政府设常务赤卫队员30人，预备队员100人。全体工农为后备队，由县苏维埃政府军事委员会制订军事训令，加紧军事训练，学习打仗。同时决定各区、乡均建立兵工厂，大量制造梭镖、大刀、鸟铳和土炮，要求全县人民，人人有一件武器。

新生的红色政权建立不久，反动地主豪绅不甘心失败，组织疯狂反扑。资兴工农革命军独立团担负起镇压地主豪绅反扑的责任，先后镇压了北乡区威武乡挨户团，旧县大土豪蒋汉雄、蒋达才，蓝溪乡大土豪邝树修、邝杰章、邝志仕、邓康侯等反

革命地主武装。

1928年4月5日，资兴工农革命军独立团1600余人，会合陈毅率领的郴县、宜章工农革命军，一道撤向井冈山，被编入中国工农革命军第四军第十二师第三十六团。团长李奇中，党代表黄义藻，副团长袁三汉。

资兴工农革命军独立团1600余人，在漫长的中国革命征途中大部分溃散、牺牲，最终有2位当年参军的农家子弟得以幸存：一位是偷马献军的曹里怀，后成为中国人民解放军中将、空军副司令员；一位是父子革命的谭政文，后成为中华人民共和国最高人民检察院副检察长。

五、安仁暴动

1927年9月，安仁共产党员廖超群回到安仁，组织共青团。10月初，中共湖南省委派出一批干部到各县恢复重建党的组织，耒阳人徐鹤被任命为安仁县委书记。

10月底，安仁县华王镇的唐天际回到了安仁。唐天际（1904—1989），原名唐时雍，曾用名唐文发、唐天济。1925年加入中国共产主义青年团，同年7月考入黄埔军校第四期学习。1926年转为中国共产党党员。1927年初任国民革命军第三十六军第一团第三营党代表。参加北伐战争。6月任国民革命军第二十军特务营警卫连副连长。参加八一南昌起义，任南昌警备司令部副官长。8月任军委参谋团参谋，南下先遣队粮秣处副官长。9月兼任福建上杭县县长。起义军在潮汕失败后，唐天际辗转到武汉，经中共长江局介绍，于1927年10月下旬回到家乡，与地下共产党员唐德丝、唐德级取得联系。接着，湘南特委派徐鹤来安仁，与唐天际等研究发展组织，策划暴动。旧历年底，他发展了唐如庆、唐虞、唐德寅、唐楚材、唐冬发等5名党员，建立了中共华王支部，唐天际任书记。同时，组建了40余人的游击武装。旧历年关过后，宜章年关暴动的消息传到了安仁。华王受周围暴动的影响，迅速燃起了暴动烈火。

暴动的第一个行动是打陈培芝。陈培芝是在马日事变前后亲手杀害革命同志20余人、血债累累的一个大土豪大恶霸，安仁、耒阳的群众对他早已恨之入骨，但在唐天际带领游击武装到达陈培芝的巢穴夏塘之前，这个家伙已经闻风先逃。结果，当时只烧掉了陈培芝的房子，将他家的资财全部没收分给了贫苦农民。唐天际带领游击武装，四处出击，先后在华王及其周围各地打了十几家土豪，没收了30户土豪劣绅的财产。而且打了龙海粤盐分局，抓了盐卡的主管官侯长钦游乡。

2月26日，安仁县的第一个苏维埃政权——第三区苏维埃政府在华王庙正式成立。庆祝大会上，唐天际把区苏维埃政府的四方大印捧给主席唐如庆，人们欢声雷动，欢庆劳苦人民破天荒头一次掌权。与此同时，华王游击武装正式组建为三区苏维埃赤色农民自卫军，下分3个中队。唐天际带领自卫军，由西向东，村村点火，发动暴动。

靠近永（兴）耒（阳）边界的龙海，是华王庙东南近邻。大革命时期，县农会主席谭文丙在这里办农会试点，发展工农入党。马日事变后，共产党员侯岳生、刘加可在这里隐蔽，坚持地下斗争。华王暴动后，烈火很快烧到了龙海。3月1日，唐天际、文鉴周、侯岳生召集龙海地区12个革命骨干在龙华庵连夜开会，讨论了暴动的组织领导和行动计划，决定立即分头到龙海所属的10个乡发动组织农民暴动，并在万田打了一个大土豪，烧了其房子。

1. 唐天际敖山庙请兵。

由于安仁三区和七区苏维埃政府的成立，安仁西南一带便与永兴、耒阳红色区域连成了一片。安、永、耒三县农军团结战斗，互相声援，互相配合，这样又把暴动迅速向安仁的东北面推进。

1928年3月中旬，耒阳农军负责人曾木斋和周鲂①，永兴农军负责人尹子韶及九区安福司的曹钧、许郁，安仁农军负责人侯岳生、刘峻极等，相约在龙海财神殿开联席会议，根据朱德指示，要打通安仁通向井冈山的通道，必须先拿下安平司，因而决定分东、北两路进军安平司。3月16日，安仁农军800多人，还有永、耒农军1000多人，进到承坪、安平一带；华王农军与耒阳农军北进到古铛、灵官一带；耒阳农军一部分由王烈率领，从坪田进到洋际。永兴农军抵达安平司时，与县城开出的敌军前哨遭遇。曹钧指挥队伍迅速抢占山头，击退了敌人的进攻。农军因有几名战士阵亡，也沿山道退却。当退到江口洲时，曹钧见敌军正沿河岸追击周鲂友军，便奋不顾身地指挥农军冲下山来，从敌后猛击过去；周鲂也率部返身厮杀。敌军腹背受击，遂向江滩、山边溃退。农军初经恶战，伤亡甚重，退到了观音阁。这时，他们获悉安仁守敌一个正规营，加上挨户团侯海鹏的300多人枪，已经倾巢出动，企图分两路夹击农军。曹钧、周鲂等即率农军机警地避开了敌人的锋芒。曾木斋等也绕道退到了永耒边境。

---

① 曾木斋为耒、永、安三县边界农军总指挥，周鲂为耒阳工农革命军第四师第五团团长。有一说曾木斋同时为三县农军总指挥，亦有人说唐天际为三县农军总指挥，但均无原始依据。

过了几天，三县农军第二次进攻安平司。由唐天际、侯岳生等人率安仁农军为中路，直奔安平司；由曾木斋等人率耒阳农军为右路，经江口洲过永乐江迂回包抄安平司；由尹子韶等人率永兴农军为左路，由平背进入神洲河一带，截敌退路和阻敌增援。当向安平司发起进攻时，农军在安平司的永乐江对岸华盖洲、平背的苍山和承坪的浪江河岩，遭到从攸县赶来的江仪声营机枪连的猛烈扫射，农军牺牲100余人。第二次攻打安平司又遭败北。永兴农军在江口洲、龙海塘等地浴血奋战。其余各处战场也很惨烈。农军中许多干部战士伤亡，被俘的也不少。后来，安仁一些绅士怕永兴农民断其盐道，保释了被俘的数百名农军战士回到永兴，但是，一些坚贞不屈的共产党员则被安仁的反动派杀害了。

随后，从攸县窜来的敌教导团江仪声营，与安仁新任县长周一峰相勾结，杀气腾腾，四处"进剿"农军。江仪声的机枪连，在安平、苍山一带惨杀永耒农军100余人。县警备队偷袭华王区苏维埃政府，劫走了在押的土豪劣绅。形势日趋严重。

敌人的残暴行径激怒了农军的广大干部和战士，他们纷纷要求派人请朱德率部进攻安仁县城。唐天际乃于3月26日，带领唐德寅、黄秋喜、唐崇开、唐冬发等人赶到耒阳敖山庙，向朱德汇报了华王党支部的建立，华王、龙海暴动和安仁、永兴、耒阳三县农军两次攻打安平司失利的情况，请求朱德率主力部队攻占安仁。朱德向唐天际等讲述了湘南面临的严峻形势和东撤井冈山的战略部署后，当即命令第三营营长陈道明27日率部随唐天际等进军安仁。

2. 工农革命军第一师挺进安仁。

陈道明率工农革命军到达安仁的华王庙，住宿一宵后，即向安仁县城进发。这时获悉敌警备大队正从南雷庙向石头坳行动，企图扑向华王庙，我军当即予以迎头痛击，毙敌八人。沿途群众听说工农革命军攻打县城，都纷纷响应。几千农民手持梭镖、鸟铳，随军前进。这时驻防灵官庙、双牌山一带的敌江仪声营，不战自溃，向北奔逃。农军追击到县城对河时，敌人已经退入城内，并将浮桥拆毁，在侯古祠架设机枪，封锁过河渡口。然而，农军并不强行渡河攻城，而是在掩护群众上山之后，一阵跑步通过开阔地带，到黄泥坳隐蔽起来。敌人不知是计，派一个连出城追击，在黄泥坳遭我伏兵痛歼，几至全连覆没。陈道明和唐天际等胜利完成任务后，返回华王迎接朱德主力部队。

唐天际率安仁农军配合工农革命军陈道明营向安仁县城进攻的同时，永耒农军近万人，也由尹子韶、刘霞①等率领，分三路直扑安仁县城。3月29日，兵临城下，永兴十区赤卫队架起三门松树炮，轰开了毓秀门。敌营长江仪声吓得丧魂失魄，溜回了攸县，县长周一峰也仓皇逃到了衡阳。

3月29日，朱德向湘南起义部队下达东进安仁的命令，与参谋长王尔琢率工农革命军第一师由耒阳敖山庙向安仁华王庙进军。到达华王庙后，林彪一营住大塘湾，袁崇全二营住华王庙墟，陈道明三营住石壁垅。朱德、王尔琢随二营住华王庙墟赵家祠。华王人民欢天喜地，热烈欢迎工农革命军。

3月30日，朱德率部从华王庙出发，向安仁县城进军。当部队到达城郊大水塘时，萧祖扬、唐虞、池福生、卢南田、刘斌等率领的农军，已从排山先进了城。他们烧毁了县衙门，打开监狱，救出了被押的革命同志，并即组织20多条民船，轮流抢渡，迎接朱德大军入城，红旗在永乐江的上空高高飘扬。3月31日，朱德原计划率部队从山口铺出发，沿大石山路进军安仁县城，此段行程只有20来里。当得知安仁县城内的国民党江仪声营和国民党安仁县县长周一峰已逃走，安仁农军已占领县城后，朱德当即决定：部队仍折转耒安大道进军安仁县城，并通知安仁县城近郊的地方党组织及农军的负责人，组织农军配合部队行进，以更好地宣传发动群众，壮大革命声势。

4月1日，朱德率部队从山口铺出发，折转龙源冲、颜家冲至荷树，再由耒安大道浩浩荡荡地向安仁县城开进。县城近郊的共产党员谭昌伸、肖祖述、谭建中等，分别在清溪乡的洪溪、大桥、永乐等村组织上千农军随部队挺进县城。

工农革命军第一师进驻安仁县城和清溪大水塘后，朱德、王尔琢入住县城轿顶屋。

4月3日，在朱德主持下，成立了中共安仁县委员会，徐鹤任书记，唐天际任军事委员，龙云从、唐德寅负责组织，唐德丝、彭八鸾负责宣传。

3. 朱德整编安仁农民赤卫军。

湘南起义中，安仁农民武装的迅速恢复和发展，得到朱德的充分肯定和高度重视。4月2日，在安仁县苏维埃政府成立大会上，朱德亲自对安仁县的农民武装进行了整编，将其命名为"安仁县苏维埃政府农民赤卫军"，并组建县苏维埃政府直属赤卫队。安仁县苏维埃政府农民赤卫军总指挥为龙文从，安仁县苏维埃政府直属

①　三县农军攻打安仁县城时，永兴农军总指挥为红色警卫团团长尹子韶，耒阳农军总指挥为农协委员长刘霞。

农民赤卫队队长为刘嘉可。

当天，唐天际又根据清溪、牌楼、龙海等区农民赤卫军人数较多的情况，组建了这三个区的区苏维埃政府农民赤卫队。清溪区（二区）苏维埃政府农民赤卫队总指挥为樊华光，区属赤卫队队长为伍名骧；牌楼区（九区）苏维埃政府农民赤卫队总指挥为周万宝，区属赤卫队队长为周俊即；龙海区（十四区）苏维埃政府农民赤卫队总指挥为侯岳生，区属赤卫队队长为侯持衡。

县、区农民赤卫军（队）属地方农民常备武装，担负打击土豪劣绅、保卫苏维埃政府、配合工农革命军作战等任务。

4. 农军借号攻攸县。

安仁县华王、龙海农民暴动胜利后，革命烈火迅速波及攸县。1928 年 3 月 14 日，攸县坪丰和江西萍乡一带的农民暴动队伍 1000 余人，分两路直入湖厂，捣毁了挨户团驻地湖里祠堂。3 月底，攸县渌田的蔡阳和等进步青年，深入发动群众，号召农民把农运时期使用过的梭镖、鸟铳、大刀等重新拿起来，响应湘南起义。从 3 月中旬起，虽然以李朝芳、范石生为总指挥的湘粤军阀集中 9 个多师的兵力对湘南革命力量进行南北夹击，但 3 月底从安仁败逃回攸县的江仪声营官兵到处传言朱德部队及农军的神勇，给攸县县城的国民党罗定警卫团和魏镇藩教导团的士气予以极大的挫伤。为了向北扩大暴动区域和迷惑敌人，赢得战略转移的时间，4 月 2 日，朱德在安仁轿顶屋拟定了"欲退而进，欲东而北"的战略方针，令唐天际率领安仁农民赤卫军攻打攸县，并指出："人越多越好，声势越大越好，但不要恋战，攻下县城后就返回。"

4 月 3 日清晨，唐天际、龙文从、肖祖述率领安仁 3000 余农民赤卫军，分左、中、右三路冒雨向攸县进发；进入攸县境内后，攸县南乡 1000 余农军配合安仁农民赤卫军攻占了渌田，随后向攸县县城攻击。两县农军由渌田农军战士蔡阳和、蔡俊清担任向导，很快进入攸县县城对河南岸。当时雨雾蒙蒙，能见度极低，唐天际挥枪向县城打了 3 枪，从部队借来的几支军号同时吹响，多挂鞭炮被放在洋油桶内同时炸响，3000 农军敲锣舞棒，齐声呐喊，声势浩大。驻扎在攸县县城的罗定警卫团和魏镇藩教导团虽然人马众多，武器精良，但不明农军的虚实，以为是朱德率领湘南起义主力工农革命军第一师打来，率部仓皇向衡阳方向逃跑。

攸县县城居民见国民党部队逃走，即组织船民用船接渡安仁农民赤卫军和攸县南乡农军进城。唐天际在攸县县城召开群众大会，发动当地贫苦农民向地主和土豪劣绅进行清算，宣传中国共产党和工农革命军的宗旨，安排人员贴出一些宣传标语后，即按朱德的指示撤出县城，率安仁农民赤卫军于4月4日回到安仁县城。

在安仁农民赤卫军撤回安仁时，攸南暴动农军有100余人也随安仁农民赤卫军进入安仁，加入安仁农民赤卫军，攸县其他的农军后因敌人反扑而被打散。

5. 安仁农军上井冈山。

4月5日，朱德与王尔琢分别率湘南起义主力工农革命军第一师从安仁县城和清溪大水塘出发，夹永乐江而上，过排山、牌楼，进入茶陵的界首，后经茶陵县的界首、湖口于4月8日到达酃县的沔渡。4月20日，陈毅指挥的宜章、资兴、永兴等县东撤的工农革命军，与毛泽东的第二团袁文才、何长工部到达沔渡，与朱德率领的主力部队会合，胜利完成湘南起义部队东撤的战略转移。

1928年4月初，担任"湘南剿匪司令"的国民党第七军二师师长李朝芳，在"追剿"朱德部队于耒阳和攸县扑空后，4月7日，命令两个团的兵力在师参谋长吕梦熊的督率下，兵分三路，从耒阳县的东湖、坪田和衡东县的草市向安仁进击。当天，唐天际主持召开了中共安仁县委、安仁县苏维埃政府负责人会议。为了保存实力，按照朱德的安排部署，会议决定：一、由县苏维埃政府军事部长颜文达留守安仁，率领地下党员和大部分农民赤卫军坚持地下斗争。二、由唐天际与县苏维埃政府农民赤卫军总指挥龙文从率领安仁县党政负责人和部分农民赤卫军撤离安仁，追随朱德主力奔上井冈山。

4月8日，唐天际、龙文从在完成朱德布置的监视敌人的任务后，率领安仁县党政负责人和县苏维埃政府直属农民赤卫队部分队员撤离安仁。当部队撤到县城候古祠时，与国民党李朝芳师参谋长吕梦熊率领的先头部队遭遇。唐天际、龙文丛指挥部队边打边撤，从候古祠打到凤冈山，进入密林，敌人不敢再追。队伍退到茶陵界首，唐天际召集县委负责人开会，决定留下党政负责人颜文达、樊赛、樊坤光、李大鳌、侯岳生、龙安仓等人在安仁继续领导群众坚持斗争，开展土地革命；黄华芳到茶陵、酃县去联系当地的党组织；整顿后的农军骨干300人，打着"安仁县工农革命军"的旗帜，沿茶安边境南下，经羊脑进入酃县。

4月10日，唐天际与留守安仁的同志在羊脑福星村告别，率领安仁县党政部分负责人和部分农民赤卫队队员在酃县潘家休整。两天后，唐天际以"安仁县工农革命军"的名义赠给酃西游击队长枪4支，而后，继续向井冈山进发，在沔渡赶上了朱德的部队。

5月4日，在砻市西面河滩上召开的庆祝两支革命队伍胜利会师大会上，安仁县上井冈山的党政负责人和300多名工农革命军战士被编入工农革命军第四军第十师第二十八团。唐天际调任一营一连党代表，不久任营党代表。龙文从、唐虞任第二十八团参谋。

在湘南起义上井冈山的党政军负责人中，8个县苏维埃政府主席，唐天际是唯一活下来的，其他尽皆牺牲。新中国成立后，1957年唐天际任中国人民解放军总后勤部副部长，1955年被授予中将军衔。

六、桂阳暴动

桂阳县是湘南古县。古桂阳县名平阳县。桂阳作为行政首府，曾有过郡、州、监、府、路、军、县的称谓，有时是县级行政区，有时是地区级行政区，非常复杂。早期的桂阳郡，郡治在郴县。如今的桂阳县，是民国二年（1913）九月，废桂阳直隶州改名的。

桂阳又是古代京都出南粤的官道必经之路，湘粤古道多贬客，皆因南蛮甚荒芜。古代朝庭将自己不喜欢的大臣，一个一个赶出京都，贬到南海边上那些荒无人烟的地方，让他们去感受反对上司、反对皇上的恶果。唐代著名诗人韩愈、刘长卿、刘禹锡等都是由此贬往岭南去的。他们一路南行，风霜雨雪，长歌短吟，凄语悲怀，不忍卒读。千年古音，余音绕梁，其凄清愁绪，让后人伤怀不已。

桂阳地处郴州西，属丘陵山区，地贫民瘠。这里自古产铁，工业相对于其他县区要发达一些。清末民初，桂阳的工业开始萌芽。清同治、光绪年间，桂阳州办采矿冶炼业颇盛，工人最多时达1万余人；传统手工业也较为发达，城镇手工业者、农民个体手工业者和商人约有1.2万人。辛亥革命后，桂阳成立采矿局，兴办了兴源、宝兴、鸿泰铅锌、锑锡股份有限公司等资本主义性质的企业，工人600余人，这是桂阳最早出现的一批现代产业工人。当时，近代手工业和传统手工业也有明显的发展。民船、造纸、五金、木器、油漆、雨伞、竹篾、搬运、轿力、缝纫、理发等手工业工人达数千人，遍布城乡。他们政治地位低，劳动条件差，生产时间长，劳动报酬少，生活极其困苦。资本家剥削工人的方式多种多样，有"抽头""占股""分红""银圆复水"等。还利用行会、帮会榨取工人的血汗。码头搬运工称为"苦力""脚夫"，每天收入本来就很微薄，还要被扣除工具租金20%，抽两个"二八"分成，自己所得无几。当时，手工业工人劳累一天，一般工资只有几角钱，即使每日有工做，每月也只有六七元工资。学徒工没有工资，仅供三餐饭。逢年过节，工人们还得向资本家、把头、监工送礼。资本家为了获得更大的利润，强迫工人进双班，打连班，矿工每天劳动至少10多个小时，县城的手工业者每天劳动14至16个小时。店员工人是老板的奴隶，不仅要为资本家赚钱，而且在生活上要侍候他们，每天劳动时间更长。工人由于收入微薄，生活艰难，住的是破草棚，盖的是破棉被，穿的是烂衣裳，吃的是霉米、糠壳、瓜藤、苦菜和烂菜叶汤，有病无钱医治。不少工人冻死、饿死、病死，或外出逃荒要饭，倒毙于荒郊野外。

早在北伐战争时期，共产党员李泽、杨赤受命来到桂阳，分别在正和一带和桂阳城区开展地下活动。杨赤还利用国共合作之机打入县署当了警备大队长。接着，湖南省农协、总工会又先后派何汉（即嘉禾的何辅汉）、梁邦栋来桂阳发展党的组织，开展工农运动。1926年7月，成立了中共桂阳县特别支部，何汉任书记。马日事变后，桂阳的党组织被迫转入地下，但斗争并未停止。随后，桂阳外出参加南昌起义的邓华堂、邓北钥、邓三雄，在潮汕失败后回到家乡，宣传发动群众，准备武装暴动。当时，永兴的尹子韶、康子良等经常来桂阳的洋字团地区活动，与邓华堂、邓北钥、邓三雄等人取得了联系，准备联合行动。

1927年10月中旬，在永兴油麻圩濂溪书院，由尹子韶、邓三雄主持召开了永、桂二县部分共产党员会议，布置党内同志紧密联系和依靠劳苦群众，组织革命武装。10月下旬，邓华堂、邓三雄又在桂阳园林寺召集贫苦农民300多人开会，传达上级组织关于武装暴动的指示，与会群众当场报名要求参加暴动，因而在此基础上，成立了农民赤卫军，并配备土枪、梭镖，进行训练。

11月24日，东华山五县党代表会议后，桂阳县邓北钥回到家乡车江源，向群众宣传，把公堂积谷500余担拿来充作军用。还请来铁匠制造土枪50支、梭镖400杆。全村500多名青壮年按军事编制组织起来，打出了农民赤卫队的旗帜。

朱德、陈毅部队进驻宜章后，中共桂阳县特别支部即派何汉麟、李克刚前往宜章联系并汇报情况。何、李两人回来后，向党组织传达了朱德的指示，决定发动群众，组织革命武装，立即响应湘南起义。

1928年2月13日晚上，郴县工农革命军第七师师长邓允庭、七师独立团团长万伦，郴桂边农民自卫军师长杨赤，各率本部人马；徐行率桂阳正和、豆坪、官溪一带农军400人，共约3000人，埋伏于桂阳县城附近。14日凌晨，分四路合攻桂阳县城。国民党桂阳县县长冯苍指挥驻城守军李云杰部和邓国元、邓耀之反动地主武装，顽固抵抗数小时后，招架不住，弃城溃退至协和团乌石渡。革命军克城后，打开监狱，放出被囚禁的革命人士和无辜群众，没收了邓玉德、李敦波、李白志三户豪绅的财产，处死了民愤极大的土豪邓子南。15日成立了桂阳县苏维埃政府，主席何汉。16日，逃到乌石渡的冯苍从大富团等地搬来数百名团防武装，并串通李云杰部疯狂反扑县城。在敌强我弱的情况下，工农革命军主动撤出，桂阳城重被敌人占领。

国民党军占领县城后，气焰嚣张，频繁出动骚扰郴永边界苏维埃。为严惩国民党反动派，郴桂两县党组织研究决定，请求宜章工农革命军支援，二打桂阳县城。

3月12日，邓允庭、万伦、萧克、徐淳几路工农革命军共3000多人，再次攻打桂阳县城。萧克率宜章第三师碛石独立营一个连（70来人，三十几条枪），万伦率郴县第七师独立团，徐淳率工农革命军第一师教导队30余人，配合杨赤率领的桂阳农军，激战至中午，打垮守城的敌军，占领了县城。下午4点，新田县团防局120多名枪兵，和逃出县城的桂阳县民团联合起来发起反扑，萧克率部从东塔岭山上往下冲；徐淳等指挥教导队和农军从山下两侧直朝反扑的敌军猛烈还击，一直打到天黑，再次击溃了敌人。郴县部分农军随即进城开展了贴标语等宣传活动，但部队主力仍留原地宿营。当晚，传来郴县发生反革命暴乱事件的求救信，郴、宜工农革命军要回郴平叛。工农革命军各路负责人在庵子里开会，分析、研究了各方面的情势，认为以桂阳农军的力量还不能长时间控制县城，不宜死守桂阳县城。打一下主要是打掉敌人的嚣张气焰，以保郴永宜边界安宁。第二天，萧克、徐淳、万伦、杨赤等各自率领部队撤回原处去了。

过去，民间流传有农军"三打桂阳""四打桂阳"之说，经中共桂阳县委党史研究室反复查证，只有这两次打桂阳。

桂阳县北还有另一支邓氏三雄领导的农民武装，由郴（县）桂（阳）边起义总指挥邓华堂负责。桂阳县国民党"清乡委员"、县挨户团副主任雷澄以洋字团防局为依托，将县团防局总部搬至其老家庙下村，邻近郴县丰乐团团总罗东之也率团丁逃到这里，在庙下村修工事，筑炮楼，强迫当地青年参加所谓的"地方自卫"，否则将他们与"共匪"同罪。雷澄纠集郴桂两县七八十名团丁在凤凰仙庵加紧训练，又从大富团调来100名枪手，狂言要消灭桂阳和郴县栖凤渡的农军。为打击雷澄的反动气焰，工农革命军第七师和郴桂边农军决定拿下庙下村。经请示朱德，朱德考虑到农军刚组建，战斗力不强，特派主力军驻永兴副连长张山川率一个加强排参战。2月27日，在郴桂边起义总指挥邓华堂的部署下，主力军张山川加强排，永兴尹子韶率红色警卫团，刘明初率永兴部分农军，郴县王继武率领部分农军，桂阳邓北钥、邓华堂、邓三雄率领的农军，共集结3000余人合攻庙下。但雷澄400多民团占据炮楼，武器精良，农军虽人多，却是久攻不下，激战三个多小时，无功而返。

当晚，各路农军负责人在永兴油麻墟召开军事会议，重新部署作战方案，兵力增加2000人，从主力部队调来一门迫击炮，兵分三路再攻庙下。东路王继武，北路尹子韶，西路邓三雄，南边网开一面，却由邓北钥率队隐蔽在蒲峰寨岭上。次日拂晓，农军从东、西、北三面围攻庙下，抢占制高点，架起迫击炮，一炮轰去炮楼一个角。还在睡梦中的团丁被惊醒，发现炮楼垮塌，已不安全，蜂拥逃出，又遭火力扫射，只好仓促应战，早没了章法。雷澄、罗东之带领败兵往南面出逃，又被埋伏在南面的邓北钥农军一阵痛打。这次战斗，拔掉了庙下这个反共据点，共击毙团兵21人，缴获步枪17支，烧毁雷澄的房子十余处，打击了雷澄的反革命嚣张气焰。

桂阳县杨赤的农民自卫军发展到1000余人，杨赤号称师长，但没有入编，也未能与邓三雄及全县其他农民武装进行整编，组织松散，机构也不健全。在国民党重兵"围剿"之下，未及转移，全部被国民党打散，杨赤、邓三雄、邓北钥、邓华堂等桂阳农民武装负责人尽数牺牲，令人叹息！县委书记何汉侥幸逃出，但与组织失去联系，后脱党。

七、攸县、酃县暴动

朱德、陈毅率领工农革命军打开郴州后，攸县也点燃了农民暴动的烈火。1928年3月14日，攸县坪丰和江西萍乡一带的农民暴动队伍近千人，分两路直入湖厂，捣毁了挨户团驻地——湖里祠堂，烧了地主陈子凡、陈康七、汤妈先的屋。地主陈钟如跳窗逃走，农民跟着追上，一刀砍掉了他的一只手臂。

3月底，渌田的蔡阳和、蔡俊清与梓陂的徐元清、徐水牛、徐友庆等，听到朱德率革命军到达安仁的消息后，立即行动。他们先后在渌田、梓陂、陈家铺一带秘密串联了徐三妹、罗年乃、刘龙生、徐羊生等进步青年，深入群众，宣传群众，号召大家把农运时使用过的梭镖、鸟铳、大刀重新拿起来，积极响应湘南起义。4月3日，蔡阳和、蔡俊清赴安仁与唐天际取得联系。4月4日凌晨，安仁的3000农民起义大军，由唐天际、龙文从率领，蔡阳和、蔡俊清前导，浩浩荡荡地向攸县县城进军。上午7时左右，起义大军的先头部队来到渌田街上。渌田的土豪劣绅见势不妙，早已抱头鼠窜。这时，徐元清带领渌田附近上千人的贫苦农民，加入了起义军。他们在禄田街上，放火烧了大土豪蔡仁斋的房子，杀了他家的猪，出了他家的谷，开展了轰轰烈烈的打土豪劣绅的斗争。与此同时，梓陂、陈家铺一带的千余贫苦农民，也都相继加入这支暴动大军。在向攸县县城进发途中，先后在桥头屋、陈家铺一带，烧了土豪劣绅的 20 多栋房子，并没收了他们的财产。

湘南起义的浪潮，也推动了酃县的革命斗争。1928 年 3 月 9 日，湘南特委委员、酃县特别区委书记刘寅生和特别区委宣传委员周礼，在黄挪潭成立暴动队，举行武装暴动，处决了罪大恶极的大劣绅周炎卿，从而拉开了酃县"3 月暴动"的序幕。这时候，毛泽东"因湘南特委的要求调往湘南"，于 3 月 12 日从宁冈砻市率部出发，14 日攻克酃县县城。15 日在县城洣泉书院门口大操坪上召开群众大会，宛希先在会上宣传党的政策，号召广大贫苦农民起来革命，打土豪，分田地。16 日，部队到达酃县西乡的霍家、潘家、王家渡、塘田、船形一带，影响所及，全县各区、乡农民纷纷起来举行武装暴动。

在东乡，周礼、张平化、万达才分别在石洲、安坑、十都组织群众举行暴动后，又带着暴动队伍，随工农革命军二团一营，经泥湖、坂溪、袁树坳到水口，与何长工、王佐率领的第二团二营（属毛泽东工农革命军一师）会合，到达中村集结。

在南乡，邝光前、萧昌范、杨以达等在下村坳头组织暴动队，举行暴动。接着，邝光前、朱才亮在水口发动几百农民，围攻水口反动民团头目李资的老巢，并抄了他的家。最后成立了一支 200 余人的武装暴动队，随工农革命军在中村集结。

在西乡，潘祖浩在潘家举行暴动，成立了西乡游击队总指挥部。游击队有 1600 余人，在西乡各地开展声势浩大的打土豪、围攻挨户团等革命活动。

毛泽东率领的第一团于 3 月 18 日到达中村，在中村召开了部队师委和酃县特别区委联席会议，研究了土地革命和武装斗争等问题。会后，在中共酃县特别区委的基础上成立了中共酃县县委，刘寅生任县委书记，邝光前任组织部部长，周礼任宣传部部长。接着，成立了共青团酃县县委。同时，以集结中村的暴动队为基础，成立了酃县赤卫大队（共 130 余人）。此后，在县委的领导下，成立了中村区工农兵政府和各乡工农兵政府。并在中村、心田、联西、深渡等乡开展了"插牌分田"活动。

八、衡阳、永州、常宁暴动

1. 衡阳暴动。

马日事变后，中国共产党湘南地方执行委员会更名为中国共产党湘南特别委员会（简称湘南特委），领导湘南 24 县的革命斗争。1927 年 12 月 6 日，湘南特委召开"江心会议"，决定成立湘南行动委员会，特委书记陈佑魁为湘南暴动总指挥。预设湘南组建 12 个师的工农武装，在衡阳境内成立七、八、九、十共四个师①。

1928 年 2 月 7 日，西乡、长乐、台源寺三支农民武装在衡阳西渡会师，成立工农革命军第九师第三团，朱克敏为团长，何寅修为政委，朱坤山为参谋长，宁智为副团长。

1928 年 2 月 16 日，朱德、陈毅率部占领宜章的消息传到衡阳后，中共湘南特委书记陈佑魁等即率衡阳各地农民武装开赴将军庙、矮子岭整编，以第九师三团为基础，成立了工农革命军第七师，屈森澄任师长，何寅修任政委。下设第三团、第四团。团长分别为朱克敏、萧觉先。5 月 5 日第七师出击南岳守敌，牵制驻衡阳城郊的国民党李宜煊师，紧密配合朱德、陈毅在湘南的行动。朱克敏的第三团被打散，萧觉先的第四团撤出后，七月被打散，萧觉先牺牲。余部在师长屈森澄的率领下，在常宁、江华、攸县一带坚持游击战，直到抗日战争爆发。

1928 年 2 月 23 日，工农革命军第八师在南乡寺成立，罗子平任师长，刘禹谟任党代表，罗俊逸任参谋长。罗子平（1886—1928），又名松涛，湖南衡阳县南家乡江弦头人。1925 年冬加入中国共产党，不久，任中共湘南特委委员兼衡阳县委委员。1926 年 8 月，在衡阳领导建立了第一个农民协会——衡阳县北乡神皇山农民协会。1928 年 2 月 2 日，任中国工农革命军第八师师长。1928 年 2 月 25 日，罗子平壮烈牺牲。

1928 年 5 月，中共衡山县委决定，以第七师四团为基础，再组建工农革命军第十师，指定了萧觉先任师长，陈芬任党代表。陈芬是湖南省耒阳县石砂坪人。1923 年加入中国共产党。1925 年与毛泽东堂妹毛泽建结为夫妻。1926 年 3 月调任中共郴县地方执委会（县委）书记，同年 8 月，增补为中共湘南特委委员，和妻子毛泽建一道来到衡山从事农民运动。1927 年马日事变后，仍在衡山坚持斗争，出任新组建的中共衡山县委书记兼工农革命军第十师党代表。1928 年 5 月 4 日，在赴井冈山途中，被捕牺牲。

第十师在组建过程中，陈芬、萧觉先都先后牺牲，组建工作最终未能完成。衡阳地区的武装起义，有力地配合了朱德发动的湘南起义。它也是湘南特委领导下的

---

① 盛义良主编：《中国共产党衡阳历史》，中共党史出版社 2007 年版，第 129 页。

湘南起义的重要组成部分。1928年2月底，陈佑魁领导的中共湘南特委迁往红色革命的中心区域郴州城。

在革命大风暴的影响下，衡阳码头工人纷纷举行罢工。东阳渡兵工厂的工人们，也以怠工、罢工等方式同反动派展开斗争，想方设法拒不接受唐生智制造军械的任务，并且采用毁坏或抛弃机件的办法来配合武装起义。

衡阳是湘、桂军阀力量盘踞的地方，反动势力雄厚。农军曾攻打衡阳一次，许多矿工也参加了战斗，因为遇到很大困难，又退了回来。虽然如此，却使敌人惊恐万状。当时北京的《黄报》作过这样的描述："……水口山、松柏、香花岭各地矿工，又闻风响应，声势颇大……由耒阳常宁二路，扑攻衡州。""而衡阳城内，又素为共党渊薮，去年找出共党名册一万余人，系以兵工厂为大本营，现城内共党有趁机响应之谣，以致衡州风声鹤唳，一夕数惊……"由此可见当时起义农军声势之大！但由于特委武装斗争经验不足，又缺乏武器弹药，衡阳的武装暴动被敌人迅速镇压下去了。

2. 永州暴动。

1927年8月16日，在共产党员的影响和工作下，国民党第十六军独立旅旅长周文和宁远县保安部连长陈光保等率部打下宁远县城，并成立农民起义军，唐森任司令，周文、陈光保及贺玉湘、桂馥分任4个团的团长。1928年初，周文起义队伍占据阳明山为根据地，共产党员李用之上阳明山，成立中共阳明山地方执行委员会，李用之为书记；改番号为中国共产党湘南区永属农民自卫军，周文为司令。周文、陈光保两部分别在阳明山、九嶷山根据地坚持游击战争。中国共产党湘南区永属农民自卫军，经常在阳明山地区的旭日洞、垒下、石家洞、咀石口、鸭尾、白果市、鲁塘、西山一带活动。这支部队多达数千人，枪也不少，被反动派视为"肘腋之患"，一直坚持斗争到1929年何键派大部队"围剿"，因弹尽粮绝，终至覆灭。被俘的千余人，全部被押往道县、宁远所属石家洞和荒塘之间的山谷里，每五人连在一起，捆上棕绳，用机枪进行集体惨杀。周文本人逃至广西恭城当桶匠，1934年因宁远有人告密，何键移兵广西，将其捕回杀害。[①]

1927年9月，原水口山工人俱乐部副主任、岳北农工会委员长刘东轩受党组织派遣，到祁阳恢复党组织、发展秘密武装、筹备武装暴动。12月下旬，参加了广州

---

① 赖中霖、张国权：《中国共产党永州历史》，中共党史出版社2010年版，第77—88页。

起义的陶铸回到祁阳，协助刘东轩展开工作。1928年1月22日（农历除夕）晚，祁阳举行了年关暴动，发展了党员42名，建立了3个党支部，并成立了中共祁阳县委，县委书记刘东轩，组织委员李用之，军事委员兼青年委员陶铸。1928年6月，由于叛徒出卖，刘东轩等7名共产党人被害，陶铸等共产党员被迫逃亡，起义失败。陶铸后成为中共中央政治局常委、国务院副总理。

1927年11月，湘南特委根据湖南省委全省暴动计划，派特委委员彭钟泽（化名罗醒吾）到永州地区发动武装暴动，策划江华、永明、道县、宁远四县起义。暴动指挥部设江华，何云溪为总司令，罗醒吾为政委。计划第一步于3月10日分别夺取区公所、挨户团枪支，发起暴动；第二步，攻占县城，成立县苏维埃政府；第三步主力向蓝山、桂阳方向挺进，与湘南朱德主力会合。不料计划被叛徒出卖，1928年2月21日罗醒吾被捕，暴动胎死腹中。宁远县农协委员长乐天宇通知零陵县农协委员长刘桐和道县农协委员长杨天顺在青口秘密开会，商定三县农军联合攻打进占零陵大忠桥的王德光匪部，结果农军失败，刘桐战死。他们把剩下的28支枪全部埋藏起米，伺机再起。特别是中共宁远特支书记李国安、县农协委员长乐天宇、县长杨定远、农民自卫队长李海照、妇女主任柏忍、工人纠察队长丁志德等，始终坚持走武装暴动的道路。

3. 常宁暴动。

大革命时期，常宁的农民运动开展得较好。据1926年11月统计，常宁全县参加农协的会员有4549人，各区、乡农协开展对土豪劣绅的斗争，如火如荼。特别是1927年3月上旬，水口山党组织在老鸦坪召开18乡农会执委联席会，发出向土豪劣绅开展猛烈斗争的号召之后，3月27日，18乡农会集会于康家戏台，成立了水口山农运总会，当场枪毙了罪大恶极的大土豪廖云甫、钟国成。6月初，常宁各乡农民自卫军与水口山工人武装共2000多人由刘汉之任总指挥，为配合10万农军围攻长沙，分水陆两路向长沙进发。后因情况变化，转攻衡阳。当时，衡阳城内敌军防守严密，策反未按计划实现，便又改攻常宁县城，也未成功。其中部分工人纠察队员则上桐梓山打游击去了。

常宁紧靠耒阳，当时朱德在耒阳的一举一动，足以使常宁的反动派寝食不安。1928年3月3日，常宁县挨户团副主任萧宜春带领几百团丁，围攻耒阳桐梓山工农游击队，惨遭失败。不久，耒阳、永兴等地工农革命军2000多人，在刘泰、刘霞、徐鹤、尹子韶、陈伯诚等人率领下，分赴常宁的白沙、衡头、秧田、烟州、东江口、独石等地，狠狠打击了潜伏在茭河沿岸的萧宜春挨户团。萧宜春气急败坏，带领团兵窜到水口山，枪杀工农138人，还放火烧毁了工人的住房，并抓去几十名工人，抢走了许多财物。惨案发生后，桐梓山工农游击队在宋乔生的率领下，返回水口山，烧毁了矿局办公楼、油米处、松柏火车站和停在松柏河里的汽船，给了反动派一次重重的惩罚。

九、水口山工人暴动

1922年暑假期间，衡阳省立第三师范党组织派黄静源、唐朝英等到水口山，在康家戏台举办工人识字班和工人夜校，向工人群众宣传革命思想，巩固和发展社会主义青年团组织。11月，中国劳动组合书记部湖南分部派蒋先云、谢怀德、贺恕、朱舜华等赴水口山，成立中共水口山小组（负责人蒋先云），领导工人运动；并于27日成立了水口山俱乐部。12月5日，水口山3000余工人在党组织的领导下，为反抗矿局的压迫剥削，争取工人俱乐部的合法权益，举行了第一次大罢工。此后，中共水口山小组扩大为特别支部、县委、地委。马日事变前，党员发展到200余人，工农革命形势发展得非常好。

1927年四一二反革命政变发生后，中共湘南特委书记陈佑魁与朱舜华来到水口山，恢复党组织，布置迅速建立工农武装以反击反动派。水口山党组织随即举行工农联合军事演习，突袭矿警队，夺枪80余支；并响应湘南特委的号召，参加湘南起义。当时，水口山矿警队有140多人、120支枪。通过在矿警队担任排长的中共地下党员谢文彬提供的敌情，党组织进行研究后，决定由宋乔生担任总指挥，首先向矿警队实行突击夺枪。

1928年1月26日晚上12点，宋乔生指挥工人起义队伍冲入矿警队驻地，谢文彬在里面策应，结果，没有放一枪，没伤一人，非常顺利地夺得了50多支长枪和数百发子弹。然后举起武装起义的大旗，离开水口山，经常宁的刘家、独石，在雅江打了几家土豪，没收了几千元光洋和几十担大米，开到耒、衡边界的桐梓山。这里有一个以"红帮川子会"出现的专门劫富济贫的秘密组织，与水口山地下党有密切的联系（他们中不少人后来参加红军，上了井冈山）。水口山起义的800多名工人和附近参加起义的农民三四百人，加上原在桐梓山活动的部分秘密组织成员，总计1200人左右，成立了桐梓山工农游击队，宋乔生任队长。早些时候耒阳县委派到桐梓山开展活动的谢翰文任党代表。

　　水口山矿工夺枪转移至桐梓山后，常宁县团防总局副主任、保安队长萧宜春率部将矿区包围，逢人便杀，计杀死无辜矿工124人，烧掉房屋数十间。2月24日，宋乔生带领工农游击队，由桐梓山前往松柏，使用"调虎离山"计，把萧宜春的人马引出水口山，再次夺了水口山矿警队50多支枪。

　　这支游击武装在桐梓山活动期间，发动周围农民打土豪劣绅，打反动团防，声势越来越大。有一次，萧宜春指挥1000多枪兵进攻桐梓山，工农游击队据险抗击，打死敌人30多人，缴枪18支。萧宜春败回水口山后，勾结许克祥属部，再次"围剿"桐梓山，但工农游击队早已转移，敌人扑了个空。

　　此后，工农游击队根据朱德的指示，挑选了800余人改编为工农革命军第一师独立第三团，宋乔生任团长，谢翰文任党代表。1928年3月中旬，宋乔生率独立三团撤离桐梓山，经瓦园、灶市，过河到耒河东岸一个庵子里驻扎下来。3月24日，耒阳县苏维埃政府刘泰带领20余人来到独立三团驻地表示欢迎和慰问，并运去烟、酒、糖果、茶叶、生猪等大批慰劳品，刘泰发表了热情洋溢的讲话。宋乔生随即率独立三团进入耒阳城。

　　早在1923年4月，水口山党组织根据毛泽东的指示，曾派共产党员刘东轩、谢怀德到衡山白果，成立岳北农工会，开展农民运动。湘南地方党组织在衡阳、水口山一带，有很好的工农群众基础。岳北农工会的成立宣言中说："我们现在种种的压迫，是因为从前忘记了团结就是我们的武器，以致从来没有向敌人反抗。现在我们知道了，要为自己解除痛苦，只有大家联合起来啊！"从岳北农工会到水口山工人起义，直至成立桐梓山工农游击队，工人农民确实联合起来了。他们拿起枪杆子，向敌人反抗，形成一支工农革命武装，最后上了井冈山。这种由工人、农民联合组成的革命武装，是湘南起义中的一个创举。1928年4月上旬，工农革命军第一师独立第三团，随朱德撤上井冈山，被编为中国工农革命军第四军特务营，营长宋乔生，党代表谢翰文。

十、波及地区的革命斗争

　　湘南起义在中心区域宜章、郴县、耒阳、永兴、资兴、安仁等县取得的节节胜利，逐步影响并推动了比邻各县的革命斗争。

　　在临武，先是从衡阳回乡的共产党员贺辉庭（省立三师学生，回临武前，任国民党衡阳市党部书记、共青团湘南特委组织部部长）、傅昌表、唐代文、袁玉松等，于 1927 年 10 月，成立中共临武特别支部，贺辉庭任书记。随后发展了唐维新、文吐锦等 11 名党员。11 月，贺辉庭、唐代文去宜章碛石，与彭晒、彭暎领导的黄沙区党支部取得了联系。不久，特别支部改选，贺辉庭仍为书记，组织部部长唐代文，宣传部部长袁玉松，农民部长傅昌表（后调耒阳），军事部长唐仁骧（后叛变），联络部部长文吐锦，秘书唐仁贵。他们面对马日事变后反动派的血腥镇压，仍然坚持斗争，积极恢复和发展党组织，秘密成立农民协会，筹备组织地下武装。1928 年 2 月，他们获悉朱、陈率部向郴州胜利进军的消息后，更加积极地开展活动，策划武装暴动。同时，通过工作，找回了 3 个失散的党员，又联系上了参加南昌起义失败回来的 3 个党员，从而进一步加强了特别支部的战斗力。

嘉禾原在外面参加南昌起义、广州起义和鄂南起义的共产党员黄益善、彭芳（后叛变）、萧克允等，在这些起义失败后，都悄悄地回到家乡进行地下活动。1927 年 12 月，参加南昌起义的萧克也回到嘉禾，与黄益善接上了头，然后串联萧克允（萧克的哥哥）、唐仁宅、毛中心、彭芳、彭启贤、彭瞻贤、何辅汉等 7 名共产党员，重建了中共嘉禾南区支部，黄益善任书记。1928 年 1 月 17 日，毛中心去临武星子坪活动，获悉朱德部队进了宜章，马上回来汇报。19 日，南区支部召开秘密会议，决定派萧克、毛中心去宜章联络。萧克、毛中心到达宜章碛石时，碛石已在早几天举行了暴动。萧克被留在碛石担任独立营副营长（营长彭晒）兼第一连连长，毛中心被留在碛石担任宣传队长。2 月初，毛中心奉命返回嘉禾，又把黄益善、毛升珍、唐仁宅接去宜章工作。3 月，嘉禾南区支部萧克允和临武特别支部贺辉庭赶至宜章梅田，请求龚楷、萧克的独立营支援他们举行武装暴动。宜章县委答复同意，让他们先回去筹备起义。但形势剧变，敌人南北重兵"围剿"，没来得及派人去临武、蓝山、嘉禾三县支援，部队就东撤了。结果嘉禾的黄益善、萧克、萧克允、唐仁宅、毛中心、唐柏安等 6 名共产党员跟随宜章农军上了井冈山，成为井冈山红军骨干。

临武汾市支部成员却因筹备暴动工作，未能及时转移，除 2 人叛变外，其余全部壮烈牺牲。

曾在北伐军中分别担任过营长、连长的共产党员厉运杰和黄遽，1927 年 6 月从武汉回到蓝山，与地下党员阮贞（女）取得联系，积极开展活动。他们以国民党军官的公开身份，打入蓝山"剿匪游击队"，在敌人的"堡垒"里活动，搞得敌人晕头转向。1928 年 3 月，在萧克允和贺辉庭去宜章请兵支援暴动之前，他们也曾写信请求宜章县委派人去蓝山指导起义。为了促进这三个县的革命形势进一步发展，宜章县委决定派毛升珍回嘉禾，负责指导临、蓝、嘉三县的武装暴动。毛升珍回到嘉禾后，选定南区的麻冲为据点开展工作。却不料没隔多久，形势突起变化，遂与宜章县委失去联系，宜章第三师也上了井冈山；厉运杰和黄逵两位同志，因为临武特别支部给他们的信被敌人查获而遭到敌人杀害。在这种情况下，一些党员对暴动失去了信心。毛升珍感到自己处境险恶，无法支撑，便只身潜往广西去了。这样，临、蓝、嘉三县的农民起义也因此夭折。

十一、瑶族同胞揭竿响应

湘南地区有少数民族十余个，其中瑶族人最多。江华是少数民族自治县，瑶族、壮族都有。蓝山、新田、双牌、道县、常宁都有瑶族。资兴的瑶族分布在团结、碑记、清江、黄草等乡，共2000余人。宜章的莽山、塘坊、道洞，有瑶族1000余人。桂阳白水的瑶族，也有500余人。郴县的宝峰、良田、塘溪和临武的楚江等地，瑶族多达5000余人。

湘南起义的狂飙吹进了瑶山瑶寨，苦难深重的瑶胞也都直起腰杆，怒吼起来了。

宜章年关暴动后，中共郴县县委曾派邓允庭（后来的郴县工农革命军第七师师长）、李安梓、邓富云等去见朱德。其中邓富云就是瑶族。他出生于郴县宝峰穆子坪的一个贫苦农民家庭，6岁时父母双亡，成了无依无靠的孤儿。在饥饿线上挣扎长大的邓富云，心里藏着一团向地主豪绅报仇雪恨的火焰。经过共产党员彭诗真的指引，他提高了阶级觉悟，参加了革命队伍。郴县苏维埃政府成立后，邓富云的家乡穆子坪也成立了乡苏维埃政府。当时的穆子坪有1700多人，全是瑶族。岭主赵见合，也是瑶族人，霸占300多亩竹山、200多亩杉山，在穆子坪称王称霸，横行无忌。他私立法堂，私订法规：第一，凡住村百姓，每个劳动力，每年要替他挖山一个月；第二，每年清明日（名义是打清明会），每家每户要献谷一担；第三，凡娶亲嫁女，事先要送"人情"，经他批准；有违抗者，以"犯上"论处。后来，穆子坪成立了17人的赤色游击队，邓富云当队长，杀死了赵见合，解放了赵家的5个长工，宣布取消上述规定，把竹山、杉山分给了瑶民。郴县工农革命军第七师成立后，这支游击队编入所属的第一团第三营第二连，参加了打桂阳和平息"返白事件"的战斗。原来的17名游击队员中，有5人跟随陈毅上了井冈山，2人在资兴与敌人作战时光荣牺牲。

　　瑶族聚居的棉花龙寨有个瑶族首领叫盘岭固，占山 170 亩，占地 120 亩，还豢养了 12 名枪兵，替他保镖。当朱、陈部队进入良田时，这个家伙夹着尾巴逃到宜章莽山去了。后来，棉花龙寨成立了乡苏维埃政府。盘岭固的 12 名枪兵中，有 7 名向革命投诚了。这里还成立了 24 人的赤色游击队，排长盘金山。这支游击队后来成了工农革命军第七师二团（良田）三营三连的第二排，参加了折岭战斗；后又跟随陈毅上了井冈山，但到郴县水口整编时，又转回原地坚持斗争。其中 5 名瑶族战士光荣牺牲。排长盘金山也不幸遇害。还有瑶族聚居的永春大竹山等地，也同样掀起了革命斗争，成立了乡苏维埃政府。

　　湘南起义期间，另一支著名的瑶族游击队，是资兴县浓溪特区以瑶族贫苦农民为主体组成的。队长赵己祥，是一个只有 20 多岁的瑶族青年，多才多艺，既会木工，又会铁工，还认识中草药，会打猎。1928 年 4 月，中共桂东县委书记陈奇来到浓溪的杨家坪从事党的活动，发展党的组织，建立革命武装。他首先发现赵己祥这根好苗子，便培养他担任了浓溪游击队的队长。

　　这支游击队有三四十人，在暴动期间，出色地完成了许多艰巨的任务：第一是筹粮。通过打土豪和袭击旧政府粮仓，筹集粮食，保证供应工农革命军和新建农军的给养。杨家坪的邱贵贵，就是一个优秀的运粮队员，1928 年 4 月牺牲于章保坑。第二是采购军需品。有一位叫盘仁开的瑶族战士，在为工农革命军临时后方医院采购药品时献出了生命。第三是侦察敌情。瑶族战士赵庚科、赵己苟、赵黄科等，都是当时最优秀的侦察员。他们经常活动于桂东、汝城和郴县各敌占区，搜集了大量的敌情资料，后来都壮烈牺牲了。第四是打击反动政权，骚扰敌军。他们拔掉了浓溪十二洞的反动基层政权，还经常四处袭击地方的反动团队。有一次，陈奇、赵己祥指挥游击队员，在杨家坪唯一进口山路两旁的陡壁上，伐下大树，锯成筒子，用藤条缠住两头，吊在树桩上，后面堆放许多大大小小的石块。当敌人进攻杨家坪来到山口下时，陈奇、赵己祥一声号令，游击队员挥起柴刀，砍断藤条，顿时木筒石块，飞滚而下，树筒成了枪筒，石块成了枪弹，不少敌人死在这木筒石块的"枪林弹雨"之中，这就是后来被称颂的杨家坪垒石战。

　　这支游击队后被编入黄义藻、李奇中等领导的资兴独立团，继续坚持革命。

第六章

武装斗争与创建红色政权相结合

★

　　中国共产党领导的武装斗争，实质上是无产阶级领导下的农民战争，是无产阶级领导下的农民土地革命战争。南昌起义坚持了以革命的武装反对武装的反革命这一正确方向，也提出了武装农民开展土地革命的政策，但在实践中并没有把武装斗争与农民斗争紧密结合起来，因而成为它失败的主要原因之一。朱德从南昌起义失败的教训中，深刻地认识到只有武装工农，深入开展土地革命，才能挽救革命。早在 1927 年 11 月下旬，朱德在汝城召开湘南、粤北各地党的负责人联席会议上就提出了由革命军打先锋的农民暴动计划。湘南起义是从军事开始的，但在军事胜利之后，即有广大工农群众起来，尤其是广大农民群众的斗争，使农军的势力得以快速发展，根本动摇了豪绅地主阶级和军阀在湘南的统治，"开湖南全省暴动的新局面"①。湘南特委以及各县党组织，正是凭借工农革命军作坚强后盾，对建党、建政、插标分田和肃反等项工作实现了直接的领导。朱德曾做过这样的表述："湘南

---

　　① 引自 1928 年 6 月 7 日中共湖南省委《湘南工作决议案》（原件存湖南省档案馆）。

各县的地方党组织就来和我们联系，要求建立地方武装。我们支持他们。首先是帮助宜章县组织一个地方团；我们攻下郴州后，又帮助郴州组织了一个团。之后，我们相继攻下耒阳、资兴、永兴、桂东、汝城等县城，茶陵、安仁、鄮县也举行了暴动。共有 11 个县的群众行动起来了，并且各县都组织了自己的地方武装，在地方党的领导下，打倒土豪劣绅，推翻反动政权，建立苏维埃政府。这就是 1928 年的湘南暴动（当时称年关暴动）。"①

湘南起义时间长达 3 个多月，从 1928 年 1 月 12 日算起，到 4 月 22 日朱德、毛泽东在鄮县沔渡会面时止，共 101 天。在这 101 天繁忙的战斗过程中，先后创建了 1 个地区级苏维埃政府，8 个县级苏维埃政府，94 个区苏维埃政府，800 多个乡苏维埃政府。

一、中共中央关于苏维埃政权建设的指示

建立苏维埃政权，是革命的基本任务。对于这一认识，中共中央也有一个较长的过程。

1927 年 8 月初，毛泽东在《湘南运动大纲》中首次提出，"组织一政府模样的指挥机关"。但这一政府模样的指挥机关叫什么，怎样产生，如何运作，他都没有说。8 月 3 日，《中央关于湘鄂粤赣四省秋收暴动大纲》中，采纳了毛泽东计划，提出"准备于不久时期内在湘南计划一湘南政府"，但同样没有明确政府名称、产生办法、运作方式。八七会议上，中央常委代表瞿秋白发言："我们再不能以退让来争得民权，是要以革命方法来争得民权的。"但民权怎样来体现，却并不明确。讨论到最后，形成《最近农民运动决议案》，提出了 11 条口号，第一条即是："乡村政权属于农民协会。"这是把政权等同于群众组织了。

1927 年 8 月 23 日，中共中央关于秋收起义中建立政权及土地问题给湖南省委的复示中，提出了政权的形式是"苏维埃"，但却认为建立苏维埃的条件还不成熟。中央在 8 月 29 日《两湖暴动决议案》中，没有提出建立苏维埃政权的指示，却要求"必须注意应用正式革命政权机关实行这种没收，严禁私人抢掠侵吞"。这就有了政权意识了。

1928 年 1 月初，中共中央《关于积极准备武装起义给湖南省委的指示》文件

---

① 朱德：《从南昌起义到上井冈山》，《朱德选集》，人民出版社 1983 年版，第 397 页。

中，终于有了明确的指示，"广大工农群众对于总暴动之目的"是"夺取政权"。文末强调："在这些工作中我们的基本任务在于宣传苏维埃政权之实意与准备夺取政权。"并明确提出了"组织苏维埃使其成为夺取政权的争斗机关"，"在一县之内有几个区苏维埃成立时可以联合组织苏维埃临时县委员会，但一旦取得县城时即须召集全县工农兵代表会议组织正式县苏维埃政府"。

二、湘南县级苏维埃政府红色政权的建立

湘南是土地革命战争时期最早建立县级苏维埃政权的地方，也是红色政权创建最成功的地方。湘南红色政权的实践经验，为井冈山革命根据地红色政权的创建，提供了丰富的实践经验和理论依据。

1. 汝城。

1927年9月29日，工农革命军第二师第一团攻下汝城后，以团长何举成的名义发布文告称："各省各县由工会农会及兵士选举代表组织工农兵政府"。解放军出版社出版的《中国人民解放军历史资料丛书》中《土地革命战争时期各地武装起义·湖南地区》册第567页评价说："桂汝秋收起义连克两座县城，并建立了汝城县苏维埃政府，实现了中共湖南省委的起义计划，对湘南地区的武装斗争产生了重要的影响。"《土地革命战争时期各地武装起义·综合册》第1396页全国武装起义图表记载：1927年9月26日至29日，何举成领导中国工农革命军第二师第一团在桂东汝城发动"桂汝秋收起义""占领桂东、汝城县城，成立汝城县苏维埃政府"。从时间上看，这是中国土地革命战争时期第一个县级苏维埃政权，对后来湘南起义各县普遍建立苏维埃政权有重大影响。

2. 宜章。

1928年2月3日，朱德、陈毅率主力军从坂塘出发，经白石渡过折岭，向郴州进发。

同日，胡世俭率中共宜章县委，胡少海率宜章农军从坂塘经坪石向宜章县城进发。

2月2日，在县委与一师党委坂塘联席会议上，研究的第一个重大工作就是要普遍建立湘南各县、区、乡、村各级苏维埃政府。因此，县委回到宜章城的第一件大事就是部署筹备成立宜章县苏维埃政府。

1928年2月6日，在中共宜章县委的领导下，按照中共中央的指示，湘南起义

中第一个县级红色政权——宜章县苏维埃政府，在年关暴动斗争的烈火中胜利诞生。毛科文被各界群众选为县苏维埃政府主席，吴泗来任副主席。苏维埃政府机关设在旧县公署内，旧公署匾额被摘下烧掉，换上一条大红布，上贴"宜章县苏维埃政府"8个斗大金字，旁衬彩花，非常耀眼壮观。当天在城内广场举行盛大的成立典礼，参会的有各区、乡代表和近城工农兵学商各界共10000多人。赤卫队整队出东门迎接从乡村刚回来的毛科文，群众在街上夹道迎候。毛科文出身于贫苦农民家庭，革命立场坚定，大革命时期就是中共宜章县地方执行委员会委员，并作为农民代表被选为中共五届中央候补委员，是有威望的群众领袖。当毛科文走入人群时，欢声雷动，口号震天。人们不断高呼"苏维埃政府万岁！""革命胜利万岁！"，尽情欢呼宜章第一个人民政权的诞生。

县苏维埃政府内设财经、裁判、土地、武装等四个委员会。财经委员会主任吴汉杰，财经委员会负责筹集粮款，没收大土豪的财产和收集土豪的捐款，以供军政费用。裁判委员会主任余经邦。裁判委员会负责处置反革命和土豪劣绅。土地委员会由杨子达和唐柏安负责，唐柏安曾参加武汉农运讲习所学习，从嘉禾县到宜章参加暴动，土地委员会负责没收和分配土地，制订相关政策、措施。武装委员会负责组建、指导全县人民武装，除了为工农革命军输送兵力外，在各区、乡、村都组织赤卫队和自卫军，保卫苏维埃政权和革命胜利成果。

县苏维埃政府成立后，县委的中心任务和工作重心即建设各区、乡、村的苏维埃政府，摧毁土豪劣绅和贪官污吏的统治系统。为了加强领导力量，使各级苏维埃政府能顺利产生，正常工作，县委先后把张际春、彭晒、彭祜、李赐凡、陈策、王俊等领导骨干抽调到县委机关工作，一面加强党团组织的发展和建设，一面加强对各地苏维埃运动的领导。县委领导分别深入到各区、乡，引导更多的农民参加到革命运动中来，有序地开展土地革命。

2月8日，在毛科文、吴泗来指导下，近城区苏维埃政府成立，彭根古任主席，办公地点设县城尚义祠。乡、村苏维埃政权建立最多，斗争卓有成效。

2月9日，栗源区苏维埃政府成立，陈仲章任主席，办公地点设栗源堡城。

2月10日，在杨子达指导下，白沙区苏维埃政府成立，欧阳祖光任主席，秘书欧阳毅，办公地点设梅田黄氏宗祠。

2月11日，赤石区苏维埃政府成立，余福顺任主席，办公地点设赤石街。

2月21日，黄沙区苏维埃政府成立，简载文任主席，办公地点设黄沙堡城。

为了更好地领导和发动全县人民起来革命，县苏维埃政府相继发布一些布告和政策措施，提出一些斗争口号。主要内容有：1. 打倒土豪劣绅，开展土地革命，实行耕者有其田，发动农民斗争；2. 实行 8 小时工作制，不得无故开除工人，增加工人工资，发动工人斗争；3. 实行婚姻自由，提高妇女地位，发动妇女参加革命工作；4. 铲除贪官污吏，废除苛捐杂税；5. 工农劳动人民武装起来，组织苏维埃政府，保卫苏维埃政府；6. 工农劳动人民组织起来，加入工会、农会；7. 打倒屠杀工农的国民党政府；8. 打倒帝国主义和土豪劣绅、贪官污吏。

这些布告和口号，符合全县人民的要求和愿望，为人民所拥护，各地人民都积极响应和贯彻执行。白沙区苏维埃政府还增订了"继续责罚地主赔剥削账、不许夺佃田、没收地主财产、破除封建迷信"等。

八条措施规定，进一步清算土豪劣绅。如责令梅田豪绅赔银元 400 多元，没收麻田新村土豪粮食 270 担。对畏罪潜逃的土豪劣绅的财产全部没收分给农民。有的土豪劣绅对抗苏维埃政府规定，交赔款时故意以铜光洋和钢光洋充作银圆；有的还造谣惑众，准备反攻倒算。农民与之坚决斗争，镇压了一批顽固不化的土豪劣绅，如白沙区的黄昌怀、胡老五、黄玉堂，近城区的李乔、吴楚涛等人。全县共处决200 多反动劣绅，以此狠刹土豪劣绅的威风。不必讳言，当时杀地主的行为有过左的因素，甚至错误杀害了一些开明士绅。其主要原因：一是中央、省、特委下达的文件中多有"杀尽一切"的口号；二是没有杀罚惩戒的法律标准和执法程序，导致农民有点"乱来"，三是农民长期受压迫剥削，大革命失败后又受土豪劣绅百般凌辱，加上国民党的血腥屠杀，旧恨新仇汇集于心，仇恨淹没了理智，以至于斯。湘南起义期间，全县城乡一切苛捐杂税都被废除，河道设的关卡、盐卡，圩场的落地税等都被取消，地主豪绅更不敢向农民收租逼债，粮食都由农民掌握，买卖都按平价不准涨跌。广大农民感到政治上做了主人，经济上也翻了身，都说共产党好，赞扬苏维埃政府。

到 1928 年 3 月 10 日，中共中央发出《关于没收土地和建立苏维埃问题的通告》，通告中专门有一节"关于建立苏维埃政权"的细则，细则规定："苏维埃的组织在暴动以前为暴动指挥机关，在暴动胜利以后为政权机关。苏维埃一经建立，所有农民协会革命委员会等机关一概取消，一切权力归于苏维埃。"细则详尽地规定了村、乡、区、县、市、省各级苏维埃执行委员会的人数、代表比例、岗位设置、选举办法、运作办法，相当于苏维埃政府组织法。这样一来，各级组织在建立苏维埃政府时便有了依规，有了章程，更促进了起义区域的苏维埃政权建设。

由于各地党组织积极行动，又有了中央可操作性很强的文本规定，苏维埃运动在全县蓬勃兴起，区、乡、村苏维埃政府相继成立。据不完全统计，到1928年3月底，全县6个区中已建立区苏维埃政权5个，乡、村苏维埃组织40多个。此外，恢复和新建立各级农会组织130多个，入会会员达十几万人，许多地方的农会跟苏维埃政府一样代行各种职权。白沙区、近城区几乎所有的村都建立了苏维埃政权或农民协会。

1928年3月16日至20日，湘南特委在永兴县太平寺召开湘南工农兵代表会议，成立以陈佑魁为主席的湘南工农兵苏维埃政府。吴泗来、彭晒代表宜章县参加了这次会议，吴泗来被选为湘南工农兵苏维埃政府执行委员。

宜章各地的苏维埃政府，活动时间近两个月，是湘南起义中成立最早、活动时间最长、斗争成果最为显著的人民政权。

3. 郴县。

1928年2月7日，郴县县委在郴州城隍庙主持召开郴县苏维埃政府成立群众大会。会上，李才佳被选为县苏维埃政府主席，王湘和被选为副主席，李佑余为党代表，杨景初为肃反委员，戴书隆为土地委员，刘善淑（女）为经济委员，曾子彬为粮食委员，曾纪贵为宣传委员，陈代长为秘书。朱德、陈毅、夏明震、李才佳、湘南特委负责人和宜章、耒阳县的代表都在群众大会上讲了话。同时，大会还公布了黄孝荣、朱成斌、谢伟臣、何应烈、雷伯瑜等8名土豪劣绅的反革命罪行，并立即执行枪决。会后，县苏维埃政府机关设在北街福音堂。

县苏维埃政府成立后，全县城乡迅速掀起了苏维埃运动高潮。县委和县苏维埃政府组织上百人的宣传队，深入到全县各区乡广泛发动群众，宣传大好形势和共产党的路线、方针、政策，号召举行全县暴动，打倒帝国主义、封建主义、官僚资本主义！打倒土豪劣绅，实行劳动人民当家做主。通过几天的宣传发动，全县11个区、3个特别区和137个乡都先后成立了苏维埃政府。各区的苏维埃政府主席是：一区（城区）贺益生，二区（秀良区）王振波，三区（秀贤区）李启武，四区（丰乐区）曹锡奎，五区（安善区）雷元楚（后雷春平），六区（保和区）彭白熙，七区（鲁塘区）何孟庚，八区（雅市坪）何新盖，九区（荷叶坪）陈波臣，十区（桥口）李子祥，十一区（华塘）曹南极，畔渡特区邵杰生，瑶林特区朱开蕴，安源特区刘光球。

与此同时，为了安定人心，稳定社会秩序，县苏维埃政府还发出布告，鼓励商贾营业，工人照常生产，学校照常上课，恢复一切正常工作秩序和社会生活秩序。对一些害怕革命弃家外逃的百货、绸布、南货、药店等商行老板，县苏维埃政府将他们的商行全部贴上封条，严禁坏人闯入，并派赤卫队日夜巡逻，维持社会治安，防止盗窃，以保障正当商人的财产安全。

湘南起义期间，郴县除了普遍建立了县、区、乡苏维埃政府外，全县的工会、农会、妇运会、青运会（包括少先队、儿童团）、商会等群众组织纷纷恢复、重建。总工会委员长黄光书，有工会组织 43 个，会员达 15200 人。工会开展了争取 8 小时工作制的斗争，还成立了工人纠察队，维持社会秩序。郴县农民协会委员长曾子刚。农会在原有的基础上发展到 79 个，会员由原来的 57262 人，剧增到 110000 人。农协恢复和重建后，农村开展了火热的政治斗争和经济斗争，如打击土豪劣绅、烧毁田契、减租、减息、减押、平粜、插标分田等，其势如暴风骤雨，遍及整个农村，势不可当。1928 年 2 月 6 日，朱德参加县委扩大会议，恢复了团县委后，立即恢复了各区乡的 39 个团支部。2 月 8 日，县委举办 C. Y. 宣传员训练班。学员结业后，大多数被分配到工农革命军第七师充当骨干。后来成长为上将的邓华就是其中之一。与此同时，各县乡也分别举办了短期训练班，有 500 多名团员骨干参加了学习，给农军和各级苏维埃政府、各革命群众组织培养了大批干部。县委专门设有青年委员来抓青年工作，各区乡又有团的组织。因此，全县很快就在青年积极分子中发展党员 104 人、团员 400 余人。郴县女界联合会进行了整顿，会长何善玉。"返白事件"中何善玉牺牲，何凯继任会长。会员发展到 92000 余人。县女界联合会为培养妇女工作骨干，还专门开办了妇女训练班，训练出一批妇女干部，深入农村工作。此外成立了少年先锋队和儿童团。县少先队队长廖昭福，儿童团团长罗国贵。少先队是广大劳动青少年军事化组织，凡年满 16 岁至 23 岁的男女青少年都可参加（共青团员必须参加并担任领导）。队员平时站岗放哨，战时直接参加战斗。当时郴县有少先队 97 个，少先队员 31000 人。此外，在湘南起义中，郴县还成立了商民协会，县、区两级商民协会共有 11 个、会员 370 人。商民协会成立后，在打击反动资本家和保护工商业者利益等方面，起了积极作用。

4. 永兴。

1928 年 2 月 9 日永兴县城被攻克后，中共永兴临时县委开始了政权建设。1928 年 2 月 10 日，在县城太平寺召开各界大会，宣布成立永兴县苏维埃政府，选举产生苏维埃政府领导成员，苏维埃政府主席刘木，副主席邓燮文，军事委员许玉山、曹福昌，肃反委员李腾芳，土地委员刘让三，经济委员邓肇榜，教育委员刘在南，秘书何宝臣，苏维埃政府在太平寺正式办公。

县苏维埃政府成立后，中共永兴临时县委派出 40 名特派员分赴全县各区乡，开展建党（团）、建政、建武装工作。在较短的时间内，全县共建立 15 个区苏维埃政府、137 个乡苏维埃政府，红色政权覆盖全县的所有区域。15 个区苏维埃政府负责人分别为一区黄德厚，二区曹佐修，三区刘锄非，四区康子良，五区冯海球，六区廖安球，七区张正光，八区李藩周，九区何刚（后叛变），十区王正帮，十一区曹友良，十二区曾国栋，十三区李一德，十四区李宗侯，十五区张仲扬（后叛变，唐尧东接任）。永兴最早成立苏维埃政府的是 1928 年 1 月 30 日在油榨墟成立的第八区苏维埃政府，由刘木任区苏维埃政府主席。2 月 10 日刘木当选县苏维埃政府主席后，改由八区农协委员长李藩周接任第八区苏维埃政府主席。

各级群众组织陆续恢复和重建。2 月 10 日，恢复永兴县农民协会，农协委员长刘在南；同时恢复和重建了 15 个区、137 个乡农协会。2 月 12 日，恢复永兴县总工会，总工会委员长傅赐骏，各行业工会也随之恢复。同日，恢复少年先锋队，队长仇云，副队长廖致侯。2 月 14 日，永兴县女子联合会得以恢复，会长彭堂美，组织委员廖鸾凤，宣传委员郭怀振，委员戴彦凤，秘书彭堂英。同时重新组建和恢复 15 个区、137 个乡女子联合会。

随着县区乡三级苏维埃政府的成立，以及工会、农会、妇运会等群众组织的恢复、重建，苏维埃政权开始了政府职能的行使，颁布了一系列法律、法令、口号，打击土豪劣绅、贪官污吏，变革封建统治的旧宗法制度和陈规陋习，开展减租减息，插标分田。在苏维埃政府的主导下和各界群众组织的广泛宣传发动下，土地革命斗争的烈火在便江两岸如火如荼地燃烧。

5. 桂阳。

1928 年 2 月 14 日，郴桂农军第一次攻克桂阳县城后，于 15 日召开了桂阳县苏维埃政府成立大会。农军师长杨赤和党员代表杨呈祥在大会上讲话。大会宣布成立桂阳县苏维埃政府，徐树誉任主席，刘树基任副主席，刘煦基、何汉绫、杨赤、徐行、何澄、杨呈祥、李仲桑、李有成、曹立中等为委员。是日，县城居民、郊区农民数千人手执小旗，高呼"土地回老家""打倒土豪劣绅""苏维埃运动万岁"等口号，会集在县城城隍庙，参加庆祝大会。

苏维埃政府临时办公地点设在县城七里街何家湾何碧云的宅院。大门上悬挂了"桂阳县苏维埃政府"的牌子，插上了红黄绿色的旗帜，城内墙上到处张贴了宣传土地革命运动的宣传标语。苏维埃政府成立后，没收地主豪绅财产，分配给贫苦农民。

农军攻打桂阳县城，建立苏维埃政府的消息迅速传开，正在华塘铺社里村岳父家照顾分娩妻子的邓华闻讯，决定跟随起义军，投向革命行列。2月22日，他只身赶到桂阳，得知农军已撤出县城，县苏维埃政府随同迁至郴县宋家洞一个岩洞里办公。23日，邓华来到县苏维埃政府所在地，经其姐夫何仰之等人介绍参加了桂阳县苏维埃政府工作团。不久，邓华受桂阳县苏维埃政府派遣到工农革命军第七师二团工作。各地农军回原地后，加强集训，筹集军饷，准备新的战斗。3月，湘南工农兵代表会议在永兴县太平寺召开，桂阳县苏维埃政府推选邓震东为代表参会，并接受湘南工农兵苏维埃政府的统一领导。

桂阳县苏维埃政府成立后，领导军事斗争和土地革命运动，开展肃清反革命分子的斗争和其他政府职权范围内的工作。主要是颁布法令、口号，采取多种形式，加强政治宣传，办农运讲习班和夜校；镇压罪大恶极的土豪劣绅和反动分子；恢复大革命时期建立的工会、农会、妇联、学联等群众组织，掀起大规模的群众革命运动。

当时桂阳流传一首歌谣："共产党，领导好；农卫军，是英豪，打得匪军四处逃。捉拿豪绅祭枪刀，分得米粮和土地，穷苦农民乐陶陶。"反映了农民对苏维埃政权建立的肯定和拥护。

但是，由于桂阳国民党军势力强大，朱德主力北上，顾不上西边的桂阳，工农革命军与国民党军形成拉锯战，两打县城，两次放弃，县苏维埃政府不得已搬到了郴县宋家洞一个岩洞里办公。因此区乡苏维埃政权的建设无力顾及。虽然县苏维埃政府成立相对较早，但到起义军撤离时止，还只建立了一个乡苏维埃政府（福寿乡），三个村苏维埃政府（南雅、黄土岭、芦村）。

6. 耒阳。

1928年2月16日，耒阳县农军在朱德主力部队的支援下打下耒阳，2月19日耒阳县第一次工农兵代表大会在杜陵书院召开。大会选举产生了"耒阳县工农兵苏维埃政府"组成人员，主席刘泰，副主席徐鹤、李树一，秘书长钟森荣，财政委员会委员长李树一（兼），军事委员会委员长李天柱，土地委员会委员长谢朝楚，肃反委员会委员长伍昭立，青年委员会委员长刘德祖、贺维新，妇女委员委员长伍若兰（一说妇女联合会主席）。大会宣布，工农兵代表大会是全县最高权力机构，苏维埃政府坚持民主集中制原则，实施主席团集体决策制度，接受中共耒阳县委的领导与监督。这是耒阳历史上第一个按人民意愿选举产生的人民政权，也是中共耒阳地方组织第一个建政、执政的试验田。

2月20日，城郊金盆塘锣鼓喧天，龙腾虎跃。县城周边20公里范围内的工农群众，半夜造饭，踏月赶路，络绎不绝拥向县城，参加庆祝耒阳县工农兵苏维埃政府成立大会，会场人头攒动，红旗如海，鞭炮轰鸣，口号震天。朱德派出的武装警卫站在四周，威风凛凛，10万群众秩序井然。庆祝大会由刘泰、刘霞主持，朱德一身戎装莅会做重要讲话，全场不时爆出阵阵掌声，民众对自己的政府和军队充满信任，挚爱之情，溢于言表。会后各乡农民自发组织游行、耍狮子、舞龙灯、装故事①、踩高跷，兴高采烈，尽情欢呼。城区民众更是按捺不住内心的喜悦，采取各种方式举办庆祝活动，欢天喜地度过不眠之夜。

在中共耒阳县委的指导下，耒阳工、农、团、青、妇等各种革命团体和群众组织相继完成重组，全部恢复正常活动。共产党员彭芷恂当选为县总工会委员长，伍若兰当选为县女子联合会会长，苏维埃政府副主席徐鹤兼任县农会委员长。在湘南暴动浪潮的助推下，耒阳县各级苏维埃政府相继成立，短短一个月，全县37个区、345个乡建立了苏维埃政府，红旗插遍耒阳大地。

7. 资兴。

资兴县与永兴县的情况相近，它的第一个苏维埃政权是三都区苏维埃政府。时间比宜章县苏维埃政府还早一天。1928年2月5日，三都地区第一次工农兵代表大会召开，大会由邵杰生主持。来自工、农、商、学、兵各界代表共50余人出席了会议。会上成立了三都区苏维埃政府。主席伍业建，副主席袁南熏、李学华，秘书长李铁民，副秘书长张凤仪，肃反主任袁青钱、袁镜湖，土地主任焦丙明，妇女主任唐金玉，副主任文瑞姣，赤卫队队长袁禄山，少先队队长罗金珍。

1928年3月6日，资兴县苏维埃政府成立于三都，下设军事委员会、土地委员会、肃反委员会、经济委员会、民食委员会、财务委员会等。负责人名单如下：主席刘英廷，副主席黄义行，秘书长何子奇，军事委员李奇中，财务委员黎先谋，民

---

① 装故事，湘南民间文艺活动，即将故事人物化妆造型，定格在车、马、轿等交通工具上游行。配以灯火晚间游行的又叫夜故事。

食委员袁才奇，土地委员李化之、胡昭日，肃反委员朱赤，青年委员袁公亮。

县苏维埃政府建立后，当时主要以建立和巩固人民政权、实行土地革命和肃清反革命分子为中心任务。为此，县苏维埃政府决定马上解放资兴县城，迅速建立各区、乡苏维埃政府，领导广大人民群众开展分田分地运动。

对土豪劣绅，县苏维埃政府做出了进行坚决镇压的决定。凡大中土豪劣绅一律予以逮捕，没收其财产，并按罪恶大小，分别判处死刑或关入牢房。一些较小的土豪劣绅，如民愤不大，可只予罚款而不逮捕。

没收土豪劣绅的财产，均存于苏维埃政府"堆积处"，定期分给贫苦农民。

苏维埃政府干部实行供给制，不论级别，都不发薪金，伙食由公家供给。此外，苏维埃政府还公布了10条纪律：1. 造谣生事者杀；2. 窝藏土豪劣绅者杀；3. 临阵退却者杀；4. 强奸妇女者杀；5. 强买强卖者杀；6. 泄露机密者杀；7. 不服从指挥者杀；8. 贪污舞弊者杀；9. 妥协投降者杀；10. 畏罪潜逃者杀。

这些纪律当然有不够完善的地方，有的过左偏激，但在当时残酷的斗争环境中，对于苏维埃政权的巩固，起到了不可忽视的作用。

同日，在三都恢复了资兴县总工会，袁三启任委员长，黎守安任副委员长。同时，成立了中国共产主义青年团资兴县委员会，袁作恕任书记，袁漫游任副书记。此外，还成立了资兴县妇女联合会，袁凤兰任主任。

到3月中下旬，先后成立了5个区苏维埃政府：城厢区主席谢流昆，副主席欧佑春；东乡区主席何茂茂，副主席叶仲儒；南乡区主席何全德；西乡区主席唐士文，副主席曹亮华；北乡区主席邵杰生，副主席曹智莹。原三都特区苏维埃政府主席伍业建因赴郴县，由副主席袁南熏接替。此外，碑记（源塘一带除外，当时称半都）虽在资兴县范围内，但为郴县管辖，成立了郴县半都特区苏维埃政府，主席曹炳明。所有工作均为郴县苏维埃政府领导和部署，具体工作与资兴有联系，因郴县起义时间比资兴早，半都特区苏维埃政权的建立及其活动的开展均比资兴早。

区苏维埃政府建立后，各乡也开始陆续建立了苏维埃政府。至3月底，资兴全县100个乡除东乡片的蓝溪乡外，全部建立了苏维埃政府。

区、乡苏维埃政府建立后，农民的革命热情高涨，土地革命运动在全县轰轰烈烈地开展起来了。

8. 桂东。

1928年3月31日晚，毛泽东在桂东沙田万寿宫中厅主持召开了工农兵代表会议。参加会议的有桂东部分区、乡、村的工农代表，地方党组织的负责人，农民赤卫队负责人，以及工农革命军的部分负责人。在万寿宫召开的工农兵代表会议上，成立了桂东县苏维埃政府，下设农工部、财政部等，同时成立中国共产党桂东县委员会。根据工农兵代表要求，毛泽东决定：把桂东籍早期共产党员、中国工农革命军第一师第一团第三营八连党代表陈奇留下来，担任桂东县工农兵政府主席、中共桂东县委书记。会后，桂东县苏维埃政府领导下到各区乡去筹备区乡苏维埃政府的建设。共建立了一个区苏维埃政府，即沙田区苏维埃政府；六个乡苏维埃政府，即四都区南乡苏维埃政府、普乐乡苏维埃政府、文昌乡苏维埃政府、贝溪乡苏维埃政府、豪里乡苏维埃政府、南边乡苏维埃政府。

4 月 5 日，毛泽东率部开往汝城，阻击国民党胡凤璋部，以打破胡凤璋绕道桂东截断湘南农军上井冈山通道的企图。4 月 8 日毛泽东攻下汝城，得知朱德已绕道安仁，出酃县上井冈山，遂退出汝城往资兴方向追赶朱德、陈毅而去，汝城、桂东落入国民党军手中，桂东的区乡苏维埃政府建立工作也告终止。陈奇率桂东游击大队进入八面山密林，进而到达资兴的浓溪洞根据地，得以生存下来。

9. 安仁。

安仁如同永兴、资兴，先有区苏维埃政府，后有县苏维埃政府。

早在 1928 年 2 月 16 日，安仁县华王区农民暴动当天就成立了华王区苏维埃政府，选举唐如庆为区苏维埃政府主席。区苏维埃政府成立大会上，中共华王支部正式组建了华王区苏维埃政府农军，下设 3 个中队，任命唐琢章为东路军总指挥。3 月 4 日，龙海地区 17 个乡的上千名农工在龙海塘墟场财神殿前的万元坪举行暴动，成立龙海区苏维埃政府，组建农民武装，由侯岳生担任龙海区苏维埃政府主席和龙海区农军指挥长。暴动的农军队伍编为 10 个农民自卫军中队。龙海区暴动成功和区苏维埃政府建立后，全区 17 个乡全部成立了乡苏维埃政府。区农军 10 个中队分范围用武装保护区、乡苏维埃政府开展打土豪劣绅、分浮财、插标分田等活动。

1928 年 4 月 1 日，朱德率工农革命军主力进入安仁县城。是日下午，唐天际在县城桥南大水塘陈姓世家厅屋召开全县暴动骨干会议，讲述如何扩大全县暴动和成立苏维埃政府等问题。会议决定立即成立安仁县苏维埃政府，并酝酿了县苏维埃政府和各部门的任职人选。

4 月 2 日，安仁县城南门洲上红旗招展，人群欢腾，全县上万名军民集会，庆祝安仁县苏维埃政府成立。主席唐天际，财政部部长樊堃光，秘书樊赛、唐德丝，宣传部部长龙安仓，军事部长颜文达，组织部长龙文从，委员刘斌、萧祖述、唐德纶、樊赛、樊旭。

从1928年2月25日华王区（老三区、新六区）成立苏维埃政府起，至4月2日成立县苏维埃政府时止，在33天时间内，特别是在朱德率部进驻安仁的几天时间内，全县有14个区成立了区苏维埃政府，其他区恢复了农民协会。全县134个乡中，有89个乡建立了苏维埃政府，其他乡也大多数恢复了农民协会。但因国民党大军压境，县乡区苏维埃政府大多来不及执政，便中止了。

三、湘南工农兵苏维埃政府成立

到1928年3月中旬，整个湘南地区已有宜章、郴县、永兴、耒阳、桂阳、资兴六个县成立了县级苏维埃政府。为了便于统一领导，湘南特委于3月16日至20日在永兴县苏维埃政府所在地——太平寺楼上召开湘南工农兵代表会议，"成立湘南苏维埃政府，主（驻）点在郴州，主席陈佑魁。成立后，开群众大会庆祝三天，扩大苏维埃的宣传"①。湘南工农兵代表会议主席团并对外发出了《快邮代电》。全文如下：

第三共产国际、中国共产党中央党部、湖南省党部、各省县市党部、中华苏维埃政府、各省市县苏维埃政府、中华全国总工会、全国农民协会、工农革命军总司令党代表、各路总指挥党代表、各师师长党代表暨全国工人农民兵士钧鉴：

湘南工农兵代表会议，自3月16日开幕，共开会5天，业于20日午后9时闭幕。计议决（一）政治决议；（二）湘南工农兵苏维埃政府政纲；（三）暴动总口号；（四）工农武装；（五）土地问题决议；（六）肃清反革命条例；（七）县区乡苏维埃政府组织法等要案。并选出陈佑魁、刘冬生、李才佳、周淑良、王香和、何长工、余甫文、吴粥、陈毅、朱德、伍昭援、伍昭彦、梁钟楚、陈伯诚、尹子韶、刘英廷、朱克敏、李玉田、吴泗来、宋乔生、黄体国等21人为执行委员，组织湘南工农兵苏维埃政府。特此电达。湘南工农兵代表会议主席团陈佑魁、细格思、陈毅、杨靖、尚达甫叩。

3月21日②

---

① 1928年6月共青团湘南特委徐林：《关于湘南暴动经过的报告》，《土地革命战争时期各地武装起义湖南地区》，解放军出版社1997年版，第389页。

② 中共郴州党史资料征集办公室编：《湘南起义史稿》，湖南人民出版社1986年版，第120—121页。

当时，"湘南苏维埃政府的政纲和宣言通电飞翔于湘南各县"。

这个公告清楚记载了湘南起义过程中召开的"湘南工农兵代表大会"的时间、内容、政权名称、选举结果。这个《快邮代电》何以能够保存下来？原来是当时国民党"清乡剿共"时缴获湘南苏维埃政府的这份《快邮代电》，如获至宝，呈报给当时的湖南省"清乡"督办署。湘赣"剿共"总指挥何键用湖南全省"清乡"督办署的通令，全文转发这份《快邮代电》，通报全省缉拿快邮代电上的"要犯"。1984年一个叫钟捷的党史工作者从省档案馆保存的1928年"清乡"督办署档案中发现了这份真实而珍贵的文献。可惜《快邮代电》上列举的会议文件只有标题而没有内容。但这个文件给了我们十分重要的信息：

1. 朱德、陈毅当选湘南工农兵苏维埃政府执行委员，陈毅和湘南特委书记陈佑魁同为大会主席团成员，朱德不是。可见当时军队党组织和地方党组织结合在一起，形成了总指挥部的格局，而总指挥应是湘南特委书记陈佑魁，陈毅是副总指挥。总指挥部统揽全局，不单纯是打仗，包括建党建政、发动群众、分田分土、镇压敌对势力、禁五毒、树新风，实际上就是新政权的任务。

2. 毛泽东秋收起义队伍中的第二团党代表何长工被选入湘南工农兵政府执行委员，原始历史文献证明：井冈山秋收起义队伍参加了湘南起义及湘南的革命政权建设。而此时的何长工所率队伍正在湘南资兴县开展活动。

3. 会上议决的7个文件表明当时湘南起义总指挥部已经有了系统的执政理念、执政纲领、执政措施及区乡政权建设组织法。这些文件虽然在湘南来不及全面实施，但无疑对井冈山政权建设有极大的参考价值。

4. 从《快邮代电》中的湘南工农兵苏维埃政府组成名单来看，可以确定身份的是，党政领导人：陈佑魁（特委书记）、李才佳（郴县苏维埃政府主席）、刘英廷（资兴苏维埃政府主席）；军队领导：朱德（师长）、陈毅（师党代表）、何长工（团党代表）、尹子韶（农军团长）；农民代表：王香和（郴县农民）、黄体国（郴县农民）、吴泗来（宜章农民）；工人代表：陈伯诚（永兴工人）、宋乔生（水口山工人）。其余的身份不明，难以归类。但就身份明了的人来看，它是符合中共中央关于苏维埃政权建设的基本要求的，体现了工农兵当家做主的愿景。

苏维埃政府是在暴动的烈火中诞生的，是用枪杆子打出来的。湘南人民对于自己用无数鲜血换来的这一胜利特别珍视，他们感到自己从此成了主人，掌握了自己的命运，表现出一种从未有过的兴奋心情。各县苏维埃政府成立的那天，广大人民群众无不笑逐颜开、手舞足蹈，简直到了狂欢的程度。宜章举行苏维埃政府成立大会时，农民群众把县知事衙门的牌子摘下来，换上红底金字、光芒四射的"宜章县苏维埃政府"大横幅。县赤卫队员整队在东门口迎接县苏维埃政府主席毛科文时，上万的群众摇着小红旗夹道欢呼，气氛非常热烈。桂东沙田成立县苏维埃政府时，戏台上贴了一副对联。上联"打倒贪官污吏苛捐杂税"，下联"打倒土豪劣绅重租重利"，横额是"苏维埃政府"。安仁县开庆祝苏维埃政府成立大会时，会场上也贴了一副对联："安仁立政府，适逢桃开柳吐，处处十分春色；永乐庆翻身，兹当龙飞凤舞，人人一颗红心。"

四、苏维埃政权建设及政府工作

湘南各县苏维埃政权组织，"……约分：土地委员会、经济委员会、镇压反革命委员会、军事委员会、青年工作委员会、秘书处，中设一主席"①。由于各县的具体情况不同，内部组织设置也略有差异。如审判地主劣绅的机构，有的叫审判委员会，有的叫裁判委员会，有的叫肃反委员会，但性质却是一样的。

当时湘南苏维埃政权组织系统，如下：

湘南工农兵苏维埃政府（1928年3月20日成立）

主席　陈佑魁（执行委员21人，缺分工资料）

主席团成员：陈佑魁　细格思　陈毅　杨靖　尚达甫

宜章县苏维埃政府（1928年2月6日成立）

主席　毛科文

副主席　吴泗来

财经委员会　吴汉杰

裁判委员会　余经邦

土地委员会　杨子达、唐柏安

武装委员会（负责人待查）

郴县苏维埃政府（1928年2月7日成立）

主　席　李才佳

副主席　王香和

---

①　1928年6月共青团湘南特委徐林：《关于湘南暴动经过的报告》，《土地革命战争时期各地武装起义湖南地区》，解放军出版社1997年版，第389页。

秘　书　陈代长

肃反委员会　杨景初

经济委员会　刘善淑

土地委员会　戴书隆

粮食委员会　曾子彬

永兴县苏维埃政府（1928 年 2 月 11 日成立）

主　席　刘　木

副主席　邓燮文

秘　书　何宝臣

土地委员会　刘让三

教育委员会　刘在南

肃反委员会　李腾芳

军事委员会（负责人待查）

耒阳县苏维埃政府（1928 年 2 月 19 日成立）

主　席　刘　泰

副主席　徐　鹤　李树一

秘　书　钟森荣

军事委员会　李天柱

财经委员会　李树一（兼）

肃反委员会　伍昭立

青年委员会　刘德祖

土地委员会　谢朝楚

资兴县苏维埃政府（1928 年 3 月 6 日成立）

主　席　刘英廷

副主席　黄义行

秘　书　何子奇

军事委员会　李奇中

财务委员会　黎先谋

粮食委员会　袁才奇

土地委员会　李化之　胡昭日

肃反委员会　朱　赤

青年委员会　袁公亮

妇女委员会　袁凤兰

桂东县苏维埃政府（1928 年 3 月 31 日成立）

主　席　陈　奇

组织部长　郭振声

工农部长　邓声掷

财政部长　谭　雅

安仁县苏维埃政府（1928 年 4 月 2 日成立）

主　席　唐时雍（即唐天际）

秘　书　凡　赛　唐德丝

组织部长、赤卫队总指挥　龙文从

宣传部长　龙安仓

军事部长　颜文达

财经部长　凡坤光

赤卫队长　刘加可

军事委员会和武装委员会的职能是一样的，负责军事，管武装，管打仗；肃反委员会、裁判委员会、审判委员会，都是负责处理反革命分子和土豪劣绅的；财经委员会实际包括财务、经济、粮食，负责筹集粮款，供给军政费用；土地委员会负责没收地主土地和分配土地。

各县苏维埃政府成立后，以政府的权威力量，领导军事斗争和土地革命运动，开展肃清反革命分子的斗争和其他政府职权范围内的工作。其中具有湘南起义特点的工作有以下几件：

第一，发布法律、法令、口号。大革命时期，"一切权力归农会"，农会在乡村独裁一切。这时，一切权力归苏维埃，由苏维埃发布法律、法令、口号。令行禁止，最有权威。其所发布的法律、法令、口号，主要攻击目标是土豪劣绅、不法地主，也涉及各种宗法的思想、制度，以及城里的贪官污吏和乡村的恶劣习惯。宜章县苏维埃政府提出了"打倒土豪分田地，铲除贪官污吏，废除苛捐杂税，提高妇女地位"等口号，还颁发七条法令：一、没收地主财产，分配给贫雇农；二、不准夺佃，实行耕者有其田；三、责令地主偿还剥削账；四、禁止赌博及吸鸦片烟；五、禁止重婚；六、破除封建迷信；七、废除苛捐杂税。郴县、耒阳、永兴、资兴都颁发过此类法令、口号。这里提出的"打倒土豪分田地"，说明不应"和平分田"；这里提出的"没收地主财产，分配给贫雇农"，比过去提的"实行耕者应有其田"又进了一步。

资兴县苏维埃政府还对内部规定了十条纪律，又叫"十杀令"。

第二，采用多种形式，加强政治宣传。大革命时期，政治宣传工作普及湘南广大城乡。朱德、陈毅进入湘南后，非常重视这条经验，亲自抓宣传队伍，布置检查宣传工作。那时候，到处办宣传员训练班，办党校，办农运讲习所，办夜校，一片热气腾腾。例如郴县县委在朱德、陈毅协助下办了一期 C. Y. 宣传员训练班。资兴蓼江区苏维埃政府做宣传工作的曹里怀、龙志坚，有一天各自拉了一匹从地主豪绅那里没收的马，骑着跑到县城，通过县苏维埃政府的介绍，终于在滁口见到了何长工，由此参加了红军。宜章的彭儒，湘南起义时只有十四五岁，能唱会跳。组织上给她的任务，除了交通，就是宣传。后来她上了井冈山，在庆祝两军会师的大会上，还登台跳了《葡萄仙子》舞。

当时，"夜学"（也叫夜校）是政治宣传的重要阵地。苏维埃政府根据农民的要求大办夜学，名之曰"农民学校"——即农民自办自读的学校。郴县农民学校有个《章程》，规定十条：第一，资格不限男女；第二，期限八周毕业；第三，书籍灯油免费；第四，报名预缴五百（铜圆，毕业时如数退回）；第五，年龄十三岁起；第六，课本均照成人；第七，学额酌量校舍（校舍多则多招，少则少招）；第八，校舍利用现成；第九，教育全属义务；第十，校长推选贤能。农民认为这才是自己的学校。这种学校，当然要学文化，但主要是学政治。办夜学实际也是做政治宣传。

政治宣传的形式多种多样，百花齐放。有标语口号、戏剧歌谣、漫画、对联等。写暴动、唱暴动、画暴动、演暴动，涌现出一批具有鲜明特点、闪耀着战斗火花的暴动文学。例如，对联是旧形式，工农利用它，作为宣传政治主张、开展对敌斗争的工具，起的作用很大。桂东成立县苏维埃政府，贴了一副对联："旧世界打个落花流水；新社会建设灿烂光明。"是对联，也是政治口号。它不但批判了"旧世界"，要把"旧世界"打个落花流水，还指出了"新社会""灿烂光明"的前景，很有战斗性、鼓动性。又如歌谣，它是劳动人民自己的创作，口耳相传，最便当、最快速、最能激动人心，是最为工农喜闻乐见的一种文学形式。湘南起义中，人们运用它作为武器去宣传发动群众，开展对敌斗争。短短三个月时间，群众创作出来的歌谣成千上万。流行最广的，有安仁的《农民真大胆》："耒牯子，真大胆，跑到安仁闹平产，冇得真大炮，松树挖呷（个）眼；冇得真步枪，打呷（个）团鱼钻。松树炮，团鱼钻，打得敌人冇挡（地）钻!"有宜章的《杀死邝镜明》："工农联合起来向前进，杀尽敌人! 我们团结，我们暴动，我们前进，杀死邝镜明! 不杀不甘心，不杀不甘心!"这样的一些歌谣，都是血与火的产物，是不屈的湘南人民的创作，有自己的气派和特色。

第三件：成立肃反委员会和特别法庭。肃反委员会的职能，主要是镇压反革命破坏活动，保卫革命胜利果实。凡属反革命破坏案件，统一由肃反委员会负责处理。对于一些非杀不足以平民愤的反革命罪犯和土豪劣绅，则由肃反委员会吸收有关方面的负责人参加，组织特别法庭，进行公开审判，以显示苏维埃政权的威力。早在大革命时期，湘南各县农民运动高涨的时候，为了镇压反革命分子和土豪劣绅的破坏，都成立并运用过这样的组织，对于保证"一切权力归农会"起过很大的作用。湘南起义期间，各地普遍成立的肃反委员会和特别法庭，实际上是大革命时期这一成功经验的继续和发展，从组织机构的严密到惩治反革命条例的制定等，都比过去更臻完善，政策性更强。例如 1928 年 3 月，郴州发生"返白事件"，叛乱平息后，肃反委员会通过深入调查，掌握第一手材料，根据不同情况，决定将杀人主犯钟天球处死，对于受蒙蔽而参与"返白事件"的一般群众，一律不予追究、不加歧视。处决钟天球时，先由特别法庭公开审判，宣布他的罪状。这样，大灭了反动派的威风，大长了人民的志气。许多工农群众不但从这里看到了自己的力量，提高了斗争的信心，而且从这里将反革命、土豪劣绅的罪恶看得更清，恨得更深，因而革命的勇气更大。此后，郴县进行的插标分田等项工作一直进行得比较顺利。

第四件：发行劳动券。1928 年 3 月上旬，耒阳县苏维埃政府指令经济处处长谭楚材负责设计、制造、发行一种工农兵政府的货币，以打破国民党的金融垄断。当时担任印制劳动券任务的是耒阳县工农兵苏维埃政府石印局。石印局设在东江松湾庙岭上梁忠昆、梁忠启、梁权的厅屋里。谭楚材带领石印局工人在这户农民家中设计印制"耒阳县工农兵苏维埃政府劳动券"，券额为 1 元。劳动券长 12 厘米，宽7.5 厘米，左右上角各印一个"壹"字，左右下角各印一个"圆"字，两端印上马克思、列宁头像，正中印有隶书体"壹圆"，正中下方印有苏维埃政府主席刘泰、副主席徐鹤、李树一的签名手迹。上方花边中印有"耒阳县工农兵苏维埃政府劳动券"，下方花边嵌印"中华苏维埃元年"。券背套印圆形篆体"耒阳县工农兵苏维埃政府之印"，印章直径 10 厘米，非常清晰醒目。

由于受当时纸张质量和印刷设备的限制，劳动券画面比较粗糙，色彩不够鲜亮，但花纹、字体、头像设计得体，印刷清晰，剪裁规范。

为了确保劳动券的发行流通安全运行，苏维埃政府特地颁布《关于使用和兑换劳动券的通令》，明确规定：劳动券是以银洋作保证、可以自由兑换的法定货币，凡持有劳动券一元者，可兑换银洋一元。在政府通令的倡导下，耒阳城乡各地集市贸易、买卖，劳动券都可以畅通无阻，这更扩大了红色政权的影响，也挫败了国民党反动派的金融垄断。

为了强化货币管理、稳定币值、取信于民，县苏维埃政府行文规定：政府经济处是货币制作、保管，分配、流通、兑换的法定金融机构。各区乡苏维埃政府在罚没土豪劣绅浮财时，必须按比例上解银圆，交经济处做硬通货储备。对破坏、抵制、干扰劳动券流通、兑换、发行的犯罪行为，一律严惩不贷。在整个流通过程中，没有发生任何挤兑事件和拒收事件。

苏维埃政府规定一元劳动券可兑换一块光洋，劳动券一时流通全耒阳，集市买卖，商品交易都可使用，当时苏维埃政府的工作人员发津贴用的就是劳动券。一元劳动券印出来后，在市场上找零使用的是铜圆，为了改变这一找零方式，1928 年 3 月底，经济处又印制了一批角票。流通的时间只有一个多月，总发行量约 2 万余元。

耒阳县苏维埃政府发行劳动券，是湘南起义苏维埃运动中的一件大事。在中国共产党历史上，耒阳发行的劳动券，是第一张自己印行的纸币。而这种劳动券的发行，不仅在财政上与反动政府相抗衡，打破了市场上国民党反动政府长期垄断的局面，"造成民食及金融之恐慌"（《湖南年鉴》）；而且，更为重要的是，政治上大大显示了新生的苏维埃政府的权威，大大显示了工农兵要打破旧世界、建设新世界的坚强意志和无穷伟力。

第五件，组织、任命军事武装组织名称、机构、负责人等。根据中央来信要求，"如果暴动占据了一个地方，即可由当地革命委员会或苏维埃政府任命为某某地工农革命军第几师"。湘南起义中，各县苏维埃政府据此先后命名了"宜章县工农革命军第三师""耒阳县工农革命军第四师""郴县工农革命军第七师""永兴县工农革命军赤色警卫团""资兴县工农革命军独立团"，并分别任命了负责人。

第六件，为前线筹备粮草军械，保障供给。各县苏维埃政府在起义过程中，为保障地方部队和主力部队的后勤供应，做出了艰辛的努力。1928 年 3 月 2 日，被耒阳三公庙谭孜生民团劫去的军需物质，就是由永兴苏维埃政府筹措、交由林彪的二连从永兴押送去耒阳朱德主力部队的。各县地方部队则均由各县苏维埃政府负责保障。

第七件，大规模开展插标分田运动。这成为湘南起义过程中苏维埃政府的一项最主要的工作。在下一章专门叙述。

五、苏维埃政权的历史影响力

湘南起义中苏维埃政府执政时间虽不长，但相较于其他各地同时期成立的苏维埃政权，却是比较长的。时间最长的宜章县苏维埃政府执政54天。郴县、永兴、耒阳、资兴都有个把月时间。然而，不能小看这个把月时间的农民政权，它带给湘南一种清新的社会空气，一种神圣的使命，一种光耀千秋的标杆！

例如宜章苏维埃政府主席毛科文，一个地道的农民，没有读多少书，但由于他办事公正，敢于担当，斗争勇敢，在宜章老百姓眼里，就像往年的县官，说一不二。因此，当时宜章的老百姓都叫他"苏大人"。其实，他可不是一般的农民。毛科文，乳名月恒，号隆智，湖南宜章县城关毛家村人。生于1898年。3岁时父母双亡，由大哥抚养长大。青少年时代的毛科文，经受了艰难生活的磨炼，十几岁便成为一把作田的好手，还跟大哥认了些字。他反对赌博，常常严词批评爱赌钱的二哥；他崇尚武力，曾经从师习武3年；他希图天下太平，并抱着幻想进过洋人办的"福音堂"。1925年2月，加入了中国共产党。7月，被选为第一届中共宜章县委委员。1926年8月14日，宜章县农民协会成立，被选为县农协副委员长。12月，与县农协委员长杨子达、省农运特派员周振岳作为宜章县农民代表参加湖南省第一次工农代表大会。由于他在大会上发言踊跃、言词生动、逻辑清晰，很有说服力和影响力，受到全体代表的推崇和拥戴，当选为省农民协会执行委员。1927年4月底，中国共产党在武汉召开第五次全国代表大会，根据共产国际的指示，党的领导机关要有一定数量的工人、农民代表。因此，毛科文被选为中央候补委员，是我党中央委员会里最早的一位农民代表。1928年11月6日，毛科文被选为井冈山前敌委员会委员，是包括毛泽东在内的5名委员之一。1929年，毛科文为掩护战友被打散，回到宜章不幸被捕，7月12日英勇就义。他的战友何长工说：毛科文是我党早期农民运动的卓越领导人，"他做群众工作的经验很丰富。……他是个在行的农民运动领袖"。

再如郴县苏维埃政府主席李才佳，他本是个读书人，1919年五四运动爆发时，他刚好中学毕业，本想去长沙投考高等学校，不幸母亲病故，家中无力再供他上学，只得在家乡应聘当了一名小学教师。虽然如此，他十分关心时事政治，在堂兄弟李翼云、李一鼎的影响下，加入了中国共产党。1926年大革命时期，他便成了县农民协会组织委员兼二区农民协会委员长。

1927年5月马日事变后的反共高潮中，李才佳幸运地躲过了国民党的屠刀。湘南起义时，李才佳被选为郴县苏维埃政府主席。他亲自到各区乡去组建区乡苏维埃政府，开展插标分田运动，不辞辛劳。当时郴州城里很多商人不懂共产党的政策，害怕革命，丢家弃口地逃命去了。当时有些思想"左"倾的人主张对这些商人抄家没收，李才佳不同意。他请示县委后命令赤卫队员将这些商户全部上锁贴上封条，严禁除商家本人以外的任何人进入，并派赤卫队员日夜巡逻，防止盗窃。对于有主的商店，颁布《安民告示》：不没收他们的财产，但不准乘机抬高物价。由于李才佳的及时正确指挥、精心安排，民心很快安定了，商行照常营业，城内秩序井然。可见李才佳的政策水平和敢于担当的勇气。

难怪民间会有人唱出这样的歌来："三字写来分长短，民国来了共产党。郴州出了李才佳，他带我们闹平产！"

在各县苏维埃政府主要领导人中，耒阳的刘泰，也很受人民大众的拥戴。

刘泰是个读书人，衡阳成章中学毕业，在校就是个活跃的革命者。1921年冬经毛泽东亲自介绍入党，是党的一大后湖南最早的一批共产党员，又是耒阳县第一个共产党的县委书记。1928年2月20日当选为耒阳县苏维埃政府主席后，他以极大的热情，投入到土地革命斗争中，没日没夜地与工农群众滚打在一起，受到普通老百姓的拥护。

关于刘泰的生平资料不多，但有共产党当年写的报告为证：

"湘南各县的苏维埃政府主席，大半农民很信仰，尤其耒阳的刘泰，农民信仰他比埃政府还好。（刘即埃政府，埃政府即刘泰）。"① 当然，当年的苏维埃政府不能说是十全十美的，在上级"左"倾错误的影响下，也有许多让人诟病的地方。但从历史的角度来说，苏维埃执政的实践证明，他们为大多数百姓谋福利的方向正确、一心为公的品质正确、敢于担当的责任心正确。这正是我们今天共产党人"执政为民"的理念所需要的优秀传统元素！

---

① 1928年6月共青团湘南特委徐林：《关于湘南暴动经过的报告》，《土地革命战争时期各地武装起义·湖南地区》，解放军出版社1997年版，第389页。

第七章

轰轰烈烈的土地革命运动

★

湘南起义的两个重要特色，就是武装斗争与苏维埃政权建设相结合，与插标分田的土地革命相结合。而湘南苏维埃政权实践工作的最大贡献，就是以土地革命的成果，唤起了湘南百万工农参加起义。

这就突出地表明，中共中央及时部署土地革命的重要性和必要性。

一、中共中央关于土地革命的指示

土地是农民的命根子。但中国几千年的私有制，造成土地集中掌握在少数地主手里，耕种土地的农民没有土地是普遍现象，90%的农民贫穷，一无所有，是中国社会不公的最主要症结，也是国家落后贫穷的主要根源。而国家贫弱，屡受侵略，饱受耻辱，是中国社会革命的动因。

中国共产党人提出"改造中国与世界"，根本目标就在于改变这种社会不公。但对于土地革命的意义，却是大革命以后才逐渐认识的。1927年毛泽东《湖南农民运动考察报告》中表述共产党领导的湖南农民运动，农民所干的14件大事里，还没有没收地主土地重新分配的要求，只是在于减租减息而已。直到马日事变后，1927年7月中共湖南省委在《关于湖南目前工作的计划》一文中才提出："宣传土地革命的意义，提出耕者有其田的口号，在组织上，宣传上，极力准备今年秋季实行全省的'二五'减租的争斗，以领导没收大地主、土豪劣绅、寺庙及一切反革命的土地，以此种租得补助失业农民。"①

1927年7月，共产国际执委会作出《关于中国革命目前形势的决议》，其中在阐述共产国际观点的《共产国际认为》一节中的第五条写道："展开土地革命，继续用'平民式'的方式，即用在无产阶级领导之下的工人、农民、城市贫民联盟之革命行动，为完成资产阶级民主革命而斗争；有系统的武装工人和农民。"② 这里只提出了"土地革命"的概念，却没有内容的说明。

1927年8月3日，中共中央发出《中央关于湘鄂粤赣四省农民秋收暴动大纲》，《大纲》中对土地革命的要求是："(5)自耕农土地不没收，自耕农及已取得大地主田地之佃农应对其革命政权（农会）交纳田税，税额由农民协会决定之。""(6)农民协会组织土地委员会决定土地之分配。"要求广东方面"革命军所占地方，原则与江西相同；军力暂未达到地方即起来暴动、响应，夺取乡村政权，建设农会威力，并实行土地革命政纲；如有可能立即夺取政权，用以引导革命政权夺取全省"。③ 文中提到"实行土地革命政纲"，但当时并没有形成"土地革命政纲"的条文化文本，只是一句口号而已，基层根本无法遵从。

1927年8月5日，中共中央发出《关于组织秋收暴动与实行土地革命给湖南省委的指示信》，强调"现在南昌政变，其主要目的就是要发动土地革命（中央另有通告）。与湘粤鄂赣四省的秋收暴动。在此时，四省即应给南昌政变以有力的响应。这一响应，一方面即是开始秋收暴动，把南昌政变与秋收暴动汇合起来，一致向前发展，则土地革命的胜利有大大的希望的"。④ 但"土地革命"仍是两句口号，其内容却没有一句涉及。

① 谢华：《湖南省革命史资料》第三卷，1964年内部印刷，第731—749页。
② 中国社科院编译：《共产国际有关中国革命的文献资料》第一辑（1919—1928），中国社会科学出版社1981年版，第334页。
③ 中央档案馆：《中共中央文件选集》第三册，中共中央党校出版社1989年版，第242页。
④ 1928年8月5日《中共中央关于秋收起义组织工作致湖南省委信》，《土地革命战争时期各地武装起义·湖南地区》，解放军出版社1997年版，第39页。中央档案馆：《八七会议》，中共党史资料出版社1986年版，第65页。

1927 年 8 月 7 日，中共中央在武汉召开紧急会议。会上，任弼时激烈地发言，批评党的领导没有土地革命的决心："党无土地革命的决心，并造出一个理论说土地革命是很长很远的过程，不知这是目前的行动纲领。党不但无土地革命决心，并且还有与国民党组织土地委员会来解决土地问题的幻想。党无土地革命的决心，未明白要土地革命才能引革命于新时期。"

会上一致通过了《最近农民问题的决议案》。在这个决议案中，提出了土地革命的两点要求："没收大地主及中地主的土地，分这些土地给佃农及无地的农民。""没收一切所谓公产的祠族庙宇等土地，分给无地的农民。"并对土地革命的内容首次做了理论上的概括："最近开始暴动的口号之中，本党不提出没收小田主土地的口号，是为着要使城乡间广大的小私有财产者之分子中立，但是，并不是说是农民运动不免要起而反对出租田地的小田主的时候，共产党可以认为这种事情是过火的是反革命的。共产党应当力求农民运动之中能有最大的组织性，但是共产党决不可以为小资产阶级咒骂'无政府行为'所吓退——不论自然爆发的农民运动走的如何远，都应当如此。因为本党之农民革命问题上的行动政纲，在这一整个的时期中本是'耕者有其田'这一极通俗的口号，足以引起农民革命运动，一直发展到土地国有及完全重新分配土地。"①

这一段话的目的就是要让"耕者有其田"，方针是"完全重新分配土地"。这就将中国农民的根本利益提上了中国革命的议事日程。这成为中国共产党土地革命的总纲。

1927 年 7 月 23 日，毛泽东拟写的《湘南运动大纲》，明确提出了"实行土地革命"。

1927 年 8 月 23 日，中共中央发出《关于秋收起义中建立政权及土地问题给湖南省委的复示》，拿出了一个土地革命的基本政策：

"土地问题，这时主要口号是'没收大地主土地'，对小地主则提出减租的口号，'没收小地主土地'的口号不提出，但我们不要害怕没收小地主土地，革命发展到没收小地主时，我们要积极去组织领导，其结果仍是没收一切土地，于自耕农的土地不免有打击，我们也不避免这种打击，但我们更不要提出'没收自耕农土地'的口号。我们目前是在耕者有其田的口号之下进行革命，一旦地主阶级消灭的

① 中央档案馆：《八七会议》，中共党史资料出版社 1986 年版，第 40 页。

过程中土地国有只是一种法令问题而已。对地主家属则以能耕者给田，不能耕者则没收为原则，土地没收后由革命政府宣布简单的田税税率法（累进的田税，至多不超过收入百分之三十），每乡区提出救济贫民的基金（包含地主的老弱家属）……"①

这个指示表明当时的中共中央是理智的，在土地政策中提出了人性化的措施。

1927 年 8 月 29 日，中共中央常委会在发出的《关于两湖暴动计划决议案》一文中提道："土地革命必须依靠真正的农民的群众力量，军队与土匪不过是农民革命的一种副力，坐待军队、土匪的行动，或许纯全依靠军队的行动而忽略农民之本身之组织力量与行动，这也是机会主义的一种形式的表现。这样的领导暴动，暴动无疑的要归于失败。这不是暴动，这是一种军事的冒险，或者军事投机。"②

这个指示阐明了土地革命依靠的对象是"真正的农民的群众力量"。这是非常正确的。

1928 年 3 月 10 日，中共中央发出《关于没收土地和建立苏维埃》第三十七号通告，首次对土地革命的内容、要求、政策、方针作出了较系统的规定：

关于没收土地

（一）没收一切地主祠庙等土地，一切土地归苏维埃公有，由苏维埃支配——凡是能耕种的都可以分到土地。

（二）一切土地于实行共有后，重新分给农民耕种，由县苏维埃政府的名义发给土地使用证（县苏维埃未成立时由当地最高苏维埃发给）。旧时田契佃约一概宣布废除，土地不能买卖，并打破耕者有其原来耕地之观念，即从地主没收土地交给原佃和自耕农土地不摇动的观念。

（三）土地的分配以土地的肥瘠和人口的多寡为标准。以年满 16 岁能自耕种的人为一劳动单位，每一劳动单位平均使用土地（酌量各地情形决定亩数）。其余的土地按照各劳动单位所属的 4 岁以上的人口之多寡平均分给予劳动单位使用。

（四）赤军之现役军官和兵士之有家属者其本身亦为一劳动单位，分给之土地得雇人耕种。

（五）雇农愿意自己耕种者必须分给土地。

---

① 中国人民解放军历史资料丛书编审委员会：《土地革命战争时期各地武装起义·综合册》，解放军出版社 2001 年版，第 155 页。
② 中央档案馆：《中共中央文件选集》第三册，中共中央党校出版社 1983 年版，第 363 页。

（六）颁布雇农保护条例，以保护继续受雇之农民，主要在增加工钱，改良待遇，减少工作时间等，比例于农民没收土地后所得之利益。

（七）增加手工业工人及苦力之工钱并改良待遇。

（八）土地之分配暂以一乡为单位，由乡苏维埃自己分配，区苏维埃指导帮助之。

（九）土地没收后，凡无倚靠之老弱残废孤儿寡妇而不能从事劳动者，得由乡苏维埃维持其生活。

（十）土地使用人须向县苏维埃缴纳农产品百分之十至十五国税（由县苏维埃以所收入之税额百分之二十缴国家苏维埃，百分之三十缴省苏维埃，百分之二十津贴乡苏维埃，百分之三十归县苏维埃支配——区苏维埃用费由县苏维埃津贴）。①

至此，土地革命运动有了可操作性的政策文本。这对于湘南大规模的插标分田运动是个很大的推动。

二、湘南工农兵代表会议对土地革命的部署

1928 年 2 月，随着起义的烈火燃遍湘南大地，各地的苏维埃运动蓬勃发展，宜章、郴县、永兴、资兴、耒阳、桂阳等县苏维埃政权逐步建立，并得到巩固，但整个湘南缺乏一个统一的苏维埃政权组织。同时，随着斗争的深入，土地革命的问题日益摆到重要位置，由于缺乏经验，部署不统一，土地分配在一些地方出现了混乱局面，甚至出现争夺好田地而引发斗殴的事情。

为了促进土地革命的健康发展，1928 年 3 月 16 日至 20 日，湘南工农兵代表会议，做出了土地问题决议。会议对土地革命问题做了重点研究，确定了没收地主阶级的土地，分配给无地少地的农民的原则，对土地革命的领导问题、工作步骤和方法做出了决议，即由苏维埃政府领导，土地委员会具体实施。对具体的土地分配，会议没有找到妥善的办法，也没有经验可供参考。湘南苏维埃政府决定在永兴县湘阴渡搞土地分配试点，成立土地分配试点工作组，由永兴县苏维埃政府秘书何宝臣任工作组组长，肃反委员李腾芳、党员戴彦凤任副组长，李腾芳兼肃反工作队队长，各县出席会议的代表都参加试点工作。

根据湘南工农兵苏维埃政府的命令，1928 年 3 月下旬，何宝臣、李腾芳、戴彦

---

① 中央档案馆编：《中共中央文件选集》第四册，中共中央党校出版社 1989 年版，第 152—153 页。

凤带领各县参加会议的代表及本县组成的工作队员赶到湘阴渡，当晚召开区乡苏维埃政府负责人会议，成立区乡土地革命委员会，传达湘南工农兵代表大会精神，确定在松柏、油塘两村搞土地革命试点。1928年3月20日，工作队进驻试点村，召开群众大会，进行宣传发动。耕者有其田，这是千百年来亿万农民的心愿，现在要变成现实，贫苦农民激动万分，兴奋不已，绝大部分人积极投入到这场土地革命中来。工作队发动群众，讨论如何"抽肥补瘦"、"好坏搭配"才能更合理。群众兴奋地说：分多分少，分好分坏，没有关系，今年分不好，明年再分，反正田地都是我们农民的。这个难题，在代表大会上没能解决，到实际工作中，却一下子解决了。李腾芳率领肃反工作队，对土豪劣绅、地主进行摸底调查，对公开干扰、破坏土地分配的，一律予以严惩，铲除了开展土地革命的拦路虎，确保了土地分配顺利进行。3月22日，工作队将所有豪绅、地主的田契、地契全部收集起来，当众烧毁。群众欢声雷动，他们真正看到了共产党和苏维埃政府的威力，看到了希望，连胆小怕事的农民也投入到土地革命的工作中来了。经过摸索，工作队宣布以乡为单位没收地主、豪绅的田地，没收所有庙宇、祠堂、积善堂、积谷会、清明会的田地，归乡苏维埃政府所有，然后以原耕地为基础，按人口平均分配，男女老幼一人一份。在具体分时，根据群众意见，由土地委员会统一丈量后，将田地编成号码，由群众抽签，决定哪块田地归谁管，再用木板或竹牌写上"此田×亩×分，属×××所管"，插在所分到的田地里。这样，就形成了"以乡为单位，以原耕地面积为基础，按总人口平均，抽肥补瘦，好坏搭配，插标分田"的土地革命分田形式，史称"插标分田"。戴彦凤立即将"插标分田"的具体做法向湘南工农兵苏维埃政府做了汇报。

湘南工农兵苏维埃政府根据"插标分田"的经验，制定了《土地分配办法》，明确提出在土地分配中的四条原则：一是以乡为单位进行土地分配，由乡苏维埃政府土地委员会负责组织实施；二是没收一切地主、豪绅及其把持的公堂、庙宇及慈善机构所拥有的土地，归乡苏维埃政府所有；三是乡村以原耕地为基础，抽肥补瘦、抽多补少、好坏搭配、自己动手、插标分田；四是不分男女老幼，按人口平均分配，一人一份，从而统一了湘南各县土地革命政策，并促进了各县土地革命运动的健康发展。

试点结束后总结出了四条经验，在湘南推广执行。

1. 分田分地的好坏搭配问题。群众说：田地既然归了农民，分好分丑，分多分少，今年没经验，没分好，明年有了经验再分好就是了，大家做到分地不争地。

2. 分田分地的执行单位问题。大家讨论后认为，以区为单位范围太大，难以计算，且情况千差万别，难以考虑周到；以自然村为单位太小，以乡为单位最为适宜。

3. 分土地的种类问题。以分水田和旱土为宜，水塘随田走；分山林工作量太大，暂不办理。

4. 分土地的方法问题。以自耕地为基础，抽多补少，抽肥补瘦，自己动手，插标分田。

"插标分田"试点工作取得成功以后，土地分配在湘南全面铺开。湘南苏维埃政府要求各县积极行动，各县根据本县实际情况，可拟定自己的《土地分配法》。插标分田的过程中如有疑难问题，及时向上级汇报，有好的经验也及时通报。

于是湘南大地分田分地真忙！

三、欢天喜地的插标分田运动

湘南起义以武装斗争开始，最初的注意力主要在军事上，以打击敌人为主。1928 年 6 月，团湘南特委徐林在《关于湘南暴动经过的报告》中写道："去年（1927 年）的 12 月间，朱德接受广东省委的命令跑到湘南的宜章，在宜章得着解决许克祥的胜利，枪弹勇气骤增几倍。湘南已经整个的摇动了。在'西征军'将到湘南的时候，唐系军阀开始溃退，绝少抵抗我们的可能，因此朱德的队伍自打开郴州后，就势如破竹的占领永兴、耒阳——衡郴线了。"[1] "湘南农民整个的参加斗争，要算分配土地以后才有"。[2]

湘南起义中插标分田的活动，是在苏维埃政府领导下进行的，因此各地都是在苏维埃政权建立起来以后才开展起来的。

当时的湘南，跟全国各地一样，农民人多地少，占总人口 80% 的农民，只拥有占总耕地面积不到 20% 的土地。农民无法维持生计，只好向地主租田耕种，地主借此盘剥地租。据调查，地主剥削农民，田租多是四六开，即农民耕种地主的土地，农民只得产量的 40%，地主收 60%。有的地方是三七开，个别地方甚至二八开。此外，还有其他剥削。耕牛出租给农民饲养，犁了田，每 3 石谷田要交 1 斗"租牛"谷。水圳本是公有，也每 3 石谷田要交水圳租谷 1 斗。地主来收租时，还要好酒好

---

① 1928 年 6 月共青团湘南特委徐林：《关于湘南暴动经过的报告》，《土地革命战争时期各地武装起义·湖南地区》，解放军出版社 1997 年版，第 387 页。

② 《关于湘南暴动经过的报告》，第 389 页。

菜招待，临走时还要送些鸡鸭和土产品。农民粮食不够吃，向地主借贷，要加付利率 2 至 5 成。即每借 1 石谷第二年秋后要还 1 石 2 斗，甚至 1 石 5 斗。当时，农民尝尽了没有土地的苦头，因此对土地有着强烈的要求。

长期失去土地的贫苦农民，对土地梦寐以求，对分到的田地更是爱如珍宝。耒阳县大义乡贫苦农民周宜汉祖孙三代，分得水田 40（担），他的母亲逢人就说："各回真的翻身啦！"憨厚的老人对子孙们说："分了田，有了靠，今后政府有什么事，你们只管去做，家里的事都交给我。"欣喜之情溢于言表。曾经胆小怕事，私下向豪绅妥协的部分农民分到了田地之后，腰杆硬起来了。他们发现土豪劣绅就立即向政府报告，协助农军抓捕，再也不怕地主报复。许多农民连家庭发生小矛盾也跑到苏维埃政府请求解决，党员干部成了农民特别亲近的知心人。

宜章县栗源堡城农会代表从县农代会上带回分田的消息，晚上赤卫队开会。由于早已调查好人口土地，他们连夜就写好了牌子，准备第二天插牌分田。农民陈茂林一听到"打土豪分田地"的宣传后，立即自己用牌子插在书院门前他佃地主的田里，逢人便激动地说："我就要这两丘。"表达了对土地的渴望和分田的喜悦。有的农会开会动员后，农民就立即把一些田塍挖了，将小丘改为大丘，以便于丈量分田。许多农民在分得的土地上转来转去，满脸笑容，欢天喜地连呼"拥护共产党、拥护工农革命军"。"在未分土地以前，农民藏匿土豪劣绅，到分配土地以后，农民就不藏了，并且见到土豪劣绅，立即就抓"；"农村中互相打仗的现象已经没有了，都一心去抵抗敌人，唯恐敌人之到来，而使他们不能稳定新分得的土地"。[①] 插标分田，极大地调动起了人民群众的积极性，但因当时上级还没有出台土地革命的统一政策规范，在没收土地和分配土地上都有点各自为政，自行其是，局面有些乱。

3 月 16 日，湘南工农兵代表大会在永兴召开，会议决定在永兴县湘阴渡进行插标分田的试点工作，取得经验后再在全区推广。在此基础上，各县均制定了《土地分配法》，其主要内容是：（一）没收地主阶级的土地，分给无地少地农民，土地归农民所有；（二）全县以乡为单位，按人口平均分配，以原耕为基础，抽多补少，抽肥补瘦；（三）此项工作由县、区、乡苏维埃政府具体领导，土地委员会为合法的执行机构。

---

① 1928 年 6 月共青团湘南特委徐林：《关于湘南暴动经过的报告》，《土地革命战争时期各地武装起义·湖南地区》，解放军出版社 1997 年版，第 388 页。

土地分配大体分为以下几个步骤进行：

一是宣传发动。召开群众大会即分田大会，宣读县苏维埃政府关于土地革命的布告，讲解《土地分配法》，使群众明白没收了谁的土地，分配给谁，以及具体分配办法。

二是以乡为单位，将地主的田契集中起来，当众烧毁。田契是农民身上的枷锁，它浸透了农民的血汗，所以农民很关心这件事。有的人唯恐地主假造田契，把田契看了又看，然后投入火中。田契一烧，农民确确实实感到自己翻身了、解放了，精神面貌大不一样。

三是由乡土地委员会干部和群众代表一道丈量土地，计算出每人应分田土数。根据"以原耕为基础，抽多补少，抽肥补瘦"的原则，按丘、块分到户。

四是插标分田。先用竹牌将各户分得的田地写上"此田×亩×分，分给农户某某名下"，然后由土地委员会干部和群众一道将竹牌插入田中，并造具清册，送交县土地委员会备案。

五是出榜公布。各乡分田后，再由土地委员会复查核对，出榜公布，并造册登记，以确定农民的土地所有权。

在开始插标分田时，农民不敢要，因为担心地主报复。为了让农民放心，工农革命军第一师党代表、郴县县委书记陈毅亲自下到村里去做工作，说服动员农民接受分得的田土。湘南民间至今流传着"陈毅分田"的故事。

湘南起义插标分田的盛况，是湘南百万农民参加暴动的动力，是农民渴盼翻身解放的本质要求。据党史部门统计：当时资兴全县耕地总面积21万多亩，插标分田达10万多亩，占50%；郴县耕地总面积32万多亩，插标分田面积达18万多亩，占60%；耒阳全县355个乡，约有250个乡进行了插标分田，占总乡数的73%。但相当一部分时间和精力花在宣读有关政策、清理在册人数、计算田土面积、制订分配方案、处理民众纠纷上，田土到户的仅有50个乡。永兴全县各区乡有60%以上的村都完成了插标分田的任务，共插标分田140115亩。宜章县由于敌人南北夹击，境内敌人顽强反扑，全县始终处在一种战争状态，形势日趋恶化，因而全县大部分地方只处于调查人口、土地，准备分田的阶段。全县清查人口土地插标分田仅5万多亩。安仁、桂阳、桂东、汝城因暴动起步较晚，又地处偏僻，插标分田只处在筹备工作阶段，田土未能到户。但分田分土的行动，极大地调动了湘南农民参加暴动的热情。虽然后来在国民党湘南大举"剿共"的过程中，土地又被地主土豪夺回，但它在湘南人民心中刻下了对共产党难以磨灭的印记。

值得载入史册的是，有一个边远乡村，共产党1928年分配的土地，农民确确实实享受到了收获：1982年8月25日至27日，资兴市召开革命老人回忆湘南暴动历史情况的座谈会，会上有老人回忆，资兴龙（浓）溪洞地区的插标分田，农民还真获得了收成。会议纪要写道："在湘南暴动期间，资兴曾进行了分配土地的运动，全县大多数地方的农民都在分得的土地上插上了写着自己姓名的牌子。但不久湘粤军阀'会剿'湘南，暴动失败。农民还来不及在分得的土地上进行耕种就又被夺去了土地。在这次会上却证实，龙溪特区是个例外，当地农民在红军游击队的支持下，不但分到了土地，而且在分得的土地上进行了耕作，并确确实实得到了收获。这恐怕是湘南地区土地革命时期农民分了土地，耕种了土地，并得到了收获的唯一的地区。"

《中国共产党资兴历史》第一卷也记载：1928年4月上旬，由于国民党组织大规模的湘粤"会剿"，朱德、陈毅率湘南农军向井冈山转移，资兴的分田分地运动即告停止。农民分得的土地，还来不及耕种，又被地主豪绅夺走了。但资兴雷连十二洞例外。这里5月份以后成了井冈山的外围游击区，资兴独立团及唐天际领导的湘南红军游击队等武装在此活动了一年多。在革命军队的保护下，农民不但分得了土地，还在自己的土地上获得了第一次丰收，并以自己收获粮食的20%，向当地苏维埃政府交纳了公粮。

经考察，资兴龙溪，即雷连十二洞，原来叫浓溪。一个地方，三种地名说法。在毛泽东著《井冈山的斗争》一文中，又称龙溪十二洞。该地东与桂东接壤，南与汝城交界，与井冈山地区毗邻。这里方圆数百里，高山深谷，纵横交错，原始森林遮天蔽日，群众生活苦不堪言，革命积极性很高，是一个开展游击斗争的好地方。毛泽东率队离开桂东以后，桂东县委书记陈奇在这里组织了一支近百人的游击队，开展打土豪、分田地的革命斗争。1928年5月，湘南工农革命军上了井冈山以后，因山小人多，给养不足。不久第四军军委决定，部分湘南农军返回湘南。返回湘南的农军大部被国民党消灭，剩下安仁、资兴、桂东的部分农军组成游击大队，全都活动在浓溪一带。1928年8月，湖南省委特派员杜修经命令红四军出击湘南，朱德、陈毅率主力攻打郴州，造成"8月失败"。红军退到浓溪，新组建了以杜修经为书记的湘南特委，也留在这里。国民党鞭长莫及，"围剿"几次都以失败而告终。因此，这里一直是苏维埃政府说了算。苏维埃政府主持的分田运动落实到了户，农民耕种后到秋天收割，享受到了胜利果实。直到 1929 年 7、8 月间，红军游击队离开浓溪，浓溪十二洞落入国民党手中，农民分得的土地，才被土豪劣绅夺走。但浓溪人民记住了，只有共产党、苏维埃政府才是人民的救星。因此，新中国成立后，这里的人民将"浓溪"改为"龙溪"。

对于湘南起义中的土地革命运动，还要吸取的教训是：由于受中央"左"倾盲动错误的影响和经验的缺乏，也曾出现过"左"的观点和情绪。

1927 年 11 月，中共中央临时政治局召开扩大会议，在土地问题上提出《中国共产党土地问题党纲草案》，这个草案有许多"左"的错误，最明显的是"一切私有土地完全归组成苏维埃国家的劳动平民所公有"①。实际上是主张没收一切土地的。此次会议还主张"极端严厉决无顾惜的杀尽豪绅反革命派"②。

十一月会议的"左"倾政策直接影响了湘南土地革命的正确开展，使得湘南土改中出现了一定程度的"左"倾错误：如在没收一切土地时侵犯了自耕农的利益；提出烧毁土豪劣绅地主的村庄；提出要反对小资产阶级（店东、小厂主、小商人）；对地主阶级不加区分，或将地主扫地出门，不给生活出路，有的地方甚至发生乱打乱杀现象。

但是，瑕不掩瑜，湘南土地革命中出现的"左"的错误只是局部的次要的，是前进中的问题。问题出现后，引起了湘南各县苏维埃政府的警惕和重视，并采取措施加强领导及时制止了此类问题的再次发生。

---

① 《土地革命纪事》[M].北京：求实出版社，1982 年 7 月。
② 《土地革命纪事》[M].北京：求实出版社，1982 年 7 月。

第八章

湘南特委的"左"倾错误
和国民党反动派的军事"围剿"

★

1928 年初中国共产党领导的湘南起义，由于湘南特委领导的地下党组织在白色恐怖中坚定信仰，坚持斗争，发动群众，壮大组织，在朱德主力部队的支持下，起义迅速发展成为湘南全境的暴动，暴动烈火燃遍了湘南。这成为中共领导下的一次最成功的武装起义。

但是，湘南特委在起义过程中，执行了错误的烧杀政策，致使起义群众内部发生分化，部分农民"反水"，给起义带来很大的损失，教训深刻。

一、湘南特委的"左"倾错误

1927 年 8 月 7 日，中国共产党中央委员会在湖北省武汉市汉口原俄租界三教街 41 号（今鄱阳街 139 号）召开了八七紧急会议，撤销了陈独秀的总书记职务，指定了瞿秋白为临时中央政治局常委。

瞿秋白，1899 年 1 月 29 日生于江苏省常州府。1921 年 5 月在苏联由张太雷介绍加入共产党，当时属俄共组织。1922 年春，正式加入中国共产党。1927 年 7 月

12 日，共产国际指令改组中共中央的领导，陈独秀被停职。7 月 13 日，瞿秋白和鲍罗廷秘密前往庐山，一是商讨中共中央的领导改组问题，二是计划武装暴动。7 月下旬瞿秋白回到武汉，参加了 7 月 25 日召开的中央常委扩大会议，讨论同意了南昌举事的提案。8 月 1 日，南昌起义终于实现。8 月 7 日召开的八七会议指定瞿秋白担任临时中央政治局常委，并主持中央工作。瞿秋白成为继陈独秀之后，中国共产党第二任最高领导人。

1927 年至 1928 年的中共中央对于湘南起义这一重大革命历史事件，倾注了大量心血，给予了深切的关注和正确的指导。湘南起义的伟大胜利离不开中共中央的正确指导。

现有资料中，未发现有中央直接给湘南特委的信函文件，只有两封给朱德的信。但这些给湖南省委和广东省委的信函中多有涉及湘南起义的内容，大都是十分正确的，并没有发现焚烧湘粤大道两边民房的指示。

湘南特委的"左"倾错误，一是来源于中共中央文件中"杀尽土豪劣绅及一切反动派"的口号。特委书记陈佑魁，是个坚定的革命者，是一个具有坚定信仰的共产党人，这一点从他最终不屈服于敌人淫威，从容就义的刑场表现得到印证。他认为上级党的指示应当不折不扣地执行，但缺乏自己理性的思考。因此，在他的领导下，湘南杀地主劣绅的面过大，这是执行中央政策原则有余，策略不足，没有注意团结乡村士绅左派的战略眼光。各县县委也有陈佑魁思想的追随者。二是国民党在四一二反革命政变后对共产党人血腥屠杀，在当时这一群血气方刚的青年领导者的头脑里印象太深，复仇心理燃起的烈火让人失去理智。谁在这时阻挡他们复仇，谁就是他们的敌人。

1928 年 2 月 17 日晚，中共耒阳县委召开县委扩大会议，传达湘南特委有关指示。大会增选徐鹤、徐勋为县委委员，并就筹建耒阳县苏维埃政府之事进行了认真讨论。最后，研究落实湘南特委关于对土豪劣绅家属实施镇压的指示时，曾担任过县委宣传委员的李慕白坚持自己的反对意见，指出不分是非的烧杀政策是流寇主义。结果与邓宗海、谭衷发生了争执，李慕白感到人身安全受到威胁，吹灭油灯，越窗逃走，但为时已晚，被大家推下楼乱枪击毙在院中。邓宗海宣布李是"叛徒"。一个党员在党的会议上公开表白自己的观点，对上级的错误指示提出异议，这是组织允许的党员权利，如此草率地将县委宣传委员处死的做法实属罕见，是地方党组织在政治上尚不成熟的表现。

无独有偶，在永兴县也发生一起错杀自己同志的惨案。1928年2月下旬，中共永兴县委召开扩大会议，李一鼎主持会议。中共湘南特委委员周鲁在会上作了"大暴动、大流血、血洗旧世界"的讲话，提出"不革命者，即反革命"的"左"的口号。受这种观点影响，大革命失败后暂避资兴，后回永兴的早期优秀共产党员陈甲衡被错误杀害。陈甲衡是1926年9月中共永兴支部的宣传委员，1924年加入中国共产党。马日事变后，因避敌追杀，陈甲衡隐蔽到资兴县的岳母家，与党组织失去联系。1928年年关暴动后，中共永兴临时县委派人给陈甲衡送信，让其回永兴工作，信被其母亲扣下，陈甲衡并不知情。2月下旬，陈甲衡收到了许玉山寄去的信件，立即赶回永兴县城，不料，走到太和墟，就被县委派去的人捉住。在"不革命即反革命"的支配下，竟不由陈甲衡解释，只因迟回几天，就被当作反革命杀害。这是多么让人痛心的教训！

二、郴县"返白事件"大惨案

郴县"返白事件"，是湘南起义中因特委"左"倾错误造成的一个大惨案。

1928年3月初，宁汉军阀混战已告结束，湘粤敌军得以腾出手来对付共产党。国民党一开始就出动9个半师的兵力，成南北夹攻之势扑向湘南起义区。湘南起义区面临着敌军大举进攻的严峻局面。

面对敌军即将发起的大举进攻，深受"左"倾盲动错误影响的中共湘南特委，制订了一个"克敌制胜"的"焦土战略"，就是在宜章至耒阳的衡郴大道两侧，5里以内的所有房屋一律焚毁，组织民众实行坚壁清野，所有能吃的东西都带走或藏匿起来，水井全部填掉，以使敌人进入后无法立足，吃驻不成，不攻自溃。特委在文件中指出："现时的革命是不断高涨的革命，宜用严厉无情的手段猛烈地摧击反革命，在乡村杀尽一切土豪劣绅的人，烧尽一切土豪劣绅的屋。对小资产者也是这样，使他们变成无产，然后迫使他们革命。"特委还提出，"焦土政策"的理论依据是："文化落后的农民，要他们起来革命，只有一个赤色恐怖去刺激他，使他与豪绅资产阶级无妥协余地……烧杀不会吓退群众——我们的群众只有无产阶级，其余豪绅的走狗都在可杀之列，我们并不顾恤的。"①

湘南特委的这一决策，得到了中共湖南省委的支持。省委特地派出共青团省委

---

① 1928年6月共青团湘南特委徐林：《关于湘南暴动经过的报告》，《土地革命战争时期各地武装起义·湖南地区》，解放军出版社1997年版，第388页。

书记尹澍涛（习克思）为特派员，专赴郴县督促这一政策的执行。尹澍涛要该县县委书记夏明震召开干部会议。郴州为湘南的中心城市，特委决定先烧郴州，所以尹澍涛的第一站就是郴县。会议在城东的淑仪女校举行，县委委员及部分区的苏维埃政府主席到会。尹澍涛传达了省委坚决实行"焦土战略"的指示，演说般地激昂讲道："我们要不遗余力地执行特委的指示，来一番大烧大杀，烧尽一切大道两边的屋，杀尽一切反动派的人！"

尹澍涛的话，有如惊雷在与会人员头顶炸响，使许多人惊异得回不过神来。良久，参会人员开始了议论，不少人据理反驳，指出特委的决定不符合革命利益，反对烧房子。但也有人支持特委的部署，认为先牺牲一点群众利益，等打败敌人以后再补偿农民，以求得阻敌的胜利，大局利益更重要。两种观点争执不下，会议开了三天三晚，最后会议在尹澍涛的主持下，做出了先烧郴州城，民众一律在7天内迁走的决定。散了会，尹澍涛又要郴县团县委书记邝朱权组织人书写告示，第二天早上张贴出去。

盖着郴县工农兵苏维埃政府大印的告示贴出后，看了的人无不惊讶，听了的人无不愕然。人们回过神来后愤怒地议论开了。早饭之后，少说有1000多民众聚在城区苏维埃政府的门口吵闹。有的人高声喊道："鸟儿有个窝，人要有幢屋，就这么一把火烧了，以后住什么地方！""没见过有这样的革命！到头来还不是害苦自己？这搬石头砸脚趾的事千万莫做！"这时候，门外的人越聚越多，呼喊声和叫骂声一浪盖过一浪。区苏维埃政府主席贺益生眼见群情激愤，众怒难犯，答应去找县委转达大家的意见，争取改变决议，不烧房子。不久，贺益生来到县委找夏明震，讲了群众反对的情况，请求收回布告。夏苦笑着说："县委也无权改变决议。"事实上在烧房问题上夏明震也是反对的。但特委、省委特派员一意孤行，他也没有办法。

城区民众反对烧屋的情绪越来越激烈，各种情况汇报到县苏维埃政府、尹澍涛那里。尹申斥说："你们就不会召开群众大会，把道理宣传清楚？"于是县苏维埃决定3月12日在城隍庙召开群众大会。

郴州城中有两户"富比千乘，名盖一州"的大土豪，哥哥叫崔廷彦，老弟叫崔廷弼。他兄弟俩不单在郴州有千亩良田、当铺钱庄，就是在长沙也有商号货栈。革命的红色狂飙卷到郴州后，崔廷彦自知不可逆潮流而动，便献出一部分田产，以开明绅士的身份混进郴县苏维埃政府任职。但在暗地里，崔氏兄弟与一帮豪绅勾连在一起，无时不在窥测方向，伺机而动。他俩得知了民众对烧屋搬迁大为不满群起反对的情形，连夜串起一帮富商劣绅，在苏仙铺古寺进行密谋策划，利用农民的反抗情绪，鼓动农民反水，组织反革命暴乱。

1928年3月12日上午，群众大会按时在城隍庙召开。这天吃过早饭，特委秘书曾志与城区苏维埃政府主席贺益生一道来到会场。宽阔的场子上已聚集了几百人，而且不断地有人来。曾志发现人群中夹有一些不三不四的人和豪绅富商。不久，崔氏兄弟带了许多人进来，向人们煽动着。曾志的心里划过一丝疑虑，打算去把县苏维埃政府警卫队调来，同时告诉夏明震他们做好思想上的准备。她刚走到门口，已有4个大汉把守住大门，只准人进不准人出，曾志便说要上厕所，大汉们见是青年女子，就放她出去了。

就在曾志出门后，夏明震和县府秘书长陈代常、县妇委会主任何善玉、县总工会委员长黄光书等10余人，进了城隍庙。崔廷彦和一帮汉子挤上来。夏盯着他问："你怎么来了？"崔冷笑着回话："这么大的事，我能不来？"旋即变了腔调问："你快说，烧不烧房子？"夏明震轻蔑地哼了一声，说"这不关你的事"。说完要往主席台上走去。崔廷弼伸手挡住，扬臂向人们喊道："乡亲们，共产党说横直20里的房屋都要烧光，大伙同意吗？"立时响起一片怒吼："不同意，共产党太无人道！"夏明震见场上混乱起来，便与陈代常等人高声喊话，刚喊了几句，周围响起一片喊打的声音。忽有一群暴徒扯下臂上的红带子，挂上白带，呼喊着："返白罗！返白罗！"紧接着，瑞丰丝线铺的伙夫、牛高马大的暴徒钟天球一个箭步蹿到夏明震跟前，挥刀将夏砍死。其余的一群暴徒也大打出手，向苏维埃干部们砍杀。中共郴县县委书记夏明震、县苏维埃政府秘书陈代常、县女界联合会委员长何善玉、宣传员周碧翠、总工会委员长黄光书、财务焦玉才、少先队队长廖忠、朱德部工农革命军教导队两名军官等9名到场开会的郴县苏维埃党政领导人尽皆遇害！

场上的许多农民和党员看见豪绅暴徒动手杀人，被激怒了，纷纷与这些暴徒搏斗。他们虽然人多，但都是赤手空拳，怎能敌得过携有各种凶器的暴徒，城隍庙内外刀光剑影，血肉横飞，惨叫声不绝于耳，地上血流汩汩。崔氏兄弟指挥暴徒们杀了200余人后，又纠集大群的人向县总工会、县少年先锋队、C. Y. 训练班等机关团体杀去。

是日下午，崔廷彦、崔廷弼又派出几十个劣绅各带暴徒，在城内大街小巷鸣锣喊话，散布"共产党要烧方圆30里房屋""工人要杀农民"等谣言，煽动数千农民围攻设在东塔岭的郴县党政机关。

暴乱队伍到达东塔岭脚下，正遇上曾志带领的县苏维埃政府警卫队开过来，战士们摆开阵势欲打。曾志见暴徒与受蒙蔽的群众混杂在一起，下令不能开枪，布置退回山顶从另一面撤下去。她向一个战士要了衣衫和头巾，女扮男装混在人群中下了山出城，在城外会合了朱德部教导队。队长刘之至欲带留守的30余名官兵去打东塔岭，曾志不同意，30个人上去只能是去送死，说眼下要紧的是前去永兴搬救兵。

"返白"暴乱的翌日——3月13日上午，崔氏兄弟在城内的寿福殿召开反共大会，胁迫城内外的农民来了上万人；崔廷弼为大会主席，旧商会常务委员廖镜廷为副主席。崔氏兄弟在会上叫喊要"反共到底"。他们宣布"凡杀一个共党成员者赏洋80块"。会上还成立了"湘南反共总队"，以廖镜廷为总队长，各县设立大队，由县商会向民众筹款，用于购买枪支弹药。

反动的豪绅地主向革命的疯狂反扑，暴露了他们的狰狞面目，使贫苦的工农群众迅速觉悟过来。暴乱发生的当天下午，郴县的一些党员和群众冒险出城，分头赶往永兴、宜章及郴县良田、永丰乡报讯求援。

最先得到暴乱消息的是郴县良田区委书记李克如。当天下午3点多钟，他就带领紧急动员来的1000多赤卫队员与农会会员，连夜赶到郴州城外，13日一早便向暴徒武装据守的东塔岭进攻。当天上午9时，郴县第三区区委又开来1000余人增援。到14日下午，由曾志、刘之至带领赶来的工农革命军两个连，在陈毅率领下赶到。接着，郴县第七师2000余人，由邓允庭指挥从桂阳紧急赶回。宜章县也来了一个营。各路援军从三面围攻城中之敌，至是日傍晚结束了战斗。这场反革命暴乱的策划者之一崔廷弼被当场击毙，崔廷彦与廖镜廷带着几十人从下水道潜出城外，狼狈逃去。

这场反革命暴乱虽然只有3天便告平息，但造成的后果极为严重。整个郴县的城乡，除吉阳、秀良等3个区外，其余地方都发生了程度不同的由豪绅地主操纵的暴乱，达到70%以上的乡，造成巨大损失。根据粗略的统计，各地被杀害的党员干部及双方无辜群众多达1000余人，伤者也有数百。城内的东街、西街和大部分店铺、民房被烧毁；店内的货物被暴乱分子抢劫一空。一时间城内的主要生活物品供应奇缺。

暴乱后的阶级斗争情形非常复杂。一方面，敌我矛盾与内部矛盾交织在一起，难以较好地区分对象；另一方面，对敌人暴行而产生的过激情绪在许多干部、群众中滋长。面临这一严峻局势，尹澍涛感到束手无策。闻讯从耒阳紧急赶回的朱德，与陈佑魁、尹澍涛、陈毅等人经过计议，决定派陈毅兼任中共郴县县委书记，着重领导暴乱后的整顿工作。

陈毅到任之初，首先要决断的是如何处理那些参与了暴乱的人员。此为善后工作的关键。此举得当，其余问题也就迎刃而解。许多处于极度悲愤中的干部和群众，围着新任的县委书记怒不可遏地喊道："血债要用血来还！""决不能轻易放过那些反革命暴徒！"还有一些死难家属在血迹犹存的街头结队跪拦陈毅，悲哀地号哭着："陈书记，替我们报仇！"

3月18日上午，在县委、县苏维埃政府联合召开的干部会议上，陈毅讲话了。他的表态是坚决而诚挚的，他声音洪亮地说："眼下这种局势再也盲动不得！除了杀害夏明震等10余人的直接凶手以及罪恶特别大的豪绅地主，不杀不足以平民愤外，其余的人一个不杀。对于受到蒙蔽和胁迫参与暴乱的民众，一律既往不咎，不受惩处，不写悔过书；是农会会员的仍然留在农协，是积极分子的还当积极分子使用。"他诚恳地劝说干部们保持冷静和理智，分清矛盾的主次因素，尽快地恢复斗争的局面。在新任县委书记语重心长的开导下，与会干部们从思想上意识到：参加城隍庙暴乱和攻打东塔岭的几千人当中，绝大多数是因为对"焦土战略"不满、被崔氏兄弟利用上当跟着摇旗呐喊的，不少人看到敌人的暴行后很快地觉醒了，自动离去或反戈相击。对于这些人主要是教育问题，教育好这些人，对于推动郴县的各项工作有直接作用。最后，会议决定贯彻陈毅的正确主张，召开各级群众大会宣传这一决议。

在群众大会上，陈毅代表县委做公开检讨，承认烧毁大路两侧房子的决定是错误的，指出所谓的"焦土战略"也是极其荒谬可笑的。大会结束的当日下午，县苏维埃政府贴出大张的布告，明示不准烧房子，不准乱搬家，发现造谣惑众或起哄生事者，予以严惩。各级苏维埃政府要妥善安抚死难烈士，对烈士家属发给抚恤金。

陈毅在县城忙了几天，先后去了华塘、良田、栖凤渡等地方，向群众做面对面的宣传解释工作，安定人心。他得知华塘乡赤卫队队长周宏杰的父亲在城隍庙的暴乱中被敌人杀害，亲自登门慰问，鼓励周宏杰夫妇不要过度悲伤，要挺起腰杆子继续战斗。

与此同时，陈毅重新组织了县委领导班子，对县政府领导成员也做了调整和充实，将一批经过斗争考验的优秀骨干，提拔到领导位置。在一系列问题得到处理的基础上，全县各区设立了革命法庭，成立了肃反机构，各地结合指示分别展开巩固各级群众组织的地方工作。

经过半个多月的艰苦努力，全县的革命秩序得以恢复正常。

三、朱德、毛泽东对湘南特委"左"倾错误的抵制

湘南起义中，朱德与湘南特委的关系有点微妙。

1928 年 1 月，朱德脱离范石生部，中央来信要求他："立即与广东省委接洽，直接受广东省委和北江特委（大约在韶关）的指导，完成你们对北江农暴应尽的责任，其余一切可参照前信斟酌实行。"① 意思是让朱德留在韶关，参加北江特委领导的"北江农暴"。

可是按当时的情形，朱德部留在北江万分危险，随时有被敌人消灭的可能。他本来想经仁化去东江，到彭湃的家乡去，但敌人大部队调动，正好拦住去路。想去广西也不太合适。朱德最终不得已接受龚楚的意见，部队开向了宜章方向。朱德到湘南举行起义，没有中央的命令，没有湘粤两省的指示，更没有相关领导权的任命。朱德是在宜章地方党组织的配合下智取宜章，一举成功，被誉为"起义总指挥"。于是他按照中央来信告知的广东省委命名通知，成立了中国工农革命军第一师。

朱德作为主力军师长，在职岗对应上是地区级干部，与湘南特委书记是同级的。但在应用上，军队比地方低一级，特委书记是领导一个地区的党政军统一主要领导，而师长只是这个地区的军事方面领导。因此是特委领导师委，而不是师委领导特委。因此，在 1928 年 3 月 20 日湘南工农兵代表大会上，陈佑魁是大会主席团成员，被选为湘南苏维埃政府主席。而朱德只是湘南苏维埃政府 21 个执行委员之一。

在湘南起义中，朱德主力部队起了巨大的"助力作用"，每县都应邀派出了军事骨干去领导、指导战役战斗，有的也派出成建制的部队去支持地方农军作战。据统计，湘南起义中的 61 次战斗多数是地方农军为主打的，其中最苦、最惨、牺牲最多的战斗也是地方农军打的。湘南农军在起义中成为战斗主体，这是毫无疑问的。

湘南起义中朱德的主要贡献就在于：

一、点火者的作用。湘南大地当时到处是干柴燃油，就缺乏一粒火星。朱德部就是那粒火星，一落到湘南，湘南就燃起了燎原大火。没有朱德的主力军到来，湘南起义成功的希望就十分渺茫。

---

① 1927 年 12 月 27 日《中共中央关于朱德所部脱离范石生部问题给朱德的指示》，《回忆湘南暴动》，江西人民出版社 1981 年版，第 131 页。

二、政策把握得当。朱德是个成熟的军事家、政治家，稳重而有远见，在湘南起义的决策中，他起了关键作用。部队入湘南，智取宜章，放弃宜章城转移乡村，指挥农军与主力携手作战，用人民战争打败许克祥，制定优待俘虏政策，制定主力军、地方农军、赤卫队相结合的新型军事体制，都高度体现了朱德的政策水平和政治觉悟。

三、抵制湘南特委的"左"倾盲动错误，保障了主力部队的安全脱险，为中国革命保存了一支最早的军事主力部队。当3月底国民党南北9个半师向湘南农军形成夹击之势时，湘南特委不顾客观条件，命令朱德死守湘南。可以说，这时朱德已处于被领导者的地位，他只有服从的义务。但朱德清楚，湘南是南北交通要道，是国军的咽喉，无论付出多大的代价，他们都要把这里的共产党武装消灭。屈服于湘南特委的命令，留在湘南死拼，就必然把刚赚下的这万多人的本钱赔个精光。个人生死事小，革命前途事大。朱德最终毅然选择了听从毛泽东的建议，抵制湘南特委的命令。特委负责人说他是逃跑主义，按军事条例，战场上逃跑是可以执行战场纪律，予以枪毙的。朱德甘冒绝死的风险，通知陈毅，率农军一同向井冈山撤退。这才有了朱毛会师，有了中国工农红军第四军，有了井冈山根据地……

毛泽东对湘南特委"左"倾错误的抵制——

1928年3月12日，省军委特派员、湘南特委军事部长周鲁上井冈山，命令毛泽东下山参加湘南起义，毛泽东以坚强的党性服从了组织的决定。但他在湘南的40余天征战中，以高超的智慧，巧妙地抵制了湘南特委的"左"倾错误：一是以"三全之策"[①] 说动周鲁，让部队驻足中村，未深入郴、宜险境，避免了部队被强敌包围的危险，保持了自己的战略主动性。二是中村上课批"左"，提高部队干部战士对"左"倾错误的认识，增强了对"左"倾错误的识别能力。三是严格部队纪律，不准乱烧乱杀，避免了对革命阵营内部的伤害。四是派亲弟弟寻找朱德，邀请朱德上井冈山，促成朱德坚定决心，实施主动的战略转移，保障了湘南1万多生力军安全撤出险境。

湖南省委与湘南特委的"焦土战略"和"左"倾错误，不仅造成郴县70%区乡农民的反水背叛，还造成了永兴、耒阳部分区乡农民的反叛。宜章农军火烧水东，

---

① "三全之策"：一是部队驻扎地靠近井冈山，确保安全撤退之路；二是周鲁尽快返回特委，说明井冈山情况，以免增加特委误会；三是派毛泽覃下山去寻找朱德，沟通信息，形成相互支持的联动机制。源出黎汝清著《黄洋界上》，解放军出版社1998年版，第270页。

引发临武县敌对势力煽动大批农民围攻黄沙堡。

更为痛心的是湘南特委"左"倾思想的僵化，将特殊情况下的战略退却视作逃跑主义，不知保存有生力量的可贵，竟然坚决拒绝革命同志的善意提醒，一根筋盲干到底，最终将自己项上人头主动送给敌人绞杀，使中共湘南特委和共青团湘南特委几十号人全部葬身于耒安边界。

关于对湘南特委的历史功过的评价，最主要的莫过于《中国共产党历史》正本："由于中共湖南省委、湘南特委执行错误的烧杀政策，严重脱离群众，同年三四月间，在湖南、广东两省国民党军队的联合进攻下，起义部队不得不撤离湘南地区向井冈山转移。"[1] 这句话的意思在于：湘南红色区域的丢失，原因在于湘南特委"执行错误的烧杀政策"。更通俗一点的说法就是：湘南起义的失败，原因之一是湘南特委的"左"倾错误。

湘南特委的"左"倾错误造成的损失是巨大的，教训是深刻的，影响是深远的。

历史已经证明，虽然湘南起义在国民党反动派的残酷镇压下失败了，但朱德、陈毅率领 8000 余湘南农军上井冈山，壮大了红军的武装力量，为建立巩固的井冈山革命根据地奠定了坚定的基础。从这一点来说，湘南起义虽败犹胜。

四、国民党反动派对湘南起义军的军事"围剿"

国民党是一个军阀的复合体。在历史上，他们因一己之私，互相大打出手，又因共同利益联合"剿共"……

1927 年 3 月 23 日，国民革命军占领南京，蒋介石则于 4 月 9 日离开上海进驻南京。4 月 12 日，蒋介石指使上海国民党驻军开始大规模屠杀共产党人。4 月 17 日，在南京的国民党中央执行委员胡汉民、蒋介石、柏文蔚等及部分监察委员宣布在南京组成国民政府，以胡汉民为主席。而此时，国民党主席汪精卫在武汉，仍与中国共产党合作。于是，同为国民党的南京方面与武汉方面因对共产党态度问题分裂成宁汉两方。史称"宁汉分裂"。

宁汉矛盾，只是国民党众多利益矛盾中最大的一组矛盾。宁汉矛盾形成于 1927 年 7 月，9 月在北方军阀冯玉祥的调停下暂时弥合，被称为"宁汉合流"。10 月 18

---

[1] 《中国共产党历史》第 1 卷上册，中共党史出版社 2019 年版，第 246—247 页。

日再次开战，这时汪精卫也已公开反共，不再是因共产党而分裂，而是双方权力利益之争，打了4个多月，最后是演变成了湘桂战争。即广西的李宗仁、白崇禧和湖南的唐生智之间的战争。

1928年2月8日，南京方面白崇禧率第七、第十九军占领衡州，15日攻克宝庆，将唐生智手下包围在长沙。情势不妙之下，唐生智自己宣布下野，惶惶东逃日本。23日唐生智部属叶琪部向程潜、白崇禧议和停战，愿受改编。3月4日唐生智部属李品仙、刘兴、周斓通电停战，准备北伐。3月8日，白崇禧由宝庆移师省城长沙，接受唐生智部属投降。11日程潜、白崇禧、李品仙、鲁涤平等通电，西征任务已毕，移师京汉路北伐。至此，宁汉完成第二次合流。而这次合流，不再是第一次平分权力、分庭抗礼式的合流，这一次纯粹是汉方归顺宁方。

"宁汉合流"后的政府，仍称南京国民政府。但双方前台人物蒋介石和汪精卫均下野，宁方主事人物成了新桂系的李宗仁、白崇禧，汉方则成了实权人物唐生智。汪精卫、唐生智派彻底归顺了李宗仁派。不久，蒋介石复出，李、白仍奉蒋介石马首是瞻，蒋终于成了统一的大中华的总统。

"宁汉战争"给华中华东人民带来巨大的灾难！但最终，由于他们所代表的共同阶级利益受到严重威胁，从而走向和解，史称"二次宁汉合流"。

鱼刺卡在咽喉的那种痛苦是不可忍受的！朱德就是那根卡在国民党咽喉部位的鱼刺，国民党必欲拔之而后快。

蒋介石闻知湘南共产党朱德、毛泽东占领了十余县后，急令东路军前敌总指挥白崇禧调兵由衡阳从北往南压，命国民革命军总司令部参谋长、广东省政府主席、国民革命军第八路总指挥李济深调兵由韶关往北压，务必将朱、毛消灭在郴州。

白崇禧在整治唐生智部的同时，根据蒋介石命令，在长沙召开"剿匪"军事会议，部署湘南"剿共"事宜。据1928年3月21日长沙《国民日报》报道：白总指挥谋肃清湘南共匪，特派李师长朝芳为湘南剿匪司令，业经通电。其原电云：湘南共匪猖獗。业调大军进剿。急应统一指挥，以专责成。特派第七军第二师李师长朝芳为湘南剿匪司令，已令该司令率领所部于删（15）日由宝庆开往耒阳剿匪。所有由谭副师长率领赴耒阳之二十一军第一师，驻衡州十三军第二师、十九军第二师、十七军罗旅，统归该司令指挥，以一事权而便运用，特电奉闻。即希查照，白崇禧叩巧（18日）等语。

又有《国民日报》1928年3月31日报道：

湘南剿匪司令李朝芳，昨来电云：勋鉴，前奉总指挥白巧电开，特派李朝芳为湘南剿匪司令。等因奉此，遵于陷（30）日由衡率各部向湘南耒郴各路进剿。谨电奉闻。

李朝芳，是桂系军阀的一员干将，是从士兵到中将，一步一步凭战功升上来的。李朝芳带了4个师1个旅，碰上几万不要命的农民，自3月29日起，打了3天才攻进耒阳县城。此时朱德已撤往安仁好几天了。他连朱德部队的影子都没见到。气得他大开杀戒，4月1日一天就在耒阳县城杀了1000多农军和共产党员。

1928年4月16日，上海《申报》刊登了一则《湘省大举剿共近讯》电文：10日长沙通讯：湘南共匪首领朱德，勾结土匪，占据衡郴桂十余县。自经湘粤赣三省军队会剿后，湘军李即于1日克复耒阳，7日克复永兴；罗即2日克复桂阳，3日克复常宁，并肃清水口山，毙共匪400余人；粤军许（克祥），1日攻克宜章，5日克复郴州；胡凤璋师8日克复汝城，正向桂东进逼；……近毛泽东在江西失败，又窜入茶陵，组织苏维埃政府，安仁、酃县亦被攻陷。程总指挥原调第八军吴尚全部往剿，正在开拔中，尚未到达。现湘南共匪失败，窜入湘东。闻程白为一劳永逸计，决分路会剿，以粤军范石生、胡凤璋两部，由桂东进攻酃县；湘省李朝芳师，与第二十一军向成杰部，由耒阳回师，进攻安仁；以赣军杨如轩、杨池生两师，在莲花、永新、湘东一带边境堵击；以吴尚全军由攸县进攻茶陵；并加派第六军第十八师兼长沙警备司令张轸全部，开往攸县……

这则电讯，对湘南工农革命军情况多有误传，如"共匪伪第二军总指挥胡鳌"实为宜章工农革命军第三师师长胡少海。称"郴县反赤农民自卫军乘其不备，聚集数百人，冲入胡匪司令部，将胡用梭镖击死，匪众无主，弃郴而逃"。实际上胡少海一直在郴南折岭前线指挥阻击国民党范石生部，根本没在郴州。胡少海也没有死，他上井冈山后曾任红军第二十军军长，1930年在闽南战斗中牺牲。"现在残匪尚有四五千人，由伪总司令朱德统率，窜往湘东酃县、安仁，与茶陵、攸县之共匪毛泽东联合。"这里工农革命军实际上井冈山的有1万多人，朱德的职务是工农革命军第一师师长，也不是什么"总司令"。这则电讯虽道听途说，对共产党方面信息不准，但对国民党"进剿"大军的报道却相对准确。过去，党史部门根据当事人的回忆，有说7个师的，有说8个师的，也有说9个师的。党史部门最后落实首批"进剿"湘南的国民党军为9个师1个旅1个教导团。蒋介石对湘南起义心存恐惧，急欲一战定乾坤，所以一开局就上了重兵。后又追加了吴尚第八军的3个师，长沙警备部队第六军的十八师，东面还有赣军杨如轩、杨池生 2 个师，共计约 15 个师，对付朱德、毛泽东的 2 个师（实际只有 2 个团）。如果朱德、毛泽东不走，坚持死守湘南，结局只有一个：全军覆灭。因此，朱德选择听从毛泽东意见，抵制湘南特委决定，"不战而安全转移"，及时主动撤向井冈山，完整保全了工农革命军的主力部队，无疑是十分正确的。

这里南面的总指挥范石生，仍是与朱德合作的那位范石生。李济深用范石生，明知范与朱的关系，如何期待范石生能消灭朱德呢？其实这是一着阴险毒辣无比的棋：范石生用命，朱范两败俱伤，他从中渔利。范石生不用命，抓他个通共小辫子，告到老蒋那里，范石生吃不了兜着走。李济深与蒋介石一样，早就想吞并范石生的十六军了。

但范石生也不是傻子。他一面磨洋工，一面频频报捷。

由当年报刊报道的电文可以看出，国民党对镇压湘南暴动先后出动了约 15 个师的正规军兵力，体现了蒋介石急于打通湘南的疯狂决心。所谓斩获的战果举证，均系"胡鳌、邓允廷、杨子达、毛科文、刘廷魁、李才佳"部农军，杀的全是农军战士，并未伤及朱德主力部队一根汗毛，也属实。湘南农民付出巨大牺牲，也在此得到史实的印证。电文中对共产党在湘南的行动，则充斥着诬蔑辱损的谎言。

"野火烧不尽，春风吹又生。"国民党对湘南的残暴屠戮，并没有吓倒湘南人民，湘南仍有 8000 余农军撤上了井冈山，成为井冈山斗争中红军的主力。

第九章

毛泽东下湘南

★

在以往的湘南起义革命史的叙述中，一直没有将毛泽东下湘南当作湘南起义的内容囊括进去，毛泽东率部1928年3月12日下山，到4月24日回到井冈山，共42天。他先后在酃县、桂东建党建政建军，颁发《三大纪律六项注意》，先后攻克酃县、汝城；湘南特委安排何长工参加湘南苏维埃政府执委；毛泽东率部为朱德、陈毅部断后，阻击追兵……这一切，都是在湘南特委的领导下完成的，都是湘南特委领导湘南起义大棋局中的一环。因此，毛泽东下湘南，应是湘南起义的重要内容。

一、湘南特委派周鲁上井冈山

1928年3月上旬，中共湘南特委派军事部长周鲁为湖南省军委特派员，专程上井冈山向毛泽东及秋收起义前敌委员会，传达中共中央1927年11月14日《政治纪律决议案》、12月31日中央来信精神和湖南省委及湘南特委的指示。

为什么上年11月中央临时政治局的决议案，到第二年的3月份才派一个湘南特委的军事部长来传达呢？

以瞿秋白为首的中央临时政治局1927年11月在上海召开的扩大会议上对中国革命的形势、性质和策略等一系列重大问题所做出的错误估量，导致以"左"倾盲动错误指导了中国的革命。临时政治局扩大会议期间，还通过了《政治纪律决议案》，这实际上"是为了处罚领导起义失败的同志"。在这个决议案中，不分析主客观的原因，对于在党的八七会议前后领导起义而遭到失败的同志，包括南昌起义、秋收起义、黄麻起义的负责人都给予纪律处分，并指责秋收起义是"单纯军事投机的失败"，"湖南省委所作（犯）的错误，毛泽东同志应负严重责任，应予开除中央临时政治局候补委员""撤销现任省委委员资格"。当毛泽东率部正在湘赣边界开辟井冈山根据地的时候，1927年12月31日《中共中央关于长沙起义未实现原因和当前任务致湖南省委信》中又重申："关于毛泽东同志所部工农军的工作，中央认为未能实现党的新政策，在政治上确犯了极严重的错误，中央特命令湖南省委按照实际需要决定该部工作计划，连同中央扩大会议的决议和材料派一负责同志前去召集军中同志大会讨论并由大会改造党的组织，在必要时，派一勇敢明白的工人同志去任党代表……"①

1927年12月18日，中共湘南特委《关于武装起义工作向湖南省委的报告》中曾要求重组前委，将朱德、毛泽东列为前委负责人："……文部前委组织当改组。如系行军（即向长沙进）则名称仍用前委（不要变易），维人员应是朱德、陈毅（朱部负党责者）、张子清、宛希先、余贲民、袁文才、毛子任7人，请批准。"②（毛子任即毛泽东）此时，朱德正在韶关的犁埔头，毛泽东在井冈山。

此时的中共湖南省委，自顾不暇。他们甚至连朱德在湘南起义并已打到耒阳了的情况都不知道。在1928年2月14日《湖南省委关于湖南政治现状及省委工作向中央的报告》中，竟无一字提及湘南特委及朱德、陈毅的湘南起义情况。1928年2月21日，中共湖南省委通过《湖南政治任务与工作方针决议案》，决议案中规定："工农军之调遣属于省军委，但经省军委的托付特委可以调遣，""各特委军事科主

① 中国人民解放军历史资料丛书编审委员会：《土地革命战争时期各地武装起义·湖南地区》，解放军出版社1997年版，第249页。

② 1927年12月18日中共湘南特委《关于湘南起义工作向湖南省委的报告》，《土地革命战争时期各地武装起义·湖南地区》，解放军出版社1997年版，第228页。1928年2月21日中共湖南省委《湖南政治任务与工作方针决议案》，《土地革命战争时期各地武装起义·湖南地区》，解放军出版社1997年版，第293页。

任，同时须为省军委的特派员"。① 因此。周鲁这个湘南特委军事部长（军事科主任）名正言顺成了省军委特派员，被派到井冈山来发号施令。井冈山地处湘赣边界，同中共湖南省委和江西省委都有联系。但边界秋收起义是湖南省委组织的，领导起义的前敌委员会也是湖南省委任命的，这些历史原因加上当时的交通条件，使毛泽东一直主要向湖南省委报告和请示工作。1928 年 3 月，中共中央决定湘东特委和赣西南特委"合并归湖南指挥"②。1927 年冬到 1928 年春，湖南省委多次遭到严重破坏。1928 年 2 月，中央代表李维汉巡视两湖，曾给湖南省委写信说："我此次来巡，两省负责同志均遭极大牺牲。深夜思之，愤懑万状。"③ 湖南省委常委何资琛在 1928 年 2 月 6 日给李维汉和中央的信中说："我离开省常委已有 1 月余，均有变动，尤其是各部份机关因政变不能接头了，所以伍桐接手省委工作虽是一个人唱独角戏，但一切工作都重新起首，开始布置。"④ 可见当时省委只有一个常委主事，根本无力派人落实中央指示。于是，对井冈山的指导责任就落到湘南特委身上。

湖南省委委托湘南特委，派遣其军事部长周鲁以省军委特派员的身份，于 1928 年 3 月上旬来到井冈山。

二、艰难境遇中毛泽东的党性原则

周鲁上山，传达中共中央关于处分毛泽东的决议案，虽然高调，但其实外强中干，缺乏自信。

周鲁，湖南省溆浦县麻阳水乡哑塘周家村人。字襄楚，生于 1899 年（光绪二十六年），比毛泽东小 6 岁。周鲁少年时就读于溆浦县九牧中学，与邓乾元等老乡接触，接受了进步的革命思想。邓乾元曾是湖南学生联合会负责人，后成为湘赣边界特委负责人。周鲁后去长沙，就读于兑泽中学，在兑泽中学读书时加入了共产党地下组织。党组织曾派其赴法国留学，归来后到黄埔军校学习。北伐时担任过指导员。

---

① 1928 年 3 月 10 日《中共中央致湘鄂赣三省委信》，《土地革命战争时期各地武装起义·湖南地区》，解放军出版社 1997 年版，第 318 页。

② 1928 年 3 月 10 日《中共中央关于武装起义等问题给湘鄂赣三省委的指示》，《土地革命战争时期各地武装起义综合册》，解放军出版社 2001 年版，第 468 页。

③ 1928 年 2 月 4 日李维汉《关于湖南工作致湖南省委信》，《土地革命战争时期各地武装起义·湖南地区》，解放军出版社 1997 年版，第 271 页。

④ 1928 年 2 月 6 日何资琛《关于湖南形势和党的工作给李维汉并转中共中央的报告》，《土地革命战争时期各地武装起义·湖南地区》，解放军出版社 1997 年版，第 275 页。

北伐军打到长沙时，被派到衡阳任青年团湘南特委书记，后来又改任中共湘南特委的军事部长。上井冈山时 29 岁，正是血气方刚之时。他手里拿着中共中央、湖南省委、湘南特委的上方宝剑，以钦差大臣自居，有点不可一世，根本听不进大家的意见。他拉虎皮作大旗，以组织的名义，逼迫毛泽东就范，不但撤销了毛泽东中共中央临时政治局候补委员资格，撤销了毛泽东的中共湖南省委委员资格，甚至超越权限，撤销井冈山前委并改其为师党委，还撤销了毛泽东的前委书记职务。此外又将中国工农革命军第一军第一师番号改为"湘南工农革命军第二师"①，开除毛泽东党籍，任命毛泽东为第二师师长（下文仍按《毛泽东年谱》叙述称毛部为第一师），任命何挺颖为师党委书记。师党委专管军中党的领导，不管地方党组织。这就破坏了党对根据地的统一领导，大家愤怒的火山引爆了，一个又一个站起来发言，指责周鲁完全是瞎指挥。周鲁也针锋相对，指责井冈山在毛泽东的领导下，"烧杀太少""行动太右"。这样一来，更激起毛泽东部下的愤怒，大家你一言，我一语，都把矛头对着周鲁，一片骂声。此时的毛泽东，内心同样充满了愤怒和伤感。后来，事隔将近 30 年，1956 年 9 月 10 日，毛泽东在中共八大预备会议第二次全体会议上，还说及这一段难忘的往事：

"'开除党籍'了，又不能不安个职务，就让我当师长。我这个人当师长，就不那么能干，没有学过军事，因为你是个党外民主人士了。没有办法，我就当了一阵师长。你说开除党籍对于一个人是高兴呀，我就不相信，我就不高兴……中央开除了我的党籍，这就不能过党的生活了，只能当师长，开支部会我也不能去。"②

虽然是事隔 30 多年的调侃，毛泽东言语中的愤怒与无奈，仍能感同身受。然而，毛泽东以罕见的自制力克制着自己的情绪，出人意料地接受了周鲁的命令，表示服从中央的纪律处分，服从湘南特委的命令，率主力下山参加湘南起义。

1928 年 3 月 12 日，毛泽东亲率工农革命军第一师第一团从井冈山砻市出发，袁文才、何长工率二团一营从大陇出发，王佐率二团二营从大井出发，三路部队于 18 日抵达酃县中村。

毛泽东以其博大的胸怀、坚定的党性，服从了上级的错误决定，化解了革命队伍中的怨气，避免了革命队伍内部的分裂与内耗。毛泽东给了周鲁以台阶，解除了

---

① 中国人民解放军军史编写组编：《中国人民解放军军史》第一卷，军事科学出版社 2010 年版，第 25 页。

② 毛泽东：《在八大预备会议第二次全体会议上的讲话》，《党的文献》1991 年第 3 期。

周鲁对他的反感情绪。队伍在酃县短暂驻扎时，毛泽东及前委的其他同志在酃县中共特别区委书记刘寅生处意外地看到了《中共中央政治纪律决议案》原文，文中并没有开除毛泽东党籍的内容，于是集体开会决定恢复毛泽东的党籍。这样一来，毛泽东便又回到了党的领导岗位。

湘南已成了国民党重兵"围剿"之地，此时毛泽东深入耒阳、郴县、宜章，无异于虎口送羊，肉包子打狗，有去无回。但湘南特委的命令不能不服从。他十分无奈，只得委婉地做周鲁的工作。为了说服周鲁，毛泽东让张子清把湖南省地图铺到饭桌上，将敌我态势、不利因素、有利条件，一一分析给周鲁听。最后毛泽东说了三个意见：第一，井冈山是最理想的退守之地。叫花子打狗还要靠面墙。在强敌围攻面前，湘南找不出井冈山这样进可攻退可守的地方，所以革命军目前暂驻在中村可以随时解救井冈山之危，也可给湘南革命军一个退守之地。第二，周鲁同特委如实地讲讲井冈山的情况，让湘南特委了解井冈山官兵的思想。革命军可以派特务连跟周鲁一起去郴州。特务连是井冈山战斗力最强的部队，特务连去湘南，也是去做一次武装侦察。特务连连长曾士峨是黄埔长沙分校的优等生，很有军事头脑。特务连一则护送特派员，二则了解湘南的敌情、我情，为下一步行动做准备。第三，毛泽东的弟弟毛泽覃也随队前往。他本来就是朱德的部下，是朱德派他到井冈山来的，随特派员去互通信息，建立起相互支持的斗争机制。同时建议朱德在强敌来袭时向井冈山撤退，以保存革命的有生力量。

毛泽东的"三全之策"，说得有情有理，周鲁无言反驳，而且这样也能解脱自己的困境，所以也就做出姿态，同意了毛泽东的安排。

毛泽东与周鲁这一番促膝谈心，后来湖南省委特派员杜修经到井冈山了解到这一情况，报告了中共湖南省委。他说："泽东的意思，想到茶陵，使湘东与湘南联系起来。周鲁同志也同意。"[①] 好在周鲁尚属明智，听了毛泽东的陈述，竟然爽快地同意了毛泽东驻足酃县的意见。周鲁随毛泽东下山的当日，便告别毛泽东，赶到永兴去参加湘南工农兵代表大会去了。

三、毛泽东在酃县

酃县，位于湖南省的东部，与江西省的宁冈、井冈山、遂川以及湖南的茶陵县

---

① 见 1928 年 6 月 15 日《杜修经给湖南省委的报告》。

接壤，是井冈山革命根据地的重要组成部分。

3月12日，毛泽东率领工农革命军分3路来酃县，在农民暴动队的配合下，于14日一举攻取酃县县城，消灭了守城之敌1个营。随后，毛泽东住进县城涞泉书院，3月16日，毛泽东离开县城；18日到达中村，在中村周南小学召开了工农革命军第一团党委和酃县特别区委联席会议。毛泽东亲自就酃县的党组织建设、政权建设、武装建设进行了研究部署。第二天，依据毛泽东的指示，中共酃县县委正式成立，以刘寅生任县委书记、邝光前任组织部部长、周礼任宣传部部长。接着又组建了酃县赤卫大队。刘寅生带领大家，首先在酃县中村区建立了第一个红色政权——中村区工农兵政府。接着组织群众进行了土地改革，开展插牌分田运动。

得到周鲁的同意，毛泽东的部队停在酃县中村，未再深入湘南腹地。在这里，毛泽东一面开展地方建党建政建军的工作，一面对部队展开思想整训工作，同时驻足观望湘南敌我双方发展态势，以便随时应变。

周鲁上山，命令毛泽东下山参加湘南起义，并非如毛泽东后来说的主动下山去接朱德上山。毛泽东本不愿下山，无奈纪律约束，不得不服从。下山以后他却止步酃县中村，未听命于湘南特委再趋前一步。这一切都与毛泽东对形势的客观分析有关。

毛泽东不同于瞿秋白，他从1921年参加党的第一次代表大会起，就是在实际工作中滚打，既广泛接触国民党上层人物，也广泛接触中下层人民群众，了解敌情我情，也了解时势发展趋势。瞿秋白在对待湖南秋收起义的态度上，显示出了极左的倾向。为此，毛泽东有太多的担忧。中央指导方针上的错误，源自思想认识上的错误，如果不加以纠正，势必对中国革命造成无可估量的损失。经过深思熟虑，毛泽东决定利用在酃县待命的宝贵时间，给部队官兵进行一次政治教育，以提高大家对"左"倾错误的认识，在工作中自觉抵制"左"倾错误。据《何长工回忆录》记载："这里特别值得回忆的是中村政治教育和沙田颁布纪律。3月18日，毛泽东率第1团到中村，从第二天开始，他就采取半天讲话，半天讨论的方法，进行政治教育。他详细分析了大革命失败后的政治形势和中国革命的性质、任务和特点，通俗的讲解什么叫帝国主义，什么叫军阀混战，论述了建立罗霄山脉中段革命根据地的重要意义，并指出：革命高潮一定会到来，中国革命一定会胜利。这次教育提高了广大干部和战士的政治觉悟，也是对轻视农村革命根据地建设的'左'倾机会主义路线的有力抵制和批判。"①

《毛泽东年谱》中也记载："3月20日，在中村给工农革命军上政治课，讲述当时政治形势和中国革命的任务，阐明坚持井冈山斗争的重要性，指出无产阶级不是无产游民，批评危害革命的'左'倾盲动主义。在这里对部队进行了一周左右的思想政治教育。"

陈伯钧在《红军在酃县革命活动的几个片段》中回忆说："我们教导队和第二团到达酃县中村不久，毛泽东同志率领的第一团也到了中村。这次，毛泽东同志在中村圩附近的打禾场里，亲自给部队上过两次政治课。上午给一个营加直属部队一部讲课，下午又给另一个营加直属部队一部讲课（主要是第一团，因当时第二团已向资兴出发了）。讲课时，毛泽东同志找来一块小黑板，一边讲，一边写。讲课的题目是：日前的政治形势和工农运动的兴起。毛委员深刻地分析了当时中国革命的形势和革命的性质，用通俗易懂的语言讲解了建立井冈山革命根据地的伟大意义，用铁的事实严厉地批判了'左'右倾机会主义的错误路线，使全体战士在极其尖锐、复杂的阶级斗争、两条路线斗争中，认清了革命形势，提高了战斗勇气，坚定了革命信心。"②

当年随毛泽东下山参加湘南起义的老同志，回忆当年中村上课的情形，时间、内容有些差异，但其内容中批"左"却是一致的。

据上将陈士渠回忆："听过这次课的人，现在还有罗荣桓、陈伯钧、谭希林、韩伟、谭政同志。"③ 这表明罗荣桓、谭政等人也都参加了湘南起义。罗荣桓时任第一团第三营第九连党代表。

四、毛泽东在桂东

3月28日，国民党以四个正规师由北向南压过来，朱德决定采纳毛泽东的建议，主力东撤，以保存实力。湘南特委不同意，要求坚守湘南，死守湘南。朱德坚定立场，坚决抵制湘南特委的极左思想，于3月29日率队伍由耒阳出安仁经酃县上井冈山。毛泽东在中村仍未见到弟弟毛泽覃的回信，敌情却一天天严重。因消息闭塞，毛泽东在焦急中采取措施，命令何长工率第二团赶赴资兴，以策应郴州方向的

---

① 何长工：《何长工回忆录》，解放军出版社1987年版，第130页。
② 酃县县委：《湘山风云》，内部印刷，1987年，第140页。
③ 张友南主编：《井冈山斗争大事档案》，中央文献出版社2010年版，第120—175页。

农军；自己亲率第一团赶赴桂东，阻击广东方向之敌，以保障东南方向上井冈山的通道的安全。

3月28日，毛泽东率领的工农革命军第一军第一师第一团由鄙县的中村进入桂东四都境内，打算由这里过沙田插到汝城，以阻击国民党东南方向的进攻。29日，部队到达四都暖水。汝桂边赤卫队队长刘雄得知毛泽东率领的工农革命军奉命参加湘南起义，取道桂东时，立即带领队伍从江西上堡出发，跋山涉水，日夜兼程，赶来迎接，正好在此与工农革命军会合。刘雄向毛泽东汇报了赤卫队情况，以及国民党桂东当局兵力布防情况，当听到桂东只有几百个人的挨户团和早在一个月以前从穷苦百姓家强令征募而来的近千名"灶头勇"（从每户抽一丁编成的武装）在大岭坳堵截时，毛泽东便有了主意。当日晚，工农革命军派李却非协助桂东建立了党的组织。

国民党桂东县当局获知毛泽东率领的工农革命军已经到达鄙县中村、准备进攻桂东的消息后，立即命令负责县内防务的挨户团团长何鉴率领挨户团和"灶头勇"，到距县城30多公里的大岭坳构筑阻击工农革命军的工事。

位于贝溪与四都交界的大岭坳，是四都至沙田的必经之地，地势险要，易守难攻。30日清晨，趁敌人未醒，工农革命军在毛泽东、张子清等指挥下，由桂东赤卫队引导绕道迅速占领了制高点，展开强大政治、军事攻势，分化瓦解挨户团与"灶头勇"。为保护从穷人家征募而来的"灶头勇"，毛泽东命令部队把枪口瞄准穿清一色黄色制服的挨户团狠狠打击，对穿便服的"灶头勇"则手下留情。战斗一开始，挨户团便被打得溃不成军。何鉴率领的挨户团很快被击败。待何鉴收拢残兵败卒一清点，挨户团十剩其一，而拉夫凑数的"灶头勇"却一无所失，个个安然无恙。大岭坳这一仗，让"灶头勇"们真真切切看到，共产党确实是保护穷人，为穷苦人民打天下的，不少"灶头勇"随即加入了工农革命军。

当天下午，毛泽东率工农革命军经贝溪顺利到达沙田墟，师部、团部设在万寿宫。部队途经贝溪南边时，老百姓设立茶水站，欢迎工农革命军的到来。

工农革命军第一军第一师第一团进入桂东沙田墟时，举目所及，偌大的墟场冷冷清清，家家店门紧闭，户户门前落锁。未走的老人，看到部队入墟后，也惶恐不安，躲在门缝后面往外窥视。几个战士向几位老人了解，原来是国民党桂东当局和土豪劣绅大肆造谣，污蔑工农革命军是"土匪"，见屋就烧，见物就抢，见人就杀；不杀的，也要在脑门（即额头）上打一个火印，且越洗越明，说明你已经从了革命军；凡从革命军的人，"国军"回来后，就要像去年镇压农民运动时一样打"暴徒"。群众不明真相，非常害怕。当挨户团、"灶头勇"去大岭坳阻击工农革命军时，沙田墟的群众就躲进了深山老林或附近村庄隐藏起来。

毛泽东得知这些情况后，派人找到地方党组织的人，亲自了解当地情况，分析现状，大力开展群众工作。毛泽东在井冈山上就已经知道沙田的工农群众富有革命斗争精神，当年的农民运动开展得轰轰烈烈，并在马日事变后组建了农民赤卫队，拿起枪杆与反动派开展斗争，前不久又进行了沙田年关暴动。于是，毛泽东决定在沙田组织、发动群众复兴沙田工农革命运动，推动桂东乃至整个湘赣边界的工农武装割据。

3月30日晚，毛泽东在沙田万寿宫召开工农革命军第一团的负责人会议。毛泽东在会上提出，要巩固井冈山根据地，就要把桂东拿到手，把桂东作为巩固井冈山根据地的一个前哨。会上决定以班、排为单位组织宣传队，开展各种形式的宣传，消除群众顾虑；发动群众打土豪、分田地，帮助建立工农政权，发展地方武装和做好军队筹款工作。会后，宣传队按照毛泽东的部署，打着红旗深入乡、村，出告示，写标语，进山喊话，宣传共产党的主张。在农民家里，他们帮助群众挑水、扫地、舂米、推磨，与群众促膝谈心、交友，消除群众顾虑。在地方党组织和原来的农运骨干、积极分子的协助下，那些进行过反攻倒算和民愤极大的土豪劣绅很快地就被揪了出来。群众很快地发动起来，躲在外地及深山老林里的人，都纷纷回到自己的家中，投入到毛泽东亲自领导的打土豪、分田地的大潮之中。不几天，沙田一带就传开了这样一首歌谣：

斧头砍断寄生柴，革命军专打反动派；

工友农友团结紧，革命胜利来得快！

3月31日，正值沙田墟赶集日期，工农革命军在此召开群众大会。上午10时许，沙田戏台下人山人海，戏台台柱上贴着一副苍劲有力的红纸对联："旧世界打个落花流水，新社会建设灿烂光明。"墟场的墙壁上到处贴着"打土豪分田地！""共产党是无产阶级政党！""推翻国民党统治！"等标语。毛泽东登上戏台，向广大群众发表演说。他先问大家世上什么人最多，是穷人多还是富人多？接着，以极为生动而又通俗的话语，讲解穷人为什么穷、富人为什么富，讲述工农革命军的性质和共产党的革命宗旨。他指出，中国四万万同胞，大多数是穷人，人多力量大，只要团结起来，革命只会胜、不会败；并号召穷苦工农起来打土豪、分田地，建立自己的政权，坚持与反动派斗争到底！

3月31日晚，毛泽东又在万寿宫中厅主持召开了工农兵代表会议。参加会议的有桂东部分区、乡、村的工农代表，地方党组织的负责人，农民赤卫队负责人，以及工农革命军的部分负责人。在听取了各方代表的情况反映后，毛泽东对马日事变后湖南革命斗争形势做了极为精辟的分析，指出："只有深入发动和组织群众，开展土地革命，建立工农政权和工农武装，才能夺取革命胜利。"并对怎样去争取群众，发动群众打土豪分田地，建立工农兵政权，组织赤卫队等重大事项，做了非常详细具体的讲述。要求把土豪劣绅的土地、财物、粮食等分给农民，解决贫苦农民目前的生活困难，满足农民对土地的迫切要求。但也要注意政策，对老弱病残无劳动能力的地主豪绅，也要给予生活出路。同时批评了中共湘南特委要求乱烧乱杀的错误。

在万寿宫召开的工农兵代表会议上，成立桂东县工农兵政府（后改称桂东县苏维埃政府），下设农工部、财政部等，同时成立中国共产党桂东县委员会。根据工农兵代表要求，毛泽东决定：把桂东籍早期共产党员、中国工农革命军第三营第八连党代表陈奇留下来，担任桂东县工农兵政府主席、中共桂东县委书记。陈奇生于1904年，原名祖汉，字贯一，桂东县宜城乡草堂村寨背人，1921年，考入衡阳省立第三师范学校学习。1924年，由夏曦介绍加入中国共产党，并被选为桂东旅衡同学会负责人及湘南学联领导成员。上海"五卅惨案"发生后，湘南学联派他回桂东组织露天讲演团，赴各墟镇进行反帝宣传。1925年冬，赴广州农民运动讲习所学习。1926年6月，回桂东组建中共桂东县支部，任支部书记。1927年3月，以国民党特派员身份回桂东领导工农运动，并改组国民党桂东县党部筹备处，任筹备处主任。长沙马日事变后，被列为"暴徒魁首"，遭到国民党政府通缉。他几经辗转到井冈山找到毛泽东，后担任中国工农革命军第一师第一团三营八连党代表。后来，陈奇曾任中国工农红军第十五军政委。1932年3月，陈奇被张国焘以"改组派"、"AB团"、"第三党"等莫须有罪名秘密杀害于河南新县境内，时年28岁。1945年，中共七大追认陈奇为革命烈士。

五、"第一军规"的诞生

4月1日，毛泽东来到沙田墟同益布店门前与群众亲切交谈。他用学来的"老表"这个湘赣边界平辈间的称谓称呼群众，使人感到格外亲切。他用"一根筷子易折断，一把筷子折断难"的比喻，启发群众团结起来闹革命；用"天下乌鸦一般黑"来形容国民党和各地土豪劣绅都一样地压迫穷人，剥削穷人；用李闯王闹革命、农民不纳粮的事例号召农民起来打土豪、分田地，斗争土豪劣绅。同时，毛泽东还向群众宣讲工农革命军是工人农民的队伍，是为穷苦老百姓谋利益的，不抓壮丁，不打穷人，不调戏妇女，不强买强卖，欢迎"老表"们都来参加工农革命军。毛泽东声音洪亮，幽默风趣，深入浅出地向这些老实巴交的山区人讲述革命的道理，句句说在听众的心坎上，大家一听就懂，心悦诚服。

4月2日，工农革命军在沙田墟后的晒布堆召开开展土地革命的群众大会。沙田一带的工农大众，胸前佩着红布条，从四面八方拥进晒布堆的草坪里。10时许，毛泽东在桂东县工农兵政府主席陈奇陪同下步入会场。毛泽东向到会群众做了关于开展土地革命的动员报告，讲述了为什么要开展土地革命和如何开展土地革命的问题；并号召人民大众在工农兵政府领导下，积极投入打土豪分田地的革命斗争。会上，工农革命军把缴获土豪的银圆、衣物等分发给到会群众；枪毙了给敌人通风报信、杀害革命军战士的反革命分子郭老保，还把几个民愤极大的土豪劣绅揪到台上示众。台下群情激愤，一片欢腾，高喊"打倒土豪分田地！""推翻国民党统治！""中国共产党万岁！"等口号。会后，群众立即行动，掀起了土地革命的热潮。在运动中，有人提出不给土豪劣绅分田，还有人提出要烧掉土豪劣绅的房屋。毛泽东得知后，及时制止了这些过左言行，他开导农民说："田，还是要分，只是不分好田。烧房子有什么用？我们革命，要消灭的是反动势力，是封建思想。房子留下来，还可以办学堂嘛！"此后，沙田一带20多个乡、村，开展了分配土地运动。

工农革命军创建之初，队伍的成分较为复杂，既有工人、农民，也有小资产者，还有少数游民无产者及部分从旧军队中过来的人，自然给部队带来了某些小生产者的习惯势力、游击习气、军阀作风等。也由于工农革命军新建不久，还没有来得及进行深入的思想政治教育，再加上"左"倾盲动错误对人们思想的影响，因此，在艰苦的环境中，一些人纪律观念不强、作风不正，侵犯群众利益的现象时有发生，烧杀行为也不时出现，随随便便拿老百姓的东西，睡了老百姓的门板不给上好，用了农民的稻草不给捆好，行军途中随意拉夫挑自己应背的行李，打骂百姓和士兵，打胜仗后将缴获的东西装进私人腰包的现象也还没有绝迹。如打下茶陵后，缴到很多财物，可是拿的被拿走了，丢的丢掉了，公家并没有得多少，影响很不好。如此等等，致使军队与地方、军人与百姓、军人与军人之间产生了一定的矛盾，发生了一些纠葛。因此，加强纪律教育、完善革命纪律、克服不良倾向，就成了关系到建设一支新型的人民军队和工农革命军成长壮大的一个重大问题。

如何建设一支完全新型的人民军队，使部队纪律严明、团结统一、战斗力强、深受群众的拥护和欢迎，毛泽东为此不断地进行努力。1927 年 10 月 24 日，工农革命军从江西遂川的荆竹山向井冈山进发，毛泽东在动员讲话中就要求大家上山后，一定要与山上的群众和王佐的部队搞好关系，做好群众工作，并宣布了三条纪律：第一，行动听指挥；第二，不拿老百姓一个红薯；第三，打土豪要归公。1928 年 1 月，工农革命军在遂川分兵下乡发动群众时，针对部队中所存在的一些问题，又提出了六项注意：1. 上门板；2. 捆铺草；3. 说话要和气；4. 买卖要公平；5. 借东西要还；6. 损坏东西要赔。通过这些，收到了一定成效，工农革命军的纪律有所加强，遵守纪律、爱护群众的良好风气开始逐渐形成。

然而，由于各种原因，工农革命军的纪律仍然存在一些不尽如人意的地方。部队进入桂东境域后，就在四都的东水、西水烧土豪的房子时，殃及旁边穷苦百姓的房屋。打土豪时，因调查研究不够，曾出现误将老百姓新媳妇的嫁妆当作土豪劣绅的财物，准备加以没收。一些老百姓因对工农革命军缺乏了解，一见军队就跑，结果个别农民被当作逃跑的土豪劣绅抓了起来，甚至连给挨户团队长做木工的手工业工人也被抓走。在抓土豪劣绅时，曾出现抓错人的现象。这些，虽说是个别的情况，而且一经发现就很快得到了纠正，但仍然在某些人中造成了错觉，引起老百姓的不安，甚至不满。

4 月 2 日晚，毛泽东与一团团长张子清、党代表何挺颖商量，决定再一次重申工农革命军纪律，以保障部队革命军人的品质，树立工农革命军正义之师的形象。

1928 年 4 月 3 日上午，风和日丽，天气特别地晴朗。在桂东沙田墟老虎冲的"三十六担丘"稻田里，工农革命军第一师第一团 800 多人整齐地肃立在稻田中央，左边站着桂东县赤卫队员，右边站着桂东县少年先锋队队员，约 300 余人，周围站满了看热闹的农民群众。艳阳初照，金辉耀眼。师长毛泽东健步走上土台，面向士兵，大手一挥，爽朗而又威严地说道："同志们晓得么，我们的队伍为啥子叫作工农革命军？因为我们自己大都是从工人农民中来的，我们的目的就是为工人农民，换句话讲也就是为我们自己打天下的。可是我们有些同志冒得一点工农的觉悟，不尊重工农群众，不爱护工农群众，乱拿工农群众的财物，打土豪的浮财也私拿私藏，不交公家，略是要不得的。我们是革命军，不是土匪。国有国法，家有家规，军队必须要有纪律。为此，我代表师党委宣布，正式颁布《三大纪律、六项注意》，作为我们革命军的军规，任何人都不准违背，包括我毛泽东。欢迎大家监督。三大纪律：（一）一切行动听指挥；（二）不拿工人农民一点东西；（三）打土豪要归公。六项注意是：（一）上门板；（二）捆铺草；（三）说话要和气；（四）买卖要公平；（五）借东西要还；（六）损坏东西要赔。……"

90多年过去了，沙田老虎冲的田洞里仍然回响着历史的声音。中国共产党领导的人民军队，由工农革命军，到工农红军，到八路军、新四军，到中国人民解放军，名称不断变化，但《三大纪律、六项注意》作为人民军队的军规没变，只不过《三大纪律、六项注意》增加成《三大纪律、八项注意》，在内容文字上做了进一步的充实调整，并谱成了歌曲，广泛传唱，使这一军规成了军歌。1971年，毛泽东针对林彪的分裂主义，反复强调并每到一处就带头唱《三大纪律、八项注意》，希望林彪回头。8月27日晚，毛泽东南巡湖南长沙，对当时的湖南省委书记华国锋再一次谈到《三大纪律、八项注意》时，毛泽东深情地回忆说："我带了一个团到湘南去接他们（朱德、陈毅）。到了桂东沙田，我讲了《三大纪律、六项注意》，后来逐步发展到了《三大纪律、八项注意》。"由于毛泽东的提倡，当时军营、厂矿、学校、机关、农村……到处都响起了《三大纪律、八项注意》的歌声。于是，军歌成了民歌，更成了名歌，被收进了各种"世纪名歌"集子。如今，在当年颁布《三大纪律、六项注意》的湖南桂东县沙田镇沙田墟，建起了"第一军规"广场，成为永久的纪念。

毛泽东在整顿部队军纪的同时，也十分关注地方革命武装的建设。他将汝桂边赤卫队改编为湘赣边游击大队，任命刘雄为大队长，赖鉴冰为政治指导员；并赠送游击大队步枪30支，银圆100元。7月，刘雄牺牲后陈奇兼任了大队长。

六、何长工、袁文才资兴拒敌

第二团在资兴的时间不长，3月下旬才从中村出发来资兴，4月1日，何长工部与当地党组织联合在滁口墟上召开大会。王佐在大会上发表了演说，宣传共产党主张，号召农民起来革命。会上成立了滁口苏维埃政府。何长工部还在滁口动员有志青年农民当兵。经组织介绍，资兴北乡青年曹李槐（曹里怀）与同学龙志坚一起牵了两匹从土豪家牵来的马，跑到滁口找到何长工，加入了井冈山第二团。第二团在资兴扩军数十人。

4月4日，何长工部攻打退驻黄草的范石生部队。双方激战两昼夜，何长工部歼敌1个营，敌军溃逃。何长工部乘胜追击。追至汝城文明司，突然正面出现敌军主力。敌主力随即朝何长工部压了过来。敌强我弱，何长工部只好迅速撤退，急行军过清江、渡头，至旧县乐安村驻扎下来。敌军继续尾追，当晚占领了乐安村后的大牛岭山头。天一亮，范石生部向驻扎在乐安村的何长工部发起攻击，双方稍战，何长工即率部撤往资兴县城。

4月5日，陈毅率工农革命军第一师机关和学兵营及湘南特委机关最后一批撤出郴县，同日到达半都，当晚宿石拱桥一带。4月8日，部队向资兴县城进发。此时，资兴县城已人山人海。同日集结在县城的湘南农军还有：黄克诚率领的永兴农军500多人；刘泰、邝鄘率领的耒阳农军700多人以及蒙九龄、李才佳率领的郴县农七师第三团，胡少海率领的宜章第三师共2000余人。此外，先期集结在县城的还有黄义藻、李奇中率领的资兴农军1600余人和何长工、袁文才率领的第二团。整个队伍近万人。部队在湘南特委和陈毅的指挥下，由何长工带领第二团开路，浩浩荡荡向东进发。队伍还没来得及全部撤出资兴县城，便得知敌白崇禧部第十三军第二师一个团尾追上来了。为掩护部队顺利撤离，湘南特委命唐士文率资兴西乡区农民赤卫队、余经邦率宜章赤石赤卫大队400余人，在离城约5里路远的墙头坳进行阻击。墙头坳，地势险要，两边是山头，中间是一条丈把宽的窄隘通道。农军刚到达两边山头，敌军一个团便开过来了，双方发生激战。农军固守不住，只好撤退。湘南特委只好再令蒙九龄率郴县第三团在县城阻击。于是双方在县城展开激烈巷战。蒙九龄系贵州荔波人，参加过南昌起义，后随朱德、陈毅转战赣粤湘等地。湘南起义开始后，为加强农军建设，被调到郴县第七师工作。他骁勇善战，精于指挥。尽管此时双方武器装备悬殊，但蒙九龄仍率部顽强阻击。双方战斗异常激烈，枪声、呐喊声、惨叫声震撼整个县城上空。一时间，资兴县城内尸横遍野，血流成河。战斗进行至中午时分，蒙九龄团虽给敌人以沉重打击，但自己亦损失巨大，大部分战士阵亡，蒙九龄夫妇也双双战死在城内正壕街。此后，农军再也抵挡不住，只好边战边撤离县城。敌军又乘势追击。在离县城两里路远的老虎山下，双方再次发生交战。农军又有200余人牺牲。敌军追至离城七八里路远的白竹塭时，何长工、袁文才率第二团返回支援，敌军于是停止追击，撤回县城。

摆脱敌人的追击后，部队继续向东前进。这支部队大部分由农军组成，有男有女，有老有少；有的甚至全家都跟来了。队伍庞大臃肿，一天行军二三十里路，但部队始终保持着高昂的斗志和坚定的信心。

湘南特委机关工作人员，虽然随陈毅撤出了郴县，开始向东转移，但新任湘南特委书记杨福涛、共青团湖南省委书记尹澍涛等却从来没有上井冈山的打算。一路上，陈毅、何长工等耐心劝导，但他们始终强调"守土有责"，认为湘南特委和湘南农军不能放弃湘南这块阵地而上井冈山。

1928年4月9日，部队行军至离资兴县城60余里的彭公庙。彭公庙是资兴东北部丛山中的一个小墟场，是资兴向东通往酃县、井冈山的必经之道，也是向北取道安仁、衡阳的岔路口。由于领导人之间发生了较大分歧，部队只好在此停下来，就下一步的军事行动召开了一个联席会议。

参加会议的有朱陈部队、井冈山部队、湘南特委、各县县委的负责人陈毅、何长工、袁文才、王佐、杨福涛、尹澍涛（习克思）、周鲁、黄义藻等。陈毅、何长工先后在会上分析了湘南当时的形势，介绍了井冈山根据地的情况，说明向井冈山转移是完全正确的，劝说湘南特委一道上井冈山，或者暂避井冈山，等通往衡阳的秘密交通线建设好以后，再分批回衡阳。其他各县县委的负责人也发表了类似的意见，认为目前敌强我弱，应避敌锋芒，上井冈山。

但杨福涛、尹澍涛等不为所动，并坚持认为：即使湘南农军不跟他们走，他们也要到衡阳去，继续领导湘南人民开展革命斗争。而何长工、陈毅等人则认为：此时回衡阳，是十分危险的。何长工道："你们这个样子去衡阳，男男女女，老老少少，四十几号人，各种口音都有，带着武器，还挑着油印机，商队不像商队，军队不像军队，沿途都是敌占区，你们如何过得去？"陈毅也尖锐地指出："你们执意回衡阳，是盲动加盲动，无异于把肉往老虎嘴里送！"

杨福涛是工人出身，革命性强，个性也很强，他回答说道："我们是湘南特委，不是井冈山特委。我们坚决不上大小五井！"

尹澍涛是省委特派员，说话自然有分量："共产党员是应该不避艰险的，湘南特委如躲到大小五井去，是贪生怕死的可耻行为！"听了他的话就，大家都不好说什么了。

散会后，何长工见无法说服湘南特委，遂找到陈毅，要武装押解湘南特委上井冈山，但陈毅不同意，说道："都是革命同志，随他们去吧！"

当天午饭后，杨福涛、尹澍涛等收拾了一下行李，带着特委机关走了。陈毅、何长工等在送行的路上，又一再劝说。但杨福涛等去意甚坚，陈毅、何长工等只好无可奈何地让他们离去。

4月10日，陈毅、何长工等率部开往酃县。

七、毛泽东打下汝城

毛泽东在沙田整军经武，建党建政，搞得轰轰烈烈之时，于4月5日得知大土匪胡凤璋部绕道汝城向桂东迂回，欲切断湘南农军上井冈山的道路。于是他率部向汝城阻击。

汝城是一片热土。毛泽东1927年8月在武汉草拟《湘南运动大纲》时，就知道汝城聚集了湘南各县农军。因此大纲中首句即是"湘南特别运动以汝城县为中心"。

早在湘南起义之前，在湘南汝城县诞生了中共领导的第一支中国工农革命军：汝城县中国工农革命军第二师。在全国一片血腥的黑暗中，这里曾因农军云集，工农主宰天下，被誉为"新湖南"。汝城农军被编为第二师第一团。后来第二师被范石生部偷袭打散，汝城农军撤入江西，得以保存。1927年9月，接湖南省委通知，为了配合湘赣边秋收起义，汝城农军改为湖南工农革命军第二师第一团，在桂东举行秋收起义，先后打下桂东、汝城两个县城。9月29日，二师一团团长何举成在汝城发布文告，号召"各省各县由工会农会兵士选举代表组织工农兵政府"。第二天，二师一团又被敌人打败，逃离汝城。由于失去了武装护卫，汝城地下党组织无法在本乡生存，遂纷纷转移。县委书记何日升隐蔽乡间，农会干部朱良才、朱赤由何日升介绍到永兴找到陈毅后，陈毅安排他们代表汝城参加了湘南工农兵代表大会。会后，朱良才被分配到资兴县委担任组织工作，朱赤被分配到资兴苏维埃政府担任肃反工作，参加了湘南起义。

因此，当毛泽东率中国工农革命军第一军第一师第一团进入汝城时，汝城地下党已没有武装力量来配合毛泽东部的战斗了。

1928年4月5日，毛泽东率第一师一团经汝城与桂东交界的寒岭界直指汝城县城。此前，国民党汝城宣抚团团长何其朗已率部千人在寒岭界构筑了工事，分别占据了寒岭界左边的老虎坳、右边的荷洞坳山头及中间的凉亭坳等有利地形，形成品字形布防，企图以此阻击工农革命军进入汝城。

面对敌人的严防死守，毛泽东主持召开工农革命军连以上干部紧急会议，认真研究部署了作战方案：采用出其不意、攻其不备、避实就虚、正面突击、迂回包围的战术进攻宣抚团。工农革命军第一师一团团长张子清向部队进行战前动员，他强调：这一仗是毛泽东同志在沙田镇颁布《三大纪律、六项注意》后的第一仗，一定要打出工农革命军的威风，一切行动听指挥，服从命令，坚决果敢，顽强拼搏。

6日拂晓，毛泽东亲率部队，兵分三路同时向宣抚团进攻：一营一连担任主攻任务，直取凉亭坳；三营从左翼攻取老虎垅；一营二连和三连从右侧攻占荷洞坳，形成两侧包抄、中间突破之势。上午8时许，一营营长一声令下："同志们，冲啊!"枪声、冲锋号声加铁桶里的鞭炮声响彻云霄。战士们以排山倒海之势发起攻击。其时，宣抚团正在吃早饭，士兵们只得丢下饭碗仓促上阵。当时大雾弥漫，宣抚团士兵不明虚实，心惊胆战，被革命军一击即溃。

当晚，毛泽东住宿田庄，并在田庄戏台上召开5000人群众大会，发表演讲，宣讲工农革命军的军纪，号召工农起来支持工农革命军。当晚，隐蔽乡间的共产党员何翙奎找到毛泽东，毛泽东授命何翙奎组建了中共资（兴）汝（城）边区支部，何任支部书记，组织发动群众，建立地下武装，开展游击战争。毛泽东送给何5支步枪，300发子弹。

7日拂晓，毛泽东率部由田庄出发向县城进军，在暖水银岭脚、鸭屎片一带与何其朗另一部发生激战，给敌沉重打击，何其朗成了"光杆司令"，仓促逃跑。其后，工农革命军又兵分两路，一路扼守县城附近的井水头、新木前一带，截断何其朗与胡凤璋部的联系；一路由土桥康家地下党员康庚早带路，向何其朗驻地土桥墟进军。何其朗仓皇逃往乐昌麻坑。康庚早因给毛泽东带路，后被何其朗残忍杀害。

8日，在汝城党组织和群众支援下，毛泽东率部一举攻占县城，并在县城西面的曹家山、桂枝岭、会云仙等地击溃胡凤璋由粤北扑向工农革命军的一个连。激战四五个小时后，击毙胡部排长何得高、胡昭珍，重伤罗石富，胡部连长胡宗毅率部溃逃至马桥下湾上古寨。革命军进城后，迅速打开县狱，救出一批被关押的革命同志和无辜群众，并放火烧了县公署、西垣何氏宗祠等。胡凤璋急调驻坪石、乐昌的三个营星夜驰援汝城。

9日，工农革命军第一师一团又与胡凤璋援兵在县城附近激战。考虑一团已在汝城阻敌4日，为湘南起义部队向井冈山转移赢得了时间，毛泽东即命部队撤出战斗返回田庄。

10日，毛泽东指示田庄村党支部书记何应春留下坚持斗争，争取胜利。然后带着何翙奎、钟碧楚、刘光明等离开田庄进入南洞。在南洞捕杀了几个罪大恶极的地主土豪后，又率队向资兴东坪浓溪洞进发。4月11日，毛泽东在浓溪洞指示何翙奎、钟碧楚、刘光明留在汝城南洞、资兴东坪一带建立井冈山外围根据地，开展革命活动。12 日，毛泽东帮助组建了中共资汝边区支部，指派何翙奎任书记，钟碧楚管组织，刘光明负责宣传兼武装。并令组建资汝赤色游击队，赠步枪 5 支，子弹300 发。当日，龚楷、萧克率宜章农军独立营也来到浓溪洞与毛泽东的部队会合。毛泽东命令宜章独立营与他的部队一起行动，继续掩护朱德、陈毅的湘南起义部队转移到井冈山。毛泽东离开浓溪洞后，钟碧楚等在汝城南洞一带创建了井冈山外围根据地——西边山、浓溪根据地，何翙奎在东坪一带建立了苏维埃政府和农民赤卫队。南洞瀑水村青年农民郭秋林也随桂东县党组织负责人陈奇来到西边山、浓溪洞一带发展游击队。游击队以郭秋林家为联络站，沟通西边山、浓溪根据地与桂东的联系。此后，西边山、浓溪根据地不断巩固发展，游击队不断壮大，顽强勇敢地坚持武装斗争，直至汝城解放，前后长达 21 年。郭秋林在斗争中被国民党军杀害。

在此期间，由汝城逃出的朱良才、朱赤堂兄弟在资兴得知毛泽东率队由桂东去了汝城，便匆忙赶回汝城，准备举行汝城暴动，但因局势变化太快，等兄弟二人回到汝城时，毛泽东的队伍已撤走，留在汝城的县委书记何日升亦已撤走。国民党胡凤璋部又重占了汝城。朱良才和朱赤只得急忙沿原路返回资兴。但这时资兴农军也已撤走，兄弟俩一路追踪，直到酃县才追上陈毅的部队，回到资兴独立团，一道上了井冈山。毛泽东虽然短暂占领了汝城县，迫于形势的紧迫，最终没能在汝城发动群众，组织政权，重建农军，但汝城地下党少数几个逃出来的革命者，却都成就了辉煌的人生，李涛、朱良才成了新中国的两名上将，宋裕和成了中华人民共和国食品工业部副部长、全国政协常委。

第十章

退出湘南上井冈山

★

国民党重兵"围剿"湘南，湘南特委要求朱德率部死守湘南。按照当时中共的领导体制，湘南特委是上级，朱德的工农革命军第一师理应听从命令，坚守湘南。但如此一来，工农革命军将全军覆灭，湘南仍然守不住。特委不懂军事，看不到事态的严重性。但有一个人看到了，并最早建议朱德上井冈山。他就是井冈山下来的毛泽东。

一、朱德"违令"东撤

敖山大捷后不久，毛泽覃即率特务连从郴州抵达耒阳。亲身经历湘南起义的粟裕大将回忆证实："1928 年 2 月初，毛泽东同志又派一个特务连到郴州与我们取得了联系。"① 特务连时任连长曾士峨。

---

① 见《粟裕回忆录》，解放军出版社 2007 年版，第 45 页。毛泽覃下湘南的时间，黎汝清长篇报告文学有详细描述，认定为周鲁上井冈山以后，那就是 1928 年 3 月中旬了。但黎汝清的报告文学不是第一手资料，故采用粟裕回忆录说法。特注明存疑。

毛泽覃是毛泽东的三弟。1928年2月底，当毛泽覃在耒阳上架找到朱德时，朱德也并没有马上上井冈山。因为当时国民党的"围剿"之势尚未形成，湘南形势正是大好时期。同时，这时的朱德毕竟处于湘南特委的领导下，上山理当要得到湘南特委的批准。据鄘县革命史记载，当时毛泽覃留在朱德部，成为朱德上井冈山的向导。

3月28日，国民党第七军第二师取代十九军，向春江铺急速开进，一场恶战即将打响。这时，安仁县农军负责人唐天际前来请求支援打安仁。于是，当晚朱德在上架召开军事会议，讨论部队的去向。他将侦察到的敌情和毛泽东的来信，向部队连以上干部进行了通报，讲述了革命战争中保存革命有生力量是克敌制胜的首要原则，表达了自己想上井冈山与毛泽东会合的意见，得到了全体与会同志的同意。

此时，湘南特委主要领导陈佑魁被撤职调回长沙，新任命的特委书记杨福涛在郴州，虽然杨福涛有坚守湘南的命令，但此时他在郴州，对朱德鞭长莫及。加之，此前有毛泽东的来信邀请，有中共中央来信指示，有打安仁的地方农军要求，去与毛泽东会合理由充足、名正言顺。于是，朱德"违令"由上架向安仁撤退，并派人通知郴县的陈毅，让他率农军向鄘县撤退。

3月29日，朱德向湘南起义部队下达东进安仁的命令，与参谋长王尔琢率工农革命军第一师主力由耒阳敖山庙向安仁华王庙进军。到达华王庙后，林彪部一营驻大塘湾，袁崇全部二营驻华王庙墟，陈道明部三营驻石壁垅。朱德、王尔琢随二营驻华王庙墟赵家祠。

3月30日，朱德率部从华王庙出发，向灵官庙进军。途中，部队在南雷庙打掉国民党一个警察所。当晚，部队在灵官庙宿营，朱德亲自召开群众大会，宣传中国共产党和工农革命军的宗旨，发动群众参加反对国民党反动派的斗争。

3月31日，朱德率部从灵官庙出发，经双排山过牌楼的龙源冲，到神洲河山口铺。当晚部队在山口铺宿营，朱德、王尔琢住卢家祠。

4月1日，朱德率部队从山口铺出发，折转龙源冲、颜家冲至荷树，再由耒安大道浩浩荡荡地向安仁县城开进。工农革命军一师驻安仁县城和清溪大水塘后，朱德、王尔琢入住县城轿顶屋。工农革命军进入安仁县城，朱德亲自部署大部分指战员到清溪、排山等地宣传发动群众，组建地方武装，建立苏维埃政府，开展打土豪分田地活动。

4月2日，安仁县城南门洲上红旗招展，人群欢腾，全县上万名军民集会，庆祝安仁县苏维埃政府成立。会上，朱德庄严宣布："安仁县苏维埃政府成立了！"经朱德亲自提名，大会以举手表决的形式，一致通过唐天际任安仁县苏维埃政府主席。大会还举手表决通过了县苏维埃政府其他任职人员。晚上，朱德在轿顶屋亲自主持召开部队营以上军官及安仁县党政干部会议，改组了中共安仁县委。同日朱德亲自对安仁县的农民武装进行了整编，将其命名为安仁县苏维埃政府农民赤卫军，并组建县苏维埃政府直属赤卫队。

4月3日，朱德命唐天际、龙文从、萧祖述率领安仁3000余农民赤卫军，分左、中、右三路冒雨向攸县进发，以"声东击西"之计，做出北上攻长沙的虚假态势。唐天际率农军攻下攸县，成功调动敌人部署，急增第八军三个师开往攸县；调长沙守备师第六军十八师张轸增援湘南。

4月5日，朱德与王尔琢分别率湘南起义工农革命军一师主力从安仁县城和清溪大水塘出发，夹永乐江而上，过排山、牌楼，进入茶陵的界首，后经茶陵县的界首、湖口于4月8日到达酃县的沔渡，在此等候陈毅率领的湘南郴、宜、耒、永、资各县工农革命军。

二、湘南特委部署农军抵抗

朱德的工农革命军第一师主力未与敌接触，即主动撤离，避免了与敌纠缠的危险，"不战而安全撤退至江西宁冈与毛部会合"[1]。

但湘南特委"守土有责"，坚守湘南，部署湘南农军抵抗的命令，通过各县县委下达，却得到了认真的执行。

首先是耒阳县委书记邓宗海，让耒阳县苏维埃政府军事委员会主席李天柱组织耒阳数万农军在春江埔一线构筑工事，阻击北面来犯之敌。3月31日，耒阳工农革命军第四师师长邝鄘率军攻打常宁荫田墟。这里驻有常宁县萧宜春民团300多人枪，邝鄘亲率数千农军，决心消灭这股民团，铲除这颗毒瘤。但狡猾的萧宜春见势不妙，一触即逃。邝鄘见敌人逃遁，命令队伍撤回耒阳。这时，北面由衡阳国民党"剿总"李朝芳指挥的4个正规师已临近耒阳。湘南特委部署的耒阳农军春江铺防线在付出重大牺牲后已全线溃败，国民党第二十一军已于4月1日攻占耒阳县城，邝鄘只得率部东撤，追赶朱德的主力部队。

---

① 见陈毅1929年9月1日《关于朱毛红军（红四军）的历史及其状况的报告》。

敌二十一军攻占耒阳后，在县城南门外一带派驻一营正规军，拱卫县城，确保安全。中共耒阳县委按照湘南特委硬拼到底的指示，组织一区农军独立团 800 名战士，实施攻城计划。4 月 2 日夜，徐仲庸、伍云甫与第一团团长梁育东，率队分乘 30 多只木船从易口渡越过耒水，悄悄运动到南门外敌驻地附近的一个菜园中，用步枪射杀敌哨，发起攻击。由于敌人凭借房屋抵抗，农军没有重武器，又是背水作战，最终付出了巨大的牺牲：120 多名农军战士战死。县委宣传部部长徐仲庸牺牲，秘书长伍云甫纵身跳河，跌入岸边荆棘丛中，侥幸脱险。

4 月 3 日，耒阳县工农革命军第四师余部掩护县委及工作人员、家属 5000 余人沿朱德撤退路线东撤，由于老弱病残人员太多，影响行军速度，最终不得已又将大部分非军事人员送回。只有县委书记邓宗海等数百人到达井冈山。第二路撤退转移人员由刘泰、邝鄘带队，约五六百人经上架出境，经过永兴到达资兴城北部的彭公庙，与陈毅率领的宜章、永兴、资兴、郴县 4 县农军会合，撤往井冈山。第三路转移人员是由谭楚材、傅昌表率领的赤卫大队和部分南乡农军，约 600 多人，从公平出境，准备穿过永兴到资兴会合。当队伍行至公平边境，遭敌伏击。耒阳县苏维埃政府秘书、赤卫大队长傅昌表带领农军掩护谭楚材突围，受伤被俘，次日在小水铺遇害。赤卫大队和南乡农军也全部被敌打散，未能撤出。

在整个的 4 月初大撤退大转移行动中，耒阳工农革命军第四师大部牺牲，仅有 1000 余人上了井冈山。其中大部分农军在 5 月 4 日整编中，编入第四军第十二师第三十四团，团长邝鄘，党代表邓宗海。少数人员被抽调分配到其他单位。随军上山的群众则分别编入军部幼儿园、卫生队、缝纫队、被服厂、枪械所、担架队、运输队、修筑队等后勤单位。

耒阳工农革命军第四师及各区赤卫队数万人，在湘南起义中付出了最大的牺牲。如今耒阳烈士公园英烈墙上，有名有姓上墙的革命烈士就达 19303 人，无名烈士 10000 多人。① 其中绝大多数是湘南起义中牺牲的英烈。从这支队伍里，走出了中华人民共和国国家卫生部副部长伍云甫，中国人民解放军中将谭冠三、王紫峰，少将王云霖、刘显宜、郑效峰、资凤。

气势磅礴的春江铺阻击战，数万农军依靠原始武器，与敌正规军周旋搏杀 20 余天，使国民党军直到 4 月 1 日才占领耒阳县城，充分展示了耒阳人民誓死保卫红色

---

① 耒阳在湘南起义中牺牲的人数见耒阳烈士公园英烈墙《前言》。

政权的决心和意志，也充分展现了耒阳党组织坚韧而成熟的指挥能力。但耒阳农军也付出了上万人的牺牲，才赢得了朱德从容撤退的宝贵时间。

3月25日，南面坪石国民党军总指挥范石生全线部署完毕，五个师一个军官教导团分别集中在宜章、乐昌边境的塘村、坪石，决定于30日首先向宜章发起总攻击。面对强敌压境的严峻形势，湘南特委领导人却依然强调"守土有责""共产党员应该不避艰险"，要将所有武装力量全部投入战斗，与敌硬拼。

宜章县委接到陈毅派人送来的工农革命军主力转移的指示后，即分头迅速动员各地党政军民做好转移准备。3月30日，县委在县城西门的草坪上召开大会，近城农军和西乡农民约2000多人参会。胡世俭在大会上讲话，分析了当前敌我形势，动员军民做好战略转移准备，保存革命力量，迎接以后革命高潮的到来。

工农革命军确定战略转移后，宜章县委与工农革命军第三师领导一起研究决定了几项作战计划：第三师集中兵力于樟桥、折岭地区与敌决战；以独立营为前哨，在宜章县城及白石渡对坪石方面警戒；宜章县城附近乡村之赤卫队，准备于范石生部队向我主力进犯时，积极在敌后向敌袭击，以牵制敌军，配合主力作战。独立营因在西南山区活动，与县委一度失去联系，未能按计划赶到县城及白石渡担任警戒任务。陈东日带领刘廷魁的第九连在白石渡与小溪一带牵制敌人。

按照县委的部署，宜章党政军人员及家属3000余人于1928年4月1日撤出宜章城向郴县转移。胡少海、龚楚、陈东日与毛科文、杨子达率第三师作后卫，在折岭布防阻击敌军。胡少海与龚楚利用折岭的有利地势，把主力部队摆在主阵地上，毛科文和杨子达发动东乡、北乡及近城区的农民赤卫队武装集中在折岭附近村庄和山头驻扎，以逸待劳，准备袭击进攻之敌，配合主力作战。而此时范石生部第四十六师、四十七师与许克祥师、暂编第四师等齐集向宜章、郴县一线进攻。"3月27日由乐昌出发，31日在宜章城南五里冲将共军一部击溃。"[1] 范石生"于4月3日率军部职员及总预备队四十七师全部、教导队等部，进驻宜章"。[2]另一路由坪石到白石渡，并以一营兵力驻扎折岭南面的要道关口小溪，作为前哨监视折岭守军，准备大举进攻。为了打瞎敌人安在小溪的眼睛，胡少海派三营于4月2日夜偷袭小溪，掩护转移的军民安全通过了小溪村。

小溪偷营虽没攻占敌营，但给敌军很大打击，也鼓舞了农军和附近群众的士气。

① 《湖南国民日报》1928年4月12日。
② 《广州民国日报》1928年4月3日。

折岭群众把山脚的果树砍下来堵塞石板大路，以利击敌。郴县良田区农会发动群众扛着梭镖自动来协同参战。有个农民用20多年卖草鞋积下的50多块银圆，请铁匠铸了尊土炮拖到第三师阵地，并送来几担火药铁砂。

范石生部第四十六师及暂编第四师、许克祥师从分水坳、樟桥、太平里一线每天用机枪、迫击炮向折岭及周围山头轰击。4日晨，敌军分两路倾巢出动，向折岭进攻。一路从濠口威胁右翼阵地，一路扑向折岭主阵地。胡少海令迫击炮向山下敌军开火。敌被打散，成散兵队形利用路旁田塍、小河接近折岭，发起几次进攻，但都被打退。狡猾的敌军便以小部兵力正面佯攻，另外以重兵攻击左侧阵地。防守阵地的是赤卫队，都是梭镖、大刀，也没作战经验，无法挡住强敌进攻。敌军占据左阵地后，集中兵力一次又一次向农军主阵地进攻，都被打退。第三师与敌鏖战一天，附近山头上，各地来的农民赤卫队杀声震天，号角嘹亮，并从多处袭击敌侧，牵制敌军，配合主力作战。敌军伤亡很大，宜章工农革命军第三师亦处于弹药将尽的严重关头。紧急时刻，邓允庭受陈毅派遣，率领郴县工农革命军第七师赶来增援，击退敌军。

胡少海指挥宜章第三师与赤卫队，在郴县农军的配合支援下，在折岭阻击敌军三天三夜，胜利地完成了牵制敌人、掩护党政军机关转移的任务。这时，郴宜情报联络员廖子泽送来司令部命令："白色恐怖，我军沿资永线退出。"4日晚，部队乘着夜色向东北方向转移。敌军受农民赤卫队牵制，未能尾追。当时，近城北乡苏维埃政府主席萧镇湘带领全乡的赤卫队1000余人把守西边山的周家岭、萧家坝、寺冲、石涯浪等山头，配合主力作战。主力部队撤退时，北乡赤卫队被敌军隔断于西边山，困守石涯浪。5日，敌军从寺冲向北乡赤卫队进攻，北乡赤卫队虽人多势壮，但没有步枪，只有松树炮和鸟铳、梭镖等武器。赤卫队长廖运光藏在一簇矮松树枝后，待两个敌兵过来时，突然跃起连杀敌兵，夺得两支步枪。后面一批敌兵冲上，廖运光寡不敌众，英勇牺牲。萧镇湘在山头指挥用土枪土炮袭敌，经激战，赤卫队弹尽粮绝。敌军趁机冲上，萧镇湘下令守山队伍从后山密林中撤退。农会主席杨绍本表示："我是共产党员，我不撤，坚决战斗到底！"有10多名战士坚持不退，向山下滚大石头。杨青生举起石头正要往下砸时，不幸中弹牺牲，一个女战士也在阵地上与敌人肉搏时牺牲。北乡党组织和苏维埃政府培育的赤卫队，在折岭阻击战中再次创造了宜章农军誓与敌人血战到底的英雄壮举。

宜章第三师党代表龚楚，是中共的大叛徒。但他在几十年后回忆起当年宜章农军的抵抗时还感叹地说："我们退到郴州后，听说范军到处都受到赤卫队的袭击，是以不敢向我军跟踪追击，使我们得以从容撤退。从这一次作战，我们体会到群众武装的真正效力。"

范石生五个师一个军官教导团，25日即已准备就绪，从乐昌坪坪石出发，到宜章不足30里，4月1日才进宜章城，一是范石生磨洋工，不肯用命；二是沿途受到农民赤卫队的骚扰，不得不放慢速度。

范部直到4月5日才攻进郴州城。这时，陈毅已率队最后一个撤离了郴州城。

实事求是地说，湘南特委虽然对朱德东撤不满，但特委布置的湘南各路农军抵抗，有效地阻滞了国民党重兵的"进剿"，甚至对国民党形成了后期"追剿"心理上的阴影，以至于十几个师竟然没有连续追击上井冈山，让朱毛军队得以在井冈山休养生息，壮大了队伍。客观上为朱德主力军的安全转移创造了条件。湘南特委命令湘南农军全面抵抗国民党进攻的战略决策虽然带有"左"的盲动倾向，付出的代价尤其惨痛。但这种抵抗，是各县党组织自觉执行湘南特委的命令，也是湘南人民自愿做出的巨大牺牲，因为他们看到了农民翻身的希望，为了心中的那个希望而英勇献身。当五星红旗在天安门上升起时，湘南人民的巨大牺牲也值了！只是我们的历史不能忘了英雄的湘南人民！

三、陈毅率各县农军经资兴向宁冈前进

朱德率第一师主力，3月29日开始撤离耒阳，同时让交通信使通知陈毅、龚楚撤离。当时中共地下交通十分快捷，交通站的工作人员，由地方党领导工农群众来担任，负责传递信件及侦察敌情等任务。他们秘密地日夜工作，由耒阳到宜章约有250里，信件发出后24小时即可到达。因此部队的联络，各方面的消息均很灵通。照此计算，陈毅应是在3月30日收到朱德的急信。

郴县县委书记陈毅接到朱德向井冈山转移的命令后，与在郴县的湘南特委商议，准备向东撤退。但湘南特委书记杨福涛不同意，他坚持要陈毅将部队留下来与敌人决一胜负。宜章农军于3月31日布置撤离，4月1日党政军各机关离开宜章。据龚楚回忆，他是接到了朱德撤退的通知才撤退的。这说明陈毅应该比他更早接到朱德的通知。但陈毅直到4月3日，才组织湘南特委和郴县各级党政群机关干部，第七师各部及各区、乡赤卫队，于4月4日开始先后撤离郴县。4月5日，宜章工农革命军第三师2000余人由折岭撤退下来，到达郴县，与郴县工农革命军第七师会合。

国民党范石生部发现宜章工农革命军第三师的行动后，立即调集一个团和宜章邝镜明的保安尾追而来，郴城危在眉睫。面对这一严重局势，陈毅沉着冷静，立即发出新的部署：分三路东撤，于资兴彭公庙集结。湘南特委、郴县党政群机关和城区、永一区、永二区、凤岁羽区、永宁区等5区的党政群机关干部及赤卫队经板桥、雅市、桥口到资兴彭公庙；凤鸣区、吉阳区和瑶林特区等3区的党政群机关干部及赤卫队经五盖山、大奎上直奔彭公庙；丰乐区、安善区等区的党政群机关干部及赤卫队到五里牌的牛形坳集中，经桥口、瓦窑坪、资兴东江到彭公庙。郴县工农革命军七师一团负责东撤沿途警卫，第七师第三团与部分宜章农军负责掩护在城机关转移，第七师第二团、四团和独立团与部分宜章农军及秀良区赤卫队前往郴宜交界处折岭阻击追兵。其中秀良区、良田、邓家塘、黄家湾、廖家湾一带赤卫队配合七师二团阻击敌人中路；黄茅、竹枧水一带赤卫队配合第七师独立团开到岩岸阻击敌人左翼；秀贤区赤卫队配合第七师第四团开到豪口阻击敌人右翼。三路部队近千人，除部分枪支外，都用大刀、梭镖与敌人肉搏厮杀。敌军遭受重创，不敢贸然尾追，农军则趁机东撤。

最后一批撤出郴县县城的是陈毅率领的县委和湘南特委机关工作人员，加上掩护的第七师三团及部分宜章农军共4000余人，队伍经鲤鱼江、木根桥，于4月8日到达资兴县城。

1928年4月7日，永兴县委李一鼎、黄克诚率县委、县苏维埃政府工作人员和部分武装人员及家属800余人，在傅赐骙率领的工农武装人员的掩护下，从县城东门撤出，经永兴的观下、三垅、桃花庙，到达资兴三都、彭公庙，和资兴、郴县等县农军会合。

4月3日，在春江铺阻击战和茶园攻坚战双双失利之后，中共耒阳县委和苏维埃政府果断决定，分三路突围向东撤退。第一路由第四师掩护县委机关工作人员及大批群众，沿着朱德部队转移的路线，向江西撤退。第二路由刘泰、邝廊带队，经上架出境，经过永兴到达资兴城北面的彭公庙，刘泰、邝廊所率领的县苏维埃政府机关人员和800多名农军战士，汇入了陈毅大部队之中。第三路撤退人员被敌打散，未能如期撤出。

各路农军在陈毅统一指挥下，浩浩荡荡继续向东北进发。但由于担心国民党报复，很多农军家属大大小小全家上路，如同大搬迁，速度缓慢，每天只走二三十里路。队伍还没有全部撤出资兴县城，国民党第十三军二师一团即尾追上来。湘南特委命宜章余经邦赤石农民赤卫大队和资兴刘安思率资兴西乡农军到墙头坳阻击敌人，掩护大部队东进。同时，陈毅命令郴县第七师第三团在县城一侧老虎山阻击敌人。

余经邦率宜章赤石赤卫队 400 余人与资兴西乡农军一起，在离城 5 里远的墙远坳进行阻击战。余经邦与刘安思指挥农军利用地势伏于两边山上，堵住敌军，奋力拼杀一天。掩护主力安全转移后，终因敌军武器精良，农军固守不住而撤退，赤石区苏维埃政府妇女会主任魏满姣及 9 名农军战士在激战中牺牲。赤石农军也被敌阻断因而没跟上大队主力向井冈山转移，在余经邦率领下转战经老鸭嘴、坳上、桐木塘、赤石长城岭，又折回茶园坚持斗争。队伍无法上井冈山，国民党重兵之下，没法生存，余经邦只得暂时解散赤卫队，率领几位暴露了的党员骨干数人，转道广东梅花，坚持地下斗争。1932 年秋，余经邦因叛徒出卖，在广东梅花牺牲。

第七师三团在团长蒙九龄指挥下，与敌人在资兴县城展开巷战。双方战斗十分激烈，敌军伤亡惨重，但农军损失也很大，尤其在城郊老虎山一仗牺牲 200 多名战士，蒙九龄团长夫妇不幸在这次战斗中壮烈牺牲。这时，何长工、袁文才率工农革命军第一师二团赶来支援，打退追兵，迫使敌军不敢继续追击。农军得以继续前进。

四、彭公庙会议和湘南特委集体遇难

湘南特委机关工作人员，虽然随陈毅撤出了郴县，但新任特委书记杨福涛、省特派员尹澍涛等却从来也没有上井冈山的打算。为了进一步劝说他们放弃回衡阳的主张，4 月 9 日陈毅在彭公庙祠堂里主持召开了一次联席会议，参加会议的除陈毅外，还有省特派员，湘南特委负责人，井冈山第二团负责人，郴、宜、耒、永、资五县党政军负责人。关于部队行动方向，会前就酝酿着三种意见：一种意见是回宜章、临武一带，到骑田岭、香花岭打游击；一种意见是到井冈山；一种意见是到耒阳、安仁之间的东湖圩一带坚持湘南的斗争。

陈毅、何长工先后在会上分析了当时的形势，介绍了井冈山根据地的情况，说明向井冈山转移是完全正确的，劝说特委一道上井冈山，或者暂去井冈山，以后再分批回衡阳。但周鲁、尹澍涛、杨福涛在会上发难，说井冈山地处湘东，大部分属于江西所辖，和湘南特委无关，所以去井冈山之议不予考虑。骑田岭地处湘粤边界，当然可以考虑。但是，真正有群众基础而且靠近衡阳市的是耒阳、安仁一带。因此他们主张到耒阳、安仁一带继续发展，特委机关最好还是回衡阳，衡阳是湘南的文化中心，也是特委的成长基地。

然而，严峻的形势摆在那里，各县党政军负责同志权衡再三，认为不能去衡阳，那是明摆着往火坑里跳。大家都愿意跟随陈毅上井冈山。这样一来，尹澍涛和湘南特委的领导陷入孤立，杨福涛非常尴尬。他说："特委只能服从省委的决定，离开湘南也就不成其为湘南特委了，形势危急就转入地下。"杨福涛工人出身，革命的坚定性是他的本色，但他文化程度不高，缺少对复杂社会敏锐的政治嗅觉和是非判断力。他本就是对上级的指示命令坚决执行的，湖南省委对湘南的烧杀政策他也是最坚决的执行者。此时此刻，他毫不犹豫地站到了尹澍涛一边。

湖南省委特派员尹澍涛最终也没有接受大家的意见，固执地要求特委坚守湘南。而且他决定自己也随湘南特委一道回衡阳。

杨福涛、尹澍涛等以"我们是湘南特委，不是边界特委，守土有责"为由，拒绝上井冈山。对于何长工、陈毅的苦口婆心，他们不但丝毫不为所动，而且还大发雷霆。当天午饭后，特委机关数十余人匆匆上路。4月中旬，湘南特委全体同志在安仁县龙海塘的一个山洼里，被当地地主武装龙海塘挨户团团总胡子扬率队包围，湘南特委书记杨福涛和特委同志大部牺牲，尹澍涛侥幸逃出。

杨福涛牺牲时年仅35岁。其时，党组织对他牺牲的消息还不了解，1928年5月中共中央仍任命他为中共湖南省委书记，同年6月在中共六大上，他仍当选为中央委员。

尹澍涛逃回家乡宁乡，在林山学校任教，并任校长。其间，仍继续从事地下党的工作。1932年事泄被捕，被四县"剿匪"总指挥曹明轩先斩后奏杀害于流沙河桥上游的游沙滩。狱中，尹澍涛写下《就义诗》：

一腔热血洗山河，一颗头颅值几何？

铁脚扫开荆棘路，后人好唱自由歌。

五、毛泽东浓溪洞巧遇宜章独立营

何长工回忆他与陈毅在资兴彭公庙劝说湘南特委书记杨福涛上井冈山时，"杨福涛问我：'润之同志什么时候到？'我说：'你不用着急，隔一两天就来！'"可杨福涛似乎一两天都等不及，迫不及待地带着特委全体人员走了。

事实上，毛泽东当时就在资兴浓溪洞，离彭公庙仅30里路，半天工夫就到了。只是缺乏现代化的通信工具，隔山如隔洋，无法联系罢了。杨福涛走了，宜章三师碛石独立营来到资兴浓溪洞，竟然巧遇了由汝城撤退过来的毛泽东。

原来，胡少海调独立营守白石渡，抗击国民党的大举进攻，但独立营在宜章西南执行任务，未及通知到，即被敌截断，失去联系。

龚楷与萧克在西南方向与宜章县委失去联系后，发现四面到处都是敌人，陷于敌人的重围。好在营长龚楷原是朱德部派下来的，也参加过南昌起义。龚在朱德部，萧在叶挺部。南昌起义失败后，朱德到湘南又发动起义，朱德先是派龚楷到宜章独立团任第一营营长，后派他到碛石地区与地方党组织联系，正值碛石暴动，他就留在当地参加了起义。后来彭晒调县委工作，龚楷便接任了碛石独立营营长。他虽是朱部来的，又是四川人，但与当地的同志关系较好，又有指挥能力。他与萧克搭档，两人都懂军事，发现情况不对，立即率领独立营跳出敌人包围圈。队伍走到梅田，遇到县委派来的曾日三和通讯员李佐国，才知道县委和农军都已向东北方向转移的情况。于是，龚楷与萧克率队沿山路上了骑田岭，避开了国民党军主力。

骑田岭是南岭山脉五个主峰之一，毛泽东《长征》诗中的"五岭逶迤腾细浪"中的"五岭"，就包括了骑田岭。这里山高林密，径曲路陡，敌人担心受伏击，不敢拼命追击。萧克身立骑田主峰，豪情满怀，写下了"农奴聚义起烽烟，晃晃梭镖刺远天。莫谓湘南陬五岭，骑田岭上瞩中原"的豪迈诗句。"我们深夜越过郴县和宜章大道，登五盖山，继续向东，在资兴东南的浓溪洞和毛泽东的部队会合了。"①萧克在他的回忆录里这样写道。

因为部队上井冈山后不久，独立营营长龚楷就不幸牺牲了，萧克成为独立营的负责人，被毛泽东记住了。1965年5月，毛泽东重上井冈山，曾对陪同他的汪东兴回忆说："当得知他们要上井冈山来的消息后，我曾带一个团到湖南桂东地区去接他们。结果由于当时联络困难，没有接到，只接到由萧克带领的一支小部队。"

独立营约五六百人，60余支枪，300多支梭镖。两军会合后，根据毛泽东的指示，这支农军独立营随毛泽东的第一团一起行动。这是秋收起义军与湘南农军的最早会师。萧克后来成为中国人民解放军排名第一的上将。

4月14日，毛泽东率部经连坪，来到青腰铺驻扎。在青腰铺，部队逮捕了两名土豪劣绅。次日，部队经彭公庙、下堡、汤边，于16日离开资兴，进入鄙县。

六、毛泽东为朱德断后

毛泽东由汝城、资兴一路追赶朱德、陈毅，追到鄙县水口，与胡少海的宜章县

① 萧克：《萧克回忆录》，解放军出版社1997年版，第91页。

工农革命军第三师相遇，萧克的独立营回归第三师。

4月20日，湘敌吴尚的第八军尾追湘南起义主力部队，从茶陵方向逼近酃县县城。第八军程泽润率第二师的张敬兮团和罗定带领的攸茶挨户团，从茶陵方向"追剿"朱德，已逼近酃县。此时朱德还在酃县的沔渡。毛泽东得讯后，立即将何挺颖、张子清、宛希先等人召集到一起，商量应敌之策。张子清等人在会上发表意见认为，根据敌情，应就地相机应战，打击敌人的气焰，以便朱德大部队平安撤退。战场就选择在酃县城西的接龙桥。此地靠西，是茶陵进酃县县城的必经之路。且地形险要，易守难攻，可以利用山地做屏障，阻击敌人。会议采纳了张子清的意见，在接龙桥设伏，打击敌人。

当天上午，张子清下达命令，将第一团部署在接龙桥附近，开始挖掩体，构筑工事。以两个营沿线布防。中午时分，战士们正在吃中饭。这时，从湘山寺方向传来阵阵枪声。张子清立即警觉起来，迅速下达命令，全体准备战斗。

战士们听到枪声，撂下饭碗，按照预定的方案，抢占了湘山寺和龙王庙两个制高点。敌人在迫击炮、重机关枪火力支援下，开始向一团阵地发起攻击。毛泽东和张子清团长亲临酃城接龙桥北边山顶上指挥战斗。按预定作战方案，三营的八、九连迅速占领湘山寺高地，一营和三营的七连占领草铺湾、龙王庙、喀嘛形等高地。这时敌人分两路进攻，一路在黄土坳登山，妄图用火力压制工农革命军从喀嘛形山脚下往下冲，一营和三营七连战士居高临下，一阵猛打，把敌人压了下去；另一路敌人从双江口过河，企图占领湘山寺，工农革命军充分利用有利地形，敌仰我俯，集中火力打击敌人，打垮敌人数次冲锋，尸横遍野。由于第一团占据了有利地形，两营部队从左右两侧阻击敌人。枪声此起彼伏，敌数次冲锋都被一团击退，伤亡惨重。

战斗持续了几个小时。由于敌人的炮火猛轰，一团伤亡人数逐渐增加。下午4时，敌团长张敬兮见部队数次冲锋受挫，亲自督战，集中所有的炮火朝制高点猛轰，战斗打得难解难分，双方都有损失。战至下午5时，张子清命令部队一定要固守阵地，同时，又急调担任预备队的第九连连长王良，党代表罗荣桓前来，面授机宜。

张子清简要地介绍了情况。王良报告了第九连的位置。张子清交代了任务。战斗已处于胶着状态，只要第九连在敌人侧后出现，一阵猛打，偷袭成功，使敌首尾难顾，这盘棋就走活了。王良、罗荣桓领着任务而去。

战斗仍处在相持阶段，敌人的攻势更为猛烈。约莫过了半个时辰，敌人背后响起了密集的枪声，顿时乱作一团。张子清意识到王良、罗荣桓率领的第九连偷袭成功，立即率领指战员跃出战壕，冲向敌群。敌人见势，纷纷朝四野逃窜。这时，一颗子弹飞来，正好击中张子清的左脚踝。张子清不幸负伤。

此次战斗，毛泽东的第一团以两营兵力阻击和重创了敌人的一个正规团和一个反动民团，又一次创下了以少胜多的战例。战斗结束后，工农革命军第一团仍然继续担任着后防任务，绕道坂溪、泥湖、石洲、十都，掩护南昌起义保留下来的部队和湘南农军胜利到达宁冈。

第十一章

井冈山会师

★

中国共产党武装斗争史上，最为光辉耀眼的一页是奠定中国革命武装基础的井冈山会师。因为会师的两支部队，一是南昌起义的铁军余部，由800余人发展为2000余人；二是秋收起义部队的铁军余部800余人发展为1200余人。两支部队都是由国民革命军第四军脱胎而来。参加湘南起义的主力是守三河坝的、号称铁军的国民革命军第四军第二十五师余部，参加秋收起义的主力是号称铁军的国民革命军第二方面军第四军警卫团余部。其实还有广州起义国民革命军第四军教导团余部200余人。加上井冈山袁文才、王佐部农军600余人，湘南起义农军8000余人，组成了中国共产党人领导的中国工农革命军第四军。而这支部队是中国共产党的"第一支主力部队"，随即创造了光辉的井冈山时代。但其实，朱德和毛泽东的会师，并不是在井冈山上。

一、朱毛首次会面鄢县十都

4月上旬，朱德与王尔琢率领的工农革命军第一师主力和耒阳新成立的第四师、宋乔生领导的水口山工人武装，经安仁、茶陵到达酃县的沔渡。随后，唐天际带领安仁农军 300 余人赶来会合。

在郴州的工农革命军第一师部分战士和湘南特委机关及各县县委机关、郴州工农革命军第七师以及抵达郴州的宜章工农革命军第三师等，在陈毅的率领下，离开郴州，于 4 月 8 日抵达资兴县城，与毛泽东派出的左翼掩护部队，即由何长工、袁文才、王佐率领的井冈山工农革命军第二团会师。这是朱毛部队最早的会师。不久，黄克诚带着永兴 1000 人的农军赶到资兴的彭公庙。4 月 9 日，陈毅与湘南特委机关在资兴的彭公庙分道而行。4 月中旬陈毅率领的部队与何长工等率领的部队在酃县沔渡与朱德部会合。这是朱、毛两支大部队的会师。

1928 年 4 月 20 日前后，毛泽东率领第一团在接龙桥打退了湘军张敬兮团对朱德的追击后，率队回到井冈山砻市，却发现朱德部仍在沔渡，并没有上山。于是毛泽东再度下山，赶到十都，实现了朱德、毛泽东的首次会晤。①

毛泽东第二次下山，才是专程下湘南迎接朱德。

由此可见，毛泽东率领的秋收起义工农革命军第一军第一师，朱德率领的南昌起义军余部、广州起义军余部工农革命军第一师，陈毅率领的湘南工农革命军宜章第三师、耒阳第四师、郴县第七师、永兴赤色警卫团、资兴独立团、水口山独立第三团，在酃县的沔渡、十都一带实现了大会师。

有趣的是，中国共产党历史上两个工农革命军第一师相会，他们的番号是怎么来的？为什么会相重？

原来，毛泽东的第一师是湖南省委给的番号，而朱德的第一师是广东省委给的番号。

据苏先俊 1927 年 9 月 17 日《关于浏阳、平江、岳阳作战经过报告书》记载，他所在的秋收起义部队，第一期名中国国民党湖南工农义勇队第四团，第二期叫国民革命军第二十军独立团，第三期叫工农革命军第一军第一师。而第三期是毛泽东到达铜鼓以后。这说明秋收暴动开始时，部队更名为工农革命军第一军第一师。周鲁上山，将毛泽东部第一军第一师改名为湘南工农革命军第二师，超越省级权限，不合程序，不予承认。

而朱德方面是 1928 年 1 月 13 日在宜章年关暴动的第二天改名为工农革命军第

---

① 另一说为朱德、毛泽东第一次会面在酃县沔渡。

一师的。他们的番号的来历有中共中央 1927 年 12 月 21 日给朱德信中明确告知：
"你们这一部分队伍的组织形式，广东革命委员会已任命为工农革命军第一师。"实
际上是中共中央南方局于 1927 年 10 月初决定的。这说明当时部队番号中央没有统
一规定。

中国共产党早期武装斗争中，两个第一师师长相会，相见甚欢。他们彻夜长谈，
各自讲述了自己的人生经历，对创建武装的体会，对中国革命的期盼，相互便有了
初步的良好印象，两双巨手相握，从此再没分开过。

毛泽东、朱德之间的友谊，就是从十都的相识开始的。1928 年 4 月 22 日，到
1976 年两人同年去世，合作战斗 48 年，两人的关系虽历经风雨，却坚如磐石。

二、龙江书院整编

朱、毛沔渡夜谈，沟通了两军首脑的思想，为两军合编奠定了基础。

毛泽东、朱德带领部队向井冈山进发。4 月 24 日前后，双方各自带队到达宁冈
砻市。毛泽东回到茅坪八角楼，这里是毛泽东上井冈山后的常年办公住地。它位于
砻市东南 16 公里处的茅坪村谢氏慎公祠后面，是一栋土砖结构的两层楼房，楼上有
一个八角形天窗，故称之为八角楼。

朱德被何长工安排到砻市龙江书院。书院离毛泽东的茅坪八角楼有 16 公里，是
由原宁冈、酃县、茶陵三县的客籍绅民捐款集资修建的，也是当年三县客籍人的最
高学府。书院始建于清道光二十年（1840）春，完工于清道光二十三年（1843）
秋，位于江西省宁冈县城砻市西北的龙江河下游，背依五虎岭，面临龙江河，因此
而得名。1927 年 11 月中旬，工农革命军在龙江书院创办了第一期工农革命军军官
教导队。朱德上山，何长工很费了点心思，将朱德的师部安排在龙江书院，将各县
武装安排在附近的几个小村庄。

4 月底，毛泽东听说朱德已先他到达龙江书院，便带了张子清、何挺颖、何长
工、袁文才、龙超清等团级干部亲到龙江书院去看望朱德，并商议两军合编相关事
宜。毛泽东和张子清骑马，其他人步行，到龙江书院时，已是下午。

毛泽东一行来到龙江书院，朱德健步出迎。其他都是熟人了，大家相互招呼，
也不用介绍。

文星阁是龙江书院的最高层，四面有窗，可瞭望四周风景，室内光线敞亮，已
摆好桌椅，团团围坐。显然，这是要研究两军会师后的一系列重大议题。研究的最

后结果是：

一、成立湘赣边特委：书记毛泽东，委员朱德、陈毅、宛希先、龚楚、宋乔生、毛科文。

二、同意毛泽东提出的井冈山发展战略，以井冈山为中心，向西防御，向东发展。

三、两军合编为中国工农革命军第四军，军队序列为：

中国工农革命军第四军：

军长：朱　德　　党代表：毛泽东　　参谋长：王尔琢

士兵委员会主任：陈　毅（兼教导大队大队长）

第十师：

师长：朱　德（兼）　　党代表：宛希先

第二十八团（原南昌起义的部分队伍）：

团长：王尔琢（兼）　　党代表：何长工

第二十九团（原宜章农军）

团长：胡少海　　党代表：龚　楚

第三十团（5月下旬，将三十四、三十五、三十六团合并而成，不久又撤销）

第十一师：

师长：张子清（张养伤期间，毛泽东代）　　党代表：何挺颖

第三十一团（原秋收起义部队）

团长：张子清（兼）　　党代表：何挺颖（兼）

第三十二团（原在井冈山一带活动的武装）

团长：袁文才　　党代表：陈东日　　副团长：王　佐

第三十三团（原郴县农军）

团长：邓允庭　　党代表：邝朱权

第十二师：

师长：陈　毅（兼）　　党代表：邓宗海

第三十四团（原耒阳农军）

团长：邝 廊　　党代表：刘 泰

第三十五团（原永兴农军）

团长：黄克诚（后为戴诚本）　　党代表：李一鼎

第三十六团（原资兴农军）

团长：李奇中　　党代表：黄义藻　　副团长：袁三汉

军直特务营：

营 长：宋乔生

党代表：敬懋修①

据毛泽东向中央报告，军部职务系湘南特委的指定。军部设军委书记，先是毛泽东，不久改为陈毅，陈毅的士兵委员会主任也改成政治部主任。当时，毛泽东部党的组织比较健全，1200 来人里有 100 多党员。且支部建在连上，党的指挥十分有效。但南昌起义部队余部和湘南农军、广州起义部队余部党的建设相对较弱。因此，会上决定，整顿党的组织，大力发展工农士兵入党；进行纪律整顿，重申《三大纪律、六项注意》；抽调有经验的工农干部，组成群众工作队，开展土地革命运动，分田分土，建立苏维埃政权；筹备两军会师大会。

从此，南昌起义余部、秋收起义、广州起义余部，加上沿途发展工农骨干、收编战俘和井冈山农军，湘南农军，组成了中国工农革命军第四军（1928 年 6 月 4 日，中央来信更名为中国工农红军第四军），成立时全军共有 11600 人②。它成了"中国的第一支主力红军"③。到 1934 年红军长征前，这支部队发展成为 11 万余人的劲旅。

遗憾的是，广州起义的 200 来人，没有人进入军部和师团级主要领导，只有一个叫洪超的战士，被朱德安排在身边做警卫员，后成为红军师长，红军长征时第一仗就牺牲了。其余的同志目前没有更多的资料反映他们的情况。

来自南昌起义余部、秋收起义、广州起义余部、湘南起义余部、井冈山地方农

---

① 这个名单见王健英编《中国共产党组织史资料汇编》，红旗出版社 1983 年版，第 90—91 页。

② 陈毅 1929 年 9 月 1 日《关于朱毛红军（红四军）的历史及其状况的报告》，《中央军事通讯》第 1 期（创刊号）。

③ 胡耀邦：《在朱德同志百周年诞辰纪念会上的讲话》，《回忆朱德》，中央文献出版社 1992 年版，第 16 页。

军，5个不同山头的队伍成功合编，这是革命者共同信仰的力量，共同目标的凝结。文星阁会议，成为中国共产党人军队内部合作的典范。

三、奠基之战

朱毛合编还来不及宣布结果，就传来国民党军对井冈山展开第一次"围剿"的消息。

湖南吴尚的第八军仍堵在湘赣边界的茶陵、酃县，江西第九军杨如轩部的5个团向井冈山扑来，前锋八十一团由北面到达永新，直逼宁冈；南面七十九团已进到遂川，直逼宁冈。

永新、遂川与宁冈相邻，毛泽东妻子贺子珍便是永新人。可见敌人已到了家门口。毛泽东即与朱德商议，先打好这一仗再说。因为文星阁会议上毛泽东的战略是向西防御、向东发展，因此，打杨如轩部便是理想的选择了。

工农革命军第四军军部——龙江书院里，毛泽东与朱德、王尔琢、陈毅在军用地图前研究反"围剿"方法。会议决定，朱德、陈毅率二十八团、二十九团攻打敌八十一团，毛泽东率三十一团阻击敌七十九团。

意见统一，立即行动。

二十九团是原宜章农军，团长胡少海，党代表龚楚。有2000多人，除去眷属，能参加战斗的有1600人。这次出征，一共1200人左右。二十九团的特点是：真正的工农骨干多，思想纯朴，有阶级觉悟，作战勇敢；军中基层军官有不少是黄埔军校毕业的；又经历了坪石大捷、大黄家保卫战、水东之战、栗源堡之战等一系列实战的锻炼，有了丰富的战斗经验。因此湘南农军中，数宜章农军能打。

陈毅率二十九团于次日凌晨5点从小行州出发，经过朱砂冲直奔黄坳。二十八团殿后，以备情况明朗后实施雷霆一击。

黄坳驻敌八十一团一个营，有300多人枪，他们占领了黄坳街和街后两个小山头。胡少海率二十九团展开。黄坳街前面是一条小河，河水不深，可以蹚水过河。农军人多枪少，一个团只有200来支枪，其他都是梭镖刀棍，但农军心中有目标，为阶级而战，牺牲光荣。萧克率独立营分两路沿田埂运动到河边，一跃而起，冲过河去，直接冲进了黄坳街，又直往山上冲。没有什么战术讲究，就凭血性之勇，前面的倒下，后边的跟上，一鼓作气，两个小时就打垮了敌人的这个营，还缴了60余支枪，只是二十九团也伤亡了三四十人，代价有点高。

二十九团拿下黄坳后，二十八团和军部朱德亲自赶到了黄坳。第二天，军部停在黄坳，二十八团追踪敌八十一团先遣营，开向五斗江。二十九团随后跟进。

黄坳之敌溃败下去后，直奔拿山八十一团团部。团长周本仁听说共产党来的都是梭镖队，没有几支枪，便率部直袭五斗江。由拿山到五斗江，先要走六七里平路，然后就开始上山。这天细雨霏霏，山陡路滑。从黄昏爬到第二天拂晓，才到达五斗江。刚把二十八团包围起来，就被二十八团的哨兵发现了。这时国民党八十一团兵士又困又乏，东倒西歪，根本没有战斗力，加上以为对方是梭镖队，也没把"农军"当回事，他们做梦都没想到对手已换成了装备精良、久经战阵的英雄铁军。二十八团有 13 个步兵连，加上 1 个迫击炮连和 1 个机关枪连，火力很强。王尔琢指挥二十八团给敌人一个反击，第一营从正面打，另外两个营从后面撕开一个口子，跳出去反包围，把敌人打得晕头转向，打了个把钟头，就把敌人打垮了，缴到了几百支枪。可惜当时没有一鼓作气追击下去，让八十一团大部逃回了永新县城，敌人连拿山也放弃了。

下午，军部朱德、陈毅和二十九团也开到了五斗江。住宿一晚后，部队进到拿山，敌八十一团已全部撤走，部队便在拿山休息一天。

与此同时，毛泽东率工农革命军第十师第三十一团在永新与宁冈之间的七溪岭，阻击赣军杨如轩第二十七师七十九团的进攻。三天，七十九团没能向宁冈前进一步，为朱德、陈毅的战斗赢得了时间。

第四天，朱德率二十八团向永新前进，途中与毛泽东部会合，击溃敌七十九团。二十八团在王尔琢率领下趁势猛追，直追到永新县城。敌七十九团、八十一团残部与敌八十团都在永新县，本可与工农革命军决一死战，但他们在与二十八团的战斗中，被打得如惊弓之鸟，无心恋战，打了两个来小时，二十九团赶到，加入战斗，敌二十七师三个团竟然一下就垮了，逃出永新县，朱德、陈毅顺利占领了永新县城。

随后，毛泽东率三十一团也开进了永新县城。

当日，毛泽东、朱德、陈毅、王尔琢都在永新城住了下来。

永新县是毛泽东妻子贺子珍的家乡。贺子珍之兄贺敏学是永新赤卫大队大队长。在这里，毛泽东通过贺敏学找到永新县委书记刘真，将一张用密写水写成的信交给刘真，刘真将信紧急送往吉安，并请吉安县委紧急送江西省委。江西省委收到毛泽东的信，于 5 月 19 日转送中共中央。

中共中央收到毛泽东来信，真是惊喜万分。因为中央给朱德的几封信，都如石沉大海没有回音，中央一直不知道朱德部的情况。收信后，中央于 6 月 4 日回了一封 1 万多字的长信，阐明中央对时局的看法、对党内情况的介绍、对朱毛部的要求。信中还指示朱毛将"中国工农革命军第四军"改称"中国工农红军第四军"。自此，井冈山工农革命军就成了"工农红军"，因为是朱德、毛泽东领导，故又称为"朱毛红军"。这次战斗，称作一打永新。工农革命军第四军在井冈山的斗争中，与国民党军形成拉锯战，先后有 4 次攻打永新。一打永新之战，不但打破了国民党对井冈山的第一次"围剿"，站稳了脚跟，还打通了与中央的联系，其意义非凡。因此称其为第四军的奠基之战，是很契合的。

四、砻市庆祝会师大会

中国传统文化，讲究仪式、正式、隆重。一件早已发生的事，还要来一个庆典、纪念，予以确认。"井冈山会师"就是这样来的。

5 月 3 日，朱德、毛泽东回到砻市。

留守井冈山的三十二团这几天也没闲着。在何长工、袁文才、王佐的领导下，他们在大小五井及周边地区进行筹粮筹钱，筹备会师庆典的工作。

此前砻市是个小山镇，全是单门独户的小房子，龙江书院大一点，也挤不下几百人，工农革命军全体战士参会一万多人，还有周边群众。村子四周巴掌大的晒谷坪都没几个，上万人集会的场地根本找不到。袁文才说，往南龙江河边有一块大草坪，在那里可以站万把人没问题。于是三人一起到草坪里去看了下，觉得不错，就定下来了。

可是开大会总得有个高一点的台子，否则上万人根本看不到讲话的人，没了那种韵味。要搭台子也不容易，小山村一时到哪里去找那么多木板呀？于是大家分工，到周边小村借门板、竹竿、禾桶、谷箩、麻绳，好不容易把台子搭起来。

河边开大会，青山作背景。五月江南，绿野沃畴，山花烂漫；天公也作美，蓝天白云，分外清澈。台上正梁红纸横幅大书"井冈山工农革命军会师庆祝大会"，两边写着"庆祝两支革命队伍胜利会师""打倒国民党反动派"等标语。那场景如今的人很难想象。还是让我们欣赏亲历者的感人描述吧——

5 月 4 日这一天，山明水秀的砻市，显得更加美丽可爱，山茶花更红，油菜花更黄，溪水更清，秋田更绿。在砻市南边的一个草坪上，有一个用门板和竹竿搭起来的主席台，被无数的云霞似的红旗簇拥着。主席台两旁插满了写着"庆祝两支革命队伍胜利会师""打倒国民党反动派"的标语板。

一清早，人们川流不息地向会场走来。不到 10 点钟，20 里路外的部队也都赶到了会场。当两支部队进入会场时，千百双眼睛凝视着这支威武的人民武装，无比地兴奋，万分地激动。整齐的部队和湘南农军 10000 多人，同喧腾的人群汇成了人山、旗海、歌声、笑语，此起彼伏，从秋收暴动、南昌起义以来，广大指战员从没有像今天这样欢乐过。

10 点钟，由党、政、军、工、农各界组成的主席团在热烈的掌声中走上主席台，何长工担任大会司仪，高声宣布："大会开始！放鞭炮！"于是，从树顶直垂地面的鞭炮立刻响起来，经久不绝；排列在主席台前的司号员一齐吹响军号，号音整齐嘹亮，威武雄壮，远近的山峰都传来回音。

等军乐一停，大会执行主席陈毅就宣布大会开始。他说："今天是五四纪念日，我们今天来开会庆祝两支部队的胜利会师，是有特别重要意义的。"接着他宣布，根据第四军军委的决定，全体部队改编为工农革命军第四军，军长朱德，党代表毛泽东，参谋长王尔琢，政治部主任陈毅。同时宣布了师、团编制及负责人。

朱德接着讲话。他说，我们党领导的两支革命武装的会合，意味着中国革命的新起点。参加这次胜利会师会的同志，一定都很高兴。可是，敌人却在那里难过。那么，就让敌人难过去吧。我们不能照顾他们的情绪，我们将来还要彻底消灭他们呢！这次胜利会师，我们的力量大了，又有了井冈山作为根据地，我们就可以不断地打击敌人，不断地发展革命。最后，他希望两支部队会师后，要加强团结。他又向群众保证，革命军一定保卫红色根据地，保护群众分田的利益。他的话音刚结束，就响起了热烈的掌声。

接着是党代表毛泽东讲话。当毛泽东健步走上讲台时，全场广大指战员和革命群众都目不转睛地仰望着他；来自南昌起义的指战员们，心情十分振奋。他们中的许多人虽然第一次见到毛泽东，但早就知道毛委员。不少同志在大革命失败前读过《中国社会各阶级分析》《湖南农民运动考察报告》等光辉著作。今天终于见到了毛委员，他们都止不住内心的激动。毛泽东那洪亮有力的讲话，把大家的情绪推向了高潮。他指出了这次会师的历史意义，同时分析了革命军部队的光明前途。讲到革命军的任务时，毛泽东明确地指出：我们革命军不光要打仗，还要发动群众、组织群众。现在我们虽然在数量上、装备上不如敌人，但是我们有马列主义，有群众的支持，不怕打不败敌人。敌人并没有孙悟空的本事，即使有孙悟空的本事，我们也有办法对付他们。因为我们有"如来佛"的本事。他们总逃不出"如来佛"的手心！我们要善于找敌人的弱点，然后集中兵力专打这一部分。十个指头有长短，荷花出水有高低，敌人也有弱有强，"雷公打豆腐，专拣软的欺"。我们抓住敌人的弱点，狠狠地打一顿，打胜了，立即分散，躲到敌人背后去玩"捉迷藏"的游戏。这样，我们就能掌握主动权，把敌人放在我们手里玩。毛泽东这一番话，把大家说得心花怒放，信心倍增。全场响起了暴风雨般的掌声和欢呼声。

参谋长王尔琢讲了军民关系的问题。各方面的代表也都讲了话。大家都满腔热情地祝贺新成立的第四军，在将来跟反动派的斗争中取得更大的胜利，根据地能逐渐地发展和巩固。①

这是当年改编后的工农革命军第十师第二十八团党代表、新中国成立时重工业部代部长、航空工业局总局长何长工的亲历回忆。

对这次会师庆祝大会，还有当年亲历会师大会的师部宣传员、宜章碛石彭家女将、著名的井冈三女杰之一的彭儒，中国人民解放军上将、当年宜章碛石独立营副营长萧克将军，当年第十师第二十八团连长、共和国第一大将粟裕均有生动的回忆，表明"井冈山会师"在他们心中的地位和深刻印象。

伟大的井冈山会师，载入史册，传诵千秋。

① 何长工：《何长工回忆录》，解放军出版社 1987 年版，第 142 页。

结束语：

湘南起义的光辉永存

★

1928 年 4 月，8000 湘南农军主力随朱德、陈毅上井冈山以后，留下的农军和赤卫队面临着国民党屠刀的血腥镇压，仍然顽强反抗，直到流尽最后一滴血；跟随朱、陈上井冈山的湘南农军，由于井冈山地小供给困难，5 月底，第四军军委匆忙决定，湘南耒、永、郴、资农军返回湘南，后遭遇血腥屠杀；7 月下旬，在湖南省委特派员杜修经的指示下，第二十八团、二十九团下湘南攻打郴州失败，湘南宜章农军第二十九团也大部溃散在宜章，再次遭遇国民党的屠杀。然而，许多湘南共产党人在绝境中并未放弃理想和信仰，他们千方百计逃出魔掌，重上井冈山，又继续战斗。在漫长的中国革命和建设历程中，不仅有三大起义精英由湘南走上领导岗位，各个时期也都有湘南人民的优秀儿女光照史册。但这已不属湘南起义的范畴了。

湘南起义，工农革命军主力"不战而安全转移"，丢失了大片红色根据地，从这个意义上说，是失败了！但决定战争胜负的是人，而不是地盘！三大起义都只留下火种，湘南起义却将千余人的火种打成了 1 万多人上井冈山，扩大了十余倍。从这个意义上说，湘南起义是胜利的，而且是当时最伟大的胜利。

湘南起义，是人民的胜利。百万工农起义，离不开湘南地方党组织的早期发动和起义过程中的有效组织和责任担当。据各县党史记载统计发现：

一、湘南起义不是一个战役，一次战斗。从1928年1月12日至4月20日的97天时间里，一系列有史料记载的战斗达61次。其中还未包括一些小的遭遇战、区、乡暴动战，如果把这些包括进来，几乎每天都有战斗。如果没有地方党组织的坚强领导，根本难以支撑。

二、起义军战绩辉煌：仅从61次战斗中有确切数据的14次战斗统计来看，消灭敌人2388人，俘虏2022人，缴获步枪2777支，手枪111支，大炮2门，迫击炮30门，机枪13挺，马15匹，弹药、银圆等数百担。此外还有47次战斗没有统计资料，无法估算。

三、从参战主体来看，朱德的南昌起义军与广州起义军作战5次，毛泽东的秋收起义部队作战7次，湘南农军作战34次，湘南工人作战1次，湘南农军与朱德南昌起义、广州起义部队联合作战14次，战斗总数是61次。但这只是个不完全统计，作战次数只会多，没有少。由此看来，湘南起义主要参战的还是湘南农民起义军，朱德部（含广州起义部队）的绝大多数战斗，是与湘南农军共同作战，其独立作战只有5次小规模战斗：1月26日观音寺反击，2月3日的折岭攻坚，2月4日的大埔桥俘敌，3月3日的三公庙歼敌，3月27日的黄泥坳歼灭战。即便这5次战斗，仍有少部分的农军为其侦察敌情、引路、运送物资。国民党军是没有这种"待遇"的。

四、从以上战斗记录情况看，湘南起义是一场真正的觉悟了的农民所参加的起义战争。湘南起义中地方农军单独作战的战绩大多没有统计，伤亡情况也没有统计，这是一个很大的遗憾！如二打桂阳、三打永兴、三打资兴、三打安仁、二打耒阳，春江铺三个耒阳农民阻击主战场，南边郴宜大道的折岭阻击战，资兴墙远坳阻击战，主要战力是湘南农军，却既没有杀敌、缴获的统计，也没有自己牺牲的统计。中国人民解放军历史资料丛书编审委员会主编的《土地革命战争时期各地武装起义·综合册》对湘南起义武装斗争成就的表述是："毙敌数百名，俘敌1300名，缴大炮30门，子弹一批。"它与实际战况相去甚远，即便与已有的统计相比，也是不足半数。何况还有70%的战斗没有统计。如果当年的调查更深入一些，如果我们的调查重点多关注一点湘南农民的战况，也许不会留下今天这个遗憾！

五、湘南起义中，湘南各县农军不分地域、相互支援、团结协作，形成了良好的斗争机制。如二打桂阳，是宜章、郴县、永兴三县农军的支援；三打资兴，是永兴、郴县农军的支援，三打安仁，是耒阳、永兴两县农军的支援。这体现出了农民团结一致的协作精神，也体现了各县地方党组织的大局意识。

六、湘南人民付出巨大的牺牲，换取了朱德主力部队的安全转移。湘南起义中，国民党前期调集正规军9个师1个旅1个教导团对湘南进行南北夹击，北面春江铺一线阻击战场，南面折岭一线阻击战场，东面墙远坳、资兴县城阻击战场，全是湘南农军和赤卫队担负阻击任务，牺牲数万人。据新中国成立后郴州市民政部门调查统计，湘南起义中牺牲的有名有姓的烈士就达5552人（郴州东塔岭烈士名录），耒阳县19000余人（耒阳县烈士墙名录），其中未包括衡阳、永州、株洲的牺牲情况，未包括一般群众的牺牲情况，如果加上上述3市县的湘南起义中牺牲的人数、未计在内的普通群众以及"返白事件"中的无辜群众，付出生命的代价当在数万人之巨。这种牺牲，主要是农军支援主力、掩护主力所付出的牺牲。

七、湘南起义造就出我党我军一大批优秀人才。

由湘南起义走出去的著名英烈和人民解放军高级指挥员中有如下几个部分：

1. 中华人民共和国成立后的党和国家领导人、元帅、将军、省部级干部

中共中央主席、国家主席、军委主席1人：毛泽东。元帅4人：朱德、陈毅、林彪①、罗荣桓。大将3人：粟裕、黄克诚、谭政。上将12人：萧克、杨至成、杨得志、李涛、朱良才、邓华、陈士榘、宋任穷、黄永胜、张宗逊、陈伯钧。还有转业地方的政工干部如：全国政协副主席何长工、中宣部副部长张际春、中组部副部长曾志、卫生部副部长伍云甫、食品工业部副部长宋裕和等。其中黄克诚、萧克、邓华、李涛、朱良才、陈光、张际春、曾志、伍云甫、宋裕和以及中将唐天际、欧阳毅、曹里怀、王紫峰、萧新槐均为湘南本地人。1955年中国人民解放军授衔，十大元帅之首朱德，十大将之首粟裕，五十七名上将之首萧克，都曾参加湘南起义。

2. 在武装斗争中牺牲的，从湘南起义中成长起来的军、师级以上干部

中共中央候补委员毛科文，红五军团政治部主任、红五军团代政委曾日三，新四军副参谋长周子昆，红九军政委高静山，红二十军政委陈东日，红十二军军长邓壹，红十五军政委陈奇，红八军军长李天柱，红十二军、二十军军长伍中豪，红十

---

① 1971年9月，林彪企图谋害毛泽东，另立中央。9月13日，林彪阴谋败露乘飞机外逃，在蒙古温都尔汗机毁人亡。1981年1月25日，中华人民共和国最高人民法院特别法庭作出判决，确认林彪为反革命集团案主犯。

二军、三十五军军长刘铁超，红二十军、二十一军军长胡少海，红三十五军军长邓毅刚，红四军参谋长王尔琢，福建省临时省委书记蔡协民，江西省军区司令员李赐凡，工农革命军第四师师长邝鄘，第七师师长邓允庭，第三师参谋长谭新等。

3. 在中国革命的历程中牺牲的湘南起义中下层领导干部

湘南起义中，中共湘南特委机关人员自陈佑魁、杨福涛、周鲁以下20多人全部牺牲。曾担任各县县委书记、特支书记的14名同志在中国革命的征途中全部牺牲。8个县苏维埃政府主席，6个牺牲。3个工农革命军师、3个工农革命军独立团、2支红军游击大队的师团级干部98%的牺牲，个别叛变，1%左右的人活下来。

对于湘南起义，改革开放后党中央给予了高度评价。1986年时任中共中央总书记胡耀邦在朱德诞辰100周年纪念大会上说：

"湘南起义，把武装斗争和农民运动结合起来，在农村进行建立革命政权的尝试。4月，朱德同志率领南昌起义军余部和湘南起义农军共万余人开赴井冈山，与毛泽东同志率领的秋收起义部队胜利会师，组成了中国的第一支主力红军——红军第四军，他任军长，毛泽东同志任党代表。这次胜利会师，大大增强了井冈山革命根据地的力量，在中国革命历史上具有重大意义。"①

亲身经历了湘南起义的老将军们也陆续发声，客观地评价湘南起义的历史地位。如：

粟裕大将说："朱德、陈毅同志发动和领导的湘南起义，是我们党所领导的农民武装起义的光辉典范之一。它在当时历史条件下，正确地引导湘南广大农民群众走上了武装夺取政权的道路，开辟了大好的革命新局面。"②

全国政协副主席何长工说："我对湘南暴动评价很高，没有湘南暴动就没有朱毛会师，就没有第一支工农红军，就没有井冈山革命根据地。"③

全国政协副主席、上将萧克说："诚然，由于强大的敌人对湘南进行南北夹击，由于当时湘南特委犯了'左'倾盲动的错误，革命力量在起义后不久，不得不退出湘南。但是，从战略而言，从整个思想和路线而言，湘南起义是胜利了，成功了。它为'武装斗争与农民运动相结合'提供了范例；在建党、建军、建政、分配土地

① 胡耀邦：《在朱德同志百周年诞辰纪念会上的讲话》，《回忆朱德》，中央文献出版社1992年版，第16页。
② 粟裕著《粟裕回忆录》，解放军出版社2007年版，第25—48页。
③ 访问记录原件藏郴州市档案馆。

等各个方面取得了不小的成就，同时也为我党和毛泽东同志科学地总结出中国革命走农村包围城市、武装夺取政权的道路这一光辉理论，提供了宝贵的实践经验。历史已经证明，有了湘南起义，才有井冈山会师，才有巩固的井冈山根据地，甚至可以说，才有辉煌的井冈山时期。"①

党史学界对于湘南起义的重要历史地位和史学价值，也有了重新认识。如：

原中共中央文献研究室研究员吴殿尧说："80 年前的湘南起义，是土地革命战争时期百余次武装起义中规模最大、波及最广、持续时间最长的一次起义。它为不久后的朱毛会师井冈山、揭开工农武装割据的历史新篇章奠定了基础。……在迄今为止的党史叙述中，对湘南起义的历史特点、作用和历史地位都没有给予应有的重视和充分的肯定。多年来的党史著述，把南昌起义、秋收起义和广州起义作为土地革命战争时期的三大起义，独立成篇地记叙，不吝笔墨地宣传，而对比这三大起义规模更大、持续时间更长、对反动派打击更为沉重、对革命战争影响更为深远的湘南起义，却放到'其他武装起义'中仅作简单的介绍，或一笔带过，这就有欠历史的公平，影响人们对这段革命史的全面认识。"②

中国人民解放军后勤指挥学院正军级教授、少将邵维正先生说："80 年前的湘南起义在党领导的诸多起义中独树一帜，影响巨大。这是一次值得回忆、纪念和总结的起义。研究湘南起义的历史贡献和丰富经验，具有重要的理论价值和现实意义。"③

国防大学著名的金一南教授在他的《苦难中国》一书中盛赞朱德保留南昌起义800 人火种的伟大功勋，但朱德从南昌起义到上井冈山的这一段艰难历程，比保留革命火种 800 人更为重要的价值在于把南昌起义余部发展壮大了十倍，并安全保存下来，组建了一支 10000 多人的正规军，而不仅仅是保存了那 800 人！而且在湘南创造性地首度提出了军事统一战线原则，优待俘虏的三条政策，三三制人民革命军事体制，最先实践了农村包围城市，武装夺取政权的正确革命道路，最早探索了武装斗争与苏维埃政权建设、与土地革命相结合的革命道路。其成功实践成为井冈山革命斗争的宝贵经验。土地革命战争时期，中国工农红军在中国共产党领导下，从

---

① 萧克：《湘南起义史稿序言》，湖南人民出版社 1986 年版，序言。

② 吴殿尧：《湘南起义特点和朱德的伟大旗手作用》，《风展红旗漫湘南·纪念湘南起义 80 周年学术讨论会论文集》，中央文献出版社，第 40 页。

③ 邵维正：《略论湘南起义的历史贡献》，《风展红旗漫湘南·纪念湘南起义 80 周年学术讨论会论文集》，中央文献出版社，第 62—73 页。

无到有，从小到大，走过了极其艰难曲折的道路。在战争实践中锻炼出来的这支英勇善战的新型人民军队，开创了一条以农村包围城市，最后夺取全国胜利的革命道路，形成了一整套适合中国革命战争的战略战术，为实现全国抗战和发展中国革命事业，贡献了许多宝贵经验！

讲朱德只突出他保留南昌起义火种的功绩而不讲他领导湘南起义壮大有生力量十倍的伟大功绩，是忽略了朱德在中国革命历程中的光辉一页，是遗憾的。

讲湘南起义不讲毛泽东，同样是不全面的。毛泽东创建的湘南地方党组织基础对湘南起义的巨大推动力，他起草了《湘南暴动战略大纲》，他参加湘南起义40余天的战斗历程，他紧急中邀朱德上井冈山的伟大智计，他主动掩护朱德上山的伟大胸怀，他提供给湘南大军栖身的井冈山战略基地，六大功绩，功不可没。因此，湘南起义的历史功绩是朱德的，也是毛泽东的，更是湘南人民的。

湘南起义的光辉永存！

★

***

第二编

重要史料

湘南起义文献资料选编

★

中央关于湘鄂粤赣四省农民秋收暴动大纲

（1927 年 8 月 3 日）

（一）根据中央最近农民斗争之议决案，决定这个行动大纲，准备在湘粤鄂赣四省实现。

（二）中国革命正转向一个新的前途——工农德谟克拉西独裁，土地革命将占最重要的过程。在这里党的政策需要新的变更，革命的社会势力需要新的聚集和训练，现时反动的统治始终没有稳定，农民群众满心期望秋收胜利，因为新遭了挫折，正在寻找他们新的奋斗的方略，"秋收暴动"是对于这个客观情势的适当的答案。这次抗租抗税的暴动是土地革命急剧发展之新阶段，他至少要动摇反动的新旧军阀的政权，在湘粤则有建立新的革命政权的可能前途。

（三）党过去对农民革命有一错误政策，就是抑制农民保护小地主利益的政策：具体的表现便是强迫农民建设与小地主联盟的乡村自治，及五次大会后对于国民党种种限制农民革命的训令不加反抗，反在实际上指令下级党部执行国民党之反动训令。这个错误是由党对小资产阶级的整个政策来的，现在国际第八次扩大会对中国革命的前途是工农德谟克拉西独裁联合小资产阶级，这一个新的指示证明过去湖南农民实行农会专政反对乡村自治是对的，对小地主不可免的打击所谓"幼稚""过火"的现象不足害怕而应当积极地去领导的。明白了这个才能不自陷于矛盾的狭巷中，而可以勇往直前的领导秋收暴动。

（四）暴动的战略：

（1）以农会为中心，号召一切接近农民的社会力量（如土匪会党等）于其周围，实行暴动。宣布农会为当地的政府。

除夺取乡村政权之外，于可能的范围应夺取县政权，联合城市工人贫民（小商人）组织革命委员会，使成为当地的革命中心对各地的暴动及革命的政权尽可能地联络，向反革命势力进攻。

（2）由农会通告，对祠堂庙宇，一切公地及五十亩以上之大地主一律抗租不缴，对五十亩以下之地主实行减租，其租率由农民协会规定以佃七东三为大致的标准。

（3）夺取一切政权于农民协会，歼灭土豪劣绅及一切反革命派，并没收其财产。

（4）实行对反动政府拒绝交纳任何税捐，并实行对于反革命势力的经济封锁如阻禁拒卖军米等。

（5）自耕农土地不没收，自耕农及已取得大地主田地之佃农应对其革命政权（农会）交纳田税，税额由农民协会决定之。

（6）农民协会组织土地委员会决定土地之分配。

兹将四省农民秋收暴动的每省具体工作抄一份如下：

鄂：湖北暴动大纲政治上给现统治者一个扰乱，使其不能稳定，牵制其对江西压迫；经济上实行四抗（租、税、捐、粮）。

其他可根据大纲拟一具体的计划。

湘：准备于不久时期内在湘南计划一湘南政府。建设革命政权，及一切革命团体。在广东革命委员会指挥之下。

现即须组织湘南特别委员会受省委指挥，于交通不灵通时得有独立指挥此委员会所能活动的地方工作。

特委：夏曦，郭亮，泽东，卓宣（书记泽东）。

赣：1. 马上夺取乡县政权；2. 实行中央土地革命政纲；3. 尽量杀戮土豪劣绅与反革命派；4. 积极参加革命军对反革命派的军事战争。

粤：革命军所占地方，原则与江西相同；军力暂未达到地方即起来暴动、响应，夺取乡村政权，建设农会威力，并实行土地革命政纲；如有可能立即夺取政权，用以引导革命政权夺取全省。

安中原①

选自中央档案馆编《中共中央文件选集》第三册，中央党校出版社1989年版，第240—244页。

---

① 安中原，中共中央代号。

中共中央关于抽调部队到湘南
组织秋收暴动给前敌委员会的指示信

（1927 年 8 月 8 日）

前委①：

南昌暴动，其主要意义，在广大发动土地革命的争斗。因此，这一暴动，应当与中央决定秋收暴动计划汇合为一贯的斗争。在此原则之下，中央曾调令湘、粤、赣、鄂四省立即进行，响应南昌暴动：一方牵制破坏压迫南昌之敌；一方开始秋收斗争。同时决定由前敌分兵一团或二团交由郭亮处，希率领到湘南占据郴、宜、汝一带，组织湘南革命政府，受前方革命委员会指挥，并供给相当的饷弹。党内由毛泽东、郭亮、夏曦、卓宣组织湘南特别委员会，以泽东为书记。在湘省委指导下主持之。同时与前委发生关系，除派泽东克日动身往湘南工作。望兄处即遵照此信抽调兵力交郭亮即日率领前往目的地为要。

中原

八日②

选自中国人民解放军历史资料丛书编审委员会编《土地革命战争时期各地武装起义·湖南地区》，解放军出版社 1997 年版，第 41 页。

---

① 前委：即以周恩来为书记的南昌起义前敌委员会。
② 中原：中共中央代号。八日：即 1927 年 8 月 8 日。

中央给湖南省委信

——中共中央临时政治局对于湘省工作的决议

（1927 年 8 月 9 日）

湖南省委：

临时中央政治局第一次会议对于湘省工作有以下的决议，请查照执行。

中央前次决定湘鄂赣粤四省秋收暴动计划，其意义是要我们党坚决的去领导四省农民革命高潮，发动土地革命的暴动，推翻四省反动统治，建设工农德谟克拉西专政的革命政权（在乡村一切权力归农民协会——农会政权，在城市一切权力归革命委员会。革命委员会在暴动前是指导暴动的机关，由我党指派同志及少数真正民左分子组织之。暴动成功后即是临时革命政府的性质。至于口号上则为"民选革命政府"，"真正平民的民权政治"，故宣传上可说："革命委员会胜利后当召集工农会代表及革命的小商人代表选举会议，成立正式民权政府。"而实际上何时可以成立这种民权政府，则应看当地革命委员会权力巩固后再定。）南昌事变是中央预定的计划，其目的在以军事力量帮助四省暴动的实现和成功。不然则失掉暴动的意义。同时，如把四省暴动当作响应南昌暴动的军事势力，那便是本末倒置，与中央决定相违反的。

根据马也尔及你们的报告，对于南昌暴动有两个意向，一个是南昌军事由闽转粤，一个是由湘南编军一师与南昌军力共同取粤，前一个意见是要南昌军力避免斗争离开四省暴动，后一个意见是重回粤军事看轻湘省暴动，不免本末倒置。中央认为都是错误的。实际湘省如真正集全力发动本省暴动便是给南昌暴动以根本上的有力响应。总之，你们要明白南昌事变要与四省秋收暴动联为一贯，在这一个原则之下去决定实际工作计划。

中央又决定从南昌暴动的军事力量中抽调一团或二团交湘南特别委员会指挥，集合湘南现有的工农军等，夺取郴宜汝一带，设立革命委员会，帮助全省农民暴动规（恢）复全省政权。湘南特别（委）以毛泽东、任卓宣、郭亮及当地工农同志若干人组织之。泽东为书记，受湘省委指挥。但这里必要明白，湘南计划只是全省暴动计划中之一部分，只有在全省暴动之下，湘南计划才能实现才有意义。万不可本末倒置。

湘南工农会中在马变以来旧的领袖最大部分被压迫去了或被枪毙，此刻只有赶紧的坚决的提取这几个月斗争中表现的积极的"暴徒分子"到各工会领导机关做领袖，同时我们党便也要坚决地赶紧的大批吸收这些"暴徒分子"入党，以建立党与群众的关系，就是会匪之富于革命性的，也要多多介绍加入。必如此党在国际指导之下新的路线方能实现。秋收暴动才能胜利，要毫不犹疑地执行。

湖南国民党左派下级的党部比任何省要有基础，十五万到廿万的左派党员及其组织会在我们指导之下奋斗到现在，我们党更要坚决地从组织上取得这些组织从政治上去领导他们，使他们成为秋收暴动的重要力量。不要单靠凌炳、谢觉斋①的秘密委员会去领导，因这种委员会只能号召而不能实际去领导。现在全靠我们下级党部去拿住相当的左派党部共同争斗，他们中间的积极分子尽可介绍入党。

湘省委组织没有工农分子参加，中央认为应当改组，兹决改组的办法如下：

1. 由泽东、公达负责与湘省委商选新省委名单报告中央。

2. 新省委以九人组织之，九人不限定都在长沙。九人中至少要有三个工农分子，三个工农运动的负责同志。

3. 中央指定胡（彭）公达为新省委书记。特此通知。

安世荣（安中原改）

八月九日

原载中国人民解放军历史资料丛书编审委员会编《土地革命战争时期各地武装起义·综合册》，解放军出版社 2001 年版，第 144—145 页。

---

① 谢觉斋，谢觉哉的别名。

中共中央关于秋收起义中
建立政权及土地问题给湖南省委的复示

（1927 年 8 月 23 日）

××①携报告来，中央常委即开一会②专门讨论湘（湖）南工作问题，××作了一个口头报告，兹将结果答复于次：

一、你们决定以长沙为暴动起点的计划，在原则上是对的，但你们在此计划中都有两个错误：

（一）从你们的书面报告及××的口头报告，可见对于长沙附近各重要县份农民暴动的准备非常薄弱，而要靠外面军事力量夺取长沙，这样偏重于军力，好像不相信群众的革命力量，其结果亦只是一种军事冒险。

（二）专注意长沙工作，忽略了各地的秋暴工作（如放弃湘南计划并没有积极的有组织地去准备长、潭、浏、醴、乡、宁等处暴动）。事实上××两团已经不能为我们用。中央认为湖南暴动应以农民军事力量最大的地方，并且是战争地势最便利的地方为发动点；可以湘南为一发动点；长沙为一发动点；长沙之发动，须先从长平浏一常［带］及潭醴衡一带有充分的准备（民众的和军事的），同时在长沙城应有充分的政治宣传，与群众的组织的准备。在宝庆一带如有可能，亦可做一暴动点。湘中发动，集中军力，扑城取长沙；湘南发动与湘中联合来攻唐许，并夺取唐许的武装，然后向长沙发展，会合湘中湘南的力量，取得政权，湘南湘中的暴动，尽可能地同时发动，免陷一地于孤立。整个的湖南暴动要能与湖北互相呼应，尤其是：湘北鄂南应发生直接的联络。在暴动之前，要有适当的政治口号，调动广大的工农穷苦民众，就是说要使你（他）们在暴动时知道为什么要暴动而来积极奋斗，这一点非常重要。另一方面我们要有组织的全党动员到工农群众中去准备，省委中委员亦可以一部分出发到重要的地点工作。湘西工作也要有相当的准备，如政治上的宣传，军事上的联络和组织土匪农军等，以备如果鄂省那一部队③能到湘西时之大暴

① ××，为何资深。
② 开一会，指 1927 年 8 月 22 日中共中央常委第七次会议。
③ 那一部队，指张兆丰为师长的国民革命军第二集团军第三师。

动。"革命委员会湖南分会"的名义现在就可以使用起来，以此名义为中心去号召民众。至于我们力量薄弱的地方，也应当普遍的宣传抗税抗租（用国共名义来号召），次有力的地方应以武力拒绝一切官吏地主的租税，进而实行杀豪绅官吏。此外你们还应注意下列数点：

（一）暴动的口号应为"暴动打倒武汉政府"，"暴动杀尽豪绅反动的大地主"，"暴动没收地主的土地"，"暴动实行耕者有其田"，"暴动抗租、抗税、抗捐、抗粮"，"暴动打倒叛党叛国的汪精卫"，"暴动组织农民革命军"，"暴动打倒叛国叛党的省政府"，"暴动实行民选的革命的省政府"，"农民革命胜利万岁"，"革命委员会万岁"。

（二）在指定暴动的区域，未发难之先即应正式成立若干农军，暴动成功之后，须无限制的扩充数量，施以真正的军事政治训练，所有工农自卫军可改为工农革命军。

（三）特别注意破坏全省交通的工作如铁路、轮船、邮电等，应即派出得力的人准备，于暴动时即破坏全省交通。

（四）在暴动中心的城市中尤其是长沙，在政治宣传方面应将上列口号引用具体的事实煽动全体革命民众，其方法可用：发短少（小）传单、日刊、宣传［品］、壁报、壁画、歌谣……①等；在群众组织方面，应拿住各厂各职业工人的中心，现时即须准备暴动时如何罢工，罢工后如何分配群众参加各处巷战，同时即须开始分区指挥各区的民众以便暴动时之指挥，现时指挥的形式，即为暴动时指挥的形式。

（五）对于各县的工人、手工业者、小商人，应有经常的实际的宣传，最好办一小小日报，虽油印亦可。

（六）对于兵士的工作，须特别分出一部分积极力量去做，宣传他们组织革命的兵士参加暴动的工作。

（七）你们派人到县的方法（即每县派去一两人）不妥，应将我们的力量集中到几个重要县去，甚至有些县不派人去亦可。

（八）湘南方面，仍须立即派得力同志前去，湘潭、醴陵及平江、浏阳应各有一得力人派去。

二、政权形式，已在政治决议案中说明，中国现在仍然没有完成民权革命，仍

---

① 省略号是原有的。下同。

然还在民权革命第二阶段。此时我们仍然要以国民党名义来赞助农工的民主政权，但不是照以前那样的工农赞助国民党。到了第三阶段才是国民党消灭苏维埃实现的时候，你们以为目前中国革命已进到第三阶段可以抛去国民党的旗帜实现苏维埃的政权，以为中国客观上早已到了一九一七年了，这是不对的。中央从各方面来证明政治决议案是正确的，你们务须依此决议执行。据××报告看来，亦应依照议决执行，而国际电令也是如此的。

三、土地问题，这时主要口号是"没收大地主土地"，对小地主则提出减租的口号，"没收小地主土地"的口号不提出，但我们不要害怕没收小地主土地，革命发展到没收小地主时，我们要积极去组织领导，其结果仍是没收一切土地，于自耕农的土地不免有打击，我们也不避免这种打击，但我们更不要提出"没收自耕农土地"的口号。我们目前是在耕者有其田的口号之下进行革命，一旦地主阶级消灭的过程中土地国有只是一种法令问题而已。对地主家属则以能耕者给田，不能耕者则没收为原则，土地没收后由革命政府宣布简单的田税税率法（累进的田税，至多不超过收入百分之三十），每乡区提出救济贫民的基金（包含地主的老弱家属）……（下略）①

八月廿三日

（编者注：此件无上、下款，标题是编者根据文件内容拟定的。）

原载中国人民解放军历史资料丛书编审委员会编《土地革命战争时期各地武装起义·综合册》，解放军出版社 2001 年版，第 153—155 页。

---

① （下略），是原有的。

中共湖南省委关于湘南农民起义斗争大纲

(1927 年 8 月)①

（一）湘南特别运动以汝城县为中心，由此中心而占领桂东、宜章、郴州等四、五县，成一政治形势，组织一政府模样的革命指挥机关，实行土地革命，与长沙之唐政府②对抗，与湘西之反唐部队取得联络。此湘南政府之作用有三：

1. 使唐在湖南本未稳定之统治，更趋于不稳定，激起唐部下之迅速分化。

2. 为全省农民暴动的先锋队。

3. 造成革命力量之中心，以达推翻唐政府之目的。

（二）军事方面

1. 请中央命令彭湃同志勿将现在汝城之粤农军他调。

2，浏平军千人立即由郭亮率领赴汝城。

3. 江西革命军中调一团人赴汝城。

三部分兵力约一师，以革命军一团作中坚，至少有占领五县以上的把握。

（三）湘南须受江西革命领导机关的指挥，革命的粤政府成立则受粤政府指挥，并供给其需要。中央应命令江西方面执行此计划。

（四）党的湘南特别委员会，受湖南省委的指挥，在交通阻隔的时候得独立行使职权。

选自中国人民解放军历史资料丛书编审委员会编《土地革命战争时期各地武装起义·湖南区》，解放军出版社 1997 年版，第 56 页。

---

① 《中共湖南省委关于湘南农民起义斗争大纲》，又叫《湘南运动大纲》，中共中央文件又叫《湘南工作计划》。是毛泽东于 1927 年 7 月底起草后呈送中央批准的。

② 唐即唐生智，时任湖南省政府主席。唐政府即湖南省政府。

中共中央关于湘南工作计划等问题
给湖南省委的指示

（1927 年 8 月）

湖南省委：

一、寄上湘南工作计划一份，此计划系由毛泽东提出，已经常委通过者。

二、全湘农民暴动的指导、计划、分派工作人员的责任仍归省委。

三、以后关于军事调动委托前敌委员会决定，决定后呈报中央，转知湘委。

四、二德里十五号已非中央交通处了。

五、黄咸夷系新闻记者，湘省同学，现已大反动，并受民中宣传部命令，携款数万元回湘活动，请兄处注意。

六、汉口二德里十五号已不能用，请以后勿寄信或介绍人至该处。中央交通处及接头处俟定妥后即行通知。

七、湘南特委委员为泽东、郭亮、夏曦、卓宣，以泽东为书记，特此通知。

安中源

（编者注：原件有年无月，8 月是文件登记戳上填写的时间。）

原载中国人民解放军历史资料丛书编审委员会编《土地革命战争时期各地武装起义·综合册》，解放军出版社 2001 年版，第 160 页。

中共中央关于秋收起义应注意的问题
致湖南省委信

（1927 年 9 月 5 日）

　　某同志来，中央即开一专门讨论湖南秋暴问题的特别会议，对于你们的书面报告及某同志的口头报告，有下列的答复：

　　来信说："……我们计划夺取长沙的主要战斗力量是工农，要调某某两团来进攻长沙意义是辅助工农之不足，不是主力，是掩护暴动的发展。不是唯一的重要的暴动成分。兄处谓此间是冒险，令将长沙暴动计划取消，实在是不明了此间情形。是不要注意军事又要民众武装暴动之一个矛盾政策。"对于此点，首先应当指明的是中央前信的意义很明显的是说："举行以夺取长沙为中心的暴动在原则上是对的。但是你们不依靠农民而依靠两团的偏于军事的是幻想的，八月底夺取长沙的计划则应当取消，而要把主力建筑在农民身上，分区准备全省的总暴动。"随后又有中央决定的两湖暴动计划寄给你们。因为前次省委及某同志的报告要说暴动的主力军为某某两团，完全看不出省委对于附近各县暴动有何准备，详问某同志亦答以不知，而且将湘南计划也抛弃了。事实上某某两团又已不能为我用。所以中央才有上述的命令。现在中央坚决承认这个命令是对的。绝非如省委所谓"矛盾政策"。你们来信至少还否认中央批评你们对于重要县分的农民没有准备，说："兄谓此间专注意长沙工作而忽略各地，这并不是事实。（请看湘中暴动计划）。"你们所谓"湘中暴动计划"，至今中央没有看见，再三询问这次来中央的某同志亦只能说派出百几十人，说农委有一报告，详细情形，一点也未说出。而所报告的又只是一些军事情形。某同志为省委负责人尚且说不出农民中实际准备情形，中央如何能相信省委没有忽略农民的准备，没有犯着偏于军事的毛病呢？（编者按：省委派赴岳阳工作之某同志今日［九月七日］对我说，在他到岳阳时，［九月初］，岳阳同志对于暴动计划一点也不知道，更说不上准备。因此，他到后才派人向省委要求派二十五人去岳，对于岳阳尚且如此）。你们说没有抛弃湘南计划，但是来信明明白白的说"恐怕力量分散了，所以没有把衡阳做第二暴动点。"事实上，你们至今没有派一个得力人去湘南工作。仅仅假想某部分军事力量可以利用而已。抛弃湘南实是一个大错误。就在战略上说，假使湘南不有大暴动，湘中暴动即能胜利也是不能持久的。至于怕分散力量更是不可解。假如真能把暴动主力建筑在农民身上，则湘南农民在湘南暴动，并无所谓怕分散力量的事情，因此，中央对于湖南暴动，最后有下面决议：

（一）认为湖南省委在最近紧急斗争的时期，失掉许多在农民中发展暴动机会；

（二）省委应立即坚决的遵照中央计划实行，把暴动的主力建筑在农民身上，毫不许犹豫；

（三）关于军事的调动另行决定。

最后关于政权、国民党和没收土地诸问题，中央认为你们怀疑中央的政策是错误的。在此紧急斗争的当中，中央训令湖南省委绝对执行中央的决议，丝毫不许犹豫。

选自中国人民解放军历史资料丛书编审委员会编《土地革命战争时期各地武装起义·湖南地区》，解放军出版社1997年版，第59—60页。

彭公达关于湖南
秋收起义经过向中共中央的报告

［节录］

（1927 年 10 月 8 日）

……（略）

四、湖南暴动计划

（一）暴动的区域：湖南的秋收暴动计划，在开始是想鼓动全省农民起来暴动，暴动势力的发展，实行党的土地政策及夺取政权。暴动区域的划分为：一、湘中以长沙为中心；二、湘南以衡阳为中心；三、湘西以常德为中心；四、在西南之间的要冲是宝庆。宝庆也是中心地点。四个区域虽然已经划分，但是要实行发动便困难，如人力、财力等。以后经过几次讨论，以党的精力及经济力量计算，只能制造湘中四围各县的暴动，于是放弃其他几个中心。湘中的中心是长沙，决定要同时暴动的是湘潭、宁乡、醴陵、浏阳、平江、安源、岳州等七县。

附注：缩小范围的暴动计划，泽东持之最坚，礼容、明翰等均赞同其说。其时仅公达一人主张湖南全省暴动，并要泽东即去湘南，当时因想在长沙即刻举行一个暴动，于是没有坚持下去。

……（略）

节选自中国人民解放军历史资料丛书编审委员会编《土地革命战争时期各地武装起义·综合册》，解放军出版社 2001 年版，第 194 页。

中共中央临时政治局政治纪律决议案

[节录]

（1927 年 11 月 14 日）

……

六，湖南省委委员彭公达、毛泽东、易礼容、夏明翰，应撤销现在省委委员资格，彭公达同志应开除其中央政治局候补委员资格，并留党察看半年。毛泽东同志为八七紧急会议后中央派赴湖南改组省委执行中央秋暴政策的特派员，事实上为湖南省委的中心，湖南省委所作的错误，毛同志应负严重的责任。应予开除中央临时政治局候补委员。

原载中央档案馆编《中共中央文件选集》第三册，中共中央党校出版社 1989年版，第 483—484 页。

陈佑魁关于湘南形势向中共湖南省委的报告

（1927 年 11 月 30 日）

全福①兄：

兹将近日情形报告于次：

湖南自然会要成为唐系军阀最后命运的判决场。最近三十六军和第八军开了许多军队到衡阳一带来了，湖南战事因此新起了大的变化。影响所及，李福林军到坪石忽然撤回，范〈石生〉、方〈鼎英〉都生了后顾之忧，黄绍雄（兹）军部不但不能入湘，并被粤系解散了，所以唐系略胜利，恢复了耒阳、常宁。惟昨今两日又传唐系失败了，郴、耒损失甚大，新衡路××②，是否因许克祥和何健〔键〕的××向未深知。许所收土匪除唐森本部二三千人尚未绝对脱离外，余如贺云湘（千余）、陈光宝（千五百）、周文等皆未与许部发生深的关系。唐森部亦若即若离。方鼎英系蒋派，与湖南土劣已有联络了，先派有人在宝庆一带工作，反动最烈。范石生目的在扩充实力，团结③图谋其回滇之计，很利用革命团体向我们进攻。他与方文和兵力不过四千到五千人。不过军阀统治之崩溃已到时候了，粤桂两系火并自然有被民众势力同时消灭之可能。

湘南农村斗争的情形据已知道的有衡阳。……④城市示威运动尚未实现，衡阳的恐怖程度已高得很了。因乡村赤色屠杀四起，被捕的所谓"暴徒"，政府也很踌躇不敢杀了。大前日杀了四人，昨日初本决定杀十六人，后因怕激起更大的赤化屠杀，于是一个不杀。在一般小资本中的于是觉得杀"暴徒"太多太惨，对乡村杀土劣又不很反对。衡山已有一行动，不日并可大动。耒阳、〈常宁〉水口山不日亦可动作，皆有简单报告。茶陵方面正在做深入的工作，并准备即〈向〉酃县、攸县、安仁发展。我们在茶陵一带武装共有一千四百支枪，这一部分同志机会主义的错误曾在逐渐改除，但错误太深，一时难望除净，尤其是暴动要武力拥护一点，特委正

---

① 全福，中共湖南省委的代号。
② 档案馆所存此件原来如此，下同。
③ 档案馆所存原来如此，文字有脱漏。
④ 档案馆所存原来如此。

在极力纠正他们。不过目前太不健全的原因，不能派得力人前去巡视，只能尽力输送文件和信函的指导，这是特委深感不便而又无可如何的。郴县出席人未回，郴县情形下次再告。昨接得桂阳来信同志已恢复，蓝山，临武亦正在恢复中。常宁特支已久与上级隔级（绝）并完全停顿，昨已找负责人令其来衡面谕一切。

对派人赴各地工作一项，现已着手进行，进行的具体方法：（1）即开办短期训练班；（2）人选为搜集过去较好之工作人员现藏着未出头的，在衡阳站不着［住］的干部人才，和衡阳农所第一期（约一百人，工作时不很注意）；（3）教材除将所有各种文件（最近的）印出各发一份去看，另外并派得力人出席开会讨论省委紧急会议决案，湘南紧急〈会议〉决议案（包括政治问题），游击战争计划和农村暴动技术，暴动政纲；（4）训练班不做上课形式，只做开会形式。

我们很惭愧，不但没有很多的工作，并且不能做很详细的报告，这确是实事问题。因为特委的人力太单弱了，特委实际工作只一个书记、一个秘书。这两日特委本身较可告慰的有两件：因为特委努力的结果，印刷机关已组织好了，石印、油印都有方法。

衡、郴县①

衡阳……耒阳　资兴　郴县　永兴

佑魁

十一月三十日

（编者注：档案馆所存此件无年份，此年份是根据文件内容判定的。）

节录自中国人民解放军历史资料丛书编审委员会编《土地革命时期各地武装起义·湖南地区》，解放军出版社 1997 年版，第 119—120 页。

---

① 档案馆所存此件原来如此。

范石生致朱德信[①]

（1927 年 11 月）

　　玉阶兄台鉴：春城一别匆匆数载，兄怀救国救民大志，远渡重洋，寻求兴邦立国之道，而南昌一举，世人瞩目，弟诚感佩良深。今虽暂处逆境之中，然中原逐鹿，各方崛起，鹿死谁手，仍未可知。来信所提诸论点，愚意可行，弟当勉力为助。兄若再起东山，则来日前程，不可量矣！弟今寄人篱下，终非久计，正欲与兄共商良策，以谋自主自强。希即枉驾汝城，到（曾）曰唯处一晤，专此恭候。

　　　　　　　　选自黄仲芳著《湘南暴动史要》，华文出版社 2010 年版，第 45 页。

中央致湖南省委信

（1927 年 12 月 15 日）

湖南省委诸同志：

……（略）

中央现在可以具体指出的有以下六点：

（一）湖南总暴动的中心在政治上说当然是长沙，同时在以长沙为中心的附近十余县。工农斗争的力量和组织都很有基础，党的组织上的基础与广东比较起来，亦足以担任暴动的领导者的责任。因此，省委总暴动的布置应当以长沙为中心，包括岳阳、平浏、醴陵、安源、湘潭、湘乡、衡阳、衡山（这两县亦可不包括在内，可斟酌决定）宁乡、安化、益阳、湘阴各县，党与团以最大的力量集中在这一区域工作，当然为指挥便利起见，这一总区域中还可划成几个小区域。所谓准备就是按照上面一段所提出的问题的方向去做。

（二）湘南党的组织和工农的力量为湖南第二个有基础的地方，而目前的情形，我们有毛泽东部农军及叶挺二十五师残部在那边。同时，敌人的势力在这些地方又很弱，假"西征"混战继续下去，两广战区一时不能结束，则湖南甚至完〈全〉空虚，那便是更好的暴动环境。在广东暴动的一方面说湖南继续起来是更有必要的。因此中央要你们立即派人去指导湘南建立一个非单纯凭靠军队而是工农群众为主体的割据的局面。这个局面的中心还是在郴桂亦在衡阳则要看事实决定，这一工作要立刻能够实现！

……（略）

中央

节录自中国人民解放军历史资料丛书编审委员会编《土地革命时期各地武装起义·湖南地区》，解放军出版社 1997 年版，第 222—223 页。

广东省委致北江各县委信

（1927 年 12 月 20 日）

口口同志转北江各县委及全体武装同志：

……（略）

3．由上述的情形你们的工作应该是：

第一，马上改编军队，成立工农革命军第一师。军队中即成立师委员会，督促军队行动及管理军队中党务，以口口代兼师长，及兵士同志五人组织之，由师中同志推选。军队改编要注意不良分子，不赞成或怀疑土地革命分子勇敢的淘汰出去，代以勇敢的工农分子，使这部分的武装成为北江土地革命的主要副力。在最短的期间应该使其变为志愿兵，取消发饷制度，由兵士长官组织经济委员会，由公家给养，此外另发数元零用。

……

第4，以前叶、贺军的二十五师，已受范石生之改编，目前特委即须严格的奉省委命令，训令口口及师中全体同志，马上设法从敌人军队中拖出来，与现在的武装结合；如果违抗命令，即全体开除党籍，那末又可加强了北江武装的力量。

……（略）

同志们！全省夺取政权的暴动，不久就要再爆发，敌人统治是日在动摇中，你们必须严格地执行省委命令，努力做去，与各地工农一齐起来，重夺广州政治的中心。那时各地农民的暴动将可以保卫广州苏维埃政权的持久，最后胜利在我们面前不远，同志们！其勉旃！

省　委

十二月二十日，一九二七年

（原载《中央政治通讯》第 17 期）

选自广东革命历史博物馆编《广州起义》资料上册，人民出版社 1985 年版，第 181—185 页。

中共中央给朱德并转军中全体同志的信

（之一）

（1927 年 12 月 21 日）

德兄并转军中全体同志：

自从三河坝与潮州的交通被敌人切断后，党的指导机关即与二十五师全体同志失去了联络。潮州失守后，粤省委曾两次派人追赶你们，及你们退武丰转入江西信丰时，江西省委又派人前往接洽，最后知道你们已越大庾岭而入湖南，中央乃又命湖南省委派人与你们接洽。但一切都是徒劳，始终未得赶着你们。现时你们的踪迹，仅从报纸上的记载和辗转传来的消息，似乎正驻扎在桂东和桂阳一带，惟仍未能证实。并且据江西省委报告，你们入湖南时，曾与范石生有一度之联络。此事如果属实，在广东暴动失败以后，能否不为范石生解决，很是疑问。因此，中央特派李鸣呵同志经江西入湘专与你们接头。除了中央一切重要的决议和关于军事运动的新政策以及最近各省工农武装暴动的情形和统治军阀崩溃的趋势，已命鸣呵同志口头向你们详细报告外，中央更有以下话要说：

一、叶贺军队在潮汕的失败，一方面固由于军事战术布置的不当（如入粤时不以主力攻梅属而直下潮汕，主力既集潮汕与东江敌人对峙，而又留二十五师在三河坝失其作用）；但另一方面更重要的是革命政策的执行有许多未脱旧时机会主义和军事投机的遗毒，以致入粤后，未能发动群众使军队化为工农的武装力量，而造成土地革命在潮梅深入的局面。无广大工农群众拥护的军队便是侥幸战胜黄绍竑、陈济棠，结果也还是军事孤立。不能使土地革命深入，甚至于客观上还会阻止工农运动。因为革命的军队，假使不能与工农打成一片，则仍是一个雇佣的武力听少数领袖的指挥，不能表示群众的意识。即是说，不能以工农群众的意识影响此军事行动。固然这种错误，当时前敌的军队不能负什么责任，因为前敌的指挥机关，在"八一"革命前，既未能得到中央完全的指导，而本身的指导又犯了很多错误。而广东省委以及南昌局对于前敌的军队到潮汕时可号召的工农暴动，亦未能有充分的发动准备；不过军中所有同志，应深切的了解这种错误，务使这种错误，不再在我们同志所组织的任何军队中发生。

二、军事运动新政策的主要条件，是在党的新政策以工农的武装暴动建立苏维埃政权，由土地革命向社会革命的原则之上建立的，为了在反动军阀统治之下秘密的增长工农武装的力量，我们必须在工厂里农村中组织秘密的工农军，必须秘密的给工农群众和党员以武装的训练；必须组织群众的红色恐怖队，反抗白色恐怖的压迫；必须很技术的有计划的布置工农武装暴动前的必需条件；必须在工农武装秘密的组织中，避免个人的英雄的无组织的指导，要充满政治的经济的阶级的斗争形势，更必需的是对于敌人——统治军阀——的武力，施以无姑息的破坏和分裂；在分裂和破坏的工作中，我们应一变从前巩固所谓国民革命军的态度，改成做侦探、作间谍、鼓动兵变、破坏军纪、勾引队伍逃走、引诱士兵卖枪、煽动兵士反抗官长、谋害官长以至全体瓦解的种种工作。自然这种工作是一个时候一个部队里所未能做到的，但我们作军事运动的人，有了这种计划，便不应丝毫放过。所以我们一方面反对国民党所属的一切军队，一方面仍应想种种方法秘密进去，做下级军官，做兵士，进行这种破坏和分裂的工作，假使我们所鼓动的兵变和勾引的兵士能够成为一种力量，我们当然立即组织在工农的武装组织之内，进行斗争和暴动的工作。但是这种力量，我们必须认清是工农暴动的副力，工农暴动的主力必须是工农群众自动起来的武装，没有工农群众广大的参加，专靠着一部分的变兵，或已拿着几杆枪的武装队伍，工农暴动不会发动起来的。便是这种无广大群众参加的武装力量，杀了很多的豪绅官吏工贼，烧了地主的房子，分了资本家财主的财产，烧了借主的借契，充其量不过是梁山泊上英雄侠义的行为，在群众眼内看来是替他们打抱不平的，这样不但不能使土地革命深入，并且一旦统治阶级的军队以全力攻来，到了不能抵抗的时候，好则上山，坏则崩坏，群众中是无法藏身的，自然更说不到扩大群众的参加，蔓延暴动的区域，以抵抗反动的势力，所以我们分裂军队来助成工农暴动只能当做工农武装的副力看，切忌变成流寇式的队伍，来阻止暴动。现时你们队伍所处的境地和所负的使命，便应是这种工农暴动的副力。

三、关于工农暴动的范围，你们或已知道，你们队伍在暴动前后的责任，你们或已讨论过，不过我们要慎重指出的，你们用这种副力参加暴动或发动暴动时必须避免军事投机的错误动作。大概军中同志，在这个新旧政策交替的时候，最容易把武力包办一切的观点，移植到工农暴动上面来，譬如农民暴动一开始，必须是号召广大的农民群众参加，然后才能使暴动中一切行动有意义而深印在农民心里，但军事同志则常易于初发动时便代替农民执行一切暴动动作，而忘了发动群众，或是专注意军事行动，企图固守一个阵地，或是扑攻一个城市，而忘了执行暴动中政治经济的社会的土地革命的各项条件，殊不知群众的暴动和军队的对垒有迥然不同的广狭意义，军队打仗是专门比赛技术，人的条件，是要在一定的技术范围内比赛谁的勇敢，而群众暴动是要在广大的狂热的反抗的情绪中，趁着统治阶级动摇的机会，武装了自己，推翻当地统治阶级的权位，夺取政权，同时并会扩大这种反抗及于周围的群众，以至于摇动敌人所雇佣的武装群众，技术条件在这里虽也成为暴动条件之一，但他却不能比暴动扩大群众摇动敌人所奴隶的群众更占重要，认清了这一点，则我们以军队式的武力来参加暴动，便不会首末颠倒，否则我们不是因为群众尚未起来便代替群众单纯发动暴动，即是不信仰群众的创造力量，借口于几件技术条件之未完备便阻止暴动，前者是军事投机，后者是机会主义，你们带领队伍在城市在乡村参加这一暴动任务时，必须防止这些容易陷入的错误，时时注意群众的发动、群众的扩大，以至敌人所奴隶的群众的勾引或煽动。

四、你们的军队如已确实到达桂东、桂阳的地方，你们工作的对象，便应从这几个县份计划起。据我们所知道的桂东的北边茶陵、鄙县以至江西莲花均召毛泽东同志所带领的农军驻扎，不知你们已和他联络否？各部分农军从前也有不发动群众，专门代替群众从这县打倒那一县执行英雄式的暴动的错误，他们如果驻在这些地方，你们应确实联络，共同计划一发动群众以这些武力造成割据的暴动局面，建立工农兵代表会议——苏维埃政权。这在现时的湖南敌人势力空虚时，是一件刻不容缓的事，便是那部分农军已经远走无法联络，你们在桂东、桂阳一带应该单独的做起来，当地如有我们的党部，自然应该与他们计议发动群众采取适当机会举行暴动，假使没有党部，你们亦应由军中挑选得力同志派入乡村，做组织群众鼓动群众的暴动预备工作，同时并派人与湖南省委作切实的党的联络。

五、暴动的局面，须看当地的环境，如便利在乡村发动，便应在乡村中力求深入和扩大，而不亟于攻城；如攻城确有把握而影响又大，群众或更因此而扩大，败〈则〉攻城亦所必需，便是守不住几天，仍为敌人攻下，亦只得去做，乡村与城市的暴动，固然最好是能汇合在一起，但决不要彼此等待；尤其是乡村能发动时便发动，只要注意群众深入与扩大，农暴总是可以在乡村支持而扩大的，我们以队伍参加农暴，也须着眼于此点。

暴动的内容，自然应依照中央各号通告所指示的去做，但口号必须依照工农暴动夺取政权的原则，指定各种切实的口号，以合乎当地的需要。

六、万一你们所去的地方客观条件不容许一个农暴实现，即所谓统治军阀力量的强大，工农群众反抗情绪的微弱，党的指导一无所有的时候，你们的队伍便应向农运发达的区域移动，去发动群众，做成农暴的助力。这次同鸣珂同志同去江西省委代表，便在这个条件之下同你们磋商，将军队移往江西农运发达区域，如万安、莲花、赣州一带，去做农暴的助力，你们如认定湖南无发展农暴的希望，便可接受江西省委的提议。

七、假使你们已经与范石生发生了组织的关系，你们便应很坚决根据上述的使命，从他的军队中分化出来，这就是说不但将我们的军队抽回来，还将范石生的队伍拉出一部分来。这一工作自然是很艰难而且很秘密的，但我们必须很谨慎的努力去做，至少要将我们原有的队伍抽回来，指导机关应切实讨论迅快执行。

八、我们队伍中或者已经发生一些摇动分子不愿意过这种无希望于升官发财的流浪生活，你们应坚决的淘汰这些分子，假使他们不但自己动摇，同时还鼓动别人，你们更应很坚决的执行军纪斩断恶根。士兵中如有厌倦军队生活而愿归家者，你们首应以土地革命后士兵家庭可分得土地耕种，工农革命军队待遇改良生活平等的希望去鼓动他们，更应时常引导他们与农民打成一片，引起他们参加农暴的兴趣，以巩固我们的军队。假使士兵有受敌人宣传的影响，图谋反叛或逃走，便应立即予以监禁式的劝诫，并将其解除武装，武装热心农暴的农军。

九、你们队伍一切的给养，均应从豪绅官吏财主地主身上着想，千万不要空想党会来帮助，这不但事实不可能，而且原则所不许，旧二十四师在海陆丰参加农暴，不但自筹给养提高了兵士生活，并赞助农民分配了土地，分配了地主的财产给贫苦无业的农民，这一工作你们应首先注意。

十、军中党的组织是一切组织的根源，你们必须依照从前的组织之系统——团成立支部下分小组，师成立委员会——管理支部生活，执行党的政策，监督军队行动。

过去二十五师同志的许多行动多有可批评处，尤其是三河坝退后，直至现在许多同志的行动，多应该拿到师委员会里讨论出一个大纲，交给全体同志公开的讨论给一判断，谁是谁非，报告中央核办，没有党纪便没有军纪，党员不能受严格的军纪，就无以处罚非党的群众，故你们对过去的工作的审查千万不要马虎一些。

一切党的政策均须拿到支部会议或小组会议中讨论，使每个党员都能表示意见，有些并可向非党的群众宣布，使他们认识 CP 的真面目和这部分军队正当的出路——工农革命军。师委会的组织以五人为合适，除指定朱德同志为书记外，余四人可由全体选举，但必须有个士兵同志被选。

十一、你们这一部分队伍的组织形式，广东革命委员会（27）已任命为工农革命军第一师，你们现在已到湖南，如果暴动占据了一个地方，即可由当地革命委员会或苏维埃政府任命为某某地工农革命军第几师，在这师中的一切训练，除了军事的正式操练外，必须有严重的政治训练，在非党同志或不得力的同志中必须有党代表的派遣，严厉的执行监督任务。

十二、你们过去的一切情形均须做一详细的报告——给中央——给湖南省委，你们向中央要求只要人材〔才〕问题，中央可以供给，只要你们有信来。你们应派人与湖南省委联络，对中央，□□同志的任务完成，即须回来报告，万一你们需要□□在那边工作，他可参加师委并任军队中一部分指挥工作。

一切一切都由□□面达，此次就不详写了，最后中央对于你们这一师死难的同志，特致最诚恳的哀忱和永不能忘记的心意，同时并祝你们后死的同志努力！

中　央

十二月二十一日

原载《中央政治通讯》第十六期，1927年底或1928年初编印。

选自中国现代革命史资料丛刊《广州起义资料》（上），人民出版社1985年版，第190—196页。

中共中央给朱德并转军中全体同志的信

（之二）

（1927 年 12 月 27 日）

德兄并转全体同志：

广东省委来信，有你们部队已随范石生到韶关的消息，如果属实，则中央前信的指示，又有以下的变更：

一、广州的暴动，不曾严重警告了范石生，但其对你们部队的注意的防范，并且前信所说："广州暴动失败后你们是否不为范石生所解决，尚是问题。"目前范石生恐将实际的回答这一问题。为避免消灭的危险，你们只有坚决的脱离范石生，联络北江的农军及广州暴动后退往北江的队伍，参加北江区域的农民暴动，扩大和深入北江的土地革命，做成北江农暴的主要副力，造成海陆丰农暴割据东江的同样局面，这是你们队伍存在和发展的唯一途径，并且对于广东全省总暴动的前途更有深切的关系，认清此点，你们必须迅速地执行。

二、你们在脱离范石生时，必须扩大这个"叛变"地影响到他的军中去，尽可能地带去他的队伍，拆散或消灭他的军队，即是保障和增厚我们的力量，这一良好的而又危险的时机，你们也必须谨慎的利用。

三、立即与广东省委接洽，直接受广东省委和北江特委（大约在韶关）的指导，完成你们对北江农暴应尽的责任，其余一切可参照前信斟酌实行。

四、假如同志中有怀疑脱离以及拆散范军的政策的人，必须无顾忌的予以开除，万一主持的同志领导着队伍反对这个决定，中央特命北江特委及××同志行使非常手段领导服从党命的同志消灭这一个反抗。

选自中国现代革命史资料丛刊《广州起义资料》（上），人民出版社 1985 年版，第 197—198 页。

中共中央关于长沙起义未实现原因
和当前任务致湖南省委信

（1927 年 12 月 31 日）

湖南省委：

......（略）

总之，湖南革命的环境，在主观上客观上很显然的是以了迫近总暴动的建立湖南全省工农兵士贫民代表会议政权的时期。在全国的环境看来，除了广东之外，最近期内要算湖南最有总暴动夺取政权的希望，因为新军阀混战局面之爆发与民众主观力量的基础，形成了湖南目前特殊的局面，省委应当把湖南造成更有胜利希望的广东第二，根据中央的指示深入工农群众的斗争和兵士的工作。并在日常工人群众的争斗中准备总同盟政治盟工（在暴动时举行），产生新的政权与新的组织形式（建立真正群众的自下而上能开各级代表会议的秘密工会，如工人在罢工时，组织罢工工人代表会议为最高机关，最后汇合成为总的组织，即为未来苏维埃的政权机关等，在农民广大的群众的爆发区域即组织农民代表会议，在兵士运动中要努力建立党的兵士支部，经过他们去组织反动军队中的革命兵士委员会，如遇有机会时即要使之与工农联合，开短时的工农兵士代表会议。此等组织与工作的方式，开始实行虽然不免有许多困难，但必须战胜这些困难，才能爆发与举行夺取政权的总暴动，才能建立真正群众的政权机关。

苏维埃政权。至于改造党的组织与总暴动技术的准备与发动群众与在总暴动前的群众的政治准备与同样的重要。为实现这个责任，省委须定出更详细的计划，一面执行，一面报告中央。至于湘南应造成割据的局面，大概已详前信，湘西割据局面的创造，则另有计划交由口口带来，湘鄂赣的关系可由中央介绍有关各省商定报告中央批准。

此外关于毛泽东同志所部工农军的工作，中央认为未能实现党的新的策略，在政治上确犯了极严重的错误。中央特命令湖南省委按照实际需要决定该部工作计划连同中央扩大会议的决议及最近种种策略上的决定和材料派一负责同志前去召集军中同志大会讨论并由大会改造党的组织，在必要时，派一勇敢明白的工人同志去任党代表，依中央的意思，该部应在湘赣边或湘南创造成一个深入土地革命的割据局面——海陆丰第一，这才算是尽了该部的革命的职任。又省委须在明年二月间召集全省代表大会，改组省委，在全省代表大会前，按照中央组织通告实行各级党部和省委本身的改造工作。

这个信要转到各级党部。

中央

十二月三十一日

节录自中国人民解放军历史资料丛书编审委员会编《土地革命时期各地武装起义·湖南地区》，解放军出版社 1997 年版，第 252—253 页。

湘南行动委员会武装起义工作指示

[节录]

（1927 年 12 月）

一、指挥机关

1. 以前各级行委概行取消，直由各县区指挥。

2. 指挥机关须健全而统一。

3. （原件如此）① 机关要秘密，不要在敌人包围之中。

4. 须以〔与〕上级及友军的指挥机关灵敏的联络。

5. 指挥的人要责任心重，判决力强，人数宜少，分工宜精密。

6. 传达命令要统一，敏捷，严厉。

二、工农军

1. 工农军需注全力组织之，并加紧训练。

2. 在工农军中尽量发展我们的组织，并组织兵士委员会。

3. 拣选最勇敢不怕死的工农组织游击队、报仇队、暗杀队。

4. 游击队专在乡村扰乱，来去无常。

5. 游击队、报仇队等打杀土豪劣绅后宣布其罪状，召集农民开会宣布土地政纲。

6. 每队人数不必过多，二十人，三四十人，有枪和持刀棍者混合编制。

7，城市工农军由负工农军责者主持，乡村工农军由负农运责者主持。

三、武器

1. 秘密搜集武器，设法制造鸟枪，梭镖，大刀，小口，土口，松树炮等，斧头，锄头，菜刀等都可作武器。

---

① 档案馆所存此件原来如此。

2. 劫夺挨户团军枪械。

3. 制造炸弹等。

4. 预备炮竹作疑兵用。

四、经费

1. 劫助征收机关（如关卡、登记处等）。

2. 夺取土豪劣绅地主富人财产或采用非常的手段；

3. 由有经济信用及田地房屋文契之同学及同志能左右之人，向他人借贷或以文契抵借（此处因原稿两行写在一起了看不清，故不知4项从何处起头）①。

5，征收月费。

五、兵士

1. 推定同志加入兵队当兵，在兵队中建立我们的技术。

2. 运动伤兵兑现扰乱金融，与军警及反动军官冲突，并在伤兵②

3. 设法经过使伤兵与正口兵士发生关系，写口信③我们的军队以感情结拜等。

4. 设法使一般兵士有组织兵士委员会的④探消息运动反水。（此处因两行写在一起了，不知5项在何处）⑤

6. 就兵士痛苦生活状况下切实庐语。

六、会党

1. 联络会党使之站在我们方面，不为拉去，最坏的须使之中立。

2. 在会党中建立我们的组织，最进步、最觉悟的中坚分子应尽量介绍其入党，并在武队中组织兵口委会。

3. 以政治的立场去拉住其领袖及群众，不用金钱收买。

4. 正式收编可完全听我们指挥之军队才给予名义，不然不能滥称工农革命军，免坏党的名誉。

---

① 此为档案馆所存此件原注。
② 档案馆存件此处缺字。
③ 档案馆存件此处缺字若干。
④ 档案馆存件此处缺字若干。
⑤ 档案馆所存此件原注。

5. 凡会党占据的地方，应由湘南革命委员会派人主持政治，并须立刻组织工农团体，尽可能武装工农，实施土地政纲。

6，在会党中不但要和领袖接①。必须与下会（层）群众发生极密切关系。

七、交通

交通消息须力求灵通，沿途邻近党部须建立密切关系。

八、侦探

拣选不带色彩忠实灵警的同志负侦探工作。

九、战斗（略）

湘南行动委员会

（编者注：档案馆所存此件无成文时间，此时间是根据文件内容判定的。）

节录自中国人民解放军历史资料丛书编审委员会编《土地革命时期各地武装起义·湖南地区》，解放军出版社 1997 年版，第 243—245 页。

---

① 档案馆存件此处缺字若干。

胡少海回乡驻防致宜章县衙各府拜帖

（1928 年 1 月 9 日）

杨县长并县议会议长、县挨户团主任、警察局局长、保安队队长诸县官暨全县父老钧鉴：

晚生胡鳌，离别家乡多年，久思报效，恨无机缘。近日，闻东匪北窥，宜章有旦夕之危。经请示我国民革命军第十六军军长范石生同意，决定率一四〇团全体官兵，驻守宜章，保卫桑梓，以尽微薄之力。本月十一日，我率先遣队入城，与诸公商谈布防事宜；十二日，一四〇团团长王楷将率主力后续。特此函达，万祈协助。

国民革命军第十六军一四〇团副团长　愚晚

胡鳌拜启　元月九日

选自佘冬林主编《朱德元帅在宜章》（内部资料），第 22 页。

中共广东省委关于北江武装起义和朱德部脱离范石生部情况向中共中央的报告①

（1928 年 1 月 18 日）

中央：

1，北江暴动很有发展的可能。兹将各种情形略述于下：

（一）曲江暴动正在继续发展，一、二、三、十一区，地主豪绅差不多已完全肃清，杀了百余人，其余都逃到韶关。田契已焚者在一半以上，田界亦已铲去一部。地主房屋多已分给农民住，谷物财产已尽数分给农民。其余十区（曲江共十四区）农民亦闻风兴起。地主大部逃到韶关，现在会集韶关在千人以上，曾两次请愿范石生和县长派兵下乡，范答以无办法。后范派兵一营下乡，被农民打败缴枪数支。各区遂积〈极〉组织联团。全县民团武装约八百人，我们已打入进去活动，很有发展的可能，将来且可以爆发民团内部的阶级斗争，瓦解这种封建的武装。曲江煽动士兵的工作，亦颇著成绩，范部士兵已有些与农民来往。省委已有详细信去指导他们，主要的是在已暴动的各区，即刻成立区乡苏维埃；未暴动各区，即由暴动各区多派农民进去煽动暴动。同时特别注意范部士兵工作和韶关工人运动。

（二）仁化亦有四区的农民起来暴动，杀了地主豪绅数十人，没收谷米万余石。当朱德军队过仁化时，农民群众拿剑仔、锄头等随往攻城者近千人。可惜当地党部极弱，经过四月十五的屠杀到现在仅余七人，简直无法领导群众。省委除详细指导以外，并已派口口②同志前去担任书记（因该县工作极为重要将成为北江第二割据局面的中心）。

（三）南雄农民群众亦已起来暴动，详细情形尚无报告。该县党员有四十余人，已成立县委。

（四）省委根据上面的情形，已决定在曲江、仁化、南雄三县极力发展暴动，造成北江第二割据局面。至少可以力牵制范部和许部南下，妨碍我们在英德、清远、花县一带的暴动。

---

① 此文原载 1928 年 2 月 20 日出版的《中央政治通讯》第 19 期。
② 口口，是原有的。

（五）北江暴动总策略，并已决定各县暴动工作纲领，兹抄一份寄来，请予指示。

（六）潮梅一带情形亦好，可惜党部仍带有很多的军事投机的余毒，现已决定潮梅各县暴动纲领。今日恐抄不及，下次送上。

（七）琼崖暴动发展极速，不过仍未实行土地革命，虽然杀了很多地主，没收了很多财产。今日写详细信去指导，告诉他们土地革命的方法，与苏维埃政权的组织和工作，及以后琼崖进行暴动策略等。全面下次抄送。

（八）朱德已接到省委命令脱离范部，不过脱离几乎是得了范的同意，范并发了两〈月〉关饷、子弹二十万发。范极力拉拢朱德表示好意。以致脱离时，朱竟未解决附近范部。脱离后赴仁化，本拟绕道始兴到英德，被十八师苏世安部所阻，遂转赴坪石，中途同志和非同志都有叛变逃走降范告密者。现已到坪石，拟先取乐昌，解决许部后（现乐昌只有许克祥一团余人）即到目的地（英德）帮助农民暴动，北江特委已有信给他。并抄上。（下略）。①

广东省委

一九二八年一月十八日

选自中国人民解放军历史资料丛书编审委员会编《土地革命战争时期各地武装起义·综合册》，解放军出版社2001年版，第378—379页。

---

① （下略），是原有的。

中共中央关于湖北、湘南工作问题致李维汉信①

[节录]

（1928 年 1 月 20 日）

迈兄②：

（一）……（略）

（二）接湖南省委寄来之湘南特委报告，虽然是去年十二月十八日的报告，中央认为湘南特委主持之同志有不正确的非无产阶级的政治倾向。如他们的口号，有暴动起来恢复农民协会专政，暴动起来工人占据工厂自己管理，他们的暴动的战斗的决议案第十五条有马上恢复民众团体，工人占据工厂，农民实行分配土地等语，他们对于政治的认识与中国目前革命的时候亦不清楚，如政治决议案有"现在之革命环境已较好于十月革命前之俄国，十月革命已到我们目前了"；他们对于党的策略好像不太清楚，如他们暴动的总口号有"暴动起来打倒盗用国民党名义的一切新军阀"，好像仍认为有好的国民党一样，有"革命委员万岁"不懂得要以苏维埃为暴动的指挥机关。他们的方法亦有些错误，如宣传兵士利用娼妓，夺取豪劣地主富商的财产用吊肥的办法。此外他们对于会匪不取分裂根本消灭的政策，对于军事运动尚幻想长官的错误方法，这许多都是不正确的，继续这种政治的精神，自然不能深入土地革命而且有大的危险。原因虽是由于他们远处深山与中央的政策隔绝，但他们农民分配土地，工人占据工厂的倾向，确表现一分社会关系与广东同志之组织三 K 党，谓革命为大杀，大抢，大烧，广州工人同志要求提出没收一切资本家的财产纯全一样。附上他们的报告，希兄至湘时加以纠正。

（下略）③

中　央

转自中国人民解放军历史资料丛书编审委员会编《土地革命战争时期各地武装起义·综合册》解放军出版社 2001 年版，第 378—379 页。

---

① 此文原载 1928 年 3 月 24 日出版的《中央政治通讯》第 21 期。

② 迈兄，指罗迈，即李维汉。

③ （下略），是原有的。

朱德致王光佑信

（1928 年 1 月 26 日）

光佑兄：

我们是工农革命军，是共产党领导的军队，是为劳苦大众求翻身，求解放，打天下的。闻兄为防匪患，成立农民自卫武装，保卫桑梓，深感钦佩。兹者，我军欲到贵处圣公坛，共谋为国民大计，今特派胡少海、毛科文、谭新前来联络。并委托带来六支手枪，望笑纳。

中国工农革命军第一师师长朱德谨启

1928 年 1 月 26 日

选自金东林主编《朱德元帅在宜章》（内部资料），第 65 页。

中共中央关于广东全省起义等问题给广东省委的指示

[节录]

(1928 年 1 月 27 日)

粤省委：

C 同志带来文件均收到。中央的意见除面告口口（1）同志外兹再书面释述如下：

……（略）

三、省委对北江的工作大纲，北江特委致朱德的信，内中都充满了一个不正确的观念。这个观念便是以"杀人、放火、抢物"为暴动原则，为革命目的。特委信中有"鼓励自由杀人"、"奖励焚烧房屋"的话。省委决议案更主张布告民众准自由杀人，杀国民党党员，反革命房屋一律焚烧，兵士杀自己长官。这种主张不是无产阶级革命先锋的正确意见，而是农民暴动受了土匪流氓主义——亦是三 K 党的影响的反映。杀反革命派，我们是主张而必须实行的，为一时鼓动群众革命情绪，威吓地主起见，焚烧些地主豪绅房屋是可以的，但其目的并不在烧尽地主豪绅房屋，因为这种房屋农民也一样可以搬进去住。国民党员包括有小资产阶级分子甚至工人贫农，杀尽的口号非常不适宜，容易引起人误解，且国民党群众中有一部分不是不可以觉悟而脱离国民党的。同样的军队的长官也不定是反革命的。或者说高级长官尚且实（坏）点，最好还用杀反革命长官的口号。总之，暴动中定免不了杀人，且不能禁止杀人，但若出布告命令自由杀人放火，甚至奖励杀人放火，这实非无产阶级领导的革命意识所许，望省委勿太过高兴，跟着三 K 党流氓土匪主义后边而失掉无产阶级的立场。

……

六、北江的工作，英德、清远、花县固要紧，曲江、仁化、乐昌也一样可做工作。从前省委不知曲江、仁化可发动农民的斗争并可进而暴动以夺取乡村政权，故命朱德部队绕道往英德。现时曲江、仁化、乐昌斗争既起，前一朱德部队无法至英德，便须立即改变方针，从其驻军的本地做起组织，并号召群众发动暴动，并蔓延到各地。这点，应予北江特委以活动的指示。

朱德留恋于范部的错误，省委特委固要批评，但积极的工作的指示，应重于消极地对于过去的批评。这一指导精神省委必须接受。

……（略）

中　央

一月二十七日

选自中国人民解放军历史资料丛书编审委员会编《土地革命战争时期各地武装起义·综合册》解放军出版社 2001 年版，第 411—413 页。

宜章县农民协会通告

县字第六号

1928 年 2 月 18 日

为通告事，本会自恢复后，各区乡农协会均已多数恢复，一切问题急待共同解决，兹经各团体联席会议决定，定于本月二十六日起召集全县代表大会，区协会派代表二人，乡协会派代表一人，希即携带被盖报到，勿延为要。

右通告

县农协

二月十八日

选自中共宜章县委党史办 1987 年 8 月编《湘南起义在宜章》（内部资料），第 57 页。

宜章县农民协会通告

县字第七号

1928 年 2 月 18 日

  为通告事，本会急待着手调查人口与土地，以为解决问题之张本，兹经本会议决，各区协会与乡农会务须赶急恢复，造册汇报到会为要。

右通告

县农协

二月十八日

选自中共宜章县委党史办 1987 年 8 月编《湘南起义在宜章》（内部资料），第 58 页。

塘水庙二十五乡农会
向三区农会呈报干部的函

（1928 年 2 月 22 日）

敬启者：敝会已经恢复成立，共同农民公举曾广露为正会长，胡诗斗为副会长，曾昭文为秘书，胡诗良为财务、粮食员，陈子楠为组织员，谷述福、陈良行、胡诗福为候补员，谷有九为青年员，谷武升为宣传员，谷义成为土地员。特草此函，恳贵会发录颁发委任，以好信守而专责成此致

宜章赤石第三区农会会长肖公鉴
塘水庙第二十五乡农民协会
二月初二启

选自中共宜章县委党史办 1987 年 8 月编《湘南起义在宜章》（内部资料），第 59 页。

郴县第四区农民协会通告

（1928 年 2 月 28 日）

　　为通告事：案准土地委地委员会函开，敬启者，案奉郴县土地委员会通告略开：兹值土地革命之际，所有各乡农友应将土地自务分配。等因奉献此。遵即执行委员会公决，由各乡农友酌量本乡田土、地、茶山、人口多少，造具清册一份，送交敝会便考。查相应函达贵会，希烦通告乡农协会克日遵照办理为盼。等因准此。查现值春耕在即，若不依法妥当分配，则农友观望坐食，荒废农业非轻。合行令仰该乡农协遵照，统限三日内造具人口、田亩清册一份，呈送土地委员会，毋得疲延致失利益为要。此令。

执行委员会委员长雷动舜

民国二十七年二月二十八日

选自《郴州地区志》，中国社会出版社 1996 年版，第 1988 页。

宜章县苏维埃政府颁布的七条法令

（1928 年 2 月）

宜章县苏维埃政府提出了"打倒土豪分田地，铲除贪官污吏，废除苛捐杂税，提高妇女地位"等口号。颁布的七条法令是：一、没收土豪劣绅财产，分配给贫雇农；二、不准夺佃，实行耕者有其田；三、责令土豪劣绅偿还剥削账；四、禁止赌博及吸鸦片烟；五、禁止重婚；六、破除封建迷信；七、废除苛捐杂税。

选自《郴州地区志》，中国社会出版社 1996 年版，第 1988 页。

湘南工农兵代表会议主席团通告[①]

（1928 年 3 月 21 日）

第三共产国际、中国共产党中央党部、湖南省党部、各省县市党部、中华苏维埃政府、各省市县苏维埃政府、中华全国总工会、全国农民协会、工农革命军总司令党代表、各路总指挥党代表、各师师长党代表暨全国工人农民兵士钧鉴：

湘南工农兵代表会议，自三月十六日开幕，共开会五天，业于二十日午后九时闭幕。计议决（一）政治决议，（二）湘南工农兵苏维埃政府政纲，（三）暴动总口号，（四）工农武装，（五）土地问题决议，（六）肃清反革命条例，（七）县区乡苏维埃政府组织法等要案。并选出陈佑魁、刘冬生、李才佳、周淑良、王香和、何长工、余甫文、吴弼、陈毅、朱德、伍昭援、伍昭彦、梁钟楚、陈伯诚、尹子韶、刘英廷、朱克敏、李玉田、吴泗来、宋乔生、黄体国等二十一人为执行委员，组织湘南工农兵苏维埃政府。特此电达。湘南工农兵代表会议主席团陈佑魁、细格思、陈毅、杨靖、尚达甫叩。

三月二十一日

见李沥青等人主编的《湘南起义史稿》，湖南人民出版社 1988 年版，第 120—121 页。

---

① 本文原载 1928 年国民党《湖南省清乡公报》。

永兴县赤色警卫团布告①

（1928 年 3 月 22 日）

照得本军起义，原为解放穷人。

打倒祸国政府，杀尽殃民豪绅。

废除苛捐杂税，以及关卡厘金。

严禁吸烟玩赌，提倡男女平等。

厉行水田旱土，各按人口均分。

所有公共积谷，尤宜妥管备耕。

创造大同世界，达到无富无贫。

特此恺切告喻，务希一体谨遵。

选自《郴州地区志》，中国社会出版社 1996 年版，第 1988 页。

---

① 此布告是永兴县苏维埃秘书何宝臣根据湘南苏维埃政府的政纲和宣言的精神所草拟，据此，时间为编者所加。

中国工农革命军第一军第一师第一团
三大纪律六项注意

（1928 年 4 月 3 日）

三大纪律：

第一，行动听指挥；

第二，不拿工人农民一点东西；

第三，打土豪要归公。

六项注意：

一、上门板；

二、捆铺草；

三、说话和气；

四、买卖公平；

五、借东西要还；

六、损坏东西要赔。

节录自中共中央文献研究室编《毛泽东年谱》上卷，中央文献出版社 1993 年版，第 237 页。

郴县第二十九乡苏维埃政府公告

（1928 年 4 月 5 日）

　　南楼　　　为通告事项奉

　　区政府通告，内开为通告事，叠查范逆石生在韶一带扰乱后防，破坏革命进行，该小丑跳梁总不足虑，亦不得不预为防范。本政府有见此，特开执委会议议决，各乡政府应亟准备武器火药以资御敌，而免临时仓促，致碍革命。仰该乡剋即转知所属各地，迅予准备，事关重要，毋得违误干咎为要等。因奉此除分行外合亟通告、仰该会迅即准备武器弹药以资御敌切勿违误干咎。

右通告

第二十九乡农协执委公告

执行委员会常务委员李直、李昶寅、李荣春

郴县第四区第五乡苏维埃政府

民国十七年四月五日

原载中共郴州市委党史资料征集办公室编《湘南起义文献集》，中共党史出版社 2014 年版，第 157 页。

江西省委转给中央毛泽东信的附言

[节录]

（1928 年 5 月 19 日）

（湖南江西）两省边界距离仅 10 余县，两省委历次管不到手。因同志们努力，党的组织活动都在天天发展中。但以 3 月间周鲁同志（湘南特委代表）来宁冈取消前委后，顿失中心，各自为政，起了不良之现象。

节录自黄仲芳著《湘南暴动史要》，华文出版社 2010 年版，第 200 页。

中共中央关于全国政局及
今后任务给朱德、毛泽东并前委的指示

[节录]

（1928 年 6 月 4 日）

德润二兄并转前敌诸同志：

　　数月来，你们转战数千里与反动势力奋斗，中央对于你们在这种刻苦的劳顿的生活中而能努力不懈的工作甚为欣慰。中央在这数月中也曾努力与党内的错误倾向党外的反动势力奋斗，经过了去年八七紧急会议及十〔一〕月的扩大会，直到现在党内的情形的确已有很大的变化，党的工作亦较前有进步，这是可以告慰于转战数千里的同志们的。同时全国政治也有很多的变化，只可惜这些材料不能达到你们。以前中央虽曾派人来找你们，但以交通的关系而终无一次能与你们接头，以致中央和你们彼此间的意见互不能达到。这次由江西省委转来你们的信知道你们的近况中央甚为欣慰！除将中央最近的重要文件设法送给你们外还有此信的指示：

　　……（略）

　　你们的队伍几月来都是在三省枢纽内屡进屡退，现在你们所占领的地域是江西的永新宁冈遂川，然而你们的地位仍然处在三省暴动布置的中心地位，因此你们在三省的暴动前途上所负的责任是很重大的。可是你们几月来因为与中央断绝了关系并有许多客观上的困难，你们在工作中不免有许多的错误和缺点：第一，你们几月来所到的地方未能尽力发动广大的工农群众，因此在你们所经过的地方，土地没有没收没有分配，苏维埃的政权亦多是上层的委派的而无下层群众选举的基础，因为你们没有彻底执行土地革命的任务，所以你们的军队一旦退走，革命的胜利亦多半随之而失败，尤其是在湘南的时候虽然连陷十余县但始终只做了一些烧杀的工作甚至主张烧毁城市，在你们军队的本身上说，现在还是一种国民党时代的雇佣式的军队，未加以组织上政治上的改造。这些缺点和错误，虽然责任不能完全归咎于你们，但我们必须了解这种缺点和错误是很危险很严重的，因此中央特向你们郑重的指出，同时对你们今后的任务和工作有以下的指示：

　　……（略）

四、关于你们的军队，你们可以正式改成红军，在组织上现在你们还是国民党式的军队，在性质上还是雇佣的军队，在成分上亦不能说很健全，这样的军队是不能十分有把握成为彻底实行土地革命的军队的，而且在军饷上如果是雇佣军队将来扩大是很难维持的。你们必须依照中央最近的军事工作决议案改造你们的军队，使雇佣式的军队变成志愿军，使兵士和长官都得分配土地，在服务时由苏维埃替他耕种，在成分上尽可能地增加工农和贫民的成分，减少流氓的成分，在编制上应行太平天国式的编制，在政治上设政治部，取消党代表，实行士兵的政治训练。在这个时期，因为你们转战千里，七八月来未能得到休息的机会，如果你们能找到一个机会做改造和整顿的工作是有必要的。

……（略）

八、关于前敌指导机关的组织，中央认为有前敌委员会组织之必要。前敌委员会的名单指定如下：毛泽东，朱德，一工人同志，一农民同志，及前委所在地党部的书记等五人组织，而以毛泽东为书记。前委之下组织军事委员会（同时即是最高苏维埃的军事委员会），以朱德为书记。此外还须组织一职工运动委员会，以前委之一工人同志为书记，军委及工委的名单由前委决定。对于前委，如你们觉有增加某同志的必要，可以提出名单交来中央批准。

……（略）

中　央

选自中国人民解放军历史资料丛书编审委员会编《土地革命战争时期各地武装起义·综合册》，解放军出版社 2001 年版，第 511—522 页。

中共湖南省委关于湘赣边割据工作致各特委、县委及红四军军委信

致各特委、县委及红四军军委信

[节录]

（1928 年 6 月 24 日）①

……湘南郴州、永兴、资兴、耒阳的暴动又重新开始，三十、三十三团在四乡游击，朱、毛的红军经过几次的"围剿"仍旧存在，而且日渐扩充，成为一种伟大的力量。在这一个区域内，党与群众的力量都有基础，但缺乏好的联系，特别是党的领导力量较薄弱。在浏阳，醴陵，萍乡，茶陵各县的党部，仅有下层的同志，尚没有得力的领导机关，这是暴动的一个严重的问题，而万要我们特别努力的。

根本〔据〕以上的事实，证明中央所决议的"在湘、鄂、粤大道沿赣边的割据"的指示，完全是对的，并且省委在最近亦是集中力量来布置这一区域的工作。现在我们应该抓住豪绅资产阶级军阀力量最削弱最动摇的关键，以及工农革命浪潮高涨与党的力量最强的这一个区域——从平江沿赣边到湘南，立即开始革命的进攻，以造〈成〉这个广大区域的割据，这是湖南的党现时的重要任务。

……

第四，耒阳、永兴、资兴、郴州为一个区域——在这个区域内，应普遍进行游击战争，发动广大群众，立即恢复苏维埃，〈分〉配土地，暂时造成以郴州为中心的四县割据。对于党过去在湘南的错误，应毫不隐藏的在群众面前公开的指示出来，并在事实上加以纠正。这四县的暴动，应向衡州发展，与茶、攸、酃县取得联系。

……

第六，红军第四军——四军应即向湘南发展，与三十、三十三团相结合，留一部分武装在宁岗，并分配少许枪支给宁冈，永新，莲花的工农群众。到湘南后，首先用全力帮助耒阳、资兴、永兴、郴州的党部，发动四县的广大群众，然后向茶陵，攸县，酃县，安仁发展，以与湘东相联系，造成从平江沿赣边到湘南的割据。在四军内应与同志的保守观念奋斗，目前只有积极地向湘南发展才有出路，才能解决一

---

① 档案馆所存此件无年份，此年份是根据文件内容判定的。

切军事的经济的财政的困难。在这种积极的发展的政策之下，红军本身组织的健全与扩大，更为重要任务。

……

湘东特委，平铜修特委，湘赣边特委，湘南特委及四军军委应根据上列的指示，立即开始布置本区域内的工作。

……

省委

六月二十四安源

节录自中国人民解放军历史资料丛书编审委员会编《土地革命时期各地武装起义·湖南地区》，解放军出版社1997年版，第366—370页。

中共湖南省委关于军事工作致红四军军委信

（1928 年 6 月 26 日）

四军军委：

关于四军问题，省委有下列的具体指示，希望毫不犹疑地立即执行！

你们〈进攻〉酃县的结果如何？念念！如酃县胜利后，应快速的转茶陵，出高陇，进攻永新之敌，如酃县未得胜利，乘湖南"会剿"部队尚未集中前，先解决永新之敌军，然后再杀出一条血路，向湘南资兴、耒阳、永兴、郴州发展。

二军部队于日前开到株洲。六军于六月二十三日退出醴陵，一部分退浏阳，一部分退萍乡，恐慌极矣。七师二十一团与六军发生冲突，已于二十五日完全退萍、安，向芦溪开动，听说到吉安集中。六军到萍乡后，确实向何方发展尚不得而知。有向赣西推进模样，因此与赣西部队冲突已成为事实。我们应利用永新敌军两面受敌的时机，快速的加以解决，以巩固赣西的割据，并除去后顾之忧。

占永新县后，立即向湘南发展，与三十、三十三团相联合，帮助湘南党部努力于最短期间发动耒阳、永兴、资兴、郴州的群众力量以造成四县的乡村割据，对衡阳取包围形势，然后用全力向茶陵、攸县、酃县、安仁发展，以与湘东暴劫相联系。只有采取这样的积极发展政策，才能解决一切军事的、财政的、经济的困难，而且可以解决敌人二次"围剿"的形势。

军队到湘南后还有一个最重要的任务，就是红军的充实与扩大。一切的战争应当是群众的，以歼灭敌军缴得枪支为重要目的。应即根据省委前信的指示，每连由步枪一排，梭镖二排组织。如此四军可立即扩充到十二团，战斗力量则更增加矣。

四军向湘南开动前，应由二十八团拨步枪二百条交永新、莲花农民，总合当地农民原有武装约有〈枪〉四百条，积极的扩大赤卫队的组织，实行赤色戒严，即可抵抗敌军的进攻，以造成工农为主体的赣西割据。

袁文才部队可留一营守山，并保卫罗霄山脉的根据地。王佐同志部队仍随四军往湘南，否则恐留宁冈部队太多而前敌发生困难也。伤兵可暂留山上（宁冈）较到湘南安全，但应努力改善其待遇，并给他们以多量的安慰。

出发湘南的四军军委应取消，另成立前敌委员会指挥四军与湘南党务及群众工作。军委取消后，军部组织须特别健全，此点必须做到。

前敌委员会，省委指定下列同志组织之：泽东、朱德、陈毅、龚楚、乔生及士兵同志一人，湘南农民同志一人组织之。前委书记由泽东同志担任。常务委员会由三人组织：泽东、朱德、龚楚。并派杜修经同志前来为省委巡视员，帮助前委工作。

详见省委通告，并由杜同志面述，四军出发后，前派来之袁德生同志须回省委工作。

此致

敬礼！

湖南省委

节录自中国人民解放军历史资料丛书编审委员会编《土地革命时期各地武装起义·湖南地区》，解放军出版社 1997 年版，第 371—372 页。

关于朱毛红军（红四军）
的历史及其状况的报告①

［节录］

（1929 年 9 月 1 日）

陈　毅

（一）四军的历史

1. 四军未成立以前的来源。四军由三部分组成，一为朱德率领之叶贺残部；二为毛泽东率领之卢德铭团（张发奎之警卫团）及湘东农军；三为湘南郴、耒、永、宜、资五县农民。叶贺军于一九二七年十月在潮汕一带失败，三河坝一战，二十五师及九军失利，向闽赣边界撤退，由朱德率领转入广东北江。曾与范石生有一时期合作，得范石生之补充不少。一九二八年一月脱离范石生到湘南，连战击溃许克祥、周大兰、白崇禧等部，实力增加了两倍。是年四月湘南暴动失败，不战而安全撤退至江西宁冈与毛部会合；同行有湘南郴州、耒阳、永兴、宜章、资兴五县农民，计宜章第三师、郴州第七师、耒阳第四师、永兴、资兴各一个独立团。毛部基础为卢德铭团。卢在八一暴动之后，二日由武昌率领去九江，见张发奎业已反革命，乃中途起义。初拟沿赣边去广东与叶贺会合，继因通途险阻仍留在湘东、赣北一带。一九二七年与平浏农军会合，并由毛泽东率领参加秋收暴动，最先挂了红旗。秋收暴动失败后，毛部被迫向南移动至宁冈，获得当时绿林（洪会）袁文才、王佐之帮助，仍留在井冈山附近各县打游击，这是一九二七年底至次年三月间的事。到了四月，有朱部两千余人，湘南农民八千余人，毛部千余人，袁、王各三百人。如此庞大军队，有统一领导指挥训练的必要，决定成立红军第四军，以朱为军长，毛任党代表，编为三个师，因枪械及人数不足，乃编为 28、29，30、31、32、33 六个团，取消师部，由军部直接指挥。全军约万余人，而枪仅两千余。

……（略）

3，四军官兵夫的成分：（1）历史：叶贺旧部到现在大半成了干部，占全军十

---

① 此件全文刊登于 1928 年中央出版的《中央军事通讯》第 1 期（创刊号）。

分之二；湘南农民约占十分之四；历次俘虏改编的约占十分之二；在赣南闽西新招募的占十分之二。（2）籍贯：湖南人十分之五多，闽赣人十分之二，其他各省十分之三。（3）年龄：十八至廿五岁十分之六，廿五岁至四十岁十分之三，老幼（十六岁以下，四十岁以上）十分之一。（4）战斗兵十分之六，余为官佐夫役等。

节录自上海师范学院政治教育系、上海师院分院马列主义教研室1979年编印的《陈毅资料选》（内部资料），第28—35页。

★

第三编

珍闻辑要

峥嵘岁月

★

朱德自述［节录］

朱　德

开篇自述

……

我接着参加组织一九二七年的湘南起义。我们改名为"工农革命军第一师"，举起红旗，上有锤子、镰刀和红星。在湘南起义中，我们第一次在我们旗子上用了红星。六个月后，一九二八年五月，我到江西井冈山，部队增加到一万人。就在这个我们准备建立第一个根据地的井冈山下，我第一次见到了毛泽东。这是一次非常令人兴奋和愉快的会面。

在湘南起义之前，毛泽东的部队在一九二七年冬季就上了井冈山。一九二八年以前，我和毛泽东的唯一的一次联系是我从东江地区撤退之后，他派他的弟弟毛泽覃来和我取得联系。一九二八年在井冈山，毛和我把我们的部队合组成新"第四军"，所以用这个名字，是为了保持国民党第四军"铁军"的大名，它在大革命时期是我们的革命堡垒。我被任命为第四军的军长，毛当政委。我们在井冈山上待了六个月，击退了三次想消灭我们的进攻。这时彭德怀在平江起义之后也到达了井冈山。一九二九年，我们留他驻守井冈山，毛和我率领部队去江西南部、福建、广东、湖南，进行建立苏维埃的长期斗争。从此以后，我的经历只不过是红军历史的一部分。

第五章　保存火种　在困境中与范石生合作

我们撤退向江西、湖南，一路上大量宣传共产党的主张，揭穿了阶级斗争，组织红军。这时还有一二千人，有陈毅、林彪。沿途逃跑的很多。到山上人就不太多了。编排，准备，休息，现在坚决地组织起来。在大余就组织成一个纵队，干部还都是大革命时的干部。组织了教导队，干部相当多，知识分子也不少，并且重新组织了党的教育机关。

我们组织起来，胆小地跑了些，人都很疲倦了。

范石生那时在广东东江、湘南一带当军长，原来我们打东江的时候，就和他通了声气。这是一九二七年的十二月，开始整顿。由各处筹到一点款子，由信丰、大余搞到了一些地图、药材，就在山上进行训练。敌人忙于军阀混战，也不来追，因为这时张发奎在打广东，两广事变起来了，另外唐生智也同广西打起来了。在这军阀混战的矛盾中间，我们得到一个月的休息。在那里开会，进行教育，建立政治工作以及军事技术工作。部队有一千多人，共产主义是提得很高，大家兴趣很高，连伙夫也是这样，都认为非阶级斗争不可，非组织红军不可。

以后我们同井冈山来的一营人会合，大家兴趣更高了，更热烈地开会，组织……范石生这时又派人来联合了。原来我们有人到他那里去，中间我们南昌暴动以及去广东，他都是表示同情的。当时我们正疲倦，又没子弹、服装、被盖……就立刻和他讲了统一战线。他接济我们十多万发子弹，我们的力量又增强了。他还一个月接济万多块钱、医生、西药、被单……我们互相结合着。因为我和他有云南起义的老朋友关系，所以给了我们不少的帮助，我们始终心心相印。在红军的发展上来讲，范石生是值得我们赞扬的。我们这时是以半公开的面目出现，我以王楷的化名出现。

山很大，有吃的，又有粮食有钱，民团不敢来惹我们，我们也没去打他，落得休息一下。把干部弄成教导队，组织了党的支部，建立了连的指导员、政治部、支部书记……好好地搞起来，人手很齐，整有一千多人，编为两个团，一个团是王尔琢，一个团是伍中豪。

这时范石生去打广东，很多的东西留下来了。

在湖南汝城，我们同广西军队又打了一仗。然后我们在资兴、永兴又驻了一个时候，又从范石生那里领了五六十万发子弹，这样把湘南的党恢复了，而且开了党的大会，准备了以后的湘南暴动。

在十二月十一日，广州发生了暴动。我们想去增援这一暴动，把队伍开到韶关。从各方面组织，到处组织农民协会，援助他们打土豪，打得稀烂。这样一来，范石生有点害怕背不着了。

广暴失败，范石生开始同广东（军阀）有了勾结，不能再掩护我们。我们就离开他，走了。临走，他还送来一万块钱。走出来后，就占领了仁化，打乐昌，没有打进去，又转向湖南攻宜章，就在十二月底打进去过年了。

从范石生那儿出来，我们就改名为"工农革命军第一师"，而在一九二八年一月，在宜章首先高举第一次出现在中国国土上的红旗——镰刀斧头的红旗。我们捉了土豪，缴了好几百条枪。这时只剩下王尔琢的一个团，另外一个团押解子弹去井冈山。在范石生处临走时，我去信说："应该好好建立统一战线，革命到底。"他来信说："你们是会成功的，我劝你几件事，政治上'不嗜杀人者，能一之'；军事上多走大路，不要走小路把队伍搞掉……"那时，在宜章仍以我的真名出现，军阀们才知道南昌暴动的队伍又出现于湘南暴动了。

智取宜章

当我们攻宜章以前——我们涉渡了乐昌河，在一处很小的山上，一批贫穷的农民委员会干部被土豪赶逐到山上来了。我们收容他们到队伍里来，找他们做向导去打宜章。可是怎样打呢？我们想出一个计策——在我们那里有一个叫胡少海的，他就是宜章人，他就写了一封信，到宜章去说："我在那里当了团长，现在要带队伍回来保护地方……"

马上把队伍伪装起来，他一带就带进宜章去。

当地绅士都来欢迎他，县长就请他去吃饭，还坐了两桌陪客……

就这时，我们把城门一闭，统统都捉着了。县长、土豪一个没跑。就开始来了一个暴动，把城里重新组织起来了，马上分兵下乡去打仗——便着手组织起苏维埃来，完全依照广州暴动时宣布的组织方法一样。并且很迅速地组织了工会、农会。几天之内，在发动和影响之下，各乡下都暴动起来了。这样一来，大家都很有兴趣了。因为一下变为一个新的世界，红旗也高高地打起来了。我们"第一师"的番号是广东省委给我们的。就以宜章为根据地，地方党早有组织，扩大起来，又组织了第二团，由胡少海领着去坪石打土匪胡凤璋……

打垮许克祥

有一个星期，各方面的"围剿"开始来了。那些部队是由各方面军阀派出来的，广东就派来许克祥一师，唐生智又一个教导团来，立刻就来了四路——我们知道在宜章蹲不行了，因为我们的兵很多是才暴动起来的，就把兵一拉，往宜章的西南角上退去。这时我们主力部队有三千多。许克祥有五个团，算一算可以打的，子弹也还充足，就打。在西北角上有一个寨子，黄沙堡附近我们没有打开。那个寨子很厉害，群众都很革命，只是土豪也很厉害。我们想去消灭土豪，而去扶助起革命力量，随后我们到了黄沙铺，就把兵力集中于此，是很有把握的。许克祥又去调广东团防。我们在黄沙铺一带。当晚寨子也打开了，缴了民团的枪。这时我们仍然依靠着山和群众。这时，广东民团派队伍来增援。我们在早晨出发，去一打就打跑了——这一天，又行军四十里。刚刚宿营，去看看地形，好布置步哨，这时大队伍还没到齐。我们刚刚往山上爬，还没上去，距离山顶百把米远，许克祥的一连人却出乎意料地占据了山顶。这时我左右连参谋长等不到十个人。还好，那山是梯形，一级一级的，他从上面一打，我们就退下。恰好这时队伍将赶到左面，我们一连步哨，从他们后面一插上来，就打垮了，还捉到了俘虏，一问，知道是许克祥的部队，追出十里，再过二十里，到窠蟹洞，山势很险要，群众也好，我们在这儿整理一下，准备好了，就又打出来。许克祥很轻视我们，不曾把五团兵力集齐，很快地追来了。我们也知道他是不会跟五团一起来的。

我们就同他打了遭遇战，一个钟点解决了战斗，把两团人打得稀烂，乱跑了一顿，我们追了七八里，缴了枪。这时我们是打野战，地形还不大熟悉。

第二天，得到消息，听说许克祥在宜章，就去打，准备给他各个击破。我们是早晨出发的——把部队的中心放置在大路左面，左面就是山。我们先头部队一下却走错了，到了大路上来，知道不对，就下命令停止。哪里知道这时敌人已经躲在路口上，刚刚派出两个营绕出前面就打响了。如果当时不停止，就一直走到敌人的窠里去了。

我们部队插出左面，从他屁股后头一打，又垮了。垮了就追。敌人跑得一塌糊涂。我们和许克祥的阶级仇恨是很深的。许那时正被资产阶级看作宝贝似的。我们没一个不奋勇地追赶……

在一条沟里，我们机关枪从山上打死了很多人马。

赶到坪石①街上，那街上满满的塞满人和东西，因为许克祥的一团人通夜也没走出去。在街上一打，那些东西、人跟山一样，房子又矮，人就从东西上、人身上、房屋上踏着追过去，又追了一二十里，只剩下许克祥带七八个人跑掉。大家都想捉到他，我自己带了部队追赶，结果到河边上，他们摆着船过去了，向广东方向逃去，没有追上，如果当时先来抢船必定把他捉到了。

那些溃兵也乱塌塌地向湖南郴州跑，也追赶了个通夜。这样我们大发其财，五个团就这样一打便打垮了。在坪石街上的敌人还有两个团，就一下追到那里，大家都感到热闹有趣。那里也很富足，距离宜章只三十几里，但是那儿就是湖南以外了。到那里又搞了些山炮、迫击炮、子弹，把家伙都搬到宜章去了，把散兵军官也通通编起来，充实自己的两个团，枪、马都多了，大家都看得宝贵得很。我们决心把许部搞光了，次日跟着又追，留下些人在坪石办事。在那儿挑盐的老百姓听说打垮了许克祥，都高兴得跳起来，因为许克祥在湖南"马日事变"后杀了很多的人。我们一来，宣传大家挑盐，盐贩子都不要钱，赈济了穷人。这样，我们收复了宜章，打到郴州。

暴动烈火遍湘南

这时，主要的是我们利用了敌人的矛盾，同时是在群众比较好的地方，统治阶级比较薄弱的地方。那时正是唐生智和广东打仗，都不来注意红军了。许克祥一方面要打唐生智，唐也防备许。我们一下把许部打垮，许部就不敢往唐部的阵地跑，结果两面堵，就打散了。他们向郴州的西北边上插去，由那一个空隙上跑了。

我们进到唐部阵地，面前那些农民、地方党的同志都喜欢得跳起来说：

"去报仇，去报仇！"

又告诉说：那里唐生智的只有六连人枪，可好，都纷纷地劝我们赶紧打。我们依从农民的话，赶快拿一支队伍一插，插到他们后面去，正面小小地一打，后面再一打，一下搞到沟里去了。六个连通通地缴了械。那一批全是汉阳造的新枪，兵也多半是湖南的小学生，都收编了。中间有些散兵逃回去一报告，说："不得下台了。"等晚上，我们追到郴州，连团长都跑得没影了。我们就占领了郴州。许的一部分到西北的山里去了。在那山顶上，当宜章暴动的时候，郴州有些同志领了枪，

---

① 原文如此，可能笔录有误，似应为岩泉。

在那山里面做工作，等他们一到，这些人有一二十支枪，一围一吼，把枪炮缴下来了。这些农民也发了"财"。这时，我们占了郴州，又成立了两个团，宜章团就回去了，也自己成了局面。这一次把许克祥算打垮了，唐生智的一个团也被解决了一半，郴州团打仗是很有力量的。

个把星期以内，资兴各方面的同志都兴奋起来，要暴动暴动。这情绪是压不下去的。不暴动是不行了，就带兵去。永兴来要兵，我们派一个同志带了一班人去。到那里一夜工夫，缴了民团八十多只〔支〕枪，因为那里的民团根本不大坚决，又组织了一个团。在耒阳，我们党的工作做得更好一些，群众也好，就开始打土豪、分地。连一个月也没用，这一带地方通通暴动完了——这就是有名的"湘南暴动"。井冈山上，已由毛泽东同志在那儿建立了根据地，现在也下来人。把桂东、汝城两县又搞下来。这样完成整个湘南七八个大县。这儿的农民很好，组成了很大的湘南苏维埃，主席是陈毅同志（记忆错误，湘南苏维埃政府主席是陈佑魁，不是陈毅。——编者注）。这样一直到处打，永州蓝山，打得都很快，萧克就在这时出来。他是嘉禾人。这时，唐桂两系军阀还在那儿混战，我们就去打衡山，又到了安仁。唐天际同志，就在那里出来了。茶陵一带通通暴动起来……

打到衡山，那里有个地方叫罐子场，白崇禧派队伍来打，不过不多，结果被我们打垮了，就去收场子，恰好这时唐生智和白崇禧正在衡山方面打，唐部一下退到罐子场，白部逼近罐子场，我们也来打，彼此都莫名其妙。我们先到的，唐部来了，我们便一缩，缩到后面的山上去。唐部也没敢进去。往后缩了一下。白部来了，也没进去。就这样在场外三面对峙起来，中间都空出个场子，大家都是看着。结果在第二天，三方面看都没法打，都退走了，唐生智从此就失败下去了。

不久大"会剿"来了，其中以桂军为主，有五个师，正是四五月间，田里要栽秧的时候，大小仗就这样打起来。我们一面打，一面收缩，在各处山上，布置好，留下一些游击队，其余的队伍都上井冈山去了。

湘南这一时期发展很快，搞了七八个县政府，群众也真的鼓起劲来了，打土豪打得很彻底。不过湘南党的负责人陈佑魁整个是个盲动主义，到处乱杀乱打……还好，那时军队里就没有执行盲动主义。一般缺点就是盲动主义相当浓厚，农民所以有报复主义现象，原因就是在大革命失败后，他们所受的摧残太厉害了。于是在一个翻转来的暴动之下，盲动主义整个燎火般地发展起来。同时，这也是整个党在政策方面的影响，广大的群众运动起来，可是没有很好地组织起他们来，武装起来。

甚至因为盲动，把好多同情分子也都搞翻了，更因为没有认识清楚群众的力量，完全抱定精兵主义，不能放开手干，组织新的力量。但在好的方面，这次暴动是有组织的，有党的领导，也有群众的基础，军队的配合也好。正赶上是在军阀混战的时候，各方面都顾及不到，各种政策已经有在广州暴动时宣布的政策为基础，然后有它的行动组织，更因为在暴动前敌人在那一块残暴，是最厉害的。同时在大革命时，北伐军曾经从这儿经过，因而留下了组织、宣传、种种运动的影响，在我们暴动中间组织了苏维埃，只有湘南特委和湖南省委的代表在那里。但是这一暴动影响了全国各处暴动的兴奋，几个月中间，各处起来，有广大的运动。有红军的区域，有湘西、鄂豫皖……这次行动的确是大革命失败之后给全国的一个大的兴奋。

开始以我们一个团为基础，发展成为七个团，都有战斗力，有的有几百条枪，有的千把人有枪。可是农民乡土观念重，耒阳、郴州、永兴的都送回去了，结果只剩下两个团。其余少年先锋队，十六七岁的一营，都怕麻烦，送回去了。这个暴动结果是获得大批干部，继续了大革命的传统。

军队到井冈山以后，又派了几团人回去发展。当我们在湘南时，交通还是很便利，各乡村苏维埃送信一天可以走几百里，整个苏维埃区域，全部有五百里的路途——包括了安仁、攸县、耒阳、郴州、宜章、永兴、资兴、桂东、汝城为中心，沿着大路。那会儿马路还没完全修成。我们苏维埃组织是相当久，县城里有钱地跑掉了，杀的杀掉了。总之，策略上是有些过左的。水口山上曾经发生了煤工暴动，大余县的钨工也发生了暴动，这些工人很多都参加了红军，我们把水口山的工人同志组成了一个特务营……

第六章　星火燎原　井冈山的斗争

井冈山基础的建立是一九二七年冬天，毛泽东同志带领秋收暴动的部队去开始了的——那时我们正在湘南起事，我们是有过联系的。在湘南敌人没有大举"围剿"之前，我们计划打通安仁、茶陵，以便必要时可向井冈山靠拢。结果，敌人来了"围剿"。那是几省进行的，有湖南、湖北、江西、广东、四川的，军队多得很。五月就开始进行战斗。不久我们退到酃县①，把茶陵打开了。茶陵有着几百民团。当我们从安仁打下来，很快地给他们来了一个袭击。他们在离城五里地的地方，设

---

① 旧县名，今改名为炎陵县，在湖南省东南部。

有步哨，正趁他们的哨兵在打牌，我们一捕捉到了，就开始急袭进城去，城里还一点不知道，队伍还规规矩矩的。见我们来，还敬礼。就进去一下把他们的枪缴了。然后队伍又退到酃县，同毛泽东同志会合了，他们正由南面桂东、汝城退下来。这是我们两人第一次会面。

从在大余时，就派人同他们通声气，后来，由我派他的弟弟毛泽覃上井冈山找毛泽东同志，把南昌暴动及东江战争经过报告。湘南暴动时，就找到了我，在一起了。

五月到了井冈山，编成"第四军"，我被举为军长，毛当政治委员——下面分成三个师，我兼带第十师，毛带第十一师，陈毅带第十二师。

……

作者简介：朱德，字玉阶，原名朱代珍，曾用名朱建德，1886 年 12 月 1 日生于四川省仪陇县。湘南起义主要发起人和领导者。中华人民共和国成立后任中国人民解放军总司令、国防部长、国家副主席、军委副主席、全国人大常务委员会委员长。1955 年授予中国人民解放军元帅衔，十大元帅之首。

本章各节摘自《朱德自传》手抄稿本，载解放军文艺出版社《朱德自述》2007年版，第 7、113—125 页。

湘南暴动

黄克诚

我回到永兴家乡后，一边了解当地的情况，一边设法寻找大革命时期的共产党员、青年团员和革命积极分子，然后再设法与上级党取得联系，开展革命活动。

"马日事变"后，湘南各县的革命力量受到严重摧残，大批党、团员和革命群众遭到杀害，幸免于难的也都隐蔽起来，不敢露面了。在外地读书的一批青年学生，于大革命失败后陆续返回家乡。他们当中有的是共产党员，有的是青年团员，有的是革命积极分子。由于永兴县党的创始人、县农民协会委员长黄庭芳在"马日事变"中被国民党反动派捕杀，县农民自卫军负责人尹子韶被反动派称作"暴徒头子"，正遭通缉而潜伏了起来，从外地回来的青年学生无法与党组织取得联系，只好暂时在家里躲藏，不能开展活动。我回来后，首先与这批青年学生建立了联系，商量找党和开展革命活动的办法。我当时主要联系了八个人，他们是：

刘申，原衡阳成章中学的学生，1925年在北京中国大学读书时加入了中国共产党。

邝振兴，衡阳省立第三师范的学生，在衡阳加入中国共产党。

黄平（原名黄景藩），衡阳第三中学的学生，在衡阳加入中国社会主义青年团，是当时学生运动的积极分子。

李卜成，衡阳省立第三师范的学生，学生运动的积极分子。

刘木、何宝成、刘明初，三人都是衡阳大同中学的学生，学生运动的积极分子。

上述七人都是以前我在衡阳组织的"永兴旅衡学友互助社"的成员。此外，还有一个尹子韶，是我读高小时的老师，被反动派称作"暴徒头子"而遭通缉。我回到永兴后，很快也同他联系上了。我们这些人彼此早就互相了解。我们商量决定首先设法找到上级党组织，然后再按照党的指示开展革命活动。过了些日子，黄平打听到湘南特委已派人到了永兴县城。我便和刘申、邝振兴、黄平、李卜成五人，于1927年12月初进城，找到了湘南特委派来永兴担任特支书记的向大复。我用湖南省委的介绍信同特支接上了组织关系，并介绍李卜成、尹子韶、刘木、何宝成、刘明初等人加入中国共产党。原来已是党、团员的，则承认其组织关系。

向大复是湖南衡山人，原来也是在衡阳读书的学生。他刚被湘南特委派来永兴工作时间不久，以开照相馆作掩护进行革命活动。在我们去找他联系之前，他联系到的人还不多。他看到我们这些人主动来找，非常高兴。不久，就在永兴县城北一座塔上，由向大复主持，召开了中共永兴特别支部扩大会议，有十多人与会。会议的主要议题是传达由瞿秋白主持召开的临时中央政治局扩大会议的决议。该决议提出反对军阀战争，反对帝国主义，组织工农武装暴动，一切权力归工农兵代表会议，建立工农革命军，实行土地革命等主张。这个决议在当时具有非常大的指明道路、鼓舞人心的作用。但同时，决议又提出了一些不适当的口号和"左"倾盲动政策，如要求在工农武装暴动中，不仅要对豪绅、工贼、反革命采取无顾惜的歼灭政策，而且对上层小资产阶级——店东、商人等，也要毫不犹豫地实行革命独裁，对群众过激的革命行动不许加以阻止等。听了传达之后，与会同志群情激愤，一致赞成组织农民暴动。但在讨论行动方案时，发生了意见分歧。邝振兴主张立即暴动，得到多数人的赞成。我主张先做群众工作，积聚革命力量，为举行暴动准备条件，待机而动。邝振兴立即指责我胆小怕死，是右倾机会主义。我反复说明目前立即举行暴动的时机还不成熟，缺乏群众工作基础，我们人数太少，连"暴徒"都没有联系上几个，单凭我们少数几个人干，是不可能把暴动搞起来的。但由于当时与会者多数赞成邝振兴的意见，我被当作右倾机会主义者而受到批评。后来的永兴县委也一直认为我右倾，以至暴动胜利后，有一段时间不让我参加县委。这是我参加革命后被批判为右倾的开始。

尽管多数同志主张立即举行暴动，但毕竟没有多少力量，立即暴动只能是一个口号而已。在研究具体部署时，向大复同意按我的意见进行，先做准备工作，党员分头下去联络"暴徒"，发动群众，发展党员，壮大组织，积极准备武装暴动。会议决定永兴全县以便江（即耒河）为界，江东的工作由向大复负责，江西的工作由我负责。

准备工作进行了一个多月的时间，有一天，几个到广东乐昌县坪石镇挑盐的农民告诉我说：坪石来了红军，为首的姓朱，打垮了白军，实行土地革命，平时一担盐卖九到十块钱，现在红军按一块钱一担的价钱卖给农民，群众非常拥护。我听到这个消息，心里非常高兴！我意识到我们举行暴动的时机到来了，立即找刘申、黄平、尹子韶等人商议，决定发动农民暴动响应红军。考虑到尹子韶曾担任过县农民自卫军的负责人，在广大"暴徒"和农民群众中有号召力，遂决定仍由尹子韶公开出面领导武装暴动。

1928 年年关时节，朱德、陈毅率南昌起义余部，自广东转战到湘粤边界一带，发动湘南起义，首先占领宜章和坪石，成立中国工农革命军第一师。不久即挥师向郴县、耒阳推进。当地的反动地主武装民团（亦称"挨户团"）大部被消灭，少数逃到外县躲避。宜章县有一股民团逃到永兴县的板梁。板梁是个大村子，在便江西岸，这里是我们群众工作最好的地方。当时我们已在便江以西地区组织起一百余人的革命力量，宜章民团逃到这里，恰是送上门来的好机会。我们当即决定由尹子韶率领已组织起来的一百余人，乘夜赶到板梁，将这股民团包围起来，全部予以缴械，一下子缴获到二三十支步枪，将自己武装起来。随后，将队伍拉到油麻圩一带，打起红旗，发动群众起来暴动。群众纷纷响应，几天之间，队伍发展到千余人。与此同时，刘木在油榨圩一带发动农民暴动，也拉起了近千人的队伍。

朱、陈的红一师占领郴县后，在郴县建立了苏维埃政权。曾任郴县农民协会委员长的李才佳担任了县苏维埃委员长，夏明翰弟弟夏明震任县委书记。郴县暴动拉起了两千余人的武装，组成工农革命军第七师，由参加过辛亥革命的老同盟会员邓允庭担任师长。朱德、陈毅率红一师自郴县乘胜向耒阳挺进，路过永兴的油榨圩时，留下一个主力排，由张山川带领，协助刘木的农民暴动武装去攻打永兴县城。永兴县城里只有一些民团驻守，一击即溃。刘木率队占领了县城，随后，尹子韶也率队进城。我在家里接到通知，要我立即赶到县城开会。我同刘申、黄平、李卜成赶到县城后，才知道特支书记向大复调往郴县任县委宣传部部长，湘南特委派了李一鼎来永兴主持党的工作，并改特支为县委，由李一鼎任县委书记，刘申任组织部部长，李卜成任宣传部部长，黄平任青年团县委书记。原由刘木、尹子韶率领的两支暴动农民武装和县城里的革命武装合编为永兴红军警卫团（亦称永兴红色警卫团），由尹子韶任团长，我任党代表兼参谋长。同时宣布成立永兴县苏维埃政府。随即，县委又派邝振兴、何宝成、刘明初、龙先图等人分赴各区去发动群众，进行土地革命，建立区乡苏维埃政权，组建群众武装。不久，全县各区乡的苏维埃政权纷纷建立起来，并成立了农民赤卫队。许多农民臂缠红箍，打着红旗，开展了轰轰烈烈的打土豪、分田地的革命斗争，全县上下一片欢腾。

在暴动之前曾是激进分子的邝振兴，这时却因工作中受到一些挫折躺倒不干了，躲在家里不肯出来。我到他家里去看望他，动员他出来继续为革命工作，但他仍犹豫不决。我就将了他一军，我说："过去你骂我是右倾机会主义，现在革命轰轰烈烈地搞起来了，你却躲起来了，你这是什么主义？"他无言以对，便跟我出来干工作了。这位同志后来一直表现不错，为革命事业献出了自己的生命。

继永兴暴动之后，资兴也举行了暴动。资兴县委书记黄义藻是原衡阳第三中学的学生，公开出面领导资兴农民暴动的曹亮华是原衡阳第三师范的学生。由于当时资兴的群众工作基础还比较薄弱，农民武装比较弱小，缺少枪支，曹亮华只身跑到永兴县城来搬援兵。永兴县红军警卫团当时已拥有两千余人，百多条枪。县委当即决定，由团长尹子韶率警卫团主力去支援资兴县农民暴动。很快即将资兴县城攻占，宣布成立资兴县苏维埃政权。尹子韶率部队返回永兴后，永兴县委又派他率部队去支援安仁县农民暴动，打开了安仁县城，建立了安仁县及各区乡苏维埃政权，由唐天际出任县苏维埃委员长。唐天际是安仁人，原来也是在衡阳读书的学生，参加南昌起义后，到了广东部队被打散，他便回到家乡从事革命活动。

朱德、陈毅率红一师在永兴没有停留，即向耒阳前进，攻占了耒阳县城。耒阳是湘南各县当中党群工作基础最好的地方，那里的干部也很强。耒阳前任县委书记就是介绍我和黄庭芳入党的刘寅生，后来他调到郴县工作，不久就牺牲在郴县。接替刘寅生任耒阳县委书记职务的是邓宗海。邓是耒阳人，也是在衡阳读书的中学生。公开出面领导耒阳农民暴动的则是刘泰，原衡阳成章中学的学生。刘泰在当地群众中有很高的威望，暴动胜利后，他出任耒阳县苏维埃委员长。当时耒阳暴动组建的武装有两千余人，枪支也多，是一支很强的武装力量，团长邝郴是黄埔军校第三期学生。

湘南暴动后，湘南特委自衡阳迁到耒阳。特委书记陈佑魁"左"得很，执行"左"倾盲动路线非常坚决。他下令各县大烧大杀，不仅烧衙门机关、土豪劣绅的房子，还要把县城的整条街道和所有商店都烧掉，而且还要将沿衡阳至坪石公路两侧十五华里的所有村庄统统烧掉，使敌人来进攻时无房可住，想用这个办法阻止敌人的进攻。当时已是3月份，各乡农民已分配了土地，正忙于春耕。农民对这种乱烧的做法非常反感。我哥哥是个同情革命的老实农民，他曾悄悄对我说过：你们为什么要烧房子呢？把这么多、这么好的房子烧掉多么可惜！即使是土豪劣绅的房子也不应该烧掉，可以分配给穷人住嘛。烧房子的做法很不得人心，使老百姓不得安生。我哥哥的这席话，是人民群众的心里话，使我很受启示。我本就对这种做法有怀疑，很抵触。听了我哥哥的话后，更加坚定了自己的看法。当永兴县委开会讨论贯彻湘南特委的指示时，我坚决反对烧房子。县委书记李一鼎严厉地指责我右倾，并责成我负责烧县城。我拒绝执行。李一鼎以组织名义命令我必须执行，否则将受到严厉处分。我被迫服从了，但采取了折中的办法，只在县城烧了衙门、祠堂、庙宇和个别商店，没有整条街地烧，最后永兴县城的大部分房屋商店还是保留下来了。当时郴县、耒阳都按照特委的指示，把县城烧得一空。

郴县位于南北交通线上，县委在城郊召开群众大会，动员烧掉城郊的房子。地主豪绅反动派趁机进行煽惑，策动农民"反水"，将县委书记夏明震等一批干部打死。直到陈毅率领红一师的部队前来，才将骚乱平息下去。陈毅即留驻郴县主持县委的工作。

这时，湘南特委委员周鲁奉命到井冈山传达省委的指示，回来路过永兴，谈他在遂川的见闻，大讲毛泽东右倾，不实行烧杀政策云云。我一听说毛泽东也反对乱烧滥杀政策，心里很高兴，进一步坚定了我自己的看法。

不久，永兴县马田圩高亭司一带的农民，受到邻县农民"反水"的影响，在地主豪绅的策动下，也打出白旗，反对苏维埃政府。县委当即派尹子韶率领警卫团主力和张山川排前往弹压。尹子韶带队伍出发之后，我在县城里总是放心不下，担心他们会对"反水"农民采取乱烧滥杀的报复行动。于是，我乘夜离开县城，去追赶尹子韶的队伍。待我于拂晓前赶到马田圩时，尹子韶正指挥部队放火焚烧马田刘家。马田刘家是打白旗的村子，全村有三百来户人家，此时已笼罩在一片火海之中。我赶忙找到尹子韶问明情况，原来他们还准备去焚烧另外几个打白旗的大村子。我坚决予以制止，说明这种蛮干的做法太脱离群众，只会造成与农民的尖锐对立情绪，并有可能被反动派所利用。我先说服了尹子韶，然后召集干部开会，宣布今后不许烧农民的房子，并作为部队的一条纪律，严格遵守。

队伍返回永兴县城。正赶上桂阳派人来报告说，桂阳北乡发生了农民"反水"骚乱，要求永兴县派部队前去帮助平息。永兴县委决定仍由尹子韶带领警卫团主力和张山川排去桂阳，平息"反水"骚乱后，再协助桂阳暴动武装夺取桂阳县城。这时，永兴城里只留下不足三分之一的部队和妇幼老小，枪支只有二十余条，由我负责留守县城。

1928年4月间，敌人集结兵力向我大举进攻，敌军自衡阳出发，向耒阳，永兴、郴县、宜章一路杀来。这时陈佑魁已被调回省委，由杨福焘接任湘南特委书记。耒阳县城烧毁后，朱德率红一师移驻耒阳乡间，湘南特委机关亦经永兴迁到郴县。敌军大举进攻时，朱德率部撤向井冈山，陈毅率特委机关和郴县农民暴动武装先撤往资兴，再从资兴撤往井冈山。当从资兴向井冈山撤退时，特委书记杨福焘说什么也不肯上山，他说特委守土有责，不能离开湘南。杨福焘是湖南省委委员，原是长沙泥木工人罢工的领导人。他带领特委机关几十名同志自资兴与陈毅分手，单独向衡阳进发。这些同志对革命真是忠勇无比，但确实缺乏对敌斗争的经验。离开资兴后没走多远，就被民团包围，全部遇害牺牲。

敌军占领耒阳后，即向永兴进攻。我当时带领少数部队和一批家属留守在永兴县城，由于不懂得要做必要的情报工作，外边的情况一点儿也不了解。县委书记李一鼎与朱德、陈毅所部及特委保持一定联系，对敌人大举进攻的情况他应有所闻，至少敌人进攻耒阳他不会不知道。但不知出于什么原因，他对我始终守口如瓶。直至敌军快打来了，我还蒙在鼓里，一无所知。后来我回顾这一段的历史，估计当时李一鼎已对我不大信任了，觉得我太右倾，处处与县委、特委唱反调。李一鼎对我存有戒心，像敌人大举进攻、耒阳失守这样的大事，他也不通知我。直至敌人快抵近永兴了，我才从别处得知消息。情况已非常紧迫，我急忙找到李一鼎，建议速将尹子韶带领的部队和分散在各区的干部和武装收拢起来，到县城里集中，以应付敌人的进攻，一旦情况严重时，也便于组织撤退，免遭损失。李一鼎听了我的建议后，大骂了我一通右倾，又说我是怕死鬼，敌人还没有到就考虑撤退等等。当敌军离永兴县城已很近的时候，我又建议县委乘夜撤离县城，李一鼎执意不肯撤。直至敌人兵临城下，敌我力量过于悬殊，我们根本无法招架，李一鼎才慌了手脚，命令我指挥县城里仅有的少数部队，掩护县委机关干部和部分家属向资兴方向撤退。幸好敌军不明了城里的情况，攻势不算太猛，我们在县城里的这部分队伍、干部和家属总算安全撤出去了，但分散在各区乡的党员、干部由于事先毫无准备，全部被敌人打散，大部牺牲了。刘木、李腾芳、邝振兴、黄楚魁、龙先图、唐乐尧、罗树梅、刘芳全、何宝成、刘明初等一批干部，都是在这次敌人进攻时遇害的。还有一大批参加暴动的农民群众，也惨遭敌人的报复屠杀。更令我痛心的是，尹子韶所带领的警卫团主力和张山川排千余人武装尚在桂阳，由于事先没有得到县委的通知，毫无准备，全部被敌人消灭了，连一人一枪也没有回来。对于这一惨痛损失，我虽然不能原谅李一鼎那种刚愎自用、固执己见的不负责任作风，但作为县委主管军事工作的负责人，我还是深深地责备自己被胜利冲昏了头脑，过于麻痹大意，缺乏应有的警惕性，未能做到及时掌握敌情，以致在敌人迫近的情况下，来不及采取应变措施，而使我们的同志付出了重大牺牲。

这时，湘粤军阀开始联合对湘南进行"会剿"。敌人大军压境，敌我众寡悬殊，朱德、陈毅率部撤离湘南，向井冈山转移。各县农军亦随之上山。我率领永兴县城里的部队和干部、家属共八百余人，出县城南门，撤到资兴县三都集结。再撤至彭公庙，到达酃县县城。在酃县住了三四天，县委决定将全部人员编为永兴独立团，由我任团长，李一鼎任党代表。县委委员刘申、李卜成、黄平等人都在军中分别担任组织、宣传和青年团的工作。邓孝榜、刘在南也随军行动，邓仍负责财政。由于人少枪更少，独立团之下只设两个营，分别由刘承高和一名姓黄的同志任营长。这时候我比较有决定权了。我下令严禁部队乱烧滥杀，部队纪律比以前好些了。

部队改编成独立团后，即向井冈山进发，于4月下旬经沔渡到达井冈山下的大陇。这里已属江西省宁冈县的地界。当时朱德、陈毅的部队已经和毛泽东的秋收起义部队在井冈山会师了。耒阳、资兴、郴县、宜章各县的暴动武装都相继到达井冈山。这几个县的武装因组织撤退及时，损失不大，每县都保留有两千余人的武装。耒阳县因首当其冲，撤退时虽遭到一些损失，但干部保存得很完整。加上我们带来的永兴独立团，湘南五县撤到井冈山的农民暴动武装总共八千余人。

朱、毛会师后，将部队整编为中国工农革命军第四军，下辖第十、第十一、第十二共三个师。朱德任军长，毛泽东任党代表。

第十师师长由朱德兼，辖第二十八、第二十九两个团。第十一师师长由毛泽东兼，辖第三十一、第三十二、第三十三共三个团。十二师由陈毅任师长，辖第三十四、第三十五、第三十六共三个团。第三十五团是永兴独立团，团长是我，党代表李一鼎。

部队整编完毕，陈毅师长从砻市来大陇视察。我由于身体弱，视力差，向陈毅提出希望上级派一个团长来，我自己仍以做政治工作较为适宜。

我们在大陇住了十天左右时间，即经茅坪上井冈山。部队在黄坳与朱培德部的一个营打了一仗，该敌被我击溃，逃向五斗江。黄坳战斗中，第三十五团姓黄的营长因畏缩不前，于战斗结束后被枪毙，改由曹福昌继任营长。曹是黄埔军校第四期的学生，后来在南京被敌人杀害。当晚在黄坳召开了一次干部会议，由朱德军长作形势报告。次日我军进至五斗江，将溃退之敌大部歼灭。五斗江战斗结束的第二天，正好是5月5日马克思诞辰大会。5月6日，陈毅率第十二师进至永新县的拿山，做发动群众的工作。第十、第十一师则发动对永新县城的攻击，即日攻占永新县城。

部队在拿山活动的时候，上级派戴诚本来任第三十五团团长。戴是浙江人，黄埔军校第三期学生。第三十四、第三十五、第三十六三个团合编为第三十团，由原第十二师参谋长刘之致任团长。原来的各团依次改编为第一、第二、第三营。我先是被派到第三营（资兴暴动武装）任党代表，没过几天，又调回第二营（永兴暴动武装）任党代表。不久，部队即由拿山撤回井冈山。

回到井冈山后的一天晚上，部队正在大井宿营，李一鼎突然告诉我说，上级已决定把耒阳、永兴、郴县、资兴四个县的农民武装编成四路游击队，返回湘南各县去打游击。我觉得我们对撤离后的湘南各县情况还不明了，部队匆忙分散回去活动把握不大，因而对上级所作出的这个决定心里在犯嘀咕。由于考虑到自己一再被批判为右倾，所以这次没有贸然提什么意见。很快上级就正式宣布了这个决定，任命我为第二路游击司令，李一鼎任党代表并担任永兴县委书记。原来的两个营长刘承高、曹福昌任副司令，我当然只有服从命令，并于第二天率部队返回湘南。永兴和耒阳的部队走的是同一条路线，经酃县中村和安仁船形，到达永兴县界。当部队正在向永兴龙形前进的途中，李一鼎告诉我说，他要到衡阳去找特委，让我代理县委书记的工作，并负责将部队带回永兴打游击。说完他就带着妻子走了。从此，我再也没有见到他的踪影，也不知道他的下落。

我们和耒阳的部队走到离永兴县城三十里的树头下宿营。在这里，两县的部队将要分路。这时，我们已得知永兴县城里驻有国民党正规军一个团。我们这支游击队虽然有几百号人，但枪支极少，战斗力很弱，而且还带着一些老幼妇女，机动性差。李一鼎一走，我是主要负责人，必须对这几百号人负责，下一步如何行动，需要迅速做出决定。我于当晚宿营时召集县委和游击队的干部开会，讨论研究部队的行动部署。我分析了当时的形势，认为敌我力量相差悬殊，不仅没有力量攻打县城，而且部队也不能过到江西岸；即使侥幸过到江西岸，敌人发觉后，我们也不可能站住脚。因此，我提议先动员妇女老幼分散回家，留下精干力量在江东岸，活动于永兴、资兴、安仁三县边界一带，机动作战。一旦形势不利，也便于向井冈山靠拢。对于我的这个意见，县委的几位干部都赞成，部队中的干部却极力反对。尤其是以副司令刘承高为首的一些人，坚持要去攻打永兴县城，否则也一定要回到江西岸。他向我发牢骚说："你既然把我们从家乡带出来，就得把我们带回家乡去。"当时部队都是刚刚组织起来的农民，组织纪律观念很差，而家乡观念极重，思家心切。我们暴动后即忙于开展工作，接着就是仓促撤退、改编、上山、下山、作战等等，没有来得及进行必要的整顿和训练教育。老实讲，我当时还没有真正认识到这个问题的重要性，因而也没有抓紧时间做这方面的工作。

经刘承高带头一煽动，大家异口同声要求过江回家，尤其是部队背枪的多系便江西岸人，都听从刘承高的话，谁也不想到三县交界处去打游击。我再三陈说利害关系，终不能扭转大家的情绪。这时夜已经深了，有些人已很不耐烦了，说是太累了，要休息。我看意见一下子很难统一，只好宣布散会，先宿营休息，明天再议。

当时我疲劳已极；躺下不大功夫，就睡着了。一觉醒来，天已放亮。我翻身起来一看，除了刘申、黄平、李卜成三人之外，其他的人都不知去向。原来在拂晓前，刘承高就悄悄拉着队伍跑掉了，连邓孝榜、刘在南也随他们去了。我急忙叫醒剩下的几个人，他们醒来一看就明白，出了问题。大家又惊又气，你看我，我看你，一筹莫展。没有别的办法，只能去追赶部队，设法把部队拉过来。

我们四人离开宿营地没走多远，就听见前边传来枪声。我们加快了脚步往前赶，又走了一阵，就见有两个背枪的战士上气不接上气地跑了回来。一问，才知道刘承高带着部队还没有接近县城，一听到枪响，就乱了营，各人奔自己的家乡跑散了。一支几百人的队伍，就这样一哄而散地垮掉了。这些人跑回家乡以后，陆续被民团抓住杀掉，刘承高亦未能幸免。我这个人一向被领导视为右倾，考虑问题总是要充分想到不利因素。但眼前所发生的这种突然变故，却是我做梦都没有想到的。一支几百人的部队，说垮一下子就全部垮掉了，什么组织纪律性，全然不顾了。思想的涣散竟然会起到如此大的破坏作用，这对我的教训实在是太深刻了！

我和刘申、黄平、李卜成以及刚跑回来的两名战士共六人，重新回到原来的宿营地，经过商量，决定去追赶耒阳的部队。耒阳部队骨干较强，枪也多，刘泰、邝郦、邓宗海都在部队里，我们彼此很熟悉，希望借助他们的力量在附近先立住脚，再图发展。耒阳部队刚出发不久，我们很快就追上了他们。

我们六个人随耒阳部队渡过耒阳河，到了耒阳南乡后，即与耒阳部队分了手，来到永、耒交界一带。离开部队，我们单独行动，只好昼伏夜行，白天在山林之中隐蔽，夜间下山到村子里找点吃的。这样经过两天之后，就潜回到我们的家乡附近。先在黄平家附近的山上隐蔽起来，到了夜间，找到黄平的父亲黄开桂。我知道我父亲反对我参加革命，不敢告诉父母我回来的消息，便设法与我哥、嫂取得了联系。通过黄开桂和我哥、嫂，了解到这一阵子敌人搜查很紧，白色恐怖很厉害。为了便于存身，我们经过商量，决定六个人分开活动。刘申、黄平带枪到桂阳、常宁两县交界的太平山区活动。太平山一带人烟稀少，是土匪出没地，打算在那一带串联群众，并相机做山上土匪的工作，搞点武装，以求建立一个活动基地。我与李卜成以及两名战士暂回我村中潜伏，进一步了解情况，并设法与上级党取得联系，开展工作。我们这样商量决定之后，约定了互通情况的联络办法，就分头行动了。

我和李卜成等四人潜回我村后，我哥、嫂对我们十分同情和关心，帮助我们在附近一座山上找了个地方潜伏，每天由我嫂子偷偷给我们送饭。我哥哥还帮我找到了远房堂叔黄品清，帮助我们打探消息。黄品清是个有胆识、讲义气的人，同情共产党，好打抱不平。他与三教九流都有交往，关系颇多。因此，他能方便地打探到各种消息，对我们帮助很大。

和我们在一起活动的两名战士，其中一名叫廖子厚，是永兴城里人，他要求设法送他回家。我们就给了他二十块钱通过黄品清找了一个可靠的人，把廖子厚送到永兴县城。廖子厚后来参加了十九路军，在江西与红军作战时，他又跑回到红军中来，我与他又见过一面，不久他就牺牲了。另一名战士的姓名已记不起来了，只记得他是衡阳人，原来在永兴城里当铁匠，永兴暴动胜利时，他参加了警卫团。他见廖子厚回家了，就也提出要求回衡阳老家。我和李卜成把身上仅余的二三十块银元又都给了这个战士，让他回家。听说他在回衡阳的路上，曾被民团抓住盘问，他什么也不讲，敌人只好把他放了。后来我再也没有见到他。

就剩下我和李卜成两个人，在我村附近的山上继续潜伏。白天我们躲进树林深处，以防被人发现。晚上到了夜深人静之时，便悄悄摸回村里，爬在我家房后的猪栏上边睡上一小会儿觉。不等天亮，就由我嫂子来把我们喊醒，赶快回到山上躲藏。我们的行动，必须非常小心缜密，不但不能让村里人知道，而且还得瞒着我父母。我父母始终不知道我已回到家乡来了。

我们请黄品清到外边打探各地的情况，寻找保存下来的革命力量，以便进行联络，开展工作。从黄品清打探到的消息中，我们才知道，自我们撤离永兴城后，国民党反动派进行了疯狂的报复屠杀。永兴全县被杀三千多人。原来旅衡学友互助社的成员，凡留在永兴未走的，几乎全部被杀掉了。邓孝榜、刘在南回去后也牺牲了。听说尹子韶正被通缉，不知下落。曹福昌夫妇二人回到家乡后就分了手，曹妻跑到南京，背叛了革命。曹福昌在家乡存身不住，也跑到南京，被其妻出卖而牺牲。和永兴相邻的几个县的情况，与永兴差不多，被杀掉的人成千上万。仅耒阳一个县，被杀的有上万人。我们还了解到，耒阳游击队在同我们分手以后不久，也被打散垮掉了。刘泰、邝鄘等领导人遇害牺牲。郴县游击队回去以后，也垮掉了，只有少数人半路折返井冈山才保留下来。邓华、向大复、邝朱权、邓允庭等人，就是半路折返井冈山才幸免于难的。资兴县离井冈山较近，境内多是大山。资兴游击队回去以后，保存了一个时期，并在龙溪洞一带建立了一小块根据地。但坚持了一年左右时间后，也垮掉了，县委书记黄义藻牺牲。

上述这些情况，有的是我后来才了解到的。

我和李卜成经过两个来月时间的活动，千方百计寻找上下级关系，最终一无所获。原来县委派到各区乡的特派员和区苏维埃干部，凡未逃到外地的，全都被杀掉了。乡干部和暴动积极分子也大部被杀。从井冈山上回来的人，除个别小孩外，大都被杀害。少数埋伏下来的，也不敢出来活动，找不到他们的下落。我们多方打听湘南特委的消息，也杳无音讯。当时传说耒阳捕杀了几个大共产党，不知是不是特委的干部。我们在村子附近隐蔽活动的时间久了，挨户团已察觉到了一点风声，不断搜山围捕。我们经过慎重考虑，目前干部死的死，逃的逃，群众情绪低落，与上级党又联系不上，开展工作很困难；敌人搜捕越来越紧，继续在这里潜伏已是害多利少；况且，生活上全靠哥、嫂暗中接济，终非长久之计，鉴于这种情况，我们决定离开家乡，到外边去寻找党组织。我和李卜成找到刘申、黄平，把我们的想法同他们谈了，他们都赞成，并商定我和李卜成两人先走，等找到党组织后，再与他们联系。

我和李卜成回到我村附近的山上，做外出的准备。因为整天在山林里生活，不见阳光，两人的脸色十分苍白。如果就这样出去，容易引人注目。我们便每天到山下去晒一阵太阳，以恢复正常。有一天，我们俩正在山下晒太阳，还没有上山，我弟弟就送饭来了。我对李卜成说："这几天风声很紧，我们还是把饭拿到山上去吃稳当些。"李卜成还想多晒一会儿太阳，他不以为然地说："你怕什么？难道吃顿饭的功夫，敌人就会来吗？"我没有跟他多说，端起饭就往山上走。他无法，只好跟着我上了山。就在我俩刚刚爬上高坡，尚未进入树林之中时，山下的村子已突然被民团包围起来。我们见势不妙，急忙钻进树林之中。李卜成这时真有点慌神了，摔了个大跤。我见他那着急的样子，与方才在山下不想上山吃饭时的神情判若两人，便半开玩笑地说："你慌什么？难道吃顿饭的功夫，敌人就会来吗？"他不好意思地说："幸好我们没有在山下吃饭，不然的话，这次可就逃不脱了。"

我俩在树林深处吃过饭后，一直不敢出来。到了深夜，我们估计敌人已经撤走了，才下山摸进村子里探听动静。经过了解才知道，白天我弟弟给我们送饭回去的路上，就被敌人抓住了。敌人问他我家住在什么地方，指名要抓捕我。来到我家附近，我弟弟把我家的房子指给他们，敌人就冲入我家搜查，我弟弟趁机溜走了。敌人在我家里翻腾了一阵子，没有找见我，就逼迫全村男女老少到一个打谷场上集合。敌人在人群中逐个辨认，并派兵在全村逐户逐屋搜查，折腾了大半天，还是没有抓到我。敌人就把我父亲抓起来拷问。我父亲确实不知道我回来的消息，拷问了一通，还是一无所获。敌人临撤走时，要把我父亲带走。有个豪绅说：这老家伙一点油水也没有，带走也没有用，还得白管饭吃。众乡亲又一再说好话求情，敌人才把我父亲放了。

敌人这次围捕，更提高了我们的警觉性，促使我们加快了外出的准备。我们让黄品清到李卜成家中，设法筹措到几十块钱作路费，我和李卜成二人就离家上路了。临走前，我回家去见了父母一面。父亲一见到我，气得暴跳如雷，指着我大骂一通。骂着骂着，气噎胸喉，骂不成声。我母亲在一旁讲风凉话，她说："这都是你们让他出去读书的报应！这下可好，读书读成气候了，读得好！读得好嘛！"我一见这种场面，不能再说什么，就扭头走出家门。从此，我再也没有见到父母的面。这次我离家出走的时间，大约是在1928年10月初。

轰轰烈烈的湘南暴动，就这样失败了。暴动后拉到井冈山的湘南八千子弟兵，除保留下来少量干部和第二十九团少数部队外，其余都损失掉了，没有能形成一支武装力量。这主要是由于当时"左"倾盲动路线造成的结果，当然也和我们这一批县一级干部缺乏经验、缺少能力有关。但我始终认为，当暴动队伍拉上井冈山之后，上级做出让各县武装返回湘南打游击的决定，过于匆忙，欠缺周密的考虑。当时上级做出这样的决定，固然是因山上生活给养不济、环境困难所迫，但这个决定实非上策，先行下山的四县武装相继垮掉后，留在井冈山上的宜章暴动武装（第二十九团），又于同年8月和第二十八团一起，随朱德下山到了湘南。虽曾一度打下郴县县城，但不久，第二十九团就在敌人集结兵力反攻下瓦解。这支拥有两千余人的暴动武装，只保存下来一小部分，由胡少海、胡士俭、李子超、肖克等带领随着第二十八团返回井冈山。以后陈毅曾对我说过，毛泽东由于接受了我们那次失败的教训，对第二次回返湘南的行动坚决反对。但是，部队没有听从毛泽东同志的劝说，贸然下山，故而再次受到损失。

总的来说，湘南暴动每一步都有严酷的教训。这些教训，都是许许多多的同志用鲜血和生命换来的。每当我回顾这段历史，总是深切地怀念那些为革命而捐躯的先烈们。

作者简介：黄克诚，1902 年 10 月生，湖南永兴县人。1928 年参加朱德领导的湘南起义，任永兴县红色警卫团参谋长兼党代表。中华人民共和国成立后先后担任湖南省委书记、国防部副部长、总参谋长，中纪委常务书记、第二书记。1955 年被授予中国人民解放军大将军衔，为十大将之一。

节选自《黄克诚自述》第五节，人民出版社 1994 年版，第 31—47 页。

我所经历的湘南暴动

曾 志

朱德率领南昌起义失败后的部队打到了宜章，组织上让我去与之取得联系，路遇国民党保安队，险些丧命；夏明震带我去见朱德，朱德的和蔼与作报告时的威严判若两人。一九二八年元月，南昌起义失败后，朱德率领起义部队辗转到了宜章。他打着国民党胡少海部的旗号，在土豪劣绅的夹道欢迎下开进县城。接着又巧设"鸿门宴"，将宜章县长和一些豪绅地主一网打尽。

这样一来，宜章的工农革命运动又重新活跃起来；同时也在湘南一带造成了巨大的震动，鼓舞了宜章周边地区共产党人和贫苦农民的斗志。

组织上决定派我回一趟宜章，与朱德部队联系。我拿了几件衣服，提了个包袱和篮子就出发了。

当我走到良田镇时，宜章的保安大队已在那里设卡，一律不许老百姓进宜章，以免遭受赤化。站岗的团丁把我挡住了："宜章有共匪，你不能过去！"我只好往回走。没走多远，我就往稻田处插过，企图绕小道去宜章。没想到被团丁发现，给抓了回去。"她要逃跑，也许是共匪。"经他这么一说，很多团丁便围了上来。

真是冤家路窄！保安大队长邝境明是我过去订婚的那个未婚夫的舅舅，保安兵中有一些是我前未婚夫老家村子里的人。他们见过我，也听说过我在衡阳与吴家退婚的事。他们认出了我，恶狠狠地说：

"这不是原来吴静家未过门的小媳妇吗？这女人是暴徒，是共党分子！"

"枪毙了她！"

"杀了她！"一些人喊着就把我往地上按，抓住我的衣服，要我跪下，我不肯跪，把身上的棉袄都撕破了。

当时敌人有明文规定，只要抓住共产党，可随时随地就地正法。"宁可错杀一千，不许放走一人。"他们见我不从，就把我往保安队的队部里拖，我拼命地挣扎反抗：

"你们冤枉人！我是回家路过这里的，我在外面读完书在郴县当教员，为什么说我是共党分子？你们血口喷人，没有证据呀！"

这时一个当官的闻声走了出来，他是保安大队的副大队长。他一看到我惊讶地说：

"这不是昭学吗？"

原来他是我父亲的老友欧阳叔，我小时候他常上我们家玩。他说：

"正好你回来了，你父亲前几天去世了。"

"是啊，我接到父亲去世的消息，就赶了回来。"我灵机一动，接上话茬。其实我哪里知道父亲去世的消息。

"这几天你是无论如何过不去的，宜章已被'共匪'占领，他们把县长和有钱人家都给杀了，只有我们邝大队长幸免跑了出来。我看你今天就先住在这里，明天还是回郴州吧！"欧阳副大队长很客气地对我说。

这样我只好折回郴州了。说来真是危险，幸亏遇上了欧阳叔，是他帮助我躲过了劫难，走出鬼门关。

朱德的部队占领宜章后，又在坪石打了个大胜仗，消灭了军阀许克祥的一个团，缴枪七八百条，还有机关枪、迫击炮。他们乘胜前进，计划攻占郴州。

工农革命军沿途攻占摺岭、良田，并与地下党领导的游击队会合。部队行进中，沿途农民兴高采烈，主动要求参军，或帮助部队抬担架、扛枪。大革命失败后隐蔽下来的，或避往外地的农会干部和积极分子也都重新复出，重整旗鼓。

当我们听说朱德的部队已打到良田镇，并向郴州挺进时，高兴得手舞足蹈。夏明震虽是领导干部，但他年龄毕竟只有二十一岁，他把帽子扔来扔去，我和郭怀振就使劲地抢他的帽子。我们喜悦的心情简直无法形容，盼望着这一天早日到来。。

但是我们也冷静地想过，工农革命军到了郴州，能不能长期驻扎还不明确，要是部队很快开拔，国民党卷土重来，我们地下党就要遭受破坏。因此县委决定，还是秘密活动，不公开共产党员的身份。

为此，夏明震经常秘密出去活动，开会部署工作，我和郭怀振则躲在家里写标语，晚上偷偷地出去张贴。房东看我们的卧室很晚了还亮着灯，就过来看看我们在做什么。我们听到脚步声就赶紧把灯吹灭了。等他们走后睡下，我们又继续写。

二月四日傍晚，夕阳渐渐西下，我们站在菜园里，远远看到苏仙岭上有一支穿着灰衣服的队伍往郴州城开来。我们估计这大概就是盼望已久的工农革命军，心里暗暗高兴。我爬到一堵矮墙上眺望，只见他们一部分往山上走，到了半山腰就往下打枪。打了一会枪，见没什么动静，就向城里开进了。

本来城里有一支国民党驻军，但工农革命军势如破竹，他们自觉不是对手，怕成瓮中之鳖，便悄悄撤到城外。在抵挡一阵后，就溜之大吉了。

当天晚上半夜两点多，我和郭怀振偷偷跑到街上贴标语，部队的哨兵发现了过来盘问。当看过我们写的标语之后，他们非常高兴。我们见到他们，真像见到亲人，感到亲切得不得了。为了避免暴露，我们抓紧时间贴完标语，赶快溜回了家里。

第二天上午，工农革命军在城隍庙召开群众大会，那里人山人海，大约有四五千人。工农革命军师长朱德在戏台上作报告。这是我第一次见到朱老总。他那时四十多岁，尽管他络腮胡剪了，但远远看上去脸还很黑。他围着一条绿围巾，穿着一件很长的黄颜色的齐脚大衣，很威武、很精神。我当时心想这人真威严啊！

到了晚上，夏明震带我去见朱德，我在那里看到的和白天在戏台上看到的判若两人。他见到我非常和蔼可亲，说话和声细语，像慈母一般，我害怕的心情一扫而光。我们不能在那里久呆，夏明震汇报完工作，我们就告辞了。

工农革命军攻占宜章、郴州的消息迅速传遍湘南。永兴、耒阳、资兴、汝城等县，在地下党组织和原农会骨干的领导下，奋起响应，在不到二十天里，形成了湘南全区性农民武装暴动的新局面。湘南暴动波及整个湘南地区的十余个县，威震湘、粤、赣三省。

一是组织和恢复农会，建立苏维埃革命政权，一切权力归苏维埃。工农革命军攻占郴州两三天后，郴州就成立了苏维埃政府，主席李才佳，各县也都普遍建立了县级苏维埃政府或革命委员会。各县的工会、农民协会、妇联也相继成立。

二是建立工农武装力量，保卫胜利果实。宜章建立了工农革命军第三师，郴州的工人纠察队很快变成了赤色游击队，后来发展成为工农革命军第七师，师长邓允庭，政委夏明震（后为蔡协民）。其他各县都建立了工农自卫军。自卫军枪不多，就打造梭镖和大刀。儿童团、少先队也活跃得很，盘查反动派，开展革命宣传，还帮助部队做后勤支前工作。

三是肃清反革命。"马日事变"后，国民党反动派实行白色恐怖，血腥镇压革命。同样，当革命走向高潮时，也要毫不留情地、坚决肃清当地的反动势力，给反动派以沉重的打击。

四是打土豪分田地。除有的地方开仓分粮外，快的地方就开始分土地。

我在郴州郊区的南乡就参加过分田斗争，当时没经验，主要还是听取和尊重贫雇农的意见，同他们商量着干。主要的做法是：自耕农的土地基本不动；把地主的地按人口平均分给雇农；佃农租的土地多的拿出一部分，租得少的补一些，即抽多补少。

分得土地的农民兴高采烈，但还不放心。因为土地虽分到手，但田契还在地主手中。我们就强迫地主把田契、高利贷账本等交出来付之一炬，再开个庆祝大会。这样农民群众的斗争激情更加高昂，整个湘南地区的革命形势发展迅猛非常喜人。

造成这种局势的重要因素，我认为有两个：其一是朱德率领的工农革命军推动了湘南地区的革命斗争；其二是湘南地区具有良好的革命斗争传统和群众基础。这两种因素缺一不可，两者的结合才造就了湘南暴动风起云涌、轰轰烈烈的态势。

郴州苏维埃政府成立一个多月后，我们就在郴州召开了一次党的代表大会，中共湖南省委派团省委书记席克思，湘南特委派何舍鹅到郴州参加大会。大会将中共郴州县委改为中共郴属特委，书记还是夏明震，宣传部部长组织部部长空缺，原部长叶凌云，刚从湘南特委派来不久，工农革命军快打到宜章时，他在一个停了课的小学借住，不幸被捕牺牲。我还是做秘书长的工作，好像也做些组织工作，当时党员登记表都在我手中，由我负责。大家当时都很忙，不太重视职位职务，一切照旧，只是名称改了一下。

中共郴属特委成立后，原来所领导的七八个县不变，只是把原来的支部升格为县委，以适应迅速发展的革命斗争需要。

面对如火如荼的革命形势，我热血沸腾，再也坐不住了。我从一个深居简出的不为人知的教员家眷，一下成为抛头露面的知名人物。我还做了刻意的打扮，把留长的头发又剪短了，脱下旗袍，换上了男学生装，扎着红腰带，有时头上裹着块红头巾，背着红缨大片刀，看起来十分威武神气，人称"红姑娘"。

我经常带领一批农民自卫军去抄地主豪绅的家，分掉他们的浮财，打开粮仓救济贫苦的农民，群众拍手叫好，人心大快！

那时在我身上有着一种红的狂热、革命的狂热。最为可笑的是，有一回，我路过城门楼，突然觉得这庞然大物太可恨。工农革命军攻城时，国民党部队就是依仗这城门楼阻挡革命军进城，这样的地方应该毁掉它。

于是，一阵热血冲动，我一人抱来一堆干草跑上城楼，把二楼给点着了。本来就这样让它往上烧就行了，可那时没经验，热昏了头。我又跑上三楼去点火，当我从三楼下来时，楼梯已着火，险些下不来。

当我狼狈地从着火的门楼里跑出来时，一头撞见朱德和一大群围观的群众，朱师长不解地问我怎么回事。我说：

"这个城门楼太可恶！妨碍革命，我把它给烧了。"

奇怪的是，朱师长竟没说什么，只是很慈祥地笑了笑走了。

当时郴州有一批热血青年积极投身革命，他们也同样是走极端：这些男女学生白天走上街头巷尾或深入农村，开展宣传发动工作，晚上回来却是又唱又闹，疯疯癫癫的。夜间男女也不分，几个人挤在一张床上，深更半夜还吵吵闹闹的。

不过他们并不是现在所说的流氓，他们既不喝酒，也不赌博，只是在国民党封建制度压迫下感到压抑，渴求民主自由的新生活。他们以为现在解放了，男女平等了，男女也可以不分了。

湘南特委特派员何舍鹅知道此事后，大发脾气：

"这还了得，晚上男男女女都搂在一块睡，男女都不分了……这些人也是反革命，破坏我们的革命道德。如果发现谁再这样，就枪毙，就杀头！"

吓得这些年轻学生再也不敢胡作非为了。

声势浩大的湘南暴动，动摇了国民党在湘南的统治基础，给地方反动势力以有力的打击，因此引起了国民党军事当局的恐慌。他们急忙调兵遣将，大肆"围剿"湘南工农革命军，企图把新生的郴州红色政权扼杀于襁褓之中。

驻扎耒阳的朱德率领的工农革命军受到了来自南北两面的夹击。北面是集结于衡阳的国民党白崇禧部，南面是广东范石生部，他们与工农革命军形成对峙局面。国民党部队不仅人多，而且装备先进，对郴州苏维埃构成了严重的威胁。

为了粉碎敌人的进攻，省委特派员席克思、湘南特委特派员何舍鹅提出了一个极左的坚壁清野的"焦土政策"，即把从宜章至耒阳一线四百多里长的公路两侧各五里内的城镇及农村的人和财物一律撤至偏远的农村，然后把搬空的房子烧掉，片瓦不留。

面对强敌硬拼不行，就玩点花样技巧，他们好像是从《三国演义》里学来的。他们认为敌人从宜章到衡阳要走四五天，这样就可以让进犯之敌无寸草御寒，无粒米果腹，不战而自垮。特派员充满自信地说："到那时就等着去拣枪吧！"

尚处幼年的共产党人，在大敌当前之时，居然想出这种异想天开的办法。他们就是没有想到这样做会引起公愤，会违背广大人民群众的利益，因而注定是要失败的。而我们当时也太天真幼稚了，竟也赞同他们的意见。

于是郴属特委做出决定，坚决执行"坚壁清野"的"焦土政策"。为此，先在党内进行动员部署，然后再向群众宣传贯彻。

这一政策的执行，无疑会遇到重重阻力甚至反对。群众不相信我们的宣传，有些积极分子是半信半疑，就是各级党员干部和苏维埃政府机关工作人员也是不赞成的。而隐蔽下来以崔廷彦、崔廷弼为首的地主豪绅、反动分子便趁机煽风点火，在郴州策动反革命叛乱。他们说："鸟还得有一个窝呢。把房子烧了无家可归，让我们去乡下吃什么？住什么？"他们在背地里鼓动组织群众反对烧房子。特别是郊区周围十几里的农民，更是坚决反对烧掉他们祖祖辈辈苦心营造的家。干部群众的情绪和意见，以及反动分子在暗地里活动的复杂而严峻的情况，曾经多次反映上来。而包括夏明震在内的最高决策层，却被胜利冲昏了头脑，听不进干部群众的反对意见。他们说："我们的力量这么强大，一小撮反动分子在那里秘密活动翻不了天。"真是可悲的自信。

他们对此满不在乎，一意孤行，最后终于导致了历史的悲剧。

国民党利用农民对"焦土政策"的不满，挑动农民叛乱，很多共产党人被残酷杀害。三月中旬的一天上午，群众动员大会在郴州城隍庙召开，原定开会时间是十点，那天我和郭怀振起得早，九点多就来到会场。只见广场上已经汇集了八九百人。同往常召开群众大会不同的是，郊区的农民们手上都拿着家伙，有锄头、扁担、镰刀，还有枪、梭镖和大刀。个个紧绷着脸，表情阴沉沉的，有的怒气冲冲。

整个会场上弥漫着一种恐怖紧张的气氛。我向他们解释，但他们根本听不进去，你一言我一语反驳我。

"你们烧了房子，国民党部队就吃不成饭啦？就能把他们饿死？"

"我们祖祖辈辈在这住，要我们烧了房子到乡下投靠亲友，我们的亲戚都很穷，让我们投靠谁去呀？"

这时，我在南乡搞土改认识的那个支部书记也来了。他把我拉到一边悄悄地告诉我：

"反动分子秘密部署，可能会利用农民的抵触情绪发动叛乱，他们扬言今天谁要是叫我们烧房子，就给他点颜色看看。看来今天要出大事，怎么办？"

同样，我在进入会场后也已经嗅到了一股可怕的火药味。

讲台上此时出现一个人，大声说着：

"乡亲们！鸟都有一个窝，我们是人，上有老下有小，祖祖辈辈都生活在这里。小搬家还有一条活路，烧了房子就只有死路一条。现在，反对烧房子的站在这一边。"

他的话音刚落，参加大会的农民居民几乎都站过去了。就剩下我们党员干部和骨干分子站在另一边，非常孤立。

"共产党一定要烧我们的房子，我们就反对共产党，打倒共产党！"接着那人又大声喊。

我一听这样的口号都喊出来了，看来烧房子要出事，要发生流血事件。

形势万分危急！

我来不及多想就急忙溜出会场，向苏维埃政府机关跑去，想找苏维埃主席汇报。政府机关此时已搬到县城对面的清源山的一座寺庙里。可是等我气喘吁吁地爬上山已晚了一步，夏明震和政府的几个主要领导都已下山到会场去了。他们和我走的不是一条道。

正着急，看到有个赤卫队员急匆匆地过河上了山，上气不接下气地告诉我们，反动派叛乱了，大会刚开始，叛乱分子就冲上主席台抓人，有个工农革命军的营长见状朝天开了一枪，反动分子就冲上去抢他的枪。他不让抢和他们扭成一团，结果被人拖到台上活活打死。夏明震等一批领导都被人从台上拖到台下，用梭镖扎……不得了了，整个会场一片混乱。

正在这时，我们看到山下人声鼎沸，有好几千叛乱分子和不明真相的农民过了河，从四面八方向山上冲来。当时苏维埃政府机关有一个警卫排，有十几支枪，我就只好组织这个排抵抗。可是这些战士都是新兵，看到满山遍野都是反叛的农民，就鸣枪吓唬他们，农民听到枪声不敢上前，但也不退。在混入队伍中的反动分子鼓动下，一会儿又冲上山来。警卫排自觉抵挡不住，扔下枪就跑，喊回这个又跑了那个，最后全跑光了。

我看到反叛的农民快冲上来了，只好往茅草小路上跑。当时很混乱，我穿的是男学生服、戴着帽子，他们一时看不清我是女的。我急中生智，假装问：

"苏维埃在什么地方？"

"就在山上！"

反叛的农民以为我也是去围攻苏维埃的。这样我只好返身往山上跑，我趁他们不注意，瞄准机会一下子钻进灌木丛躲了起来，幸好没有被发现。

我从上午十点躲在那里，一直熬到天快黑。我听到山下有人在喊：

"山上有人吗，我们是工农革命军教导队的。如果有人，就赶快下来和我们一起走。"看到他们身穿灰军服，知道是自己人，才放心地下山，跟着部队返回教导队的驻地。

位于郴州城外的南塔岭下，有一座书院。它规模颇大，依山而建，院前一条小溪款款流过，溪上有一座小桥，这是书院连接外界的唯一通道。朱德工农革命军的教导队就驻扎在这座书院里。

教导队是培养军事骨干的单位，队员三十多人大部分是年轻有为的青年学生，是南昌暴动后从武汉组织起来的。队长叫刘之志，黄埔军校四期毕业生，在武汉参加工农革命军。他的妻子许秀珍，原是武汉的一名中学生，一直跟随着他从南昌暴动到湘南暴动，是朱德领导的工农革命军中唯一的女同志。

到了教导队驻地，我紧张了一天的神经才算松弛下来，感到有了安全感。但我老想着上午的那场群众大会，预测着城隍庙里发生的一切。我想念那些同事，特别想念夏明震。他被人拖下戏台，结果会是怎样？我默默地祈祷着，但愿他们只是受了伤，可千万不能死啊！

工农革命军派一营兵力打回郴州平息叛乱，见到共产党人尸横遍野，战士们怒火中烧，见人就打；夏明震胸前被刺了三四刀，面朝苍天；我克制住感情，没流一滴泪。由于局势混乱，敌情不明，朱德的主力部队又远在永兴、耒阳、资兴一带，孤立无援的教导队决定暂时离开郴州，与主力部队会合。

我感到郴州地区发生这么大的事，我有责任向上级党组织湘南特委汇报。我就跟随教导队向永兴撤退。

从郴州到永兴有九十多里路。当我们大约走了一二十里地，经过一个较大的村落时，只听得村里传来阵阵锣声。随后，一大群手举扁担、锄头、梭镖的农民，冲出村口追赶我们。教导队朝天开了几枪，便把他们镇住了。但他们嘴里仍喊着：

"打死你们！打死你们！"

沿途经过三四个村，都受到同样的"礼遇"，我们一路打一路撤。大约走了三四十里地，到了一个小镇上。当我们正坐下休息准备吃饭，就听到不远处的戏台下，有人喊着：

"来人啊，救命啊！"

我们跑过去一看，发现有人被五花大绑，关在戏台下的小屋子里。他说他是当地农会干部，被还乡的大地主抓了起来，准备要杀头。后来听说我们的队伍要来了，就丢下他跑了。我们赶快给他松了绑，他说：

"还有两个农会干部，刚刚给活埋了，也不知是死是活。"我们急忙跑去挖开土一看，已经没气了，只好又重新把他们埋了。吃了饭，我们又继续赶路了。

到了晚上天黑时，教导队才抵达永兴县城。我很快找到了湘南特委负责人周鲁，把实行"焦土政策"、开会动员以及后来发生的一切都向他做了汇报。我强烈要求，快派队伍打回郴州去！

周鲁听完汇报，觉得问题严重，连夜就去找工农革命军的负责同志请求派兵。我赶了一天的路，累极了，汇报完工作，倒头就睡着了。

工农革命军当即做出决定，派出一营兵力，急行军打回郴州去，平息反革命叛乱。

第二天一早，我跟随部队返回郴州。天快黑时，队伍接近郴州，举目可见尸横遍野，有的肚子被剖开了，有的前胸被捅得像马蜂窝，有的脑袋还挂在灌木丛上……战士们悲痛至极，怒火中烧。进城后见街上的店铺都关了，也不管三七二十一，见人就打，也误伤了一些无辜的群众。

部队了解到，一批反动地方武装和受蒙蔽的反叛群众，见部队进城便逃到郴州附近的南塔岭。部队马上攻打南塔岭，消灭了地方反动武装，当场击毙反动豪绅崔廷弼。

仅仅时隔两天，当我再次看到的郴州城，却是另一番惨厉的景象。城中心大街一片残墙断垣，使我甚感震惊。我们没烧过房子，但眼前却是满目焦土，这究竟是怎么回事呢？

原来，当反叛的农民四处追杀共产党员和农会干部时，一些人死里逃生，跑到五十里以外的良田镇。当地党政组织惊悉郴州反动派举行暴乱，马上召集五千多农民，连夜开进郴州，同地方反动武装及反叛的农民激战，从当晚一直打到第二天上午。在混战中，反叛的农民把整条街的房子给烧了。

我还看到街上到处是血迹，尸体有几十具，横七竖八东倒西歪……

我四下打听夏明震等的下落，有人告诉我被杀死的干部都在河边。我和战士们急忙赶到河边，最不愿意看到的惨烈景象还是出现了。

河滩上摆着九具尸体。夏明震面朝苍天，躺在那里，脸是青紫的，眼睛闭着，两只手还紧握着，衣服被撕开，胸前被刺了三四刀，肩上、肚子上、脚上都有伤，大概被砍了几十刀，两腿伸直，一只脚光着……我眼睛都看呆了，心直往下沉，也说不出当时是什么心情。

真是惨不忍睹！

那时天气还很冷，尸体还没有腐烂发臭，我们找来棺材，把他们逐一收殓好。我强忍着失去丈夫和战友的巨大悲痛，全身心地投入到收复郴州后的各项工作中。

两天后，夏明震等烈士被安葬在文帝庙附近。当时郴州工作百废待兴，千头万绪。因此没有召开隆重的追悼会，只组织了一批人去送葬。有生以来，我就讨厌那种哭哭啼啼的送葬仪式。送葬时，我克制住自己的感情，没有为亲人送这最后的一程。

夏明震悲壮的死，深深地震撼了我，但痛定之后，是加倍的坚强。我觉得自己不应该哭，我不愿让人看见我的软弱。牺牲了那么多的战友我都没有掉过一滴眼泪，我也不愿只为自己亲人的牺牲而哭泣。

我只知道夏明震被埋在文帝庙，却不知道文帝庙在何方。前几年我回到郴州，想去凭吊先夫的亡灵，但听说文帝庙已拆了，夏明震等人的墓被迁到一个山脚下。我上山去寻找，山上正在修公路，他的骨骸已不知所终。

我的心里至今还十分不安啊！后悔当初没有去送他那最后的一程。

重新组建了郴州县委后，陈毅任代理书记，第一件事就是召开群众大会，公开承认烧房子是错误的，对参加叛乱的农民群众既往不咎；当国民党部队大举围攻郴州时，我随朱德的部队撤向井冈山。

现在回想起来，郴州特委所做出的极左的"焦土政策"，真是愚蠢至极，罪孽深重，它给党和人民带来的是不可估量的损失。

它损害了党和苏维埃政府在人民群众心目中的威信和形象，糟踏了郴州地区的大好革命形势，使胜利果实和大好局面毁于一旦；它破坏了党和人民群众的血肉关系，损失了一大批党的干部，挫伤了群众的感情和积极性。极左路线造成的后果是极其严重的。

广大人民群众抵制"焦土政策"，反对烧房子，甚至因此反目成仇，而这却没有引起我们的警觉和反省。反动派恰恰利用了群众的抵触情绪和反抗心理，秘密策动、暗中唆使，挑起一场反革命叛乱，借农民群众之手向共产党和苏维埃政权大打出手，以致酿成这场亲者痛、仇者快的互相残杀，殃及党政军领导干部、共产党员、农会干部、赤卫队员以及不明真相的农民和无辜的群众，甚至青少年。

后来我还听说，最惨的是两三百名少先队员，都是些十二岁至十六岁的孩子。反叛的农民来了，他们就往山上跑，反叛的农民哄骗说：

"你们下来，就不杀你们。"

天真的孩子们相信了他们的鬼话，一下山就被包围了。毫无人性的叛乱分子竟对手无寸铁的孩子们大开杀戒，好几十个少先队员最后惨死在血泊之中，尸体被丢到山沟里。

据不完全统计，共有一千多人屈死在那场残杀中，而真正的反动分子却藏在暗处，煽风点火，死得并不多。真是令人悲哀啊！

工农革命军打回郴州后，重新组建了中共郴州县委，由陈毅代理书记。他所做的第一件事就是召开群众大会，公开承认烧房子是错误的。今后不再搞"焦土政策"，也不戒备森严，让大家安居乐业，该干什么就干什么。他还宣布除那些大地主豪绅和反动分子一定要镇压外，不明真相受反动分子欺骗的农民，一律既往不咎。

贫苦农民本来对土地革命运动是赞成和拥护的，听说共产党不追究以往的事了，他们又重新投入土地革命斗争。照样打土豪分田地，分粮济贫烧田契。

各级苏维埃政权和农会、妇联等群团组织也重新得到恢复和发展。在宜章与摺岭交界地区活动的工农革命军第七师，此时也回到郴州。农民自卫队重新拉起队伍，继续活动，郴州地区的革命形势很快得到好转。

郴州县委重组时，我不愿意留在地方工作。经组织上同意，我调到工农革命军第七师党委办公室工作。

这是一支由郴州工人纠察队扩建发展起来的队伍，在与国民党部队和土匪武装的战斗中不断得到发展壮大。师长邓允庭，辛亥革命时，曾任过蔡锷、黄兴那支部队的参谋长。蔡锷失败后，他离开军界遁入教门，当起牧师。北伐战争时，他认识了一些共产党人，接受了共产主义的宣传。由于他思想较进步，党组织决定发展他。

夏明震代表组织找他谈话和主持入党仪式时，我也去了。

"我相信共产主义，也愿意加入共产党；但我也相信基督教，我不是迷信，而是相信其中的道理。共产主义讲为人民大众谋利益最终达到共同富裕，这和基督教讲平等、博爱是一致的。所以我不放弃基督教。"

可是当时部队急需军事干部，就任命他为第七师师长。不久，朱德派蔡协民来第七师任党代表。

正当郴州土地革命斗争再次风起云涌之际，广东和湖南的国民党部队已向郴州地区步步进逼，形势急转直下。

一天下午四点多，我们接到紧急通知，明天一早一律撤出郴州，向江西井冈山转移，与毛泽东的队伍会师。

第二天一早，邓允庭师长带领主力队伍，开赴良田一带，阻击和牵制来自广东的范石生部队。我来不及去裁缝店取回定做的夹被，便匆匆忙忙地跟着党代表蔡协民和师直属队一道，离开了郴州，向井冈山进发。

作者简介：曾志（1911—1998），湖南宜章县人，1926 年 10 月加入中国共产党，1927 年随中共郴属特委书记夏明震回郴州，任郴属特委秘书，参加湘南起义。新中国成立后曾任中共中央组织部副部长。

节录自曾志著《一个革命的幸存者》上卷第三章"经历失败"，第 46—63 页，广东人民出版社 1999 年版。现标题为编者所加。

湘南起义的前前后后

欧阳毅

一、参加了共青团和共产党

我和欧阳侃回到白沙区麻田村后，约 5 月底 6 月初，当即就与本村农民欧阳祖光取得联系。欧阳祖光是补锅工人，早就参加了共产党。我在他的领导下，投入地下工作，写标语，散传单，上面写着"打倒蒋介石反革命""打倒背叛革命的国民党反动派"，还散发《共产主义 ABC》《共产主义问答》等小册子。欧阳祖光很信任我，许多工作都分配我做，要我担任他的秘书。

1927 年 11 月，曾负责学生会组织工作的朱义敏同学介绍我加入共青团。他虽不与我同村，但他搞革命活动，经常与我们联系，对我很了解。当时入团宣誓时，他严肃地对我说："从今天开始，你就是组织的人了，不是家里的人了。以后，组织上调你去哪，不准讲价钱！"

我坚决地回答："放心，我完全做得到！"

1928 年 1 月初，湘南暴动，成立乡、区苏维埃政府时，欧阳祖光先后担任乡、区苏维埃政府主席。我先后担任乡、区苏维埃政府秘书。

1928 年 1 月间，欧阳祖光、欧阳侃介绍我光荣地加入了中国共产党。入党仪式很隆重，县委的代表和区委书记王政、区苏维埃主席欧阳祖光等几位负责人都到场。我怀着非常激动的心情，举起右手面对党旗宣了誓，从此便把自己交给了党组织。

二、地火在运行

1927 年冬，国民党反动派与本地的土豪劣绅互相勾结，反动派的反扑已逐步深入到乡村，到处任意抓人、杀人，凡是办过工会、农会的，或是在外读书回家的，都在通缉之列。

我家就有两个被通缉的，一个是我，一个是我父亲。他们说家乡的共产党都是我发展的。他们太抬举我了。其实，我是以后才加入中国共产党的。通缉我父亲，是因为他曾在贫民织布厂办过事，有时搞点宣传，也把他归入了"赤匪"之列。

欧阳智泉是麻田乡最大的地主，与县、省里的大地主、大官僚都有来往，政治上有很大势力，在乡下把持一切，要抓谁就抓谁，要杀什么人就杀什么人。我们乡下有个名叫欧阳智山的画家，擅长国画，思想也比较进步，有时做些革命宣传。欧阳智泉知道了，趁他在外卖画时，与当地地主合谋把他暗杀了。

但是，广大农民群众的求解放的革命烈焰是压不下去的，他们在地下积蓄着力量，等待着时机。

地火在冰冻的地壳下运行着。

在中共宜章县委的领导下，碛石彭家由彭晒、彭暌、吴仲廉等组成了党的特别支部，打着"挨户团"的旗号，以防"赤匪"为名，积极组织地下武装。县委委员高静山、杨子达、余经邦等，领导县农军分别转移到汝城，及杨子达、余经邦的远祖家乡乳源县所属的太平杨家、石岱余家一带进行活动。

更为可观的一支武装力量，是原在国民革命军程潜部任营长的胡少海率领的。胡少海是宜章岩泉乡郝家村人，出身于地主家庭。兄弟六人，他是老四。他本人是学生出身，1928年春加入共产党。他脱离程潜部后，在湘粤边以孙中山旗号从事军事活动。大革命时期，他受共产党影响，成为同情者，与较早投身革命的共产党员龚楚（后叛变）有交谊。在湘南暴动和井冈山斗争中，胡少海成长为红军早期的优秀将领，也是宜章的骄傲。宜章起义前夕，他带领一部分队伍潜入湘粤边境山区，在乳源的梅花及宜章的莽山一带活动，并与杨子达、高静山取得联系，相互策应。

潮汕失败后潜回家乡的的共产党员谭新和陈东日，也分别回到笆篱的塘下岭、大刘家和栗源堡，秘密组织革命力量。陈东日在家乡串联发动了曾在大革命时期参加过农会的陈光，陈光献出了隐藏的12条枪，组织了地下武装。

我的家乡麻田，虽然没有成立武装，但在欧阳祖光领导下，也行动了起来。

我们听到朱德部队到了广东乐昌时，就开始发动群众，秘密缝制红旗，准备暴动时打出去。

万事齐备，只等东风。东风就是朱德、陈毅领导的部队来到宜章。

三、朱德、陈毅到年关暴动起狂飙

我第一次听到朱德同志的名字是在宜章。

1928年1月初，朱德、陈毅率领的南昌起义部分部队来到了宜章，终于点燃了宜章年关农民暴动的烈火，终于点燃了湘南暴动的熊熊烈火。

朱德率领部队智取宜章县城，富有传奇色彩。我当时在乡村做农民暴动的发动工作，虽未直接参与智取宜章事件，但作为宜章年关暴动乃至整个湘南暴动的亲历者，至今回忆起来仍然激动人心，仍能抒发我对大智大勇的朱总司令的崇敬缅怀心情。

朱德、陈毅率领的部分南昌起义部队脱离范石生部后，筹划在湘南找一块根据地立脚和发展。这时，湘南的宜章县革命力量正在重新集结，城乡遍布的干柴正在等待点燃烈火。胡少海听说朱德部队已到乐昌后，经龚楚的介绍，他便化装到乐昌的长圩与朱德接上了头，并带路将朱德部队经武水、黄坪大小洞，带到原乳源所属的梅花大坪杨家寨子。县农会主席杨子达串联全村十多名父老乡亲，在村边鸣鞭炮迎接革命军。部队有一千多人，都穿着灰布军装。朱德牵着马与胡少海缓步走进村寨。当晚，朱德、陈毅在杨家寨的贤观阁召开秘密会议，听取了杨子达、胡少海等关于宜章的地理民情和敌我双方情况汇报，决定首先组织宜章暴动，带动湘南暴动。第二天，部队从杨家寨出发，行至梅花时，兵分两路，一路由梅花进入宜章境内的迳口；另一路是主力，由朱德、陈毅率领，向宜章县境的莽山洞进发。潜伏在家乡的陈东日亦赶上部队，同往莽山洞。

举行湘南暴动的主要武装力量，一时汇集在优美而闭塞的莽山洞，惊雷将从这偏僻的山村响起。朱德、陈毅、王尔琢与宜章县委胡世俭、杨子达、胡少海等举行了联席会议。朱德高瞻远瞩地分析了形势，认为国内军阀混战，蒋介石、唐生智正酣战于湘北，湘南敌人势力较弱，革命势力较强，又正值年关，地主豪绅逼租逼债正紧，农民与地主豪绅的矛盾一触即发，容易发动年关暴动。

与会者同意朱德的战略分析，同时研究了智取宜章的策略，让胡少海扮演智取的重要角色。

胡少海出身宜章的富豪家庭，他本人在外地从事革命活动，没有参加过本地的阶级斗争，在家乡尚未暴露身份，宜章的豪绅地主还不会怀疑他是共产党，所以，联席会议决定他带队扮演智取宜章的重要角色。

1928年1月11日（农历十二月二十九日），胡少海打着国民革命军第十六军一四〇团先头部队的旗号，以副团长的身份带领部队"关怀桑梓"，回宜章"协助地方维持治安"。这种身份和名义对当地豪绅很有吸引力和迷惑，他们求之不得。他带了由朱德部队挑选的两个连的老兵，一路扯旗放炮，途经天塘、笆篱、栗源堡，下午进入宜章城。进城后，在显眼处张贴布告，胡少海主动"拜访"官吏豪绅，声明进驻宜章是为了"防共防匪"，并告知县长说："我们的大队伍明天赶到县里。"

官吏豪绅们一个劲点头哈腰，对荣升的"胡团长"能不忘桑梓，带领部队回家乡"防共防匪""表示感激"，还要设宴为"胡团长"洗尘。"胡团长"说，待明天"王团长"进城后，当设盛宴，请各位赏光，云云。县长说：不可，不可，"王团长"来到敝县，理应本县官绅盛宴欢迎。彼此客套了一番。

就在胡少海进城后与官吏豪绅打得火热的同一天下午，朱德、陈毅率部来到离城40华里的陈东日家乡栗源堡，与由径口到栗源的部队会合了，当晚便布置了栗源堡镇的暴动事项。第二天，朱德化名"王楷"，以"王团长"的身份带领打着范石生一四〇团旗号的革命军，经武阳司、长冈岭、小塘，向宜章城进发。下午两点多钟，朱德、陈毅率领部队到达宜章城门口，"胡副团长"率领县城的官吏豪绅在城门两厢列队欢迎。队伍浩浩荡荡地开进了宜章城，司令部设在原县立女子职业学校。部队以"布防设营"的名义，迅速而悄悄地包围了县政府、警察局、县保安队驻地养正书院，并在通向县城的要道上布置了岗哨。

下午4点多钟，新老县长杨孝斌、黄得珍等官绅，在县参议会二楼大摆"鱼翅宴"，为"王团长"等接风洗尘。县府各局处官员及本地豪绅20余人，倾巢出动作陪。宴会热热闹闹地进行着。酒至数巡，正当官绅们起劲地向"王团长"敬酒献辞时，朱德突然离座掷杯，厉声宣布："我们是中国工农革命军，我是朱德！你们这班土豪劣绅、贪官污吏，平时作威作福，摧残革命，屠杀工农，是打倒的对象！"

胡少海率领十多名精干战士冲了进来。以为安全有了保障喜笑颜开的官吏豪绅，一下子通通傻了眼，双腿发抖站立不稳。朱德一声令下，立即逮捕了新任县长和原任县长、挨户团副主任等20多个反动家伙。

朱德掷杯，发出了宜章年关暴动的信号。工农革命军四处出击，围剿了驻养正书院保安队的反动武装；打开了县公署监狱，释放了被捕的革命同志和无辜群众；打开了粮仓，把粮食分给贫苦群众。

宜章城沸腾了，贫苦人民个个奔走相告，人人欢欣鼓舞，过着真正的年节。

一四〇团司令部立即改为宜章年关农民暴动指挥部，各种通令、通告从这里发出。县政府门前的国民党青天白日旗被扯了下来，标志工农革命军的红旗取而代之，高高飘扬。红旗下面的墙壁上，贴上了一张鲜红大纸条，上书"宜章县农民协会"。年轻人拿起了梭镖，"暴动！暴动！"的欢呼声，响彻全城。

起义军全体指战员纷纷撕掉了国民党帽徽，每个人的脖子上系上红带子，部队正式改编为中国工农革命军第一师，朱德任师长，陈毅任党代表，王尔琢任参谋长。

之后，朱德、陈毅和宜章县委的胡世俭、高静山、杨子达等人，与暴动当天连夜赶进城里的各地党组织骨干，共同部署各区乡的暴动，研究了宜章建党、建政、建军和开展工农运动问题。县委紧急行动起来，派胡少海、陈东日、陈俊回栗源；彭晒、彭晓、李赐凡回黄沙碛石；余经邦回赤石；刘廷魁回白石渡新车；张际春回满塘、罗轸；谭新回笆篱塘下岭；欧阳祖光回白沙、梅田暴动，配合革命军组建工农武装。

霹雳一声天地动！以智取宜章为起点，以宜章年关暴动为信号，揭开了轰轰烈烈的湘南暴动的序幕。

四、乡、区苏维埃政府秘书

欧阳祖光从县城带回了年关暴动的指示，我们把早已准备好的红旗扛了出来，插在村头，发出了麻田村年关暴动的信号。贫苦百姓踊跃响应，纷纷拿起梭镖，扛上锄头，这些昔日的农奴向地主豪绅发出了暴动的怒吼。

1928年1月24日至25日，白沙区所属的史家、洛阁、麻田、上洞、浆水、田南门、上冲，先后恢复了农会组织。

我们麻田村迅速成立了村苏维埃政府，欧阳祖光任主席，我担任秘书工作。搞宣传，打土豪，分田地，轰轰烈烈，痛痛快快地忙碌了一阵。大地主欧阳智泉已经跑了，我们就分了他的浮财，打开仓库分谷子给老百姓。

1928年2月10日，白沙区苏维埃政府成立。欧阳祖光和我被调到梅田白沙区工作，他任区苏维埃主席，我当区苏维埃秘书。在梅田的黄氏宗祠办公。区苏维埃政府成立的这一天，我们根据群众的要求，镇压了当地的大土豪劣绅30余人，没收了他们的全部财产。这些行动极大地打击了地主豪绅的反动气焰，为受压迫受剥削的贫苦农民伸张了正义，也使他们得到了经济上的利益。

为了镇压敌人，保卫和巩固政权，我们在区、乡组织了农民赤卫队，有三四十名队员，武器主要是梭镖、大刀，也有土铳、土枪，个别赤卫队有一两支快枪。队员们颈上系红布带，负责站岗、放哨、查路条，防备敌人的捣乱与破坏。

在很短的时间里，农民革命斗争搞得轰轰烈烈，群众情绪十分高昂，地主闻风丧胆。我们提出的口号是"打土豪、平分田地"，对广大农民群众有极大的号召力。白沙区的梅田、上寮、上刘家、龙塘冲、田栏门村，开始了调查人口土地，插标分田工作。原则上是按人口分田，土地以乡划片，以原耕为基础，抽多补少、抽肥补瘦。分定之后，用竹签写上"田几亩几分，分给×××农民"，插在田塍上，同时造册登记。分田工作进展较快的上寮刘家，每人分田一亩多，在田上插牌为记。由于时间太短，分田地只是开了个头，没有深入进行，主要分的是地主的浮产，如谷物、衣服等。这已经得到贫苦农民极大的拥护。

现在回忆起来，工作中也有偏差。当时湖南省委与湘南特委为了贯彻瞿秋白临时中央的"左"倾盲动主义路线，实行了一系列"左"的政策，比如，计划要将湘粤大道两侧各十里内的村庄房屋全部烧毁，并派专人到湘南监督这一计划的执行。当时提出了一个响亮而吓人的口号："杀、杀、杀，杀尽一切土豪劣绅；梭、梭、梭，梭尽一切贪官污吏；烧、烧、烧，烧尽一切反动派的房子！""无绅不劣，有田皆豪"，荒唐地号召"要使小资产变成无产，然后强迫他们革命"。

在这样煽动性的口号下，湘南有些地区就出现一些过火的行动。有些地方大烧房子，不仅把大地主、贪官污吏的房子统统烧掉，甚至还要把宜、郴大道两旁所有房子都烧掉，搞什么"坚壁清野"，"使小资产变无产"，这样做的结果是不得人心。严重地影响到革命斗争顺利发展。好在我家乡麻田村没有受到影响。

五、走上井冈山道路

朱德智取宜章的胜利，宜章年关暴动的声威，震撼了湘南和粤北的反动统治者，引起敌人极大的恐慌。蒋介石急令湖南省主席何键，调兵一师进驻郴县，派曾经发动"马日事变"、大量屠杀工农的独立第三师师长许克祥，带兵六个团，由广东韶关直扑宜章进剿，想扑灭湘南起义的烈火。

朱德对此早在预料之中，为了应付这突然变化，，便率部队秘密撤出宜章城，隐蔽在乡间，休整部队，发动群众准备反击敌人的反扑。同时，命令各赤卫队化整为零，潜伏到乡村和山区，伺机配合革命军作战。

当得到宜章县委情报：许克祥已进兵岩泉圩、屯粮坪石镇时，朱德分析："敌人兵力数倍于我，武器装备精良，在这样敌强我弱的情况下，决不能采取南昌起义后那种死打硬拼的方法，同敌人拼消耗。应该有勇有谋，灵活机动，用游击战和正规战结合的打法，去战胜敌人。

1928年1月31日拂晓，革命军和农民武装分两路出击。一听说要打"马日事变"的死对头许克祥，工农革命军的情绪十分高涨，四乡的农军也赶来要求参加战斗。

当工农革命军以迅雷不及掩耳之势冲进岩泉圩时，许克祥的部队无法招架，仓皇而逃。

岩泉一攻下，革命军和农军乘胜向坪石挺进。许克祥慌忙乘船逃跑。

坪石大捷，战果辉煌。俘虏许师 1000 余人，共缴获步枪 2000 余支，还有重机枪、迫击炮等各种武器弹药装备和几十挑子银圆。

坪石大捷的消息，轰动了整个湘南。工农革命军又相继攻克了郴州、耒阳、永兴、桂东、资兴、汝城等县城，并在这些地区建立了苏维埃政府。湘南各地农民群众在当地共产党组织的领导下，纷纷揭竿而起，武装斗争烈火迅速燃遍湘南大地。不到一个月的功夫，有 100 多万农民参加起义，组织了自己的地方武装，普遍建立了县、区乡苏维埃政府。

湘南暴动后，工农革命军和地方武装规模迅速扩大，一时红缨枪、红梭镖遍地林立。工农革命军扩编为朱德、陈毅率领的第一师和宜章独立第三师、耒阳独立第四师、郴县独立第七师，此外，还有永兴赤色警卫团，资兴独立团等。

各个地方革命武装的架子很大，装备却很差，除第一师外，多是大刀、梭镖和前膛鸟枪。又是刚刚组织起来的农民，缺乏训练和战斗经验，有些还拖儿带女，战斗力很弱。

风云突变，这支农军遇到了严峻的考验。

1928 年 3 月，李宗仁、唐生智的军阀战斗结束了，反革命势力重新集结起来对付革命。湘粤军阀集中了第七军的第二十师、第十三军的第二师、第二十一军的第一师、第八军的一个师、第十六军的一个师，以及许克祥、胡凤璋等部，共七个师之众，向湘南农军反扑过来。他们从湖南衡阳和广东乐昌两个方向南北夹击，进逼湘南。湘南地区的地主武装也相当强大，疯狂地反攻倒算。

在双方力量悬殊的情况下，为了保存工农革命军，朱德当机立断，做出退出湘南，向井冈山靠拢的重要决策。

中共宜章县委奉命率领党政军分两路撤出宜章，一路由县委率领党政军的干部、战士及其家属，共 3000 多人，于 4 月 3 日向郴州方向进发。当部队行至郴、宜交界的折岭时，利用有利地形，在郴县工农革命军第七师的配合下，给尾追之敌以沉重打击。然后，掩护群众向郴县、资兴前进，与郴县七师和陈毅所率的革命军会合。接着，统一在陈毅的领导下，由资兴进抵鄠县的沔渡，与先期转移到此的朱德率领的革命军会合。随后，由朱德、陈毅率领进抵宁冈的砻市，与毛泽东会师。

另一路，是活动在宜章西南山区的独立营。在宜章工农革命军主力和县委撤离宜章向东转移之后，他们与上级失去联系，就开往白沙区梅田镇，与我们白沙区的农民武装会合，组成宜章独立营，由龚楷、萧克、欧阳祖光、王政等率领，有枪七八十支，梭镖300多把，战士及家属600多人。我们乘敌不备，于4月3日袭击了梅田之敌，第二天从麻田穿山越岭，登上了骑田岭主峰——黄岑岭。

我就是跟随这一路走的。

曾记得，我们带着许多农军家属，男男女女拖老携小的拉成一字长蛇阵。家属们之所以执意跟随，是害怕卷土重来的国民党政府和地主豪绅报复。长蛇阵式的队队伍走不快，敌人追得又紧，地主武装力量很强，气焰嚣张，敌人正规军很快也包围上来了，形势很危急。

走了一天一夜，没有走出多少路，大家感到这样不行，就坐下来开会研究。县委曾代表、区委书记王政、区苏主席欧阳祖光和我都参加了会议。大家决定将独立营部队和群众家属分开行动，由区委书记王政带领家属队留下来，在当地周旋，欧阳祖光和我一起跟部队走。独立营和家属队终于依依不舍地告别了，对不少同志来说，这一刹那就是生死永别，就是阴阳界上的最后一瞥啊！从那次分手以后，我就再也不知王政的下落。据说，他在敌后坚持了长时期的斗争，最后不幸牺牲！

告别家属队后，我们为了分散目标，是化成一小股一小股队伍钻进骑田岭的。下了骑田岭，在宜章、郴县、临武交界的开山寺宿营。

开山寺的老和尚对我们很友好，用水桶泡了一大桶"云雾茶"，招待我们。这种茶很奇特，泡在桶里一会就升腾起一股蘑菇状云雾，袅袅而上，久久不散，清香扑鼻。喝进口里沁心清脾，余味无穷，既解渴，又消除疲劳。临走时，我还带了些作为留念。我一辈子再没有喝过这样有味的茶。老和尚说这种茶称"贡茶"，过去是向皇帝进贡的，现在用来招待革命军。他的盛情感动了我们。

我们营在骑田岭一带活动了一个星期后，又向东进发，经郴县之廖家湾、黄家湾下山，从折岭附近深夜越过郴县大道，经五盖山到资兴之渡头，会合了郴县农民武装，一齐向东转移。

4月20日左右，我们来到资兴龙溪洞地区。在这里，与毛泽东率领的前来迎接湘南暴动部队的秋收起义部队会合了。

我们是湘南暴动部队中最先与毛泽东部队会师的一支部队。水流千里归大海。从此，宜章这个梭镖营就汇入了革命洪流。这股洪流流经了半个多世纪，浮出了几位宜章籍的将军，也沉没了许多有名无名的烈士。

我亲历的湘南暴动，在我党我军和我个人的心目中都有着崇高的地位。湘南暴动是继南昌起义、秋收起义、广州暴动之后，中国共产党领导的又一次暴动。它极大地鼓舞了人民的革命斗争热情，沉重地打击了国民党反动统治势力，为引导湘南人民走上武装夺取政权的道路，为"农村包围城市，武装夺取政权"的理论，提供了宝贵的经验。湘南暴动后，朱德、陈毅等率领农军走上井冈山，与毛泽东率领的秋收起义部队会师，共同创建与发展井冈山革命根据地，功垂千秋。

湘南暴动作为我革命生涯的第一座熔炉，也是功不可没的。

作者简介： 欧阳毅（1910—2005），湖南省宜章县人。湘南起义时任宜章县梅田乡、区苏维埃政府秘书。1928 年 4 月上井冈山后加入中国共产党。中华人民共和国成立后，任中国人民解放军公安部队政治部主任，炮兵副政委。1955 年被授予中国人民解放军中将军衔。

节录自《欧阳毅回忆录》，中共党史出版社 1998 年版，第 19—34 页。

湘南风暴

赵 镕

我们党的历史是一部武装斗争的历史。南昌起义揭开了我党武装斗争的序幕。继南昌起义以后的秋收起义、广州起义和湘南起义等数十起武装起义，是我党武装斗争开始时期的一次高潮。朱德同志领导和指挥湘南起义时，我是他的书记长，日日夜夜相随在他身边。回忆往事，至今历历在目。

一

1928 年 1 月，我们到达了湘粤交界的莽山洞，在此边休整边等待时机。当时，朱德同志看到农民革命热情很高，斗争勇气不减当年，从中得到很大的鼓舞和启示。他说：有这样的革命农民群众作后盾，我们可以在湘南打出红旗，打开局面，大干一场。

时机终于到了。不久，宜章县委派胡世俭、高静山、毛科文等同志前来联系，向朱德同志汇报了宜章城敌人的兵力部署、城防情况以及城关人民对敌人的愤恨，对革命的期望等等。朱德同志得知这些消息以后，很有信心地说："依我看，不需要费一枪一弹就可以收拾他们，拿下宜章。"在场的陈毅同志高声叫好："对呀，这就是说，我们打宜章，不是强攻，而要智取。"然后拍着胡少海的肩膀说："这恐怕要借重胡家五少爷的大力了。"朱德同志也说："这出戏要胡少海同志演主角。"胡少海立即站立起来，坚决地说："二位首长如此看重我，任凭首长差遣，就是赴汤蹈火，亦在所不辞。"

1928 年 1 月 12 日，胡少海同志率一支部队回到宜章，声称是国民革命军 140 团的先遣队，大队明天就到。胡少海到了县城之后，前后两任县长杨孝斌和黄得珍都来拜望这位威风凛凛的胡副团长，并大献殷勤地说："宜章人民早盼有一支正规军，协助地方防匪，那〔哪〕怕是一个营或一个连来宜章驻防也好。现在却来了一个团，真是宜章绅商的万幸。"

在胡少海进到宜章县城以后，朱德同志率领我部主力进到距宜章县城约 20 里的一个小山村里住下来。在这里召开了党的活动分子会议。朱德同志在会上说："宜章这一仗意义重大，是我们进入湘南，敲开湘南大门，领导湘南人民实行年关起义的一仗。我们一定要打好这一仗，在湘南地区重新燃起革命烈火。"指战员们听了朱德同志的讲话，受到很大鼓舞，充满了胜利的信心。

1月12日晚，我们得到胡少海顺利进入宜章城的消息。次日，朱德同志即率大队浩浩荡荡开进了宜章县城。入城后，陈毅和王尔琢同志在设营和布防的名义下，查看了民团的分布情况和我们准备围攻民团的路线，按原计划悄悄地包围了国民党县政府、警察局及反动的团防局，并在各通道上布置了严密的岗哨，做好战斗准备。

当日上午，国民党县长杨孝斌亲自来到我军司令部说："本县拟于正午略备小酌，专为王团长（朱德同志化名王楷）、胡副团长接风洗尘，万望赏光赐驾。"朱、胡连说："不敢当，不敢当。既然杨公盛情相邀，恭敬不如从命，那就只好叨扰了。"

下午，杨孝斌在县议会二楼设宴，除朱德、胡少海等主宾外，赴宴作陪的还有全县的官僚、绅士多人。酒过三巡，朱德同志突然掷杯，胡少海率领十多名战士冲了进来，这些官僚、绅士浑身发抖，一个个束手就擒。只有狡猾的县保安队长邝镜明没有出席宴会，漏网逃掉。我们立即将团防局、公安局400多名武装缴了械。又打开监狱，释放了党员和进步人士以及无辜被关押的劳动群众。还打开粮仓，将粮食发给贫苦农民，地下党的同志为我们赶制了几面镰刀斧头大红旗，插在县政府、公安局和县城的各个城门楼上，暴动取得了胜利。

宜章年关暴动是湘南起义的序幕。宜章暴动的胜利，为推动整个湘南地区的起义创造了条件。朱德同志指示要大力宣传宜章暴动的意义，扩大暴动胜利的影响，并派骨干分子或派部队到附近各县、各区去组织和推动暴动。在此之前，湘南地区的工农群众在各县地下党的组织和领导下，已发动过一些暴动，但由于力量小，没有革命军队配合，指挥又不统一，因而都遭到敌人镇压。宜章暴动胜利后，附近各县的党员和革命群众都来找我们。在朱德同志领导下，我们一一热情接待，派出人员或发给枪支弹药，协助他们回去重新组织群众暴动。

大约1月21日，许克祥率部进犯宜章。敌人以6个团的兵力，攻我1个团，而且敌人武器远胜我们。朱德和陈毅同志商议，不能同敌人硬拼，决定先主动撤走，然后再寻机歼敌。当天晚上，朱德同志便率领我们经梅田、浆水，次日进到碛石。23日，朱德同志亲自指挥部队支援围攻黄沙堡城的农军。城内敌人一部分挖地洞逃跑，其余全部被歼。26日，我军离开黄沙经长村水北岸至观音寺，许克祥先头部队

1个营与我遭遇，结果被我消灭，敌营长被击毙。31日，我军配合地方农军2000多人，从圣公坛出发，分3路进攻岩泉圩敌人。朱德同志率我军主力从新圩向岩泉正面进攻。我先头部队进至距岩泉五六里的柏树亭时，侦察到敌人要吃早饭。一个地主将我军即将到来的情况飞报驻岩泉的敌贺团长。贺却不相信，认为他是大惊小怪，扰乱军心，吩咐照常开饭。这时我军迅速向敌人发起进攻，大批农军也从四面包围敌人。贺敌不支，退向栗源渡头河边，企图抢渡浮桥，又被我军消灭一部，其余向武阳司逃窜。当时，许克祥的6个团的兵力摆在从岩泉经栗源堡、武阳司至坪石一线。我军采取集中兵力各个击破的方法，又接连击败栗源堡、武阳司之敌。次日即进至长岗岭，准备直捣许的老巢——坪石。许敌企图在长岗岭与我决战。这时胡少海抄小路到此控制了制高点，敌人上下受攻，结果大败，溃不成军。许克祥只身化装藏在武水河的船舱底下才得以逃命。此役我军包括农军在内以不足3000人的兵力，打垮了许克祥6个团之众，缴获枪支数千、迫击炮8门，轻重机枪10余挺，俘虏官兵千余人。在军事上和政治上都狠狠打击了猖狂一时的刽子手许克祥。朱德同志在坪石召开的祝捷大会上这样说：许克祥制造"马日事变"，摧残革命、屠杀人民，曾经何等威风！今天却成了"许送枪"，送给我们许多枪炮，这证明革命人民在共产党领导下，只要坚持斗争，最后胜利一定属于工农大众。

2月3日，朱德同志率部经白石渡向郴州进发，途中在折岭和大步桥粉碎了由郴州出来堵截我军的王东原部。我军顺利占领了郴州城，接着又在各县地下党紧密配合下，先后解放了永兴、资兴、耒阳等县城。

在朱德同志组织和指挥下，不到3个月的时间，湘南地区的宜章、郴州、耒阳、永兴、资兴等地都相继举行了暴动，其他四周邻近地区也受上述暴动的影响，纷纷举行暴动。整个暴动烈火烧遍了大半个湘南。因为这次暴动时间在农历年底，所以被称为湘南年关暴动。

二

宜章暴动胜利以后，朱德同志宣布，南昌起义部队改为工农革命军第1师，撕下青天白日的旗帜和帽徽，换上镰刀斧头的旗徽和红布五角星的帽徽及以"红军"字样的袖章。在此期间，大批提高了觉悟的农民纷纷投奔到朱德同志率领的革命部队中来，使这支队伍很快由原来的八九百人发展到了1300余人。它是湘南人民暴动的有力台柱和建党、建政以及开展土地革命的强人后盾。

此后不久，我们还收编了王光佑领导的一支农民自卫军，将其编为工农革命军第1师后方营，由王光佑任营长、曹嗣仁为副营长，派出张登源任党代表。后方营的任务是留守后方，救护伤病员，实际上成了一个后方医院。在后方营所在地还办了一个小兵工厂，制造土枪土炮。此外，我们还在耒阳建立了一个兵工厂。此厂能制造一种"大炮"。这种炮是把粗大的松树适当掏空后做炮筒子，威力蛮大，可以杀伤敌人，也可以壮大自己的声势。后方医院和兵工厂的建立，可以说是湘南起义的一大特色。

除发展和健全工农革命军第1师这支正规部队外，还组建了地方武装工农革命军第2师、第4师和第7师。宜章暴动胜利以后，由于许多工农青壮年要求参加工农革命军，于是新组编了工农革命军第1师第3团。后来我们北上郴州、耒阳，这个团奉命留守宜章，并改为工农革命军第2师，由胡少海任师长。这是湘南最早的一支地方武装力量，全师约800人。郴州暴动胜利后，先组建了赤色游击队，随后又在赤色游击队的基础上成立了第7师，也叫工农革命军独立第7师，师长邓允庭。这个师比第2师编制大，人员也多，辖5个团，约6000余人。耒阳暴动胜利后，组建工农革命军第4师，师长邝鄘。该师也属于农军性质，平时带着武器搞生产，战时配合主力作战。这个师虽然武器差些，但人数较多，作战很勇敢。除了上述3个师外，还有永兴县的赤色警卫团和资兴县的独立团。

湘南暴动后，不仅扩大了正规部队，组建了地方部队，还组织了规模大小不一的游击队、赤卫队和各种形式的梭镖队、大刀队，前前后后共有几十万人，参加到了工农革命武装的行列中。

建立、健全和巩固湘南党的组织，也是湘南暴动胜利后的一件大事。当时湘南党的组织大体是这样几种状况：一种是在大革命失败后，地下党仍在坚持斗争，但遭到了严重的破坏。第二种情况是原来的党组织被破坏，当地组建的临时党组织在坚持斗争。第三种情况是只有工会和农会等群众组织，没有党的组织。

宜章是暴动胜利最早的一个县。暴动胜利后朱德同志亲自参加了该县党代表大会。就在这次会上，扩大加强了宜章县委组织，决定宜章县委以胡世俭任书记，增补陈东日、张际春、陈策为委员。湘南暴动部队占领郴州后，新的县委会亦随之组建。该县原来有地下县委，但不很健全。新县委以夏明震为书记。在夏明震同志牺牲后，陈毅同志还代理过郴县县委书记。由于耒阳县委一直在颇有成效地坚持地下工作，所以朱德同志到达耒阳后，耒阳曾一度成为指挥湘南暴动的中心。耒阳县委在朱德同志亲自领导下，得到进一步的加强。永兴县委则是在工农革命军占领以后正式组建的。县委书记李一鼎是刚从耒阳县调来的干部。安仁县委也是新组建的，县委书记由徐鹤担任。此外资兴等县原来只有党支部，战斗力较弱。暴动胜利后，党的组织也大为增强。其他一些地方，朱德同志也都派人去指导和具体帮助建立了党的组织。

党的领导加强之后，湘南的武装斗争和群众运动进一步结合起来，出现了打土豪分田地和建立苏维埃政权的更广泛更深刻的革命运动，使湘南的革命斗争进一步蓬蓬勃勃地开展起来。最早建立的苏维埃政府是宜章。宜章苏维埃政府是在元宵节那天成立的。苏维埃政府主席是毛科文。紧接着郴县、永兴、耒阳、资兴、安仁等县也先后成立了苏维埃政府。宜章、郴县、永兴3个县的苏维埃政府存在的时间较长。安仁苏维埃政府成立时间较晚，存在的时间也较短。它是朱德同志率部快要离开安仁向井冈山转移时成立的。主席唐天际是由朱德同志亲自提名的。除上述几个县外，其他邻近县的部分乡村也有工农兵政府等各种不同形式的革命组织建立和出现。朱德同志在湘南起义后的建政工作中呕心沥血，做了大量工作。他为筹划各县及时成立苏维埃政府，领导打土豪、分田地斗争，经常彻夜不眠。

苏维埃政府成立以后，任务艰巨、工作繁忙。除发布法律、法令，组织宣传队，发行劳动券，组织区、乡各级革命群众组织外，最重要的工作是进行军事斗争和开展土地革命。南昌起义时我党领导的武装斗争未能同工农群众的土地革命斗争很好结合起来。湘南暴动后，在朱德同志领导下，开始通过政权机关推行"耕者有其田"的方针政策，发动群众进行土地革命，从而造成有深厚民众基础的革命，这是湘南起义的历史功绩。

在进行打土豪分田地、深入开展群众运动的时候，湘南的革命斗争曾受到湘南特委"左"倾盲动错误的严重干扰。当时湘南特委为了还击敌人的屠杀政策，提出了错误的"焦土战略"，命令将广东乐昌通到湖南衡阳的湘粤大道两侧各5里之内的房屋一律烧光，据说这样才能使人民变成无产阶级而走向革命。湘南各县有的执行了这一错误路线，给广大人民造成很大损失。损失最严重的是湘南特委所在地郴州，几条街道和许多民房都被烧光。郴州的土豪劣绅抓住"左"倾的错误行动，又趁我主力远离郴州，就大肆造谣说："共产党共产公妻，要烧方圆50里民房""工人要杀农民"等等，煽动群众反对共产党。在这些谣言的欺骗和蒙蔽下，一些群众便跟着反动分子在郴州闹起事来。他们携带梭镖、大刀，闯进正在举行群众大会的会场。当场杀害了县委书记夏明震、妇协主任何善玉等 9 名干部（内有 2 名是工农革命军第 1 师的指挥员）和一部分革命群众。当时在耒阳指导开展土地革命，扩大暴动成果的朱德同志闻讯后，迅速派陈毅同志带 1 个营返回郴州，镇压了暴乱。这就是轰动一时的郴州"返白事件"。

这一事件亦是推行"左"倾错误的直接后果。为了防止"左"倾错误的再度发生，肃清"左"倾错误造成的恶果，朱德同志首先派陈毅同志兼任郴州县委书记，主持县委工作。陈毅同志到任后，积极采取措施，教育受蒙蔽的群众，并向群众说明烧房子是错误的。朱德同志还利用"左"倾错误造成的危害性和损失，教育部队的党员、干部和战士，严禁部队再烧毁民房，命令各县解散"放火队""杀人队"等各种推行"左"倾错误的组织。他亲自向地方干部宣传说："房屋是人民造的，烧了可惜，革命胜利了，房子可以住穷人，也可以办公。"还说反革命分子是要惩办的，但要分清首恶和胁从，不能一概皆杀。由于朱德、陈毅等同志的努力工作，"左"倾错误逐渐得到纠正，群众重新开始相信和拥护我们。后来该县有 6000 余人的农军，跟随朱德同志一起上了井冈山。

湘南暴动的胜利，给反动派以极大的打击，引起了敌人的严重恐慌。但由于党内出现了"左"倾错误，使我们的斗争受到了挫折；也由于湘粤桂军阀混战于 1928 年 3 月暂时结束，反动派开始以优势兵力发动对湘南起义部队的围攻。为保存军力，避免在不利条件下与敌人决战，朱德、陈毅同志于 4 月上旬果断地率军撤出湘南，向井冈山地区转移。

1928 年 4 月下旬，朱德同志率南昌起义保留下来的部队和湘南起义的农军共 1 万余人与毛泽东同志率领的秋收起义部队在宁冈砻市胜利会师。5 月 4 日两大起义部队在宁冈砻市举行会师大会，中国工农红军第 4 军宣告成立，下辖第 10、第 11 和第 12 师，共 3 师 8 个团和 1 个特务营。中国工农红军第 4 军的成立，标志着土地革命时期中国共产党独立领导下的第一支主力红军的诞生。历史从此翻开了新的一页。

朱德同志的一生是战斗的一生、革命的一生，是坚决维护党、维护国家和人民利益的一生。我仅就湘南起义作些回忆，以表示对我最敬爱的启蒙人朱德同志的缅怀和纪念。

作者简介：赵镕（1899—1992），云南省宾川县人，祖籍江西南昌罗家店。1928 年随朱德、陈毅参加湘南起义，时任工农革命军第一师师部书记长。中华人民共和国成立后，任华北军区后勤部副部长。1955 年华北军区改称北京军区，继任军区后勤部副部长。1955 年授予中国人民解放军中将军衔。

选自中国人民解放军历史资料丛书编审委员会编《土地革命时期各地武装起义·湖南地区》，解放军出版社 1997 年版，第 780—786 页。

湘南起义的回忆

李克如

湘南暴动到现在，已50多年了，我是个直接参加者，按照自己所知，写出来，作为一种历史资料，提供研究革命斗争历史的参考。

一

湘南暴动在我国革命斗争史上，有着重要的历史地位。因为他的产生发展，不是一桩偶然孤立的事件，而是与当时整个革命斗争的历史，特别是建党、建军的历史，有着紧密的联系。

从军史方面说，由南昌暴动到广东三河坝失败，起义的部队损失很大，贺龙同志的1个军全军覆没，叶挺同志的部队只剩下周子昆同志的1个多营退到湘粤赣边界，此外还有100多条冲锋枪的力量。正是在这个时候，陈毅同志才提出让朱德同志负责担任这个部队的领导，此后这个部队才得到发展。

1927年底，朱德同志带领这个部队来到广东湖南的边界，生活、给养发生了困难，装备也困难重重。当时住在湘粤边的广东部队是国民党16军范石生部，范和朱德同志是云南讲武堂的同学。这时广东的军阀与蒋介石还没有合作，朱德同志就利用这个情况和关系，与范石生取得联系，经过协商，把部队改编为第16军140团，获得了补充和休整。另外，井冈山的部队1师1团3营伍中豪在大汾遭敌袭击，与毛泽东同志失去了联系，正遇困难；汝城、乐昌、宜章的一些农军也在这一带。朱德同志通过范石生的关系，也给了这些部队一些补充。当时，朱德同志把部队编入范石生的部队是有明确协议的。朱德同志提出：一、我们的部队是共产党领导的部队，我们的政治主张行动仍与北伐时一样打倒土豪劣绅，反对苛捐杂税，支持农民运动。二、我们的部队编入你的16军，但仍然要保持组织上的独立自主权，我们不派人到你的部队做工作，你也不要派人到我们部队做工作。三、接到中共中央的命令，我们就立即按中央命令行动。范石生答应了这三条。他只提出要朱德同志把名字改一下，以免蒋介石知道。按范石生的意见，朱德改名为王楷。就这样这个部队在范石生那里休整了一段时间，武装也有了补充，战斗力也有所加强。

1927年12月下旬，朱德同志的行迹被范石生部教导团团长丁煦发觉，告密于蒋介石，于是朱德同志便率部离开16军向西转移，渡武水，经乐昌、乳源进入湘南宜章县的莽山。

朱德同志在韶关犁铺头渡武江时，许克祥的5个团正在那里驻防，许克祥想凭河袭击。许克祥部下一个叫杨子江的参谋，是个隐蔽的共产党员，他知道后向许克祥建议不宜阻拦朱部过江。其理由是这个部队为南昌暴动的精华，战斗力很强，不好打，反而会引起麻烦，不如放他过武江，让其去同湘南军队作战，许部还可伺机而动，进入湖南。许克祥认为这个主意对他有利，于是采纳了这个建议，放朱德同志的部队过了武江。杨子江很巧妙地保护了这个部队渡过江。

朱德同志的部队到达宜章莽山后，宜章县委即派县委书记胡世俭和胡少海同志去莽山和朱德同志联系，并谈了他们的想法和宜章城敌人兵力情况。朱德同志听了这些情况后，和陈毅同志等研究，决定智取宜章，用胡少海同志的名义把部队拉进城后，收拾敌人。

胡少海家是宜章城内的一大富户，他在黄埔军校学习时加入共产党（回忆有误，胡少海是湘南起义以后才入的党。——编者注）结业后组织派他到家乡搞武装斗争，正巧碰到朱德同志的部队来到莽山。当时朱德、陈毅、胡世俭、胡少海等同志商量好智取宜章的办法后，即以胡少海的名义将队伍开进城里。城里没有国民党的正规军，只有五六百挨户团，土豪劣绅正在担心害怕共产党发动的年关暴动，希望有一个正规部队来保护他们，听说大富户胡家五少爷带部队来了，都表示热烈的欢迎。

这天朱德同志和胡少海同志以国民党16军47师140团团长的身份宴请伪县长和大土豪劣绅（回忆有误，是国民党请朱德赴宴——编者注），席间这些家伙拼命告状，说共产党怎么怎么，贵军来了要怎么怎么平息共产党等等。正在他们说得起劲的时候，朱德同志一拍桌子站起来说："我们就是共产党，是共产党的部队，你们这些作恶多端的家伙被捕了。"话音一落，胡世俭这些人就冲了进来，绳子早就准备好了，土豪劣绅一个个被捆了起来。只有挨户团长邝镜明没有赴宴，得以逃跑，五六百挨户团也同时全部解除武装。宜章成立了工农革命军第3师，师长胡少海，党代表龚楚（后叛变），湘南暴动的序幕就这样拉开，革命的红旗在宜章城头迎风飘扬。

二

1927年阴历大年除夕，我们全家人正要吃年饭，突然有个同志送来夏明震同志的一封信，要我立刻去宜章与朱德同志取得联系。我接过信，感到这是紧急任务，但又不好对家里明讲，于是简单地说了一下："你们先吃，我有个事出去一下。"说完便出门向宜章赶去。宜章到良田是50华里大路，我太阳快落时才从良田出发，大约10点多钟就到了宜章，找到了朱德同志。朱德同志正在一点一点地撕着吃腌菜，两个人一面嚼着腌菜，一面谈郴县的情况。

蔡协民同志来后，拿过朱德同志手中的密信，转身就去用药水洗了出来，朱德同志接过蔡协民洗出来的密信，又对通信员说："把党代表请来。"过了一会，陈毅同志来了，朱德同志把信交给陈毅同志，陈毅同志就站在房子中间，大声读起来，显得很潇洒威武。信的内容很长，大意是分析了形势，批评了右倾机会主义路线的错误，希望朱德同志派兵攻打郴县，扩大武装力量。

朱德同志问我："郴县有多少敌人的部队？良田有没有敌人？"我说："郴县城里有敌军一团，良田没有正规部队，只有一些挨户团。"根据这一情况，朱德同志和陈毅、蔡协民同志商量了一下就对我说："我们决定攻打郴县，你先回去给县委讲一下，做些准备，我们很快就到。"确定了打郴县后，朱德同志又问我："你们要不要枪？"我说："怎么不要？我们那儿缺枪呢。"他说："那就给你们些枪和子弹。"朱德同志问我还有什么事没有，我告诉他，宜章通往良田的道路，唯折岭最险，如果攻打郴县，最好先派部队占住折岭，万一让敌人占了去，对我们极不利。朱德同志采纳了我的建议，派了一连部队随我出发。连长姓王，不知道叫什么名字，长胡子、长头发，我叫他王连长。朱德同志把王连长叫来交代了一下，我通过宜章的同志找了10多个农民挑了枪和子弹，同王连长一块走出宜章城直奔良田。

在我的印象中，朱德同志是个年纪比较大的长者，问话问得很细，对人和蔼，感到亲切。陈毅同志刚毅潇洒，很果断，很有气魄。

那天我领着王连长的部队和挑枪的农民，天没亮就从宜章出发了，过了折岭来到梨树下这个地方时，突然见曾子刚同志的弟弟曾子彬慌慌张张地迎面跑来，说良田来了敌人的队伍，周围也发现有国民党的军队。王连长一听有敌人，哗的一下就给驳壳枪上了子弹，良田方面乒乒乓乓地响起枪来。在这个紧急情况下，我对曾子彬同志说："你快领上这10多个农民同志把枪弹转走，我带王连长撤退。"说完领着王连长和战士们钻进了折岭街后的李子园。折岭街后的李子园里都是一层套一层，转了很长时间转不出去，只好叫开一家店铺的后门，从街上直向宜章城奔去。奔了一阵回头一看，只有连部一个文书跟着我，其他人不知哪里去了，四面响着枪。在这个紧急情况下，我同那个文书一道，沿着来路返回宜章，向朱德同志报告遇到的情况。朱德同志好像已经知道我们遇到了敌人，他问我："到底有多少敌人？"那个时候我还没有上战场打过仗，不知道如何观察分析敌情，所以朱德同志问我，我也只能告诉他说碰上的敌人很多，是国民党的正规军，其他什么也说不上。

朱德同志听了我的反映后，立即派人把陈毅同志请来。他们研究分析，折岭这边的敌人肯定是唐生智的部队。在这种情况下，前面唐生智的部队从湖南压下来，后面许克祥的部队又从韶关堵上来，宜章已处于前后夹击，腹背受敌的险境，必须主动撤出宜章城。另一方面，他们说道：由于这时广东军阀和湖南军阀还没合作，敌人内部互相矛盾，我们如果把部队主动撤出宜章城转到笆篱三堡观察动静，让许克祥和唐生智的部队对峙着，然后视情况消灭敌人，这才是上策。于是他们决定立即改变了原来先打郴县的主张，把部队迅速转移到笆篱三堡。决定转移后，朱德同志问我："你跟部队走？还是跟宜章县委走？"我说："我是地方上工作的党员，跟宜章县委活动比较适合方便。"就这样，朱德同志率领他的部队转移到笆篱三堡去，我跟宜章县委杨子达等同志也撤出了宜章城。

当时宜章的农民武装主要是胡少海的第3师，第3师这个时候已跟朱德同志转移了，宜章县委这时只有10多条枪，几十个人。午饭时节，我随他们来到一个村子里吃了一顿饭，然后又出发。由于机关大都是农村的同志，转来转去，很多同志都回家了，队伍只剩下10多个主要干部。走到一个村庄，突然碰上邝镜明的挨户团，一下子就把大家冲散了。后来跑过一个村子，还看到几个地主豪绅在那儿指手画脚地说笑。被冲散后，我一个人走到一个河边，人地生疏，不知转移方向。正当这个危急时刻，急见一只小船从上水飘来，我停在岸边向船上呼唤，要求这条小船能够顺便把我带到广东坪石。这小船的船夫还好，看到我是被打散的革命同志，立即把船靠岸，将我接了上去，并给我换上衣服，掩护我乘船到了坪石。然后我从坪石转回到良田，即从后门到了家里。我父亲看到我回了家，又高兴，又担心，高兴的是儿子总算回到了家中；担心的是街上驻有敌人，怕被敌人发现抓了去。因此对我说："你回来了很好，现在家里不能呆，还是先在黄传修家里躲一躲为好。"这样，我父亲就立即带我偷偷地转到对面一个知心朋友黄传修家的后楼上躲起来。

黄传修是个开酒店的，他从小和我要好，喜欢喝酒打麻将。我藏到了他家中，为了安全，他酒也不喝，麻将也不打了；整天打听消息，成了我的交通员。1928年阴历正月初十左右的一天下午，从坪石方面来了很多国民党的军队，纪律很坏，乱抢乱拿，慌慌张张，像败兵一样，枪也顾不得拿。我姐姐告诉黄传修，有几个兵上厕所，出来时把枪丢在里面。我听了这个情况后分析，这肯定是败下来的许克祥的部队，准备向桂阳方面跑的。于是告诉黄传修，通知我姐姐和我家里，把敌人扔的枪捡起来，敌人想卖枪就给他几个钱，并要我父亲晚上顶好大门，谁敲也不开，防止敌人逃跑时抢东西。

我做了这些布置后又想，敌人既是溃兵，肯定是没有战斗力的，惊慌胆虚，何不设个埋伏打他们一下呢？想到这儿，我又写了一封信派了一个同志去找我们组建起来的那个游击队，要他们埋伏在良田通往桂阳的必经要道大岗坳，等敌人一到山下就吹号喊杀，并且打枪吓唬敌人，如果敌人逃跑，就把扔下了东西捡回来。到了晚上，果不出所料，敌人抢了几家店铺，就向桂阳逃跑。

第二天天一亮，我就在街上露了面，不一会，又听说有部队进来了。我以为是国民党的军队来了，就赶快又藏了起来。过了一会，黄传修来告诉我，来的部队怪得很，不进民房，全部在街上坐下休息，纪律非常好。我想该不是朱德同志的部队打过来了吧？于是偷偷地走出门来探视，一出门正好碰到朱德同志和陈毅同志走过来，我也赶快迎了上去。

朱德同志问我："你跟宜章县委活动，怎么跑到良田来了？"我当即把情况告诉了他们。他们还详细询问了郴县的敌情，决定立即动身先消灭敌人摆在走马岭的前卫营，然后攻打郴县城。我听了他们打县城的布置后，立即就带他们到一个大客栈里吃了早饭，并派了几位路熟的同志带路，走坳上绕道去包围消灭走马岭的敌人。

朱德同志率部离开良田去攻打县城后，昨晚我通知去伏击许克祥败军的游击队胜利地回来了。他们在大岗坳用四处鸣枪、冲锋号和佯攻等方法，打得敌人摔掉机枪大炮，丢盔弃甲地逃跑了。这次伏击，游击队缴获敌人大炮一门，机枪几挺，还有一些迫击炮和步枪子弹。当时我们不会用大炮，也不怎么会用机关枪，大炮、迫击炮统统埋藏起来，把机关枪带上走了，记得胡少海同志在街上拿着一挺机枪摆弄，很多人还围上去看热闹，我也挤在一旁看。

1928年阴历正月十三上午，朱德同志的部队来到良田只停了不久，就由我区王振祥等同志带路，消灭了敌人在走马岭的前卫营，乘胜向郴县进攻，在进行了一些小的战斗后，郴县守敌一个团逃往永兴、耒阳，朱德同志率领部队也跟踪追击敌人，向栖凤渡方向前进。

朱德同志率领部队攻克郴县城的那天晚上，郴县县委召开了一个党员大会，陈毅同志讲了话。他从南昌起义，到三河坝失败，只剩下1个多营的兵力，退到湘粤赣边境，才由朱德同志负责指挥，以及如何同范石生联系，如何智取宜章，攻打坪石，消灭许克祥5个团和攻郴州的经过，从头讲了一遍。我是在良田安排了工作后，随即就来到郴县城遇上参加这个党员大会的，记得那天晚上大家听了陈毅同志的报告很兴奋，听完报告后，还高高兴兴地唱了国际歌才散会。

从这以后，郴县组建了工农革命军第7师，宜章为第3师，朱德的部队为第4师（朱德为第一师——编者注），7师师长是邓元〔允〕廷，党代表是夏明震，参谋长是资秉谦，廖阶秀任1团团长，徐谆任2团团长，蒙九龄任3团团长。我是郴县良田第二区区委书记兼1团党代表，实际以区的工作为主，军队上的工作只挂了个名。当时第7师3个团的主力是第1团，这个团有1个营的枪支，2团3团没有多少枪。

朱德同志率领部队攻克郴县后，就立即建立了县、区、乡苏维埃政府和恢复了县、区、乡农民协会、工会、妇女联合会，并宣布实行打土豪分田地。在这种形势下，除大的地主豪绅已经跑掉外，一般没有逃跑的地主，都表示愿意把土地和存款交出来，只求不杀头。但由于"左"倾错误的影响，我们对那些愿意交出土地存款而求不杀的地主，采取不要存款，只分田地，非杀不行的错误政策。那个时候我们很有钱，曾经用金子制造金币，小的10元，大的20元。由于用手工制造，只能在一面压成"中华苏维埃"几个字，良田上街一家姓罗的银匠铺，就为我们制造过金币。

当时大家只是一种朴素的共产主义思想，只知一心为公，把金子、银圆收存起来。以后形势变化，退出湘南时，只好把银圆、金子，还有一门大炮，几门迫击炮和炮弹，都埋藏起来。我记得在良田胡家就埋了不少。

郴县第7师成立后，我们曾和宜章第3师的萧克同志那个营打过桂阳，我们郴县良田这个区的赤卫队和农民自卫队也组织配合了这次打桂阳的战斗。这次打桂阳取得了胜利，把李云杰的部队打跑了，农民进城搬出了不少大炮弹。后来萧克同志的部队撤出桂阳到过良田。

在攻克郴县时，由于湖南的唐生智部队和广东方面的敌部队还处于对立，加上湘南各地年关暴动的配合，湖南唐生智的部队，在朱德同志率领的主力部队打击下，闻风丧胆，退到衡阳。使我军很快取得了打永兴、耒阳的胜利。打下耒阳，我们又向资兴一带发展，军事上节节胜利。地方上热火朝天地打土豪分田地。而让农民协会发动农民，拿一个牌子写上名字，在地头上一插就行了。因为农民协会和苏维埃政府在人民当中威信非常高，共产党威信非常高，所以打土豪分田地搞得轰轰烈烈。

三

时间不久，在蒋介石的串通下，广东军阀和湖南军阀合作，湘南开始遇到前后夹击，胸背受敌的局势。为了扩大武装，粉碎敌人的阴谋，湖南省委决定阻止敌人打通湘粤大道，湘南特委具体负责这项工作。当时京广铁路还没有建成，湖南到广东只有一条石板大道，一切交通运输都从这里经过。湖南省委、湘南特委搞军事的同志，他们有一套阻止敌人打通湘粤道的军事理论，叫"坚壁清野"，是采用俄国亚历山大打败拿破仑的战略方针，提出焚烧湘粤大道两侧各3里宽的主张。让敌人进入湘粤大道没饭吃没房住，然后集中力量钳击消灭敌人。决定一做出，就用党的名义发下去，从宜章到耒阳，沿途两旁3里的村子统统动员群众自己烧光。动员的口号是："破坏一个旧世界，建立一个新世界，旧的不破坏，新的不能建设。"

就这样，湘粤大道沿途县、区党组织，执行湘南特委的指示，先后都决定动员组织群众自己焚烧房子。在执行这个决定的过程中，郴县县委是比较认真积极的。我也接受了焚烧良田的指示。若是那个时候，不执行上面的决定就要受处分，甚至开除党籍。开除党籍就是开除生命，是要杀头的。所以研究来研究去，总是决定不下来。针对这种情况，我提了一个办法，上级的决定要坚决执行，但不一定采取让群众自己烧的办法，我们可以先动员群众把东西搬走，然后派人偷偷去放一把无名火，把良田镇烧了，这样做会比较顺利些。大家同意了我这个折中的办法，于是就散会了。

那天晚上我住在区委机关，躺在床上怎么也睡不着，心里老觉得不对劲。我开门来到街上，各家的煤油灯都全部亮着。细细一听，到处是唉声叹气的声音。我知事情不好，肯定是刚才的区委会议精神给泄露了出去。我赶快回到机关，考虑如何进行下一步工作。赶紧连夜召开区委紧急会议，讨论怎么办。我说："房子不能烧，要受处分大家来负责。"于是做了两条决定：一、明天不烧房；二、以区苏维埃政府的名义出布告（主席为王振波），"谁说烧房，就地枪决。"并且通知全良田区的农民自卫队紧急集合，开往郴县，收复被反动派利用我们"左"的错误夺去的县城，并决定由在国民党部队当过几天兵的萧光标同志担任指挥。这个紧急集合的通知一下去，很快各乡的农民自卫队就到良田集中了，由萧光标同志率领收复县城。区上也由于出了区苏维埃政府的布告，谁也不敢说烧房的事。

部队出发收复县城后，我赶快又去三区了解情况，并取得了联系。他们也决定派自卫队收复县城，我得到了这个情况后，才转回良田。

良田区的农民自卫队去攻打县城以后，不久听到消息，说已经打进县城。但由于当时交通不便，一时还得不到具体情况。等到晚上，队伍还没有回来。我心里很焦急。第二天早晨，龚楷和萧克同志带部队来到良田，他们也是听到郴县城出事的消息，特地带部队来支援的。因而我就和他们一道向郴县城出发，来到走马岭，碰到败下来的我区自卫队的人，有的说他哥哥打死了，有的说他叔叔打死了，乱哄哄的。我告诉他们，部队来了，快跟他们打上去。于是这些人又返身和我们向县城开去。后来才知道，那天萧光标带领良田区自卫队攻进了县城，由于农民的报复心，见到面粉公司成堆的面粉，就拿出来用梭镖扎了洞，引起了城里群众的反感，反革命又借此煽动，反扑，还放火烧了四牌楼，阻止良田农民自卫队的退路。结果良田农民自卫队死伤好几百人，剩下的只好绕道西大街，从南塔岭右侧突围出来。

我和龚楷、萧克同志带领的那个营，先占领了南塔岭，准备组织力量从南关冲进去。可是我们还没有冲上去，反革命鼓动城里的人向南塔岭冲来，想夺回南塔岭，抢我们的枪。在这种情况下，我们不得不开枪阻击。我们一排枪打下去，死了几十个，就这样冲来10多次，都被我们打下去了。有的被打得过河逃跑，又被我们打死一些。这样大约打死好几百人，加上良田死的农民自卫队，就是1000多了。当天我们冲进城去，郴县苏维埃主席李才佳也带着赤卫队赶回县城，曾志同志也带着一部分人从资兴来到县城，湘南特委也派人来了。

晚上在县城开会，商量怎样平定反革命煽动暴乱的问题，当时极左思潮还很厉害，其说不一。特委当然要高明一点，问我的意见。我说："我想不通，我们干革命是为了人民，把人民的房子烧掉，这是怎么为人民的呢？"我把这个意见说了出来，特委的一个同志说："李克如同志的意见是对的。"问我有什么办法没有，我就把良田的情况汇报了一下，并主张以亲友关系立即派人迅速说服暴乱，不要动武。会议同意了我的意见，暴乱很快平息。为了加强郴县的领导，上级派陈毅同志来郴县任县委书记，负责附近几个县的军事指挥。这个时候湘南特委书记陈右魁已被撤职，新任特委书记杨福涛已经上任。

此后，湖南省委和湘南特委并没有上井冈山的打算，而仍然是想占住湘南，阻止敌人打通湘粤道。杨福涛亲自到郴县督促检查工作。我们良田的任务是守折岭，防备范石生 16 军打过来。记得一次杨福涛到良田安排工作时，也把胡世俭找来了，要他们宜章加紧防备。那个时候农民心很齐，人也很多，良田开大会，参加开会的都是农民自卫队，人人手中有梭镖，一声口令，梭镖"唰"地放到地上，震得地都在动。这时湘南特委机关在衡阳，我们开大会，特委的周鲁、谢持两人骑着马在场子外面转，一问才知道是特委的人。当时还有向大复同志从永兴调到郴县，任宣传部部长，陈毅同志和县委也积极贯彻守湘南的指示。在阻止敌人打通湘粤道的战斗中，毛泽东同志曾亲自率领工农革命军第 1 师从桂东方面侧面声援我们。但由于广东军阀与湖南军阀的合作，唐生智的部队从衡阳直逼耒阳、永兴，范石生的部队从广东直逼宜章、郴县，情况越来越紧张。

1928 年 3 月中旬，衡阳的敌军占领耒阳，不久宜章、折岭失守，我们被迫向井冈山转移。陈毅同志率领郴县的机关先到三都，我们 3 师 1 团的 1 个主力营也从折岭巡下来到了三都，赶上了陈毅同志。这时候邓元〔允〕廷率 7 师 2、3 团打了一次资兴城，蒙九龄同志这次阵亡，部队只好退到彭公庙。

我们的部队到达彭公庙后，湘南特委书记杨福涛，坚决要把部队带回湘南，因此陈毅同志曾考虑要我们 1 团 1 个主力营回郴县，我接到通知，也正在做返回的准备。但第二天又得到通知，说不去郴县了。后来才知道是陈毅同志考虑不回去的，但杨福涛同志还是坚持带领湘南特委机关的几十个人走了，据说不久在安仁全部被俘遭敌人杀害。由于陈毅同志的正确决定，部队才未被杨福涛同志拉回遭损失。从彭公庙向井冈山转移，我们这个营成了陈毅同志的郴县委机关的卫队。

陈毅同志率领郴县县委机关和第 7 师剩余部队上井冈山，经水口直达酃县后，即听到部队进行改编为中国工农革命军第 4 军，军长朱德，党代表毛泽东，下辖第 10 师、11 师、12 师 3 个师。第 10 师师长朱德同志兼，原宜章的第 3 师缩编为第 10 师 29 团；原郴县第 7 师缩编为 11 师 33 团，湘南永兴、资兴、耒阳等县的武装部队编为 12 师，陈毅同志任师长，党代表邓宗海。毛泽东同志率领的工农革命军第 1 师，编为 11 师 31 团、32 团；朱德同志率领的第 10 师编为第 10 师 28 团。从此开始了建立井冈山革命根据地的斗争。

作者简介：李克如（1904—1998），郴县良田人。1928年初参加湘南起义，时任中共郴县良田二区区委书记兼郴县工农革命军第七师第一团党代表。中华人民共和国成立后，曾任华北空军政治部主任，海军航空兵副政委，甘肃省政协副主席，甘肃省人大常委会副主任。

选自中国人民解放军历史资料丛书编审委员会编《土地革命时期各地武装起义·湖南地区》，解放军出版社1997年版，第809—818页。

激流归大海

粟 裕

湘南起义

自从潮汕失败以后，朱德同志和陈毅同志率领起义军经过近四个月艰苦卓绝的斗争，一方面充分认识到国民党已经无可救药地成为帝国主义、封建势力的忠实工具，完全转化为民主革命的凶恶敌人，从而不能不放弃同国民党合作的一切希望；另一方面已经开始探索上山打游击，开展农村革命的新的革命途径。通过正反两个方面的经验，终于决心丢掉国民革命的旗子，继毛主席之后打出工农革命的红旗，向国民党进行武装夺取政权的斗争。一九二八年一月二十日左右，朱德、陈毅同志率领我们向湘南宜章县境开进，随即在那里正式打出了红旗，举行了轰轰烈烈的湘南起义。

湘南是第一次国内革命战争时期农民运动蓬勃发展的地区，蒋介石"四·一二"叛变革命之后，白色恐怖笼罩着湘南。但是，湘南的党和人民顽强机智地坚持了秘密斗争。当一九二七年冬爆发军阀混战时，他们趁机恢复了各地党和革命群众组织，建立了赤卫队。南昌起义、秋收起义、广州起义，特别是毛泽东同志率领秋收起义部队上井冈山的消息传来，给湘南的党和人民以极大的鼓舞，革命积极性更加高涨。

在犁铺头时，朱德同志和陈毅同志即已着手选择政治、地形、群众条件比较好的地区以发动和推进农村革命。在部队进入宜章县境，与湘南特委、宜章县委取得联系后，他们对湘南的形势作了全面分析，决定在湘南举行暴动，并在湘南特委的协助下，拟订了首先巧取宜章县城的行动计划。

一九二八年一月二十二日中午，正是农历年关的前一天我们这支部队打着国民党军队的旗号，利用胡少海的名义，在敌人毫无戒备的情况下，顺利地开进了宜章县城，并立即控制了全城。

原来胡少海同志出身于宜章城里一个有权势的大地主家庭，本人是个知识分子，对现状不满，背叛了地主家庭，参加了革命，但未暴露身份。我军一进城，人们便纷纷议论说，这支部队是本城大豪绅的儿子胡少海率领的，胡少海在国民党第十六军里当上团长了。我们进驻县城的当晚，国民党宜章县政府的官员和地主豪绅大摆筵席，欢迎我军军官。筵席开始不久，我出席宴会的同志，按照预定计划，迅速将敌县府官员、豪绅等抓了起来，并宣布：我们是中国共产党领导的军队，宜章解放了。与此同时，县衙门内外的反动团队，也被我军解除了武装。接着，我们又砸开了监狱，释放了被捕的共产党员和革命群众；打开了地主豪绅的粮仓和库房，向城市贫民和贫苦农民分发粮食、财物。在全城军民一片欢腾声中，伪县政府门前的国民党青天白日旗被扯下来了，标志着工农革命的红旗高高升起。我们部队也正式打出了"工农革命军第一师"的红色军旗，全体指战员纷纷撕掉了军帽上的国民党帽徽，每个人的脖子上系上了红带子。工农革命军第一师师长是朱德同志，党代表是陈毅同志，参谋长是王尔琢同志。同时参加起义的一部分农民组建了宜章农军。

宜章年关暴动的胜利，震撼了湘南和粤北的反动统治。蒋介石慌了手脚，急忙派许克祥带五个团的人马，由广东韶关直奔宜章而来，妄图扑灭宜章暴动刚刚燃起的革命烈火。

提起许克祥这个在"马日事变"中双手沾满湖南人民鲜血的刽子手，广大军民无不切齿痛恨，义愤填膺。现在他又来了，真是仇人相见，分外眼红。面临着优势的敌军，用什么样的战法来打它呢？朱德、陈毅同志根据南昌起义以来作战的经验教训，认为不能摆开阵势打硬仗，要打游击战、运动战。于是，朱德、陈毅同志指挥工农革命军第一师和宜章农军，决然撤出宜章县城，隐蔽集结在宜章城西南的黄沙堡、笆篱堡、圣公坛一带山里。许克祥部随即占领宜章并追出城来，妄图消灭我们。隔了一天，我军在转移途中，于岩泉、栗源一带与许克祥的先头部队遭遇。我们在农军的配合下，迅速抢占有利地形，对运动中之敌发起猛烈攻击。当时我们的部队虽仍不足千人，却是南昌起义保留下来的精华，战斗力是很强的。一个冲锋，就把敌人打乱了，歼灭其一部，余敌狼狈逃窜，我军乘胜追击，一直追到许克祥的司令部所在地坪石镇。这时敌已成惊弓之鸟，争相逃命，我军很快便将敌人的五个团全部打垮。许克祥连摆在桌子上的饭菜都未来得及吃，就扔掉轿子，丢掉皮大衣，带少数马弁逃脱了狗命。坪石镇到处是敌军丢弃的武器弹药和军需品。这次战斗，我们缴到了一门山炮，许多迫击炮，大批的步枪、机关枪，二百多担子弹。打垮许克祥之后，我们又重新占领了宜章县城，这是潮汕失败之后我军改变作战方法，首次获得重大成功，并创造了以少胜多的优秀战例。

宜章起义取得胜利之后，建立了工农革命政权，这是我们这支起义部队转入农村斗争的又一个具有重大意义的发展。一月底宜章县召开了隆重的工农兵代表会议，正式成立县工农兵政府。各区、乡的工农兵政权也相继成立，这时宜章农军已经正式改编为工农革命军第三师，由胡少海同志（后来在闽西牺牲）任师长。工会、农会、妇女会、学生会、儿童团等群众组织也已先后成立。初期的红色政权已经有了一定的规模。同时，"打土豪、分田地"的口号也在这里提出来了。虽然由于时间所限，还没有来得及制订和公布土地法，正式开展土地革命，但在党和各级工农兵政府的领导下，开始了打土豪的斗争，群众起来烧毁田契，有的地方自发地分了土地。广大群众踊跃参军，我们一个班出去，就带回一长列新战士。宜章县的革命进入了高潮。

宜章起义的胜利，揭开了湘南起义的序幕。坪石战斗的胜利，轰动了整个湖南。在农历年关以后，湘南其他各县的工农群众，在党的领导下纷纷揭竿而起，武装起义的烽火越烧越旺。为了支援各地的起义，朱德、陈毅同志率领工农革命军第一师北上，先向郴州前进。在黄泥坳地方与敌何键的嫡系周南（师长）的两个营遭遇，我们把它打垮了，占领了郴州城。军事上的胜利，进一步推动了夺取政权的斗争，这时我们只要派出一个排的兵力，在地方党和农民武装的支援配合下，就可以解放一个县城。不到半个月，先后解放了永兴、耒阳、资兴等县城，建立了工农兵政府，成立了赤卫队、自卫军和革命群众组织，并在此基础上，又组建了工农革命军第七师、第四师和几个独立团。在上述五县斗争胜利的影响下，起义的烈火，又迅速在桂阳、安仁、常宁、桂东、汝城、衡阳等县的大部地区，以及茶陵、攸县、郿县、临武、嘉禾等县的部分地区燃烧起来。

朱德、陈毅同志发动和领导的湘南起义，是我们党所领导的农民武装起义的光辉典范之一。它在当时历史条件下，正确地引导湘南广大农民群众走上了武装夺取政权的道路，开辟了大好的革命新局面。

井冈山会师

就在朱德同志和陈毅同志率领南昌起义保留丁来的部队艰苦转战的同时，毛泽东同志亲自领导湘赣边界秋收起义的部队举行了向井冈山的伟大进军，经过著名的文家市会合、三湾改编和古城会议，于一九二七年十月二十七日到达茨坪，把革命红旗插上了井冈山，创立了第一支工农红军和第一个农村革命根据地。

一九二七年十月底，当我们到达信丰时，地方党组织赣南特委派人来接头，就第一次说到毛委员率领秋收起义部队开始上井冈山的消息。朱德、陈毅同志听到这个消息，非常高兴。陈毅同志曾读过毛泽东同志的《湖南农民运动考察报告》，知道他是著名的共产党员和农民运动领袖，久已景仰。这时我们正处于孤军转战、极端艰难的境遇，毛泽东同志上井冈山的消息，给了我们以极大的鼓舞和力量。

十一月间，我们在崇义、上犹地区时，为了向毛泽东同志报告南昌起义部队的经过情形，朱德、陈毅派毛泽覃同志到井冈山去进行联系。不久从毛泽东同志那里来了一个营，由张子清、伍中豪同志率领，是上井冈山途中在大汾遭敌袭击而转移到这里的。起初据地方党组织报告，上犹县的鹅形地区有一支革命武装在那里活动，陈毅同志立即换便衣亲自前去和他们取得了联系。通过他们，知道了一些毛泽东同志率领部队登上井冈山之前的具体情况（那时候，兄弟部队之间很讲阶级友爱，我们从范石生那里搞到的一批弹药和军用物资，不仅补充了张子清、伍中豪同志带领的这个营，还有部分由这个营携带返回井冈山）。一九二八年二月初，我们打郴州时，毛泽东同志又派一个特务连到郴州与我们取得了联系。

一九二八年二月间，朱德同志和陈毅同志领导湘南起义创造的一片大好形势，遭到"左"倾盲动主义的严重损害。当时，"左"倾盲动主义统治下的党中央和湖南省委提出了一个极其荒谬的主张，即为了不让军阀队伍沿湘粤大道停下脚来占领湘南，要求把湘粤大道两侧各十里内的村庄房屋全部烧掉。湖南省委专门派人到部队来传达这个错误主张，并要求坚决执行。"左"倾错误的烧杀政策，虽然受到一定的抵制而没有能够完全得到贯彻，但已经严重地挫伤了群众的革命积极性，引起群众的不满，甚至激起人民的反抗，使我们的斗争受到很大挫折。同时，由于湘粤大道是南北交通的重要孔道，我们占据湘南，控制这条大道，对各派军阀威胁很大。三月间粤、桂、湘军阀混战刚刚结束，他们之间取得了暂时的妥协，便立刻勾结起来，以七个师的兵力，分南、北、西三路对我们进行"协剿"。朱德、陈毅同志为了保存军力，避免在不利的条件下同敌人决战，果断地决定起义军撤出湘南，向井冈山地区转移。

四月上旬，朱德同志率领南昌起义部队改编的工农革命军第一师，由耒阳撤至安仁；陈毅同志率领湘南农军由郴州撤向资兴。敌人发现我军东移，立即派两个师向东追截。正在这时，毛泽东同志亲率井冈山工农革命军两个团分路赶来，迎接并掩护湘南部队转移，在汝城、酃县城郊打击了追击之敌，掩护朱德、陈毅同志率领的湘南部队顺利地到达砻市。毛泽东同志率领的部队完成掩护任务后，也胜利地回到了砻市。

"千流归大海，奔腾涌巨澜"。朱德、陈毅同志率领南昌起义保存下来的部队，经过迂回曲折的道路，冲破无数艰难险阻，宛如一股汹涌澎湃的激流，穿过逶迤缭绕的深山峡谷，汇入奔腾咆哮的大海，终于在一九二八年四月下旬，与毛泽东同志领导的秋收起义部队，在中国革命的摇篮——井冈山胜利会师了。从此，我们这支队伍就在毛泽东同志的直接领导下，沿着正确的道路胜利前进。这条正确的道路，就是毛泽东同志亲手开辟的光芒万丈的井冈山道路，就是以武装斗争为主要形式，建立农村革命根据地，以农村包围城市，最后夺取全国政权的光辉道路。自从第一次大革命失败以后，许多优秀的共产党人都竭尽全力积极探索新的革命道路。毛泽东同志把马列主义普遍真理与中国革命具体实践相结合，站得更高，看得更远，亲自领导了秋收起义和井冈山斗争，同时总结了其他各地革命斗争的经验，创造性地开辟了这条中国革命唯一正确的道路。朱德同志和陈毅同志等老一辈无产阶级革命家在这一时期的革命实践，对于探索这条必由之路也做出了重大的贡献。

群山环抱的砻市，在初夏的阳光沐浴下，显得格外秀丽。清澈的龙江穿市而过，江畔屹立着一座古老而雄壮的建筑——龙江书院，毛泽东同志和朱德同志及陈毅同志在这里进行了历史性的会见。接着，两支部队合编为中国工农红军第四军，选出了四军军委，毛泽东同志任军委书记。五月初，又召开了庆祝两军会师大会，在会上正式宣布成立中国工农红军第四军，朱德同志任军长，毛泽东同志任军党代表，陈毅同志任军政治部主任，王尔琢同志任军参谋长。记得在如今称为建军广场的那个场地上举行的庆祝会师大会，真是盛况空前。人们用大量的禾桶排列成方形，上面铺起门板、木板，作为大会的讲坛和舞台，演出了许多在当时算是精彩的节目。部队和民众挤满广场，大家的革命情绪达到了一个高潮。井冈山胜利会师和红四军的成立，是我军建军史上的光辉一页，它已成为中国革命和武装斗争的重大事件而载入史册。

井冈山会师，具有伟大的历史意义，它不仅对当时坚持井冈山地区的斗争，而且对尔后建立和扩大农村革命根据地，坚决走农村包围城市的革命道路，推动全国革命事业的发展，产生了极其深远的影响。

时间过去了整整半个世纪，当年率领我们艰苦转战，立下丰功伟绩的朱德同志和陈毅同志，已经相继离开了我们；从潮汕失败以后跟随朱德、陈毅同志一路转战同上井冈山的许多老战友，也都先后牺牲和去世了。十多年来，林彪、"四人帮"

出于篡党夺权的罪恶目的，曾经费尽心机对这段历史肆意歪曲、篡改和捏造，甚至对朱德、陈毅同志进行无耻的诬陷。这就使我在无比愤慨的同时，深深地感到，有责任力求按照历史的本来面貌，记述朱德、陈毅同志这一段历史功绩。陈毅同志生前说过："伪造历史就是犯罪。"只有按照历史本来面貌反映出来的英雄，才是真正的英雄。"青山遮不住，毕竟东流去。"妄图阻挡革命历史潮流的林彪、"四人帮"一小撮丑类，已被抛进了历史的垃圾堆；而一生为人民立下不朽功绩的朱德同志和陈毅同志，将永远与天地共存，与日月同辉。

作者简介：粟裕（1907—1984），湖南省会同县人。1928年初随朱德参加湘南起义。中华人民共和国成立后，历任中国人民解放军总参谋长、中国共产党中央军事委员会常委、第五届全国人大常委会副委员长等职。1955年授予中国人民解放军大将衔，为十大将之首。

节选自粟裕著《粟裕回忆录》第三章，解放军出版社2007年版，第41—45页。

从湘南到井冈山

彭 儒

我是湖南宜章县硁石彭家人。一九二六年到衡阳第三女子师范读书。衡阳男三师和女三师在大革命时期是湘南著名的学生革命运动的一个中心。毛泽东同志在这里也进行过革命宣传工作。先期在这里学习过并参加了革命斗争的宜章同志有高静山、张际春、吴汉杰、曾朴（即彭镜秋）、曾志等同志。据张际春同志回忆，高静山等同志是毛泽东同志介绍入党的，他们在男三师听过毛泽东同志的演讲。在党的领导下，衡阳的学生运动在大革命时期开展得很好，和我同期在男三师和女三师学习的仅我们硁石彭家就还有我哥哥彭琦和堂兄弟姐妹彭晒、彭暧、彭坤、彭娟、彭谦及嫂嫂吴统莲（即吴仲廉）等。我们都相继参加了中国共产党和青年团。我在衡阳读书时只有 14 岁。在党领导下，在党团组织的教育下，还有哥、嫂、姐的具体帮助，我受到了革命思想的影响，也接触到马列主义的书，如《共产主义 A. B. C》《向导》等，开始知道了一些革命的道理。我们在党的领导下，秘密地到同学家里开会和学习，知道苏联社会主义革命取得了伟大胜利，更增强了革命的信心。我和同学一起还学会了唱《国际歌》，我们还到群众中进行革命宣传和动员工作，发动群众起来革命，打倒帝国主义、军阀、国民党反动派的统治。大家都做好了要革命就不怕国民党反动派的镇压，不怕牺牲，不怕杀头的准备。这期间，我加入了共产主义青年团。

一九二七年"四·一二"政变和"马日事变"后，蒋介石背叛了革命，国民党反动派疯狂地镇压革命运动，屠杀共产党人、进步学生和工农革命群众。在衡阳，男三师、女三师的学生革命运动同样受到了国民党反动派的血腥镇压。他们知道学校里有共产党员、青年团员和进步的革命学生，要封锁我们的学校，要抓我们的同志，我们已无法在学校继续读书了。根据党组织的决定，我们回家闹革命去。于是大家卷起了行李，连夜从衡阳赶回宜章。沿途反动派戒严，要检查行人，要抓党团员和进步学生。我们巧妙地应付了敌人的层层检查，胜利地冲破了敌人重重关卡，回到宜章家乡硁石彭家，坚持闹革命。

当时宜章县也处在白色恐怖之中，到了硁石彭家承启学校。于是这里就成了党在宜章县坚持革命斗争的中心了。

碛石彭家成立了党的特别支部，我的堂兄彭晒担任支部书记（后在攻打郴州战役中被捕，押回宜章，受尽凌辱，壮烈牺牲），堂兄彭暎为宣传委员（后兼任农协委员长，随朱军长上井冈山。一九二九年一月，在向赣南进军途中在大柏地战斗中英勇牺牲），嫂嫂吴统莲为组织委员。在党的领导下，碛石的农民革命运动积极开展起来了，我们青年团员也积极参加了革命活动。一九二八年阴历年关前的一天，党支部召开了党员大会，青年团员也参加了。会上书记彭晒向我们传达说，我们要组织暴动了，要插红旗，要夺取地主武装的枪支。有了枪才有革命力量，才能对付敌人。党支部要求大家，要严格遵守纪律，绝对保密，对父母和亲戚都不能讲。接着就布置我们的工作，准备红军来到前把地主的武器夺过来。要准备写标语，迎接红军的到来。标语口号有：

"共产党是为穷苦人民谋利益的党！"

"红军是穷苦人民自己的军队！"

"打倒土豪劣绅！"

"打倒国民党反动派！"

"打土豪，分田地！"

"工农解放万岁！"等等。

当时，会议上分了工，谁去调查地主土豪的粮食和财产，谁去带红军抓土豪劣绅，谁去夺地主武装的枪支。实际上，地主的民团已有我们的同志打进去了，当时地主民团的团长就是彭晒同志。在会议上还特别强调严防土豪劣绅逃跑。我接受党的任务是：一、搞宣传工作，要买红纸，写标语。我跑到一个小商店里去买红纸。店老板问我："你买这么多红纸干什么？""要过年了，帮助亲戚写对联。"店老板也没怀疑就卖给了我。我高高兴兴地买回来后，就和几个同学躲在一位同学家里去写，是在他家楼房上写的。平时他家没什么人，没有人知道。二、红军到碛石彭家时，要我带红军去地主家挑粮食，挑到红军住的祠堂里。

就在阴历年关前夕，我们碛石插起了红旗，暴动了。朱德、陈毅同志率领红军在除夕赶到了碛石。我们为了迎接红军的来到，已经把土豪劣绅抓起来关在一个房子里，地主的枪支也全部夺过来了。我有一个堂兄是地主，为人不好。一天我路过他关押的房子，他大声叫我把他放出来，我根本不理他。接着攻打黄沙堡，缴获了二三十支枪。当红军凯旋回到碛石时，整个村庄都沸腾起来了。

　　我们看到红军都穿着灰色的军衣服，当时也分不清哪一位是朱德同志，哪一位是陈毅同志。在这以后，我才认识了他们。红军看着我们都笑眯眯的，一个个可爱可亲。大家忙着杀猪、烧开水、煮饭、泡菜，热闹极了。全村穷苦农民，老老少少，男男女女，听说红军是穷人的红军，迎接红军，帮红军做些事情，真像办喜事呢。

　　在我们举行了暴动的第二天，萧克同志来到了我们村里。他是参加八一起义后回到老家嘉禾的，后在嘉禾、临武牛头汾一带从事秘密革命活动，后来他得知我们村里有党组织，有枪支武装，要暴动，就连夜秘密赶来参加暴动。我记得他来我村时是穿一件长棉衣，戴礼帽。他会见到了支书彭晒同志后，就留下和我们大家一起闹革命。因为大家知道他参加过八一南昌起义，是北伐军二十五师"铁军"的连长，就让他负责领导我们暴动的军事武装工作。他很快就和我们大家熟悉了。有一天，他要离开我村到别地去，没有鞋穿，我嫂嫂和姐姐就连夜忙着替他赶做鞋子。当时，我们对他的印象很深刻。

　　暴动后，红军和我们许多同志一起，组织了宣传队（三五人一组），分散到县城、郊区、各区乡农村，向群众宣传。我们发动群众，成立农民自卫武装，组织和恢复农会，成立工农兵政府和传播革命思想马列主义。

　　我们在宜章坚持了三个多月的革命斗争，可是，由于强大的敌人，从湘粤两面夹攻，我们处在湘粤交通要道，无法周旋迂回，加之，湘南特委的"左"倾盲动主义路线的影响，使我们丧失了一部分群众，因而无法在宜章立住脚跟，只有败退，撤走了。

　　我记得，有一次，我们到离碛石只有几里路的山上李家，向群众进行宣传，发动群众起来革命。但由于我们受了错误路线的影响，放火烧了地主家的房子，结果，连群众的房子也烧了。这样，群众对我们不满。地主武装挨户团团长邝镜明就利用群众对烧房子的不满，煽动群众跑到我们碛石彭家来烧房子，把我家和许多参加革命同志的房子也都烧掉了，还烧了一般群众的房子。群众埋怨我们说："人要屋，鸟要窝，你们怎么把房子烧掉？"可是，盲动主义路线的湘南特委某些人竟形式主义地看问题，说：站在高山上看，看哪里的火焰冒得多，房子烧得多，哪里的革命就搞得好。还提出一些极左的口号："烧！烧！烧！烧尽一切反动派的屋！杀！杀！杀！杀尽一切反动派的人！"这样做的结果，使革命遭受到很大的损失。

　　后来，毛泽东同志率部队来到湘南，迎接我们湘南暴动的部队上井冈山。当时他就对这种烧杀政策表示了反对。他说："反动派的屋，留下来分给穷苦农民不是很好的吗？"记得后来一九二八年二月，红军离开江西遂川时，当时也有人主张把遂川县城的天主教堂烧掉，毛泽东同志就不同意，说："烧了天主教堂，并不能打破群众中的迷信，要破除群众中的迷信，是要经过革命斗争和对群众的启发教育来实现的。"这所天主教堂才得以保存下来。一九七三年，我回遂川，看到这所天主教堂，它至今还完好地供遂川人民使用，可并没有谁再信天主教了。

宜章起义的农民武装，在暴动中，被编为中国工农红军独立第三师（后改为二十九团）。师长是胡少海同志，宜章人，暴动后入党，一九三一年在福建永福县牺牲。副师长陈东日同志，宜章人，参加过八一起义，后牺牲。党代表是龚楚，广东乐昌人，后叛变革命。我们宜章三师在胡少海同志带领下，从宜章撤出，在郴州会合了郴州七师和陈毅同志率领的红军。于是统一在陈毅同志领导下，经过资兴、桂东、酃县，往湘赣边界井冈山前进。我们那支农军中的干部，宜章出来的很多，由于反动派的残酷镇压，许多干部害怕家属留在家乡，反动派去了会杀掉他们，便把全家老小都带上了。中途不少人跟不上队，影响了部队行进的速度。后来有些被动员留下，暂不回家，避难他乡，这样，部队行动才慢慢加快了。从宜章到井冈山，沿途还经常要和敌人打仗。一天行军几十里，有时甚至百十里，我和吴统莲、周礼、彭娟等同志，在红军中担任宣传员工作。行军时，我们每一个人提着一个宣传筒，里面装满了墨水、石灰水，还有一支粗大的笔。宣传员和尖兵（打前站的）走在部队最前面，每到一地，就在路边的房屋墙上写标语，如"打倒国民党反动派！""打倒靖卫团！""推翻国民党统治！""建立苏维埃政府！""欢迎穷苦人民参加红军！"等。一路上的生活非常艰苦的，往往一天得不到一顿饭吃，天气热，喝不上水，但同志们团结友爱的精神很好，总是相互关心，相互照顾，官兵都一样，从生活上看不出一点区别。每到宿营地，就去借老百姓的门板和稻草，往地上一铺，就算是我们的床。有时，地方小，房间不够，我们大家就住在一个房间里，男的一边，女的一边。因我年龄小，把我放在中间，以分男女界限。陈毅同志作为领导，也往往夹在中间。他老爱开玩笑说："你看，我们男女界限分得真清呀！"我们把生活安排好了，就结伴到群众中去进行宣传，讲革命道理，鼓动群众起来革命，打倒土豪劣绅，并把打土豪得来的东西分给群众。群众都笑呵呵地对我们说："哪里有这么好的红军啊，真是我们自己的军队。"

我们在宿营地休息、整顿之暇，除了到群众中作宣传发动工作外，还和男同志一样学打草鞋，用旧布条做鞋带子。缴到土豪地主的布匹、衣物，由连队分配一些给我们，有时还能分到一点零用钱。我们的同志大多数来自农民和青年学生，没有远离过家乡，生活不习惯，又很想念家乡。还有不少干部战士带了老婆、孩子，一天行军几十里，跟不上队伍，一打仗，有的就牺牲了，失散了。所以不少同志思想情绪波动很大，有的唉声叹气。青年学生吟起了"抬头望明月，低头思故乡"的诗句。这时，陈毅同志就带领一些政工干部下到连队，向大家做思想工作，安定大家的情绪，鼓舞大家的革命斗志。陈毅同志充满了革命乐观主义精神，他说话十分生动、幽默，富有鼓动性，往往几句话就能把一些愁眉苦脸的同志，逗得哈哈大笑。他善于启发大家，认清革命的前途与希望，使大家鼓起勇气，坚持斗争。就这样，我们终于在四月底到达了宁冈的砻市，与毛泽东同志的部队胜利会师了。

五月初的一天，天气分外晴朗。在砻市镇河旁一个草坪即现在称为两军会师广场的地方，用竹竿、门板、木板、禾桶搭起了主席台，我们在这里举行了规模空前盛大的庆祝两军胜利会师的联欢大会。毛泽东同志和朱德、陈毅同志的部队与附近群众一两万人聚集在一起。大家开始认识了，互相交谈起来，各自介绍着自己的革命经历，欢声笑语充满着整个会场。大会宣布开始以后，鞭炮声、欢呼声、军号声响彻云霄，在远近山谷引起了阵阵回响。

会上毛泽东同志、朱德同志、陈毅同志先后作了热情洋溢、鼓舞人心的讲话，并宣布了全体红军统一改编为中国红军第四军。朱德同志任军长，毛泽东同志为党代表，陈毅同志为军政治部主任，王尔琢同志为军参谋长。大会还宣布了编制和干部配备，红四军共编为三个师九个团。同时，会上宣布了红军三大任务、六项注意。

接着，文娱节目开始。来自两军的干部、战士演出了许多短小有趣的节目，我们这些从湘南宜章偏远山区来的起义农军，怀着无比喜悦的革命激情，毅然登上了主席台，大胆地表演了一些节目，有宜章县委书记胡世俭的二胡独奏以及他和我哥哥彭琦表演的双簧，还有我的独舞和唱戏。

从此，我们就在毛泽东同志、朱德同志亲自带领下，走上了井冈山革命斗争的道路，从胜利走向新的胜利。

作者简介：彭儒（1913—2010），女，原名彭良凤，湖南省宜章县人。1928 年参加湘南起义，任宜章县碛石支部宣传员。中华人民共和国成立后，曾任中共中央纪律检查委员会委员。

载萧克主编《回忆湘南暴动》，江西人民出版社 1981 年版，18—25 页。

出山入湘

何长工

南昌起义部队在潮、汕失败后，朱德、陈毅率领第十一军二十五师和第九军的一部，转移至江西安远，在天心圩整编为一个团后，于一九二八年一月间，乘李宗仁、唐生智战争湘南敌军空虚期间进入湘南，与湘南特委在宜章搞了暴动，打出"工农革命军第一师"的旗号，暴动沉重地打击了国民党反动势力。湘、粤两省敌人急忙调动军队，直逼暴动总指挥部湘南郴州。

湖南省委以支援湘南暴动和扰乱湘粤交通的名义，调我们井冈山工农革命军去湘南。其实，湖南省委及湘南特委是执行了"左"倾盲动主义的那一套。本来，从一九二七年十月到一九二八年二月，在以毛泽东同志为书记的前委领导下，经过艰苦斗争，使井冈山根据地初具规模。但是，湖南省委不同意向井冈山进军和建立湘赣边红色政权的正确行动，指责毛泽东同志在政治上"犯了极严重的错误"等，他们要组织全省的总暴动，把我们工农革命军也列入湘南地区的武装力量总暴动计划中，要我们去湘南的目的是实现打通湘粤大道的计划，以此支援湘南暴动。一九二七年十一月在上海召开的临时中央政治局扩大会议，使瞿秋白同志的"左"倾盲动主义形成高潮，错误的估量形势，混淆革命性质，实行惩办主义。以秋收起义失败为名，开除了毛泽东同志临时政治局候补委员，随后指示湖南省委派人去井冈山改造军中的党。一九二八年三月上旬，湖南省军委特派员、湘南特委军事部长名叫周鲁的带着特殊使命来到井冈山，取消了毛泽东为书记的前委，将前委改为师委，何挺颖为书记单管军中事，毛泽东改任师长。改编后，将部队缩编为一个团，称作工农革命军第一军第一师第一团，何挺颖同志为党代表。

对这件事大家思想都通不过，所以周鲁找我们谈话。在谈话中，我质问他："你们要撤毛委员的书记是哪里的命令，哪里的决定？毛委员在频繁的战斗里，在险恶的环境下，建立了井冈山根据地，插稳了红旗，这是很不容易的。毛委员是有威信的，这样好的领导者你们都要撤掉，党的原则哪里去了！当然何挺颖是个优秀的同志，当党代表没有问题，但毛委员是毛委员，是中央委员，他的威信、水平都不同。"当时何挺颖同志也在座，他生气地说："我不能胜任。你们这么搞，组织手续不当，怎么一个特委的特派员可以把我们前委书记的职务撤掉了呢？前委是秋收起义之前经湖南省委决定的，起码也得经湖南省委报中央批准。"周鲁蛮横地讲："特委代表省委，省委代表中央，中央代表国际。"他这一代就代上天了，搞得我们目瞪口呆。当大多数领导同志仍持反对意见时，周鲁推托说："我是奉命来撤他的，我没有办法，你们有意见向省委、特委报告好了。"那时我年轻血气方刚，对这种事看不下去，指责周鲁说："你在这里把毛委员撤了，把井冈山的红旗也拔了，到湘南还能不能插稳？"他默不作声。

湖南省委和湘南特委撤了毛泽东同志的前委书记，原来要我们去湘南，他们的意图不是到那里掩护朱德同志向井冈山撤，而是要增加湘南的力量，粉碎湘粤两省敌人对郴州的进攻。遵照这一指示，我们途经睦村、沔渡、酃城到达水口誓师，支持湘南五县暴动。毛泽东同志不愧为无产阶级的革命者，他虽被撤掉前委书记职务当师长，但对革命事业没有半点含糊。我清楚记得，在宣读了撤销他职务决定后，他讲了一段话，他说："军旅之事，未知学也，一个篱笆三个桩，一个好汉三个帮，三个臭皮匠，凑成诸葛亮。我们这么多干部，大家当师长，大家当参谋长，我这个师长就好当了，也不愁打不好仗。"会师以后，部队分两路：毛泽东同志带第一团走桂东，下汝城；我们第二团向彭公庙、资兴方向前进。这里特别值得回忆的是中村政治教育和沙田颁布纪律。三月十八日，毛泽东率第一团到达中村，从第二天开始，他就采取半天讲话，半天讨论的方法，进行政治教育。他详细分析了大革命失败后的政治形势和中国革命的性质、任务和特点，通俗的〔地〕讲解什么叫帝国主义，什么叫军阀混战，论述了建立罗霄山脉中段革命根据地的重要意义，并指出：革命高潮一定会到来，中国革命一定会胜利。这次教育提高了广大干部和战士的政治觉悟，也是对轻视农村革命根据地建设的"左"倾机会主义路线的有力抵制和批判。

在中村驻留中，得知湘南暴动失败的消息。

这次暴动首先从宜章开始，并建立起红色政权农会和地方武装。在粤北的国民党反动派许克祥很快就来进攻。这个在"马日事变"中臭名昭著的反动军阀，将他的一个师摆开几十里，向宜章扑来。朱德、陈毅率领的部队在宜章农军和革命群众配合下，一天之内就打垮了许克祥三个团和一个师部，许克祥残部向粤北狼狈逃窜，起义军和农军立即向北进攻，占领郴州。接着，资兴、永兴、耒阳的党组织也领导群众暴动起来。五县很快地建立起红色政权和农民协会，武装了的农民开展了打土豪斗争。尽管起义给敌人以沉重打击，但因敌强我弱，起义终于失败。朱德同志和陈毅同志率领南昌起义部队和湘南农军向井冈山革命根据地转移。于是，我们即把进军湘南，转变为掩护湘南暴动部队和农军撤退。

毛泽东同志率领工农革命军第一团，为了阻击敌人，掩护接应从湘南撤退的部队，从酃县中村进入桂东。三月三十日到达桂东沙田。同时指示我们二团向资兴方向前进。当毛泽东同志率队进入沙田村时，由于受反动宣传，群众纷纷逃避。于是，在沙田万寿宫毛泽东同志主持召开了工农革命军干部会议，决定组织宣传队深入沙田一带进行调查研究和广泛发动群众，宣传工农革命军为工农谋利益的革命宗旨，号召农民起来打土豪、分田地。四月三日，毛泽东同志在沙田圩老虎冲大田的集会上，向工农革命军逐条颁布"三大纪律，八项注意"（应为六项注意）。三大纪律：第一，行动听指挥；第二，不拿工人农民一点东西；第三，打土豪要归公。八项注意：一，上门板；二，捆铺草；三，说话和气；四，买卖公平；五，借东西要还；六，损坏东西要赔；七，洗澡避女人；八，不搜俘虏腰包。这些纪律，是工农革命军政治工作的重要内容，对人民军队的建设，对于正确处理军队内部的关系，团结人民群众和确立人民军队对待俘虏的正确政策，都起了重大的作用。随后，建立红色政权，成立桂东赤卫队，陈奇任大队长，同时，毛泽东同志还在沙田领导桂东人民建立了县工农兵政府，由陈奇同志任主席，开始插牌分田。4月6日，毛泽东同志率队离开沙田，向汝城进发，途中同反动地主武装何其朗部交火，我军将其歼灭后，直赴汝城。

我们二团奉令向资兴进发，到资兴首先遇到了湘南起义撤过来的第七师邓允庭、李奇中同志带领的部队。我们在资兴滁口附近和范石生第十六军的部队打了一仗，打了两天两夜。范石生打我们是消极的，他的队伍连工事也没有做就被我们包围了。开始他瞧不起我们的土枪，打了一天以后，他们害怕了，边打边筑工事。我们打他们也不过分，看在他是朱德同志的老朋友份上，打了以后就走，抓到他们的人也不缴械。真是子弹呼呼叫，战事挺热闹。当我们发起总攻时，边打边喊口号："你们快撤，不撤就消灭你们。"他们看我们人多，应付一下就往后撤。当时第七师有农军一千多人，还有在资兴附近发动起来的一部分农民，看起来我们漫山的红旗，遍野的人群。其实，我们二团只有二个营，大概有六七百人枪。战斗力也不强。我们在东面打一下，又迂回到西面敲一下，敌人就全线撤退，我们立即组织追击，途中遇敌主力，我们又撤往资兴。此时，听说何键部队已经出动，直逼郴州。当时，虽然情况紧急，但撤退和掩护是要有安排的。于是，我们便写了一封信，由党交通组织连夜传送郴州，建议朱德同志迅速撤出，以免遭南北夹击。当我们继续往北撤时，不意在资兴城会合了陈毅同志，他还带着特委机关。我们从陈毅同志那里得知朱德同志撤向安仁、茶陵一带向我们靠拢。我对陈毅同志说："我们到资兴城来掩护你们到彭公庙，然后往井冈山撤。"陈毅同志说："对。"朱德、陈毅同志从郴州撤退到井冈山会师是很明确的。当我们到达彭公庙时，得知朱德同志到了安仁，向茶陵、宁冈靠。在彭公庙碰到了曹里怀同志。第二天到离资兴城七八十里的彭公庙开会，研究下步的行动计划。在会上湖南省特委（湘南特委）书记杨福涛和团特委书记席克思，提出要回衡阳。他们一共几十人，党、团委机关，还有一套油印机。杨福涛问我："润之同志什么时候到？"我说："你不用着急，隔一两天就来！"当时我想，我们两路从桂东、资兴平行过来的，毛泽东同志事先预料起义部队会从郴州彭公庙一线撤退的，现在我们这边一打响，毛泽东同志就会知道起义部队下来了，一定会往这边靠拢，顶多三天。可是，这些同志说什么也不等了，坚持要回衡阳。原来特委在衡阳，一九二七年才秘密搬到郴州。他们这些工人出身的同志很不冷静，五县暴动把脑子搞得太热了。我对陈毅同志说："你给他们说硬的，因为你熟悉他们；我说软的，因为我是陌生人。我们来个软硬兼施。"于是，陈毅同志便对杨福涛说开了："杨福涛你头脑要冷静！你们男女老少，东西南北的口音，几十口子的人，靠几支短枪能闯过民团的关卡吗？"我不时从中插话："同志哟，现在赤白对立，剑拔弩张，各县都很警惕我们，怕共产党渗透，湘南敌人的指挥所在衡阳，唐生智派有重兵驻守。广东粤北指挥所在韶关，两方面的军队夹击郴州，想把我们一网打尽。你们现在要到衡阳，无疑是自投罗网。我的意见还是跟我们上井冈山为好。以后，再设法化装分批送你们走。"谁知杨福涛同志却火冒三丈，说："我是湘南特委，到你井冈山干什么！"席克思也说："共产党应该不避艰险。我们湘南特委逃到井冈山这是可耻的行为！"我说："不是你们逃到井冈山，没有你的我的，现在重要的是你们的安全。以后毛委员要责备我们的。我们都是共产党员，要爱护同志，假如你们牺牲了，那损失太大了，我劝同志们还是要理智一点。"当时，我也顾不上态度了，深为他们这种盲动行为而气愤。结果，我和陈毅同志说破了嘴皮，他们就是不干。我们是军队，又对他们强制不得，只好让他们走。下午三点多钟，我们和杨福涛、席克思边走边谈，最后希望他们接受我们的意见。陈毅同志说："杨福涛同志，你们这一去肯定凶多吉少，就这样白白牺牲两个特委，将是我党历史上的一个很大的遗憾。我们没说服你们心里感到很沉痛，说句不吉利的话吧，不如先给你们开个追悼会再走，毫无疑问，敌人现在已经红了眼，你们肯定会被抓住砍头的。"我们好说歹说，均无效果，最后，他们还是上路了。后来听说他们到耒阳、安仁边界，就被民团抓住，统统杀掉了。大革命失败的初期，"左"倾盲动主义真是害死人。以后，我向毛泽东同志汇报这件事时，他说："你们强迫一点嘛！"我说："强迫也不能把他们抓起来，态度硬一点，他们都说你们是枪杆子还是党？陈毅同志跟他们共事很久、关系很深的人都说不服他们，我这个人哪行呢。"毛泽东同志深感惋惜。以后，我和陈毅同志每当回忆起这件事时，还一个劲地后悔，心有余痛。我曾对陈毅同志讲："是不是我们当时说话的方式不好，得罪了他们。"他说："不，他们这些同志'革命'得很哟，经不得半点挫折，把上山看做是可耻的事，恐怕被杀前还认为是光荣的，不知道保留革命力量。血的教训啊！"

　　送走了湘南特委同志，我和陈毅同志的队伍，还有一些县的农民自卫军、县委机关往井冈山撤退。我们快到酃县沔渡时，便衣侦察回来报告说："朱德同志带领的队伍已经到了沔渡了！"大家一听都高兴地加快了脚步，飞速赶去。进街后，果然看见一些军人来来往往，有的穿军装，大部分穿便衣，颜色有黑有灰，帽子各不一致，但个个精神抖擞，神气得很。我随着陈毅、邓允庭同志，以及几个县委书记，一齐来到朱德同志住处。由于战斗紧张，朱德同志的脸更黑了，胡子也更长了。王尔琢同志的头发又黑又密。他在犁铺头时曾对陈毅同志开玩笑地说过："革命不成功，一不剃胡子，二不理发，三不娶老婆。"朱德同志一见到我，笑呵呵地和我们握手。我们问他："这次没有受损失吧！"他说："很好，没有受损失，就是忙没有理发，胡子长得也盛了。不过家底还是很大的，缴了武器，队伍也扩大了，干部也充实了。"我说："我们拼命往南打，想不到撤退这么利索。"他说："你们的行动，直接掩护了我们的撤退。"接着他又问我："长工，毛泽东同志什么时候能到？"我说："两天左右可能会到宁冈。"我接着说："我带二团到宁冈准备房子、粮食欢迎你们。"朱德同志说："你是主人，你说怎样办就怎样办。"他没有说更多的，只是让房子准备多一点，给湘南农民和地方干部，对地方党、农民领袖和一些站不住脚的家属尤其要妥善安排。我会心地点着头说："是，你想的很周到，我尽力去办。"于是，陈毅、邓允庭、李奇中同志归回本队，我星夜兼程，于四月二十二日赶回宁冈筹备房子、粮食，准备会师事宜。我回到砻市两天后，朱德、陈毅同志带着一部分直属部队也进了山，分住在砻市附近的几个小村庄里。

毛泽东同志率领工农革命军第一团在汝城阻击敌人，掩护湘南部队安全转移后，经土桥、田庄、邓家湾，在资兴的龙溪中洞接到了萧克同志带领的宜章黄沙区农军。他们有五百人枪，号称"梭镖营"，响应湘南暴动，揭竿而起。赶到暴动地区时，听说起义失败了，于是，他们就追赶起义主力。现在，他们同毛泽东同志率领的工农革命军主力会合后，四月二十八日由毛泽东同志率领经青腰、彭公庙、中村、水口、酃城、沔渡回到宁冈砻市。

毛泽东同志回砻市，带回一个不幸的消息，在酃县和国民党第八军一个营打仗时，一颗子弹打进张子清参谋长的脚骨里，以后发炎感染，全身浮肿，牺牲了。

两军会合之后，成立了军委，前委尚未恢复。前委直到一九二八年十一月二十四日才恢复起来。那时，恢复前委需经省委、中央批准，由于交通不便，战事紧急，一拖就是几个月。成立军委后，陈毅同志任军委书记。

作者简介：何长工（1900—1987），原名何坤，湖南华容县人。1928 年 3 月中旬随毛泽东从井冈山下湘南参加湘南起义，时任第一师第二团党代表。被选为湘南工农兵苏维埃政府执行委员。中华人民共和国成立后，任政务院财经委员会委员，重工业部代部长兼航空工业局总局长，地质部副部长、党组书记，军政大学副校长，军事学院副院长，第五届全国政协副主席。

节录自《何长工回忆录》第六章，解放军出版社 1987 年版，第 108—152 页。

率军挺进井冈山

伍云甫

　　1928 年 2 月中旬的一天，湖南省南部的耒阳县，刚下过春雨，天晴了，太阳照射在起伏的山坡上。这时，城里城外家家户户都喜气洋洋地忙碌着，有的举着一串串红绿色的鞭炮，还有的准备了很多大米、油、盐、猪肉、蔬菜……人们怀着大旱望云霓的心情，排在道路的两旁，等候着人民自己的队伍——朱德、陈毅同志率领的中国工农革命军第一师。

　　中午刚过，朱德同志、陈毅同志率领着工农子弟兵来到了。人民群众的欢呼声和鞭炮声响成一片，如过盛大节日一般。曾经被白色恐怖笼罩着的、死气沉沉的耒阳县城，又活跃起来了。

　　当时，我在第一区任区委书记兼组织部部长。我的弟弟伍永禄，不满 18 岁就参加了革命队伍，他在中国工农革命军第一师当传令兵，跟着朱德同志行动。当队伍在耒阳县东乡敖山庙住下后，他抽空请假回到家里，告诉我说，朱师长要来看我们。从当时我县的情况来说，一个师长要到老百姓家里来看看，简直是一件惊天动地的事，这个不平凡的消息，振奋了我们全家。我乐得整夜合不上眼睛，怀着激动的心情，盼望着朱德同志的来临。

　　我家住在耒阳县城南的松茂堂村，村前有鱼塘和稻田，村后有树林，有一人抱不住的大樟树和木子树。我家住的房子很破旧，我们把房屋里外打扫得干干净净。父亲去买了猪肉和鲜鱼，母亲杀了一只老母鸡，准备好好招待革命军的朱师长，表示我们的敬意。

　　第二天上午，朱德同志真的来了，随同来的有我的弟弟和 4 个卫士。我们全家分外欣喜。朱师长穿着灰布军装，腰间扎着皮带，打着绑腿，穿着草鞋。虽然南方已是春天，可是穿着单衣和草鞋，还是有些冷的。朱德同志精神很好，他浓黑的眉毛，特别显得英武，他的眼睛是那样的和蔼亲切。他对我们很关切，问了我们的生活，以及当地党的工作情况。他同我的父亲、弟弟和我围着一张小方桌坐下，问我："耒阳情形怎样？工作还好做吧？"

　　我说："还好，从去年秋天起到现在止，全县党的组织基本上恢复起来了，现在就要恢复工会和农会组织。你们一来，工作就更要好搞些。"

我还谈了一些在残酷的白色恐怖下，我县革命力量对敌人展开乡村游击战争的情形。

他接着对我讲了"八一"南昌起义的经过。他说：

"南昌起义以后，在南昌只住了 3 天。8 月 5 日誓师东征。誓师时有 17 个团，约 3 万人。由于队伍未经改造不巩固，在政治上和军事上又缺乏斗争经验，因而在行动中遭到很大的损失，人也少了，枪也少了。三河坝失败时，有些人思想上发生混乱，当时，我不得不说，'要革命的跟我来，不革命的就走'。好在大家看我还坚决，大部分都跟我来了。"

他说这段话时，是那样的深刻、非常有信心。

"我们在坪石、乐昌打了一个好仗。"他的声音是更加坚实有力了。

我们急切地催他继续讲述战斗的盛况。

他说："许克祥的部队，根本不值得一打。两个团，消灭一个，击溃一个。敌军溃退时，乱成一团糟，在坪石桥上挤下去淹死的也不知多少。"

他又说："你们看现在部队不少，这都是沿途发展壮大的。我们就要上井冈山去同毛泽东同志会师了。"

这时，朱德同志笑了。他好像在沉思，眼神很深远，向往两大主力井冈山会师的远景，他对胜利的信心和革命的乐观精神，从眉宇间显现出来。

我们谈了两个多小时的话，我受到了深刻的教育。我们全家都极其兴奋，心中都有说不尽的感激。吃饭的时候，我父亲按照湖南人请客的习惯，用长筷子夹着菜送到对面朱德同志的面前，他总是说："老人家不要客气，我自己来。"朱德同志是那样和蔼、谦逊，一点没有架子。我父亲感动得不断地说："革命军的师长，真是平等待人！"

朱德同志和陈毅同志率领的革命军来到耒阳城后，群众的革命情绪高涨极了，纷纷参加革命军，参加游击队。那时，我们第一区成立了一个游击独立团，虽然只有 5 支步枪，但是，工农群众还是自动拿着土枪、梭镖、大刀和土造炸弹踊跃参加。不久，朱德同志和陈毅同志要带队伍向井冈山进军了。游击队很舍不得，紧紧地跟在后面。但是，由于当时组织游击队还很缺乏经验，男女老少都有，目标很大，行动不便。在这种情况下，革命军的营长伍中豪同志只好率领队伍，把大部分游击队护送回来。我们虽然又转入地下斗争和乡村游击战争，但在朱德同志和他带领的革命军的关怀和影响下，同志们革命的信念更加坚定了。

　　作者简介：伍云甫（1904—1969），湖南省耒阳县人。1928 年 1 月率耒阳游击队参加湘南起义，任中共耒阳县委秘书长、一区区委书记兼组织部部长。中华人民共和国国成立后，任中国人民救济总署秘书长兼党组书记、中国红十字会副会长兼党组书记、卫生部副部长和党组成员。

　　本文选自郭思敏、天羽编《我眼中的朱德》，河北人民出版社 2000 年版，第35—38 页。

跟随朱德上井冈山

——读《朱选》忆当年

唐天际

《朱德选集》首次发行前后这些日子，我回到湘南家乡，走访了朱德同志当年在湘南战斗过的一些地方。

1928 年春，正当革命处于十分艰难的时候，朱德同志在陈毅同志的协助下，率领保留下来的少部分南昌起义部队，重新举起红旗，发动了遍及十几个县的湘南暴动，先后在宜章、郴县、永兴、资兴、耒阳、安仁等六个县建立了苏维埃政权，发展了上万农民武装，最后与毛泽东同志率领的秋收起义部队会师宁冈，对创建当时我党最主要的革命武装力量红四军，对巩固和发展井冈山革命根据地做出了重要贡献。这是朱德同志的一个伟大历史功绩。《朱选》中《从南昌起义到上井冈山》，真实地记录了湘南暴动前后的历史经过，精辟地总结了它的历史经验教训。五十五年前，我亲身参加了朱德领导的这场暴动，并且是湘南暴动六个县苏维埃政府主席中的唯一幸存者，在旧地重游的时候，再次读到朱德同志这篇谈话纪要，尤其感到亲切。回忆暴动当年，在朱德同志直接领导下的战斗历程，更加缅怀朱德同志的丰功伟绩，进一步认识到我党在大革命失败后，走上农村武装割据正确道路的宝贵历史经验。这里，我着重回忆朱德同志在湘南暴动后期，率工农革命军主力部队解放安仁的一些历史情况。

一

1927 年，我参加南昌起义在潮汕失败以后，辗转千里到武汉找到了党组织。这年冬天，党派我回家乡从事农村革命工作。我的家乡安仁县，北接攸县，西属湘粤大道（旧时指衡阳至广东一段交通大道）的侧翼，东临湘赣边的茶陵、酃县，历史上是南北运兵的间道，横跨湘赣的通道。大革命时期，安仁县建立了中共党支部，百分之九十的区乡建立了农会。"马日事变"后，轰轰烈烈的农民运动虽然被打了下来，但是由于离反动统治中心较远，反动统治较为薄弱，大部分革命骨干仍然保留了下来。我回乡两个来月时间，就在我的老家所在地——安耒边境的华王庙，建立了一个党支部，同时，把周围几个乡的农民协会和农民自卫队恢复起来了。

1928 年 2 月下旬，朱德率工农革命军主力部队解放耒阳以后，我们在恢复农会的基础上，在安仁西南部建立了三区和七区两个苏维埃政府，组建了十三个农军中队。同时间，茶陵谭家述同志带领的一支游击队，也到安仁东南一带活动。几乎整个安仁南半县，这时候已经和耒阳、永兴苏区连成了一片红色区域，暴动的烈火熊熊。当时的安仁县县长李华汉，被吓得弃印逃跑。伪省政府急忙从攸县调魏镇藩团的江仪声营到安仁驻防。江营和警备大队分东西两路，几次"进剿"暴动区域，杀害了上百农民。在这种紧急形势下，我赶赴耒阳寻找朱德同志，请求派兵解放安仁城。

3 月 25 日，我到耒阳敖山庙找到了朱德同志。南昌起义时，他是革命军第九军副军长，又是南下先遣队粮秣处的副处长（处长是彭湃同志），我在粮秣处任副官长，常在他身边工作。从那时候起，朱德军长端庄坚毅的形象，对革命的坚定信念，就在我的心目中留下了深刻的印象。大难以后重逢，他虽然比过去消瘦、黝黑了一些，但是，那炯炯有神的目光，却更使人感受鼓舞和力量。朱德同志一把抓住我的双臂，急切地问我南昌起义军在潮汕失败的经过，我是怎样回到家乡的？安仁暴动的情况怎样？等等。尤其是对潮汕失败的经过问得特别详细，听得十分认真，可以看得出来，朱德军长是要深入吸取这次作战失败的教训，对照当时面临的形势，决定起义军的去向。当他听我汇报了安仁只有一个正规营的敌军时，果断地命令我说："那好！你带一个营去把安仁打开，我们随后就到。"

第二天，我按照朱德同志的命令，和陈道明同志率三营向安仁城进军。部队先后在石头坳、双排山击溃了"进剿"的敌军，一路向北追击到县城对河。敌人用机枪封锁了渡口，为了避免伤亡，我们暂时放弃攻城，佯装后撤，退到离县城七八里的黄泥铺山上隐蔽，这一撤，果真"引蛇出洞"伏歼了敌军一个连。

3 月 29 日，当我们回师到华王庙时，朱德同志带主力团的另外两个营，也从耒阳来到了华王庙。朱德亲率革命军进军安仁的威名，使敌人吓破了胆，安仁城内的敌军连夜逃跑。

4 月 1 日，安仁县城解放了。第二天，全县上万军民在县城对河南门洲召开了县苏维埃政府成立大会。朱德同志亲自在大会上提名，选举我担任县苏维埃政府主席。县苏维埃政府一成立，立即发布布告，宣布打倒国民党反动派、一切权力归苏维埃、实行耕者有其田。全县展开了轰轰烈烈的打土豪、斗劣绅、分浮财的斗争。有的地方并且开始插标分田。看到贫苦农民头一次这样扬眉吐气——尽管这还是在白色政权包围下的一时胜利，我还是抑制不住内心的激动，即时书写了一副对联：

安仁立政府，适逢桃开柳吐，处处十分春色；

永乐庆翻身，兹当龙飞凤舞，人人一颗红心。

二

朱德同志在安仁逗留期间，亲自带领革命军宣传群众，武装群众，帮助群众建立革命政权，体现了朱德同志创建完全新型的革命军队，实行革命的武装斗争与群众斗争相结合的光辉思想。

进入安仁的头一天晚上，朱德同志和部队一路，风尘仆仆行军六十多里。他不顾疲劳，从繁忙的军务中挤出时间，连夜召集华王庙的党政干部会议，商讨发展农民武装，夺取全县政权的问题。进城的第二天，朱德同志亲自主持组建了县苏维埃政府和县委，亲自召开政府和县委联席会议直至深夜。他还特意指派革命军部队分头到清溪、新渡、军山等地，帮助群众建立区乡苏维埃政权。部队还拨出了十几支枪支，帮助建立了县赤卫大队。

朱德同志在行军作战途中，十分注意宣传发动群众。革命军向县城进军时，为了便于隐蔽行动，先是沿山路行军，到离城只有十多里的山口铺时，得知敌军已经弃城逃跑的消息，朱德同志立即决定重返大路进军县城。这样走要绕道三十多里，朱德同志向大家动员说：辛苦点走大路，可以更多地发动群众起来革命。一路上，在华王庙、灵观庙、神州河等地，朱军长都亲自召开群众大会，宣讲革命道理。他用生动的比喻启发大家说："我们穷人要翻身，就要团结起来，抬枪（四川话把拿枪说成抬枪）夺取政权，""一根绳子容易扯断，几根绳拧在一起就难得扯断；一双筷子折得断，一把筷子就折不断，我们穷人是多数，剥削阶级是少数。穷人团结起来就一定能战胜剥削阶级！"朱德同志这些铿锵有力的讲话，有力地唤醒了广大农民的革命觉悟。革命军所经之处，成百上千农民群众奋起响应，领挂红带，头围红布，臂戴红袖章，手持土枪长矛，随军跟进。真是军民结合，势如江海激流！

朱德同志还抓紧在安仁这段战斗间隙时间，整顿了革命军纪律作风，纠正过左偏激行为。他亲自召开多次干部会和军人大会，反复对大家进行革命军宗旨教育，严格要求革命军注意政策，不准乱烧乱杀；严守纪律，保护群众利益。针对当时少数人受"左"倾盲动主义路线的影响，提出"烧尽一切土豪的房子！杀尽一切土豪劣绅"的极左口号，朱德军长严肃地指出："这种做法是错误的！土豪有大有小；

有作恶多端和比较开明的，除了作恶多端、民愤极大的要杀以外，一般的不要杀。烧房子不好。就是土豪的房子留着不烧，打倒土豪以后，可以给我们用嘛！"针对部队内部还残留的一些军阀思想行为，朱德军长从革命军政治本质的高度，教育大家认识纪律作风问题。他说："革命军是穷人的军队，穷人不能打穷人！""革命军战士是我们的同志，要平等对待；农民是革命的基础，脱离了农民兄弟，革命军就不能存在。"他亲自命令部队：要废止肉刑！不准打骂士兵。不准辱骂欺负群众。买卖要公平，不给钱不行，不给钱是犯罪！不准乱烧杀，打土豪不准骚扰老百姓！等等。

在朱德同志的耐心教育和严格要求下，部队进入安仁后，极大程度地纠正了一些过左行为，纪律作风为之一新。革命军每到一地宿营时，当地农民腾出大批被褥送来给战士们铺盖。各连都将群众送来的被褥一床床夹上纸条，写上物主姓名。临走逐家送还，不错不漏，秋毫无犯。革命军被群众称为"穷人的军队"。

三

湘南暴动发展到安仁的时候，国民党新军阀蒋唐战争结束，他们转过头来以六个半师的兵力南北夹击湘南。在敌强我弱的形势下，朱德同志适时率主力部队转移到安仁。目的是要东进井冈山，跳出敌人的重围，与毛泽东同志率领的秋收起义部队会合。但是，在转移当中，朱德军长并不是消极地撤退，而是巧妙地捕捉有利时机，主动出击，声东击西。解放安仁后，他便立即布置我们："北面的敌人正处惊慌之中，你带农军向攸县追击一下。"4月3日，我带县赤卫大队准备向攸县出发时，一号令几千农民都行动起来了，浩浩荡荡向北涌进。攸县驻防的敌军被吓得仓惶北逃。正如朱军长所料定的，打攸县一举，扩大了革命阵地，使革命军赢得了时间，抛开了围进的敌军。

4月5日，朱德率工农革命军一师一团，从安仁县城郊出发夹永乐江而上，到茶安边境的界首。然后，挥师东南进入鄢县。临行前，朱德同志向我们介绍了眼前的形势，交代我说："你们看情况，如果坚持不了，就到鄢县去找我们。"两天以后，在敌人兵临城下时，我带县部分党政机关干部和三百多农军撤离了安仁，后来到鄢县沔渡赶上了主力部队。在这里，陈毅党代表接待了我们。他语重心长地对我说："你们流亡政府就不要再保留了，都参军吧，县里的工作由留下来的同志坚持，你是参加过一二次北伐的，懂得革命要有武装的道理，现在这个形势下，没有强大的武装是不能打回去的。将来有了强大的武装，就不难恢复政权！"事后，我们三百多人就在沔渡全部参加了革命军，跟随朱德、陈毅参加了具有伟大历史意义的宁冈会师。会师整编时，我们县三百多人分编到二十八团各营，我被调任一营二连党代表。从此，跟随毛主席、朱德总司令走上了中国革命的崭新里程——井冈山斗争。

一九八三年十月二十一日于安仁

作者简介：唐天际（1904—1989），湖南省安仁县人。1928年初参加湘南起义，任安仁县苏维埃政府主席。中华人民共和国成立后，历任中国人民解放军湖南省军区司令员、总后勤部副部长等职。1955年被授予中国人民解放军中将军衔。

本文原载1983年11月30日《郴州党史通讯》第三期，第1—6页。

从潮汕到湘南

萧 克

南昌起义军兵败流沙，我所在的第 24 师被分割，溃散了。第二天返回贵屿，我这个连还剩下约 20 个人。到处乱哄哄，群龙无首，兵荒马乱。

我日夜思念，苦苦寻找党组织……

回到住所，我心里盘算：广州虽大，但白色恐怖太严重，在这里找党组织看来希望不大，还是回湘南吧。大革命时期湘南的工农运动搞得好，共产党力量大，那又是我的家乡，熟人多些，可能会打听到一些消息。于是，决定回湘南。

……（略）

湘南这么大，到哪里去找党呢？就在我漫无目标地寻访时，突然想到我高小同学萧亮，他家在临武县沙田圩杉木桥，我离家从军，就是经他家里走的。他父亲是大地主兼商人，往广州、香港和江西等地贩卖杉木，结交的人多，消息灵通。我听人讲，"马日事变"后，长沙、衡阳一片白色恐怖，在那里读书的学生，下半年都没有去，估计萧亮此时在家。于是我就去萧亮家。

快到萧家时，我把那套半新的衣服换上，又把 13 军的铜证章也戴好。萧父是大地主，如果衣着不整，会引起他的怀疑。

收拾停当，我叩响了萧亮家的大门。

开门的正是萧亮。他见到我，又惊又喜，忙把我让到屋内。萧亮的父亲也在，我家与他家同宗，萧亮父亲的辈分高，我向他施礼问候，照旧尊称他为"老前辈"。萧父见我穿的灰军装，又佩戴着 13 军的证件，满心欢喜，留我在家住宿。

萧亮领我到了他的房间。开始，我们只是寒暄了一下，夜晚，彼此谈了别后的经历。我把南昌起义及失败的详细经过告诉他，他听后非常惋惜。接着，他同我讲了"马日事变"后他如何跑回家乡，并对我说，父亲很怀疑他，要我在他父亲面前不要透露这方面的只言片语。

我们越谈越深，最后，互吐真言。原来，萧亮也是一名共产党员，是大革命时期在长沙入党的。逆境中遇到同志，真是倍感亲切。

萧亮与临武县的地下党组织有联系，离沙田圩二十几里的牛头汾，有临武县支部的联络点，他就是那个支部的成员。萧亮答应帮我去联系。

为了慎重，他先去了一趟，然后带我前往牛头汾。党支部负责人贺辉庭与我接了头。贺辉庭郑重地对我说："临武支部研究决定，恢复你的党籍和组织生活。"听了这句话，我激动得千言万语涌上心头，但只对贺书记说了一句："我终于找到党了！"

是啊，漂泊数月，历尽艰辛，终于找到了我日夜思念的党组织，这心情怎能用言语来表达呢？

当天，我就留在牛头汾，与贺辉庭书记长谈。为了隐蔽，谈话有时在贺书记的家里，有时在野地。

一连几天，贺辉庭书记对南昌起义的政治和军事情况，问了又问，谈了又谈，表示极大的关注。当我讲到南昌起义军兵败流沙，人马溃散时，他的眼里闪动着泪花，顿足疾首，连说："可惜，可惜。"

贺辉庭出身于地主家庭，大革命时期在衡阳读书，加入了共产党，"马日事变"后逃回家乡，联络当地的一些党员，重建地方党支部，坚持斗争。

牛头汾是临武县的大乡镇，四通八达。原临武党和工会负责人袁痴等在"马日事变"中被敌人杀害，县一级党组织不存在了，以牛头汾为中心的党支部，实际就是临武县支部。在牛头汾期间，我参加了两次支部会议。第一次是在当时的党员傅昌表家（解放后，我听黄克诚说，傅参加了湘南起义，在耒阳小水铺战斗中牺牲了）；第二次会议在野外。我们研究了如何发展组织、扩大宣传和开展革命斗争。我至今还记得，贺辉庭反复讲，要在穷苦农民中发展党员，不能总找些"穿长衫的"。议论到怎样开展斗争，大家都说要搞武装，还你一句我一句出主意，筹款买枪。

到牛头汾大约半个月，有一天，贺辉庭告诉我，宜章县碛石彭家有个党支部，他们派了个代表同我们联络。当晚，贺辉庭带我到傅昌表家和他见面。来人叫彭暌，他热情地介绍了宜章碛石彭家一带的革命情况，还告诉我到碛石联系的办法：平时，可直接找承启学校校长吴汉杰。寒、暑假期间，就到村里找"周攸华"，那是支部的联络代号。

与彭暌见面后，我沉浸在兴奋之中，想起了白居易的诗："离离原上草，一岁一枯荣。野火烧不尽，春风吹又生。"我觉得，湘南的地下党组织就像这"原上草"，烧不尽，斩不绝，一遇春风，又生机盎然。

这时，已近年关了，我决定回家去看看。从广东到湘南后，我随13军在砰石、宜章、郴县一带转了一个多月，几次离家不远了，都没敢回去。现在有条件了，我想该回家去，一方面看看父母亲人，一方面也可以在家乡开展革命活动。

1928年春节前，我回到离别近两年的家乡。家里变了，父母亲明显地老了。父亲佝偻着背，神色显得呆滞；母亲擦着昏花的眼睛，正为惦记我而伤心落泪呢。我忽然回来，给他们带来一个意外的惊喜。母亲破涕为笑，父亲也一扫愁云，妹妹拉住我问长问短，诉说着自我走后家里发生的一桩桩痛心事。

三姐听说我回来了，从邻村赶来看我，并悄悄地对我说："黄益善在南昌起义失败后也跑回村了，一直藏在家里的吊楼上。他只同夫人及二三知己有交往。"

我就随三姐去找黄益善。黄益善与我三姐婆家同村，三姐夫黄相憬就是同他一起搞农运被杀害的。战友相见，分外情深，我们一直谈到过半夜。黄益善对我说：大革命失败后，嘉禾南区有不少党员从外地跑回来，我们要把大家联系起来，组成一个党支部，领导群众同国民党反动派继续斗争。我非常赞同他的意见。黄益善曾任湖南省农协特派员和嘉禾县农协委员长，反动派正到处缉拿，他不能露面，我有13军的证件，活动起来比较方便，串联党员的事就由我来干。

恰在此时，我二哥萧克允也回到家乡。

二哥告诉我，他1925年10月在广州入党，北伐出征后，任2军6师17团3连指导员。当时他们的军党代表李富春、师党代表萧劲光都是共产党员。蒋介石、汪精卫叛变革命后，军队中搞"清党"，2军的党员奉命陆续撤离，他也在此时离开军队，应老表彭传新（当时任湖北省农协特派员和中共崇阳县委书记）之邀，到鄂南洪湖、崇阳等县发动农民武装起义，可惜失败了。他在反动派的追捕下，逃回家乡。

我对二哥说："回来得正好，咱们就在家干吧。"我把与黄益善商量的计划和这两天联络的情况，告诉了他。

二哥说："咱们不能赤手空拳。"

说到武装，我想起来，回家后，四伯母曾告诉我，农协失败时，四伯隐藏了两支枪，由她放在离我村一里的小村廖家窝的谷仓内墙。前两天一个晚上，四伯母带我去看了。我对二哥一说，他非常兴奋，说："太好了，有枪就行，子弹可以找到，就用它来搞暴动。"

第二天，我和二哥分头行动，先后与流散在家乡的共产党员唐仁宅、毛中心、彭芳、彭启贤、彭瞻贤、何辅汉等取得联系。我们聚会野外，组建中共嘉禾南区特别党支部。支部书记推黄益善担任，因他不能露面，行动不便，日常工作就由我二哥萧克允负责。开会都由萧克允主持，讨论情况由我向黄益善汇报，黄的意见也由我向支部成员传达。

为了保密，我们见面都用暗号讲话，比如支部叫"我们学校"或"我们"；通知开会就说："到某处走一下"，直到后来我们参加湘南起义，在起义区才公开称"南区支部"或"我们那个支部"。

支部成立后，开过一两次会，我印象特别深的是，萧克允在发言中非常明确地提出，要走广州暴动工农兵苏维埃的路，不要"青天白日"旗了。我们分析了当时军阀混战的形势，认为李（济深）唐（生智）战争虽然结束，但蒋介石占据东南地区，桂系控制从安徽、两湖到广西一线，势均力敌，蒋桂一定会打仗。军阀混战有利于工农革命。我们议论最多的还是搞武装、搞暴动，还研究过把队伍带上晋屏山打游击的问题。晋屏山是嘉禾、宁远两县间的大山，清朝末年旧民主主义革命家李国柱曾在这里活动过；北洋军阀统治时期，本地绿林散兵也曾割据过。我们当时认为，搞武装暴动就要上山。

我通过萧亮，把嘉禾南区特别支部的情况通报了临武牛头汾支部，他们又转告了宜章碛石支部，这样，我们三个地方支部就串联起来了。

1928年春节前夕，支部的成员毛中心到临武星子坪活动，获悉朱德部队在宜章起义。当他把这一消息带给我们时，大家都认为我们搞武装斗争的机会到了。支部立即开会，决定派我和毛中心、唐伯安去宜章联络，其余人留在家里进行暴动准备。

去宜章的第一天，我们三人走到临武沙田圩，找了一家伙铺住下。我一个人绕道数里，到杉木桥村萧亮家去了一趟，想从萧亮父亲那里再了解点情况。萧亮家果然聚了八九个客人，是宜章麻田欧家的地主们，在宜章城和麻田暴动后逃到这里。他们说，朱德、杨子达（起义时宜章农协委员长）的部队在宜章暴动了。

我一听朱德的部队到了宜章，喜出望外。朱德是南昌起义第9军的副军长，起义军在潮汕分兵，他率25师留守三河坝，我们兵败流沙后，便与他们断了联系，没想到朱德现在到了湘南。

我内心激动，但表面显得很镇定，故意问那几个地主："诸位先生是从宜章来的吗？"

萧亮的父亲连忙介绍说："这是萧蘅石先生的侄子，现在13军供职，是有识之辈，可以倾心。"

萧蘅石是我三伯父的号，他在本地教书多年，是有声有望的文人。几个地主一听，连忙站起来，拱手让座。

这两年来，我也是几经风雨，深知应付这种场面要沉着，还要巧妙。我摆出书香子弟的架势，用孔孟的语言同他们讲话。

我问他们："朱德部队到宜章可是当真？"

"千真万确！""绝无戏言！""有伤为证！"他们七嘴八舌地说。

我故作吃惊地说："糟了，不久前我从13军回家，行李什物都放在宜章城，这如何是好？"

有个胖绅士说："万万不能再去宜章城，去了就没命啦。"

探听到朱德部队到湘南的消息，我早就坐不住了，但还是沉着应付，在主人的安排下，同席就餐。

一个叫欧阳继山的绅士说："他们搞什么苏维埃，让一些泥腿子、穷光蛋掌管大权，真是反了天。"

旁边一个绅士插话："去年底，广东省里造反了，满街写的苏维埃，到处喊'劳工神圣'，天呀，劳工也神圣起来了！"

我听他这样说，意识到是指共产党领导的广州暴动，就假装糊涂，不答话。

欧阳继山问我："少先生，你对此如何看？"我装作痛心的样子说："'劳心者治人，劳力者治于人'，劳工是劳力者，是治于人的，怎么神圣起来了？"

他们听后，一片嗟叹。

我又问："宜章现在情况如何？"

欧阳继山说："朱德的兵退到巴黎堡、黄沙堡一带去了，宜章城光复了。"

听了这话，我心里有了底。

第二天一早，我到沙田圩街上，找到那两位同志，就出发去宜章。事先商量好，遇到民团盘查，我就扮作13军军官，唐伯安是我的同学，毛中心是农民出身，已40出头，装作我的挑夫。

我们翻山越岭，走了两天半，终于到了宜章碛石。

这时，碛石已在前4天挂起红旗，宣布暴动了。我按彭晓告诉的联络办法，去承启学校找吴汉杰校长，但学校已放假，我就直接去村子里找周攸华。问了几个人，都说不知道。正好对面来了个30多岁的男子，问："你们找谁？"我说："找周攸华。"

他警疑地说："我们村子里没有什么周攸华。"我说："肯定有！"

他颇严厉地对我们说："走！跟我走！"

他把我们带到了一间像是办公室的大房子，里面有不少人，都在忙忙碌碌。一个书生模样而行色从容的青年男子用审示的目光，把我们挨个看了一遍，就接连不断地提出一些问题。

当告诉他我从临武牛头汾来，叫萧克（我原叫萧武毅，这时为了隐蔽，改名萧克）时，他笑起来，对我说："我早就知道你，欢迎你来碕石，参加我们的暴动吧！"说着，把我的手紧紧握住。

一会儿，彭暌从外面进来。我们前一个月见过，算老朋友了。他连忙指着那个男子对我们说："他就是宜章黄沙区党支部书记彭晒同志。"彭晒在当地是有名望的小学教员，打入这地区的上层，当了民团团长，掌握30多支枪。当朱德部队在宜章城关揭开湘南暴动的序幕后，彭晒根据宜章县委的指示，领导了以碕石村为中心的黄沙区暴动，并根据朱德的委任，将所掌握的武装编成工农红军第2团独立营，由他任营长。

彭晒机敏而幽默。其实他早从彭暌那里了解了我的政治态度，还饶有趣味地把我"审"了一遍。一切释然后，我们禁不住开怀大笑。那位盘查我们的同志叫周廷彦，也参加了湘南起义，并上井冈山，后来在赣南牺牲了。他是"小红军"周礼的父亲（周礼到陕北后也牺牲了）。

就这样，我们和碕石支部接上了关系。第二天早上，又见到彭儒、吴统莲（后改为吴仲廉）等同志。晚上，支部开会，书记彭晒给大家介绍了一下，组织委员吴统莲把我们的组织关系接收下来，从此，我们3人参加了宜章黄沙区碕石的年关暴动。

根据支部的决定，我担任了新成立的农民武装——独立营（后为2团3营）副营长，营长是彭晒。因为部队不多，只编一个连，我又兼连长，彭暌任党代表。他们知道我参加过南昌起义，所以主要叫我负责军事工作。彭暌为支部宣传委员，又是碕石村农民协会的委员长；支部书记彭晒为全面领导，他和组织委员吴统莲经常来部队讲政治课，教唱革命歌曲。当时，这个党支部真正发挥了暴动中的领导和骨干作用。

从嘉禾来时，黄益善、萧克允等让我们与宜章碕石村党支部联系上后，就去找朱德部队，请他们协助嘉禾南区暴动。此时，朱德部队正在坪石地区与许克祥的24

师激战，联系不上。我就写了一封信，托一个在碛石帮助独立营造枪的嘉禾籍铁匠，带给黄益善和萧克允，告诉他们，我们留在碛石参加暴动了。大约过了半个月，黄益善也来到宜章。他与宜章县委的胡世俭、张际春、彭祜等，都是衡阳第三师范的同学，同搞革命运动，他们就调他到宜章县委工作。以后我们上井冈山，他陆续担任了红四军的连党代表、支队党委书记和军党委的秘书长，1929 年冬，在红四军第九次党代表大会上被选为 4 军军委委员。

黄益善来后又过了半个月，我二哥萧克允和临武牛头汾支部书记贺辉庭也到宜章梅田。他们找到我，请求独立营去支援临武、嘉禾的武装暴动。我说："这需宜章县委决定。"他们随即去请示县委。得到的答复是，请他们先回去准备，待适当时机即派军队策应。

他们返回后不久，湘南暴动就失败了，我率独立营撤往井冈山，从此和他们断绝了消息。1933 年夏，我在湘赣苏区时，见到湘鄂赣军区政委黄志竞和副司令员严图阁，据他们说，两年前，萧克允曾受上海中央特科之命到鄂东南去搞兵运工作，以后转入红军，在鄂东特委军事部办的红军学校任教员，后任鄂东南红 3 师参谋长、湘鄂赣北路指挥部参谋长。1932 年底，湘鄂赣红军与国民党薛岳部在湖北通城的大坂作战，萧克允在战斗中负重伤，抬回柳河苏区后牺牲了。至于贺辉庭，我还是解放以后回湘南才知道他后来的情况，他一直在临武坚持地下工作，不屈不挠，1929 年秋被反动派杀害。

碛石暴动后，我担任独立营副营长兼连长，这个营实际只有一个连，步枪和梭镖各 30 多支，而步枪约有一半是本地铁匠仿造的，名为五响枪，但打三四发子弹就要擦油才能打，大家称其为"土快枪"。"土快枪"者，又土又快也。表尺与准星不精确；快是能连打五发子弹的后膛枪，不同于从前面装火药的土枪。人员都是本地农民，相互间讲土话，离三五十里的人都很难听懂。晚上，有些人还带枪回家过夜。班、排长也是本地人，军事不高，即使执行日常勤务也不够。

我在铁军工作过，体会到铁军的钢铁精神是从严格的管理训练和从艰苦战斗中培养锻炼起来的。我常想，孙武可以把吴宫姬妾训练得进退自如，戚继光可以把义乌农民兵训练得赴汤蹈火，我们是共产党，也一定能把这些农民训练成新的"铁军"。

我认真整顿训练部队，首先宣布了几条规定：建立连值星、班值日制，有事要报告；早晚点名，按时操课，爱护武器，行军不用枪挑东西，梭镖不倒插，不沾土，保持洁白而锐利；吃饭由值星班长吹哨子集合，一班一桌；办公不讲土话，还要讲礼节。

我反复向部队讲明道理，要求个个遵守。一次，有个战士严重违反纪律，查明后，全连集合进行体罚。这样队伍就比较整齐了。体罚，如打屁股、打手板，现在看来是笑话，那是旧军队的恶习，1929年红四军第9次党的代表大会批评为军阀残余，完全对。但当时我们管理水平低，只知道这种办法。地方同志和农民看到我把部队带得守纪律，又学会各种射击姿势及散兵动作，虽然处分了他们的子弟，但认为我执行纪律时，还合人情。他们见到我，都亲热地叫我萧连长，就是50多年后，我回碛石，老人见到我，还亲切地叫我萧连长。

碛石暴动组建的独立营，虽只有100多人、30多条枪，梭镖多于步枪，但在当时也是一支重要的武装了。我对这支部队一面整顿、训练，一面带着四出游击。

附近大黄家有个恶霸地主，有武装，群众都恨他。我们乘夜包围了这个地主的宅院，打死了大恶霸，振奋了周围的群众，农民纷纷起来暴动。我们就协助各区、乡建立苏维埃政府，组织农民协会，宣布分田地，废除一切苛捐杂税，还把地主的田契、账本集中起来，当众烧毁，把打土豪所得的浮财分给穷苦的农民。不到半月，整个黄沙区以及靠近广东边界莽山附近的农民都发动起来了，暴动的烈火越烧越旺。

我们在宜章西南山区建立了革命政权，坚持了两个多月。此时，朱德、陈毅的部队正在郴州、耒阳一带。国民党湘、粤两省军阀白崇禧、许克祥、范石生等部南北夹击，工农革命军主力和宜章县委向东转移。我营因处于偏僻的宜章西南山区活动，与上级失去了联系，就靠近白沙区梅田镇，与那地区的欧阳祖光和王政领导的农民起义武装汇合。为统一指挥，两部合编为宜章独立营，男女老少约600人，枪六七十支，梭镖300多杆，名义上仍为彭晒之独立营，后彭调宜章县委工作，独立营由龚楷任营长，我为副营长。我和龚楷都参加了南昌起义，龚在朱德部，我在叶挺部。南昌起义失败后，朱部到湘南又发动起义，朱德派龚楷到碛石地区与地方党组织联系，正值发动起义，他就留在当地参加了起义。他虽是朱部来的，又是四川人，但与当地的同志联系较好，又有指挥能力，选他为营长是适宜的。不幸的是，1929年冬，他在东江工作时病故了。

敌军占领宜章城后，反动民团又占领了黄沙、梅田一带。我们退到骑田岭南面一个叫麻田的大村落，又从麻田翻越骑田岭主峰黄琴岭。黄琴岭林木茂密，瞩目中原。当我们翻山时，红旗招展，梭镖刺天，嘹亮的国际歌声响彻山岭。一时间，豪情洋溢，乘兴写下了一首诗：

> 农奴聚义起烽烟，
>
> 晃晃梭镖刺远天。
>
> 莫谓湘南陬五岭，
>
> 骑田岭上瞩中原。

这时候，湘南暴动失败了，我们600多农军是最后撤退的。骑田岭虽然是中国南部五岭山脉之一，但群众也没有充分发动起来，很难持久坚持，我们几个领导人商议，认为毛泽东指挥的部队在宁冈、酃县活动（当时不知其已南下），朱德、陈毅和宜章县委大概已东去，就决定自己也东去。于是，我们深夜越过郴县和宜章大道，登五盖山，继续向东，在资兴东南的龙溪洞和毛泽东的部队会合了。

我们这一群背梭镖的农民队伍和大红军会合，又见到有名的农民运动先驱毛泽东，多么高兴啊！他们见到我们也是同样心情，欢呼雀跃："宜章独立营来了！宜章独立营来了！"

作者简介：萧克（1907—2008），湖南嘉禾县人。1928年1月参加湘南起义，任工农革命军宜章第三师碛石独立营副营长兼第一连连长。中华人民共和国成立后，任国防部副部长、军政大学校长、军事学院院长兼政委，第四届全国政协副主席。1955年被授予中国人民解放军上将军衔，为57名开国上将之首。

节录自《萧克回忆录》第五章，解放军出版社1997年版，第70—91页。

艰苦转战

杨至诚

一

南昌起义军在三河坝分兵以后，朱德同志指挥二十五师扼守三河坝，起义军大队则在东江农民起义的策应下直下潮汕。进驻潮汕后不久，革命委员会决定：以部分兵力守卫后方，主力向外发展。于是大军便在周恩来同志和贺龙、叶挺、刘伯承等同志率领下，经揭阳向丰顺进发，我们二十军第三师划由师长周逸群同志带领，驻守潮汕。

三河坝分兵，是一个导致失败的决定。如果不分兵，我军集中在一起约有十五六个团，而军阀部队可以集中的也不过十七八个团，力量相差不多，而我军的战斗力却强过他们，是可以将他们击破的；但是分兵却把部队的主力分散了。就在这时，广东军阀黄绍竑、陈济棠、薛岳、钱大钧等反革命军队，从四面八方涌来，在帝国主义的配合下，向我军发起了攻击，他们以钱大钧部牵制我三河坝部队，又以一部进攻潮汕，集中主力对付我向揭阳、丰顺前进的大队。于是，潮汕、汤坑、三河坝等地的战斗先后展开了。

九月三十日，敌人约有两师的兵力沿韩江左岸进至潮汕。守在潮州的只有我们六团的大部分和教导团的一个总队。当时，我在六团的六连任连长，连队和教导团的一部就守卫在潮州城北韩江上游江边的山头阵地上。

上午十点钟，战斗打响了。战斗一开始就十分紧张，敌人组织了敢死队，在炮火掩护下，整队整队地向着山头冲锋。我们六团是整个南昌起义军中最新的一个团队，它是在南昌起义前半个月才建成的。这个团绝大部分是新兵，就连我们这些干部也多是些学生，除了会昌战斗打了一下，没有经受过什么大战斗的锻炼。可是大家的情绪都很高。工事被炮火轰垮了，我们就爬在山石后面打；负伤了，包扎一下再投入战斗，这样一次又一次地打退了敌人的冲锋。但是越打困难也越多了，敌人一再增兵，我们没有支援，伤员增多了，弹药没有了。打到下午三四点钟的时候，我检查了一下，全连剩下了不到三分之一，子弹最多的只有三四发，战士们只好在烈士的遗体上翻拣子弹，有的已经在用石头了。

这时，我们阵地上有的地方已经被敌人突破，我们左前方的山头主阵地也早已被敌人包围切断，枪声正慢慢稀疏，看来那里的部队不是牺牲就是已经转移了。我正想略略整理一下部队，猛听得有人喊："敌人上来了！"接着一阵枪声在背后响起来。原来敌人在向我正面进攻的同时，又以一部分兵力绕到了城西南的火车站，切断了我们与汕头的联系，并从背后攻击我们了。我们已处于腹背受敌的境地，看来再坚持下去已是不可能了，于是我向剩下的十几个同志喊了声："撤退！"我们便撤离了阵地。

天正下着毛毛细雨，趁着雨雾，我们冲出了包围，赶到了城东韩江码头上。这时城里已经被敌人攻占，码头上部队混成了一团，正等着渡河。等我们的船走到中游，敌人已经追到了岸边。子弹嗖嗖地从头上掠过，一直把我们送到了对岸。

渡过了江，天已昏黑了。部队在一个山坳里集合了一下，约有四五百人。便由教导团的参谋长周邦采带领，向澄海前进。午夜时分赶到澄海近郊，却见从汕头方向闪射出了一簇簇的探照灯光。这告诉我们：汕头也已经被敌攻占了。人们默默坐着，目不转睛地注视着那在夜空里闪射着的探照灯光，队伍里又紧张又寂静。看来大家的心情和我一样，都悬着这样一连串的问题：主力怎么样了？革命委员会在哪里？我们该到哪里去？……

正在犹豫中，教导团的参谋长的话打破了寂静："同志们，到三河坝去吧，找我们的二十五师去！"

"对……"大家七嘴八舌地应和着。这样的情况下，只要有人负责，提出一条可走的路，大家都会响应的。

大家仓促地弄了点饭吃，休息了一下。在天快亮的时候，队伍又凑拢起来。长长的一列队伍，趁着拂晓前的微明，沿着韩江，返回头向饶平前进。

二

当时，原想经饶平折转西去，奔三河坝的，但到了饶平近郊时就听说，驻在这里的正是从三河坝撤下来的二十五师。原来二十五师与我们同时在三河坝展开了战斗。部队在朱德同志指挥下，激战了三天三夜，给了敌人以很大杀伤以后，于十月三日夜间撤出了战斗。以后知道起义军大队在汤坑遇敌，便特地赶来接应，想取道饶平与贺龙、叶挺部队会合，想不到接到的却是我们。通过我们的报告，他们知道潮汕已经失守，并且不久便接到主力往汤坑揭阳一线与敌激战后失败的消息。

二十五师虽然在三河坝进行了艰苦的战斗，但还保存着有生力量约两千人，三个团的建制也都还保持，而且在沿途还收容了一些零散的部队。现在再加上我们从潮州撤出的这一队，已有将近二千五百人了。

整个八一起义的三万多部队，到了这时，除了二十军的一部由董朗（董仲明）和颜昌颐同志带往海陆丰以外，就剩下我们这一支部队了。一支孤军在四面受敌的情况下是不能久停的，在饶平住了两天，略事整理以后，便向西北前进。

部队由当地党派人带路，经大埔、蕉岭，过蜂市，到达武平。在武平和钟绍奎的土匪队伍打了一仗，然后越过闽赣边境，进入江西境内。

越往前走，困难越多。我们西进的行动，很快被军阀部队发觉了。他们派出了约一个师紧紧地尾追着我们。沿途的土匪和土豪劣绅的民团，也不断地袭击我们，尤其讨厌的是沿路的国民党的散兵。这是在会昌战斗中被我军打垮的钱大钧部的残兵，会昌战斗时，他们被我军打得落花流水，现在却成了我们进军的障碍。这些家伙在树林里、山石后面，向我们袭击，不知什么时候就会突然迸发出一阵枪声，行列中就要有几个同志倒下来。而每次这样的袭击，就给部队带来一阵混乱，有些人就在混乱中跑散了。在这样大的挫折面前，部队战斗力也大大减弱了。二十五师是一支有着光荣战斗传统的部队，特别是七十三团，是我党领导的最早的武装，从一九二四年成立以来，在历次战斗中攻无不克、战无不胜，从来没有打过败仗！因此也没有打败仗的经验，现在遇到地主反动武装和土匪散兵的袭击，也无力进行战斗。

这时，部队是混乱的，人们的思想也和队伍一样的乱。每个人都在考虑着同样的问题：现在部队失败了，到处都是敌人，我们这一支孤军，一无供给，二无援兵，应当怎么办？该走到哪里去？……

我们这样边打边走，经过筠门岭，到达了天心圩。这天傍晚，照例又要准备出发了，忽然传来了命令：排长以上军官到南面的河坝子里集合。

是什么事呢？我怀着好奇的心情到达了指定地点。河滩上早已坐满了人，大家懒洋洋地躺着、坐着，三三两两地谈论着什么。刚坐下没多久，朱德同志和几个领导干部走来了。我认出走在朱德同志后面的是我们七十三团党代表陈毅同志，还有王尔琢同志。朱德同志还是在饶平会合时的那个样子：一身灰布军衣，背顶斗笠，穿双草鞋；草鞋早已破了，用条什么带子横七竖八地捆在脚上。他的脸颊比会合时瘦多了，胡子长得老长，但两只眼睛却还是那么和蔼、慈祥，他走到队前，四下里看了看，招招手让大家坐拢些。

"同志们！"等大家坐好，朱德同志开始讲话了，"你们的师长团长我派他们去执行任务去了，现在有些问题要跟大家讲一讲。"接着他把声音压低了一些，严肃地说道；

"大家知道，大革命是失败了，我们的起义军也失败了！但是我们还要革命的。同志们，要革命的，跟我走；不革命的，可以回家！不勉强！"

说到这里，朱德同志略略停了一停，眼睛缓慢地向大家扫视了一下。大家都痛苦地垂下了头，谁也没有说话，河坝子里静悄悄的，只有风吹着竹林，刷刷地响。朱德同志又把声音提高了点，说："但是，大家要把革命的前途看清楚。一九二七年的中国革命，好比一九〇五年的俄国革命。俄国在一九〇五年革命失败以后，是黑暗的，但黑暗是暂时的，到了一九一七年，革命终于成功了。中国革命现在失败了，也是黑暗的，但黑暗也是暂时的。中国也会有一个'一九一七年'的。只要能保存实力，革命就有办法，你们，应该相信这一点。"

"我们该怎么办？……"人群里一个人低声地问。

"打游击呀！"朱德同志向着发问的方向望了一眼，弯下身来对大家说，"这一带有大革命时期农民运动的基础。我们一定要跟农民运动结合起来，找个地方站住脚，然后就能发展。"

"站不住脚哟，反革命天天跟在屁股后头追……"

"他们总有一天不追的。这些封建军阀们，他们之间是协调不起来的。等他们自己打起来，就顾不上追我们了，我们就可以发展了。"

接着，朱德同志又反复地讲了革命的前途和保存力量，继续革命的道理。足足讲了一个多钟头。

朱德同志的讲话，既平易，又简单，却讲出了很深的革命道理。在这革命失败后黑暗的日子里，在群众情绪极其低落的时候，他的讲话像黑夜里的一盏明灯，使我们看见了未来的光明前途，增强了我们的革命信念。我们觉得心里开朗多了。

三

部队虽然有了自己的领袖，并且由他给我们指明了方向，但处境却仍然非常困难。因为并不是每个人都理解了朱德同志这高瞻远瞩的胸怀和这些从革命实践中得来的道理；特别是因为这个指示没有及时传达到部队中去，这些伟大的思想没有为全体士兵所接受，部队的混乱还没有遏止。

　　每天，天一亮就集合出发，全军沿着赣南的山道，向西疾进。这时已是十月下旬，山林里气候已经很冷了，我们身上却还是穿着八一起义时发下的单衣，而且也早被这几个月的长途远征和连续战斗磨损得破烂不堪了，到处是汗污，到处是破洞。短裤遮不着的小腿，饱受风吹日晒，皲裂得像两条木棍子。鞋子早已穿烂了，要打草鞋，既无材料，又无时间；有的撕下块布把脚包起来走，有的索性打赤脚走。行军中常常赶不到村庄宿营，露营便成了经常宿营方法。一到宿营，各人弄把树叶子垫在身子底下，大家穿着被汗水浸透的衣服，抱着枪支，背靠背地挤拢在一棵树下，互相暖着身体睡上一夜。夜凉寒露，一夜不知冻醒几回；早晨，刚被体温烘干的衣服又被露水打湿了。至于吃饭，那更是困难，吃饱肚子的时候是少有的。尤其难耐的是疾病的折磨。这正是南方发病的季节，拉痢、打摆子的一天天增多，又没有医药治疗，有的就寄养在老乡家中，有的病势沉重，就在野营的树下或是小道旁牺牲了……

　　在这样艰苦的情势下，部队也更难以掌握了。虽然名义上，存在着团营连的建制，但实际上除了少数由领导同志亲自抓住的部队以外，大部是混乱的。名义上我是连长，可是我所在的连队的人员数目在这段时间里就没有弄清过。一个人，一个班，甚至成排的自由行动起来。部队出发前，朱德军长照常下达行军命令，可是到哪里去找接受命令的单位呢？有时传令兵只好拿着命令站到岔路口，看到个排长，把命令给他看看；看到个班长，也给他看看。队伍散散乱乱地走，每天差不多都是这样：出发时人还齐全，路上人就少了，宿营时又慢慢多起来……

　　自然，也并不是每个人都到了目的地的。很多人受不了这一种失败的考验，受不了这种艰苦困难的考验，不辞而别了。一路行军，只要碰上岔道，就有三三两两向岔道上走了，喊也喊不转。记得这天刚上路没多久，我们连的一个湖南籍的士兵便离开大路走开了。我追上去喊他，他掉转身来，举起枪，唰拉推上了一颗子弹，指着我说："你敢来？"我连忙讲好话："朱军长说过，你受不了苦可以走，可是枪是革命的武器呀！……"他想了想，把枪一扔，头也不回地走了。像这样的事，不是一回两回，在到达信丰的时候，连迫击炮也被陈叶珍带走当土匪去了。

　　在这段艰苦的日子里，部队像一炉矿砂，在熔炼中，受不起锻炼的渣滓被淘汰了，剩下的却冶炼成了纯净、坚韧的钢铁。回想起来，当时部队所以能够保存下来，是有一种巨大的力量在起着作用，那便是党的坚强领导。记得在那最困难的时候，我们常常看见朱德、陈毅等负责同志，他们穿插在行军行列里走着，肩上扛着动摇分子扔下的步枪，或是搀扶着病号。他们一面走，一面和士兵们讲解着革命道理，指出革命的前途。沿路上，党代表陈毅同志曾经不只一次地召集我们这些党员谈话，开会，要求党员们切实掌握好部队，要我们"受得起失败的考验，做失败时的英雄"。那时，还不懂得把支部建在连上，一切活动都靠党员和士兵群众接触来进行。我们这些作干部的，行军中要和士兵们谈心，休息时要讲话，宿营了要约束纪律、向群众做宣传解释工作；士兵扔掉的枪支要背起，有病的同志要扶起走……

就是在这样艰苦的情况下，朱德、陈毅同志对部队纪律的整顿也是从不放松的。还记得到达信丰的那天，发现城里有一家当铺，几个不良分子一鼓动，战士们一哄而上，抢钱的抢钱，抢东西的抢东西，乱成了一团。事情很快被陈毅同志发现了，他立即下令吹紧急集合号。队伍仓促地拉出了城，在一个山根下集合起来。陈毅同志气愤地批评这种现象说："这哪里像革命军队，简直像土匪一样了！"接着又谆谆地告诫大家："我们是共产党领导的队伍，没有纪律是不能生存的。"讲的〔得〕那些犯纪律的人都垂下了头、红着脸把抢来的东西交出来。

这样，在党的坚强领导下，混乱和动摇渐渐减少了，终于将这支部队保存了下来。到了十月底，来到了大庾，部队暂时停住了脚。混乱也终于终止了。因为，在天心圩时朱德同志所讲过的天才的预言，得到了证实：就在这时，蒋桂混战打起来了，粤赣的大小军阀都卷入了这场混战，果然顾不上追我们了。

四

就在到达大庾后不久，朱德同志又召集全体讲了一次话。沿途都没有全体集合过，这次集合起来一看，队伍和饶平会师时比较，已经少了一半还多，总共不过八九百人了。武器也损耗厉害，每个人的子弹袋早已瘪下去了，重武器也损失殆尽，只有两挺水机关枪，孤零零地摆在队伍边上，有一挺还没有了脚，另外还有两挺手提。同志们一个个衣衫褴褛，面黄肌瘦，但人们的精神却比行军中振奋得多了。这些都是在长途征战中坚持下来的人，是淘汰掉泥沙后的真金，是全军的精华。

"同志们，"朱德同志一开头就说，"我原来想有两百个人能同生共死，就能胜利的，现在我们有好几百人，我完全相信，任何帝国主义和军阀也不能消灭我们！"

这几句话说得那样从容那样充满着乐观和信心。我望着朱德同志那和善而又刚毅的面孔，不由得又想起他上一次给我们讲的话，觉得信心也更加强了。是的，只要跟定他走，什么困难也会克服的。

接着，朱德同志详细地分析了蒋桂混战的形势和我们的前途，又一次讲解了保存有生力量和依靠农民群众开展斗争的重要。谈到我们应该如何保存和发展时，朱德同志说："我们要找朋友。要保存自己，发展斗争，没有朋友是不行的。现在，我们是在退却，大家都拖得很苦，但办法还是有的。在这一带活动的是滇军。滇军，我熟悉，他们和蒋系、桂系是有矛盾的。我们只要能很好地掌握这个矛盾，一定能想出办法来。"

"困难是一定能够克服的！"朱德同志号召我们，"中国革命是有前途的。我们要革命到底。只要大家一条心干革命，胜利就是我们的！"

朱德同志的讲话，激动了我们。我们响应了他这个伟大的号召，整个部队紧紧地在朱德同志周围团结起来了。

在大庾住了几天，十一月初，我们开始上山，到了崇义的上堡、文英一带。这里是江西的诸广山区，地处湘粤赣三省交界，是一片绵亘不绝的山区，是开展游击战争的很好的场所。

在这里，我们按照朱德同志的指示，开始由过去的正规军活动改变为游击战争，并以上堡、文英、古亭等山区村镇为中心，开展了游击战争。部队以连排为单位分散开来，向群众作宣传，帮助群众劳动，收缴地主和土匪的武装，组织群众分粮，分财物。这里的群众多少年来深受地主、土匪的压迫，又有大革命时期农民运动的影响，一经发动，便轰轰烈烈地起来了。

因为有了群众的支持配合，我们也获得了比较稳定的环境，进行了休整。这时，沿路走散的人们，因为找不到出路，又陆续回来了一些。于是便初步整编了部队，将散乱的各单位合编为一个纵队，朱德同志任司令，纵队指导员（党代表）是陈毅同志，参谋长是王尔琢同志。下分三个支队，支队以下是大队、中队和班。一挺半俄式水机关枪（有一挺缺腿）和一门八二迫击炮组成了机炮大队。另外还编了个特务大队。休整期间，陈毅同志领导我们整顿了部队党的组织，不断地召集党员、干部开会、讲道理，队伍渐渐恢复起来了。

正在这时，我们又与井冈山来的伍中豪同志带的一个营会合了，知道了毛泽东同志在井冈山，更增加了勇气和信心。部队中湖南人很多，大家都知道毛泽东同志是大革命时期农民运动的领袖，他写的《湖南农民运动考察报告》很多同志都读过，影响很大。于是，"到井冈山去找毛泽东同志去"便成了我们每个人的希望。

五

上了山，得到了群众的支持，有了休整的机会，部队情绪稳定了，但物资供应却仍然十分困难。大家还是穿着单薄的短裤和褴褛的单衣，没有毯子，没有鞋袜，粮食供应不足，菜蔬无着，弹药得不到补充，伤病员没有药治……

为了解决部队的供给问题，早在上堡一带打游击的时候，朱德同志就曾写信与驻韶关的范石生联系过。这天早晨，朱德同志又亲自带了学生队五六十人，到汝城去找滇军军阀范石生谈判去了。听说朱德同志亲自去和敌人谈划，我们不由得心里都捏着一把汗：谁知道范石生会不会伤害朱德同志？再说沿途一带是大山区，是土匪何其朗的地盘，他带着少数兵力前往，会不会遭到凶险？

次日下午，我刚想到纵队部去打听一下情况，迎面碰上王尔琢同志。他神情紧张地说："朱德同志遭到了土匪袭击，离这里约有九十里地，赶快准备前去支援。"听到这个消息，全军个个紧张万分，连忙进行了准备。第二天拂晓，部队全部出动。傍晚时分，我们赶到了出事地点。但是土匪武装已经闻风逃窜了。抓到了几个土匪询问，得知朱德同志没有遇害，但下落不明。次日，部队向汝城县城前进，在快近县城时发现黄绍竑部已经进城，便折向资兴进发。就在这天夜里宿营时接到了消息，说朱德同志和学生队的同志已到达资兴县城；在土匪袭击中，除部队稍受损失外，朱德同志安全无恙。这时，我们的心才一块石头落了地。

后来才知道：出事那天当时朱德同志就在这村的一家祠堂里宿营，由于哨兵疏忽，被何其朗匪部偷袭。同志们醒来仓促进行抵抗，已经来不及了，便立即突围。当时，朱德同志住在祠堂后一间小角屋里，听到枪响，起身一看，敌人已冲进了祠堂。要躲是来不及了，他便侧身走进厨房，随手拉了条伙夫的围裙系在腰上，就往外走。几个敌兵迎面堵住他问："你们的朱司令在哪里？"

"在后面。"朱德同志从容地指了指后面的房子。

"你是干什么的？"

"我是伙夫头。"

敌人不放心，又仔细地向朱德同志打量了一番，见朱德同志穿得破破烂烂，胡子老长，信以为真，便急匆匆到后面去搜索。朱德同志趁机折回厨房，打开窗子，跳出去了。

这时，天已快亮了。突围出去的学生队同志们集合起来，发现朱德同志不在，当即向敌人发起了反击。敌人慌忙逃窜，他们便与朱德同志会合了。

我们高高兴兴地向资兴前进。县城门岗都是学生队的同志，奇怪的是，他们都穿着一色崭新的冬军服，子弹袋也鼓鼓的，我们看了又羡慕又纳闷："你们怎么搞的，这样神气呀！"

"别忙，你们也有一份。"

原来朱德同志已与范石生谈判好了，获得了被服装备补充。第二天，大家都忙开了，领东西，发东西，热闹得简直像过年。每人一套草绿色的新棉衣，外带一件绒线衣（士兵是棉线的），水壶，军毯、绑腿、干粮袋，连子弹袋都换了新的，军官还发了武装带，指挥刀。发了二十元毫洋的薪饷（士兵是五元）。子弹拼命背，每个士兵都背了二百发，各大队还带了几箱子储备的。伍中豪同志的部队也借机得到了补充。他们装备比我们还困难，因此弹药搞得比我们还多。

长途跋涉中不得解决的物资供给困难，由朱德同志一下子全部解决了。

六

为了使部队能得到隐蔽休整的机会，并取得部队的供给，以便更好地发展，部队暂时挂上范石生部十六军一四○团的番号。并且为了便于掩护，朱德同志化名为王楷（朱德同志字玉阶，化名是根据这两个字改的）。但是，就在宣布这个决定的第二天，朱德同志便召集党的活动分子开会，强调地向大家说明：这样做只是为了与范部建立反蒋的统一战线，并以此为掩护，而行动还是我们自己的。

在资兴住了几天，我们即南下广东。十二月十日，部队到达仁化，在这里我们与广东党取得了联系，得到了广州准备举行暴动的消息。当时，部队决定兼程南下，参加广州暴动。但是，当部队走到韶关时，却接到消息：广州暴动失败了。于是部队便在韶关的犁铺头住下来，进行了短期的休整、训练，并在这里过了一九二八年的元旦。

新年过了不久，这天，正下大雨。忽然传下了命令：立即集合出发。后来才知道，我们隐蔽在滇军的事被广东军阀发现了，他们指令范石生，要他缴我们的枪，我们必须迅速脱离十六军。

当天，部队冒雨集合在韶关到仁化的公路上，在朱德同志亲自指挥下，砍倒了电线杆、割断了电线，便向仁化前进。

当时，原想到仁化，渡过河去到东江与广州起义军会师的，但到达仁化鸡笼附近的江边时，发现方鼎英的部队正沿着浈水开向南雄，后面的大队还在源源而来，往前去不行了。便折头向北，在距乐昌十华里处的长来圩渡过北江，进入了湘南的宜章地区。

进入宜章城以前，在宜章附近的一个山坳里，又召开了党的活动分子会议。朱德同志又跟大家讲了一次话。他说：现在，我们得到了休整补充，又和湘南党取得了联系。这里敌人统治薄弱，这里有我们的地方党，有经过大革命锻炼的革命群众，我们可以打起我们的红旗大干一下了。

记得是腊月二十日（一九二八年一月十二日），在当地党的策应下，我们冒着刺骨的寒风，开进了宜章县城；宜章城里没有敌人的主力，反革命的县长、挨户团长一见我们，以为是国民党军队来了，便大摆宴席，为我们"接风"。就在筵桌上，我们逮捕了这些反革命头子，接着，消灭了地主武装，打开了监狱，释放了被捕的同志和革命群众；打开了粮仓库，分给了穷苦人民。

在这里，部队正式改编为中国工农革命军第一师，同志们撕掉了旧帽徽，颈上围上了红带子，写有"工农革命军第一师"字样的大红旗迎风飘扬起来了。

就这样，我们这支在失败中战斗出来、经历了种种艰苦困难的部队，终于在党的坚强的领导下，在朱德、陈毅等同志的带领下，依靠着群众的支持，从失败走向了胜利，发展成为一支坚强的人民武装力量。自此以后，我们便和当地党结合，在湘南各地展开游击战争，打土豪，分田地，组织苏维埃政权，到处点燃起了湘南暴动的烈火。

作者简介：杨至诚（1903—1967），贵州省三穗县人。侗族。1928 年 1 月随朱德参加湘南起义，时任连指导员。在作战中右腿受伤。中华人民共和国成立后任人民解放军武装力量监察部副部长，军事科学院副院长兼院务部部长，高等军事学院副院长等职。1955 年被授予中国人民解放军上将军衔。

本文转自人民文学出版社《星火燎原》第一卷上集，1958 年版，第 92—106 页。

湘南暴动中的耒阳

王紫峰

我的家乡耒阳，"马日事变"后笼罩在白色恐怖中。大革命中被打倒的土豪劣绅重又猖狂起来，他们和反动军阀串通一气，组成"挨户团""铲共义勇队""清乡委员会"，疯狂地向人民反攻倒算，残酷地镇压革命力量。当时耒阳著名的工人领袖谢纺安同志，农运委员邓宗翰同志，工会干部伍风林同志，先后惨遭杀害。工会、农会被取缔；各级党组织被打散、破坏；数万名工农群众被敌人吊打、关押、处死。农民自卫队员的鲜血染红了耒水河畔，广大贫苦农民挣扎在水深火热之中。

我因为在大革命中，曾担任过乡农协粮食筹备委员和清算委员会的委员，所以"挨户团"点名要抓我，我只好逃到外地当兵来躲避。

革命的火种是扑不灭的。1927年9月初，正是反动派对革命者血腥镇压最残酷的时候，邓宗海同志受湘南特委指派秘密地回到耒阳。他躲过军警林立的关卡与"挨户团"严密的搜查，在危险的环境中，深入农村，踏遍青山，秘密地联络坚持地下斗争的党员、干部和群众，并逐渐恢复、吸收了一批经过锻炼，斗争意志坚定的工人、农民加入党组织。9月底在南岭背又秘密地召开了全县党员干部会议，重建了中共耒阳县地方执行委员会。会后，县执委发出"拿起梭镖、大刀、鸟铳，为烈士报仇"的口号。号召全县党、团员，带领工农，拿起武器，"先杀土豪劣绅，后杀反动军警，再杀挨户团"。

在县执委的领导下，各乡的农民纷纷暗中串联，恢复组织，利用隐蔽的手段，向土豪劣绅展开地下斗争。耒阳的农民素有好勇斗狠的性格，常被人称为"蛮子"，这并不是耒阳人生性就好斗，而是被反动势力、黑暗的社会逼出来的。龙塘乡梁中若、伍元山等同志带领农会骨干，一夜之间杀了当地五家罪大恶极的土豪劣绅。这件事当时震撼了全县，反动派非常惊恐，为了巩固其反动统治，他们更加变本加厉地屠杀革命工农，四处查抄我党地下组织。

然而，反抗和斗争却越来越频繁和激烈。泗江乡石头岭前任伪县长曹水仙家娶媳妇，官吏、豪绅前来庆贺。刘泰、周鲂闻讯后，即率十多名游击队员连夜赶到曹家，趁官吏豪绅正在饮酒作乐之时，冲进了大院，杀了曹水仙一家和十多名官吏豪绅，在南乡，游击队员还用自制的土地雷，炸毁敌人军车多辆。地下斗争有力地打击了反动派的嚣张气焰，使广大群众增强了反抗压迫的勇气，在那腥风血雨的日子里，贫苦农民是多么盼望革命高潮早日到来呀！1928 年 1 月，朱德、陈毅同志率领南昌起义的一部分队伍，经过艰苦鏖战，开进到湖南宜章县，随即在那里竖起了红旗，举行了轰轰烈烈的湘南起义。湘南是第一次国内革命战争时期农民运动蓬勃发展的地区，有很好的革命基础。蒋介石叛变革命之后，湘南的党和人民顽强机智地坚持着秘密斗争，并利用军阀混战的时机，恢复了党和革命群众组织。革命军在湘南特委的协助下，顺利地占领了宜章县城。虽然革命军当时只有一个团的兵力，却都是南昌起义保留下来的精华，作战十分英勇，当许克祥带着五个团的人马前来"清剿"时，革命军在农军的配合下，一个猛烈的反击，就将敌人打垮了。

宜章起义的胜利，轰动了整个湘南，揭开了湘南暴动的序幕。工农革命军打胜仗的消息也很快传到了耒阳。那时我已经秘密回到了家乡，白天藏在家里，夜晚就走家串户发动群众。记得家乡的群众听说"工农红军要到耒阳"的消息后，情景是非常动人的，青年人兴奋地聚在村头，妇女们抱着孩子，奔走相告，有的还绘声绘色地描述："工农革命军可多啦，在永兴马田圩过了三天三夜"，有些性急的农民把埋藏起来的大刀、梭镖也取出来磨得雪亮。

革命军在军事上的胜利，迫使敌人的正规部队纷纷撤出耒阳、永兴、资兴等县，富商巨贾土豪劣绅更是闻风丧胆，逃往省城；挨户团也像惊弓之鸟，龟缩在县城内，不敢随便外出走动。这时虽然革命军没有到耒阳，可是革命的声势已经十分高涨，农民们正在积极地准备参加暴动，广大乡村实际上已经成了农会、农民自卫队的天下。

为了支援各地起义，朱德、陈毅同志率领工农革命军第一师北上，打垮了何键的嫡系部队，占领了郴州城。同年 2 月 10 日又从郴县出发，一部侧击永兴、资兴，一部北上，来到耒阳。2 月 14 日，革命军到达公平圩，当晚在公平圩召开了几千人的群众大会，朱德同志在会上号召贫苦农民起来革命，打倒军阀，打倒土豪劣绅。大会结束后，有四五十个贫苦农民当即报名参军。革命军在耒阳期间，队伍扩大很快，有时出去一个班执行任务，一回来时就能带回一个排的新战士。2 月 15 日早晨，工农革命军主力占领了灶市，并派一个营的兵力攻打耒阳城，其主力在灶市一带占领山头，准备战斗。进攻县城的一个营，用一个排的兵力化装成卖禾草、蔬菜、猪肉的，从北门骗过团丁直插城内，配合城内地下党组织，攻下挨户团县团部，焚烧了县衙，打开了牢门，营救了被捕的革命同志。其主力部队一举全歼了桌子坳驻防的挨户团，当场活捉了副团总阳简文，团总王旷萱化装潜逃，中途也被三架的农民捉住。这两个血债累累的刽子手，在工农革命军第一师进驻县城的当天下午，在群众大会上被处决了。

2月19日，是耒阳人民大喜的日子。中共耒阳县地方执行委员会召开了第一次工农兵代表大会，成立了耒阳县苏维埃政府。选举刘泰任县苏维埃主席，徐鹤、李树一任副主席，钟森荣任秘书。县苏维埃政府下设五个委员会：军事委员会，财政委员会，土地委员会，肃反委员会，青年委员会。次日在城郊金盆塘召开了苏维埃政府成立大会，县城附近二十多里内的群众都半夜吃饭，赶来参加大会。参加大会的约有十万余人，很热闹。有的敲锣打鼓，有的舞龙灯狮子，大多数人扛着大刀、梭镖、锄头把、扁担、渔叉。刘泰、刘霞主持会议。朱德同志派了部队在会场周围警戒，会议开了四五个钟头，天黑才散会回家。

县苏维埃政府成立的同时，县总工会、县农会、女子联合会、学生联合会等组织也相继成立。徐鹤兼任县农会委员长，伍若兰（同年三月与朱德在耒阳结婚）任县女子联合会会长。接着全县十八个区，三百多个乡也建立了相应的组织。

我的家乡芭蕉区，定为十三区。吴子云任区苏维埃主席（也是区委书记）。区政府下设土地委员会和肃反委员会。我任区赤卫队队长，赤卫队共有五十多人，分成三个小队，十几条枪。赤卫队员都是从革命坚决的青年农民中挑选的，各乡的苏维埃都成立了农民自卫队，但人员不固定，凡十五至四十五岁的农民参加，平时在家劳动，有事一声令下，马上能集中起来。那时一开大会，农民都带武器，脖子上挂红布条，打着红旗，漫山遍野到处是一片红，非常威风。

十三区地处耒阳东北部，与反动势力交界。对敌斗争非常激烈，几乎每天都有小的战斗。在衡南寇市街，驻着十九军一个团的白军，经常出来袭击、骚扰新市街等地的区、乡苏维埃政权。为了消除此患，县苏维埃副主席徐鹤来到新市街、敖山庙一带组织力量，准备反击敌人的进攻。2月25日（农历二月初五），工农革命军派出一个班（号称一个排）在小江口与前来进犯的敌人交锋后，即佯装败退，朝新市、敖山方向撤退。敌人不知是计，尾追红军不放，一直追到敖山。

徐鹤与敖山区苏维埃主席吴子荣，已经动员全区三千多农民赤卫军漏夜吃好饭到敖山庙集中。工农革命军为了打好这一仗，调来一个主力连。县苏维埃从城里调来一支八百多人的梭镖队。2月26日清晨，革命军两个主力排埋伏在敖山庙里，一个排埋伏在敖山庙北边三里远的砂粒坳，农民自卫队和梭镖队则埋伏在敖山庙周围的山头上。

敖山庙，三面是山，一面临敖河，一条由北向南的大路从敖山庙脚下通过，大路两侧都是山，形成一个天然的口袋。

上午九时许，敌军第八营杀气腾腾地过来了，当敌先头部队一个连接近敖山庙时，埋伏在庙里的革命军居高临下，一枪把敌人连长骑的马打死。紧接着，埋伏在三面高山上的农民武装一齐发起了冲锋，漫山遍野都是赤卫军的喊杀声。敌人摸不清我方的底细，失去了指挥，到处乱窜。农军缴枪九十余支，俘敌三十多个。大部分被击溃的敌人，半路上又遇到了江头一带活动的革命军，敌军大部被活捉，缴枪三百余支，只有一小部敌人逃回到新市街。

第二天，农军又围攻溃逃到新市街的敌人。敌人惊魂未定，不敢再战，抢渡耒水逃跑，大部分被农军击毙在水里。

2月28日，朱德同志亲自率部队到敖山召开庆功大会，他在大会上表扬了我县农军，并告诫我们，要齐心合力，团结战斗，防止敌人报复。

耒阳农军在工农革命军的支援下，打过不少的漂亮仗，有的我没有参加，如歼灭小水铺团防局的战斗等；有的我参加了，但因时间太久，具体的战斗经过已经记不清楚了。

耒阳等县苏维埃政权的建立，土地革命蓬勃地开展，震惊了湖南的反动派。反动军队以七个师的兵力，分南、北、西三路向湘南地区进逼，湘南农军配合工农革命军主力与敌相持了半个多月，但是敌我力量悬殊，为了保存革命力量，朱德同志和陈毅同志决定放弃湘南，转移井冈山，与毛泽东同志领导的秋收起义部队会师。

4月初，朱德同志率工农革命军第一师撤出耒阳县城后，路经十三区，他派人叫我去谈情况，我这是第一次和朱德同志坐在一起谈话，当时我们都称他"朱师长"。他穿着粗布军衣，披着斗篷，左边挎着手枪，右边是图囊，讲起话来和蔼可亲，一点架子也没有。我向朱德同志汇报了当地武装斗争的情况，朱德同志给我讲了革命形势和如何展开游击战争等问题。三四天之后，工农革命军第一师就向安仁开进了，朱德同志从此离开了耒阳。他在耒阳的五十多天中，足迹遍及耒阳四方各区，他的英名，耒阳人民世世代代都不会忘记。

湘南暴动期间，由于湖〔湘〕南特委执行了盲动主义路线，所以当时各级干部思想上普遍存在着越"左"越好的倾向。我区在打击土豪劣绅时，真正的大土豪并没有捉到，这些人闻到风声就跑掉了，只抓到一些小地主，有时甚至把地主家的长工也当地主的走狗抓了起来。另外，历史悠久，雄伟壮观的敖山庙，也是在那时被当成封建主义彻底烧毁了。再如砸祖宗牌子等过火行动，都曾严重地脱离了群众。湘南暴动后来失败了，但是，这次起义扩大了共产党的影响，扩大了红军的威望，是我党在敌强我弱的形势下领导群众，对国民党反动派的英勇反击。这次起义，有力地打击了国民党新军阀的反动统治，使党和人民群众更加清楚地认识到武装斗争和革命军队的重要性，认识到武装斗争和农民运动相结合的重要性。

作者简介：王紫峰（1905—1994），湖南省耒阳县人。1928 年参加湘南起义，时任乡赤卫队队长。中华人民共和国成立后，任中国人民志愿军军政治委员，山西省军区司令员，北京军区后勤部政治委员，山西军区司令员，北京军区副政治委员。1955 年被授予中国人民解放军中将军衔。

原载《郴州党史资料通讯》1982 年 8 月 19 日第三期，第 2—12 页。

宜章起义前后

吴汉杰

宜章县的党和工农群众在整个一九二五年至一九二七年大革命的斗争中，工人纠察队和农民自卫军一直是同宜章县的地主武装——民团、保安队进行着紧张的武装斗争。还在"马日事变"以前，就曾经连续发生过上千的农民武装同邝镜明所率领的保安队作战（农民死伤近百人），及保安队在盘踞坪石的土匪胡凤璋援助下，扑城杀死共产党负责人李佐民同志的严重流血事件。

"马日事变"后，湖南反革命气焰嚣张，革命虽然受到些摧残，但党和人民仍继续坚持斗争。我们捕杀了黄方涛等四名叛徒，公祭于李佐民、颜秉仁（兼农民协会主席）等被害同志的墓前。并且在当时由广东开来的国民革命军驻军独立第三师第三团党组织和党代表李汉魂同志的帮助下，缴了盐卡的反动武装，得了三十余支步枪，装备了县农民协会的梭镖队。同时，为了在广大群众中展开对于反动派邝镜明、邓镇帮等残杀革命农民的控诉运动，又在第三团的人力和财力的帮助下，成立了一个工农兵学商各界组成的惨案委员会，在全县范围内展开了一个广泛的宣传运动，并通电全国声讨，利用这一事件来揭发反动派的暴行，安慰死者及其家属，并鼓舞工农学生等革命群众的斗志。但是，由于反革命势力日益疯狂，我们最后不得不转入了地下。

一九二八年一月，朱德、陈毅、王尔琢等同志，率领南昌起义的工农革命军，从广东来到了湘粤边的仁化、乐昌一带。中共湘南特委和宜章县委接到了通知，一面派胡少海（又名胡鳌，有人称他胡老五，他的家是宜章有名的富户，父、兄都是有势力的豪绅。他本人接受了我党思想的影响，表现进步，因此我们常借他的名义进行活动。一九二八年四月入党，后曾任红军纵队长、军长等职，一九三一年在福建永福县境内作战中牺牲）、胡世俭等同志前往秘密联系，一面通知各地党员到宜章城计议迎接红军入城和布置湘南暴动。

那时，我已加入了共产党，在宜章城南约八十里的碕石镇承启高小当校长。学校放了寒假，接到通知，就马上连夜赶到宜章城里。

没有进城，就听说城里住满了兵，穿的衣服和反动军队一样，没有任何标志，军旗是卷套着的，而且伪县长和当地豪绅还派人出来迎接。又听说军队住下后，纪律很好，态度和蔼，老百姓还给他们送粮送菜。我心中很是纳闷，便小心翼翼地绕过驻城军队的岗哨，好容易才找到县委书记。他悄悄地告诉我，驻城的军队就是朱德、陈毅等同志率领的八一起义军，是借胡少海的名义入城的。湘南特委胡世俭和宜章县委高静山、杨子达、毛科文同志等十多人也杂在里面，随着入城，这下我才放了心。我们连夜赶制了起义用的旗帜和标语，并急令农协在乡隐蔽的武装，星夜赶进城来配合。

第二天清早，胡少海同志以当地豪绅的名义，召集伪县长以及当权的地主豪绅二十多人开会，说是面议抵挡从广东上来的"共军"。会议刚开，朱德同志和陈毅同志突然在会场出现，当场宣布：我们就是中国工农革命军，宜章城已被解放。这一晴天霹雳，吓得那些梦想密谋杀人的刽子手们魂不附体，目瞪口呆，面如土色。他们见到房外工农革命军健儿端着枪怒目注视，不得不乖乖地就缚了①。

一时三刻，伪县政府门首树〔竖〕起了一面大红旗。这就是宜章起义的时刻，也是湘南起义的起点，湘南起义从此揭开了伟大的序幕。

"起义了！""暴动了！"年轻人拿起了梭镖，妇女们抱着孩子，老年人依门扶杖，奔走相告。不一会，消息就传遍了全城和四郊。我们和部队一道，组织了三五人一组的宣传队，到街头，到广场，到郊区，向群众宣传和散布革命道理。革命的怒火一经点燃，便四处燃烧起来了。城里的工人（特别是盐卡上的搬运工人），农村中的贫苦农民，成群结队地前来参加斗争。凡参加的人，都在颈上挂起约一寸宽、两尺长的红布带子作记号。这些积极分子当天就配合党和部队组成的队伍，分别到四乡各重镇宣传，打土豪、分田地、打盐卡，发动成立工农政府，革命的浪潮很快席卷了全县。彭晒、彭暌、李赐凡、张际春、张登骧、谭新、陈东日、陈策、陈俊、欧阳毅等同志，都分别在各区乡配合工农革命军行动，恢复农民自卫军，开展群众反地主的斗争。

晚间，我回到县城，和高静山、杨子达、胡少海、胡世俭等同志到城东"养正书院"去会见朱德、陈毅同志。我们进了门，假若不是胡世俭同志的介绍，我真不知道哪一位是朱德同志或陈毅同志，因为他们和士兵一样穿着灰色的粗布军装。他们像久别的亲人一样，热情地招待我们，然后询问了一些起义后的情况，并谆谆告

---

① 朱德智取宜章的史实不是胡少海召集会议开会，而是朱德陈毅借敌人宴请席上将敌人一网打尽的——编者注。

诚我们应该注意的事情。我们一直谈到深夜，直到他们要去查岗哨，我们才离开。

十天左右，国民党反动派"马日事变"的刽子手许克祥亲自带领两千多人，由广东韶关直奔宜章而来，企图一举扑灭这堆刚刚燃起的革命之火。

红军侦得这个消息，便假意将部队撤至宜章城南八十里的巴篱堡之圣公坛山地。正当敌人深入栗源、岩泉圩（宜章城南五十余里）时，我军发起反攻。敌人在岩泉、栗源、武阳司一线上遭到我军痛击，狼狈败退到坪石。我军跟踪猛追，一直追到坪石，敌人全军覆灭，仅许克祥一人化装潜逃，保住了狗命。

坪石的街道约三里长，敌人丢下的步枪、机关枪、迫击炮和遗弃的弹药、军事器材以及炊事锅灶等军用品，几乎把街道都堵住了。这次跟工农革命军去参加战斗的宜章农民军约有两千余人，他们忙把手中的梭镖放在一堆，欢欣鼓舞地帮助红军打扫战场。他们带着胜利品打着红旗，浩浩荡荡地跟着革命军又回到了宜章。从此宜章的革命热潮更高涨了。

有了武器，我们就在湘南特委、宜章县委工农革命军派人指导下，组织起一支新的地方部队，这就是工农革命军第三师。胡少海同志当师长，陈东日任副师长，谭新、李光化、朱舍鹅等任各团团长，另组织了一个迫击炮连，一个机枪连。此外还给农民赤卫队一部分枪支，每区都组织了三四十人的赤卫队。赤卫队员们高兴得不得了，勇敢地配合主力围剿反动地方团队，打土豪分田地，城里也组织了工人纠察队、儿童团，他们手持红缨枪，臂扎红带子，日夜在街头放哨，盘查行人。

在这期间，第三师主力还对盘踞在坪石市的胡凤璋匪部进行过围攻战，对盘踞在临武水东市的邝镜明匪部进行过围攻战，对盘踞在临武水东市的邝镜明匪部和岩泉圩、观音寺等地的胡绍正、刘占甲等匪部进行过追歼战，给了敌人以严重打击。我军师参谋长兼第一团团长谭新同志在观音寺作战中英勇牺牲了。

只一星期，工会、农民协会、学生会都相继成立。一月底，正式成立了县苏维埃（工农兵代表会议）政府。苏维埃政府设在原国民党政府旧址，县公署的匾额换上了一幅两丈长的红布，上面贴着夺目的正楷金字——"宜章县工农兵苏维埃政府"，横挂在大门上边，雄壮极了。

赤卫队整队走出东门，到离城十多里的农村去迎接苏维埃主席毛科文同志。上万的群众，有的拿着"打倒土豪劣绅！""工农解放万岁！"的小纸旗，夹道欢迎。有的群众说："我们来迎接苏大人（误以为苏维埃是人名）。"其实就是迎接我们的毛科文同志。

毛科文同志，出身贫农，共产党员。"马日事变"前就是县农民协会的领导人之一，也是湖南省革命政府委员之一，在人民群众中威信很高，县苏维埃成立，大家都拥护他任宜章县苏维埃第一任主席。

不几日，区乡苏维埃相继成立，向地主豪绅阶级展开轰轰烈烈的斗争。地主豪绅豢养的武装残余，被迫逃入深山。没有逃脱的大地主大恶霸被处死了。中小地主吓得自动把田契交给苏维埃烧掉，缴钱给苏维埃当经费，并表示遵从苏维埃政府的法令。

朱德、陈毅等同志率领的工农革命军，在宜章城外围坪石战斗胜利后，迅速向湘南广大地区发展，连续击溃国民党反动派的桂军和湘军，攻克了郴县、永兴、资兴、耒阳等县城，到达衡阳的东洋渡。不到一个月，湘南广大地区还包括桂阳、常宁、桂东、汝城、酃县等地，和宜章一样，到处插满了革命红旗，成立了苏维埃政府，组织了赤卫队。

四月间，反革命军队范石生部同盘踞在坪石之惯匪胡凤璋部及宜章本县的程少川、邝镜明、李绍文等部地方反动武装，向我疯狂进攻。当时工农革命军第三师和宜章、郴县的地方武装三千余人，在骑田山脉的折岭一带阻击敌人，使敌人遭到很多困难和伤亡，接着会合郴县邓允庭所率农军第七师和永兴、资兴、耒阳的农民一起，随朱德同志、陈毅同志率领的工农革命军主力，进入井冈山地区，和毛泽东同志领导的红军胜利会合，后来合并组成中国红军第四军。宜章县农军改为第十师之二十九团，其他各县农军除大部编成为第十二师（陈毅同志兼师长）外，一部分编入第十师之二十八团、三十团，十一师之三十一团。水口山工人武装编入军部特务营。

作者简介：吴汉杰（1897—1974），湖南宜章县人。1928 年 1 月参加湘南起义，任工农革命军独立第三师（宜章农军）供给处处长、宜章县苏维埃政府财经委员会副主任。中华人民共和国成立后，任广东省财政厅副厅长、粮食厅厅长，中共广东省监察委员会副书记。

原载《星火燎原》第一卷第一集（上），人民文学出版社 1958 年版，第 113—118 页。

忆胡少海同志

张际春

胡少海（原名胡鳌）同志，出生于湖南省宜章县岱下胡家的一个较为富有的家庭中。岱下胡家在当地是一个比较大的家族聚居的村庄。少海同志兄弟七人，他是老五。兄弟六人大都在家当士绅，靠收租过活，个别的在外干事。少海同志在青年时代就亲眼看到国家贫弱，外强欺凌和清末民初的动乱状态，看到家族中各系当事人为了争夺祖宗遗产而造成彼此不睦、吵闹、诉讼，直到武装冲突。自己的兄弟也转入这种斗争，经年累月得不到解决，有时田园荒芜，耕读两废。少海同志目睹这种情景，不能不感到苦恼和愤恨。但是正当这个时候，中国第一次大革命运动正在全国各地发展着，民族民主革命的思想弥漫全中国。宜章地处湘粤边境，是北伐军必经的大道。广州革命根据地的政治影响在此感应亦较快。少海同志受到了时代思潮的推动，为着摆脱自己的困境，为着自己远大的前程，终于离开了家乡，投奔当时广州黄埔军校学习军事，学军尚武，少海同志本来早有此爱好，在家乡读书时，就曾经学过使用长短枪、练习打靶等，有时还学习一点军事指挥方法。这次能够有机会进入一个革命的黄埔军校学习，少海同志无疑是兴奋愉快的。

在黄埔军校学习期间，少海同志军事上有所提高，思想上、政治上则提高更大，在这里受到了共产党的教育，受到了马列主义理论的启示。但是大革命在 1927 年秋，遭到了严重的失败。少海同志又亲眼看到以蒋介石为首的国民党反动派，勾结帝国主义势力摧残革命势力，屠杀工农群众，屠杀共产党员和一切革命分子，少海同志也遭到怀疑、歧视。对此，他感到极大不满，这时他乘机脱离了广州，潜入粤北湘南边境乐昌、乳源间之梅花地区活动。他迅速与当地工农武装和宜章县暂时分散潜伏在那里的共产党领导人高静山、杨子达、毛科文等同志取得了联系，并成为亲密的战友。当朱德同志、陈毅同志率南昌起义部队为了配合广州起义斗争，脱离范石生部而从广东北江向湘南挺进时，高静山、杨子达、胡少海同志和宜章一部分革命骨干，又与朱德同志迅速取得了联系，并且成为朱德同志部队进入宜章县境最好的向导。

曾记得，当时朱德同志为了欺骗和麻痹敌人，除了仍然暂时打着"国民革命军第十六军第一四〇团"的旗号外，还把自己的真姓名暂时隐蔽起来，化名"王楷"
（把朱德同志别号"玉阶"二字只去一点改为这个姓名）。朱德同志任一四〇团团
长，胡鳖为副团长。并且利用胡少海同志没有参加过本地阶级斗争，宜章县一般地
主阶级分子对他尚不怀疑这个条件，派胡少海同志率一部分人员，作为"王团长"
的先行人员，先行进入宜章县城接洽，朱德同志所率本队则徐徐从后面跟进。果然，
宜章县反动统治人物，从县长起到各系统首要分子，都把胡鳖看作是自己的人，预
料他这番荣归，定能多多"造福桑梓"，便远道出来殷勤欢迎。胡少海同志按照事
先约定的计划，到达的当天，争取主动，先行宴请了上述那些人物，以示对于"桑
梓父老欢迎的酬谢"。朱德同志和部队到达不久，即开始了宴会，除反动的保安队
长邝镜明一人有所警惕，没有赴宴，以致逃脱外，其他被宴请的人都参加了宴会。
酒至半酣，我军给敌人来了个冷不防，把所有的首要分子都逮捕了，并且应人民的
请求立即处决了其中最反动的分子，全县人民无不称快。从此，一声炮号，紧随着
广州起义之后，在宜章县竖起了一面工农士兵民主革命的鲜红旗帜，紧接着在宜章
全县展开了热烈的革命斗争，同时也就揭开了一九二八年春湘南工农起义的序幕。
当时党的方针是，迅速发动全县工农群众，配合工农革命军随时迎击和粉碎敌人的
进攻，建立和壮大地方工农武装，消灭地主武装以扩大和巩固起义的胜利。朱德同
志所率主力，在岩泉、武阳司、坪石三线以一个团的兵力，配合一部分农民武装歼
灭许克祥六团之众的大捷以后，乘胜利的声威和乘蒋、唐两军正酣战湘北，湘南比
较空虚的时机，迅速进入湘南郴县、永兴、资兴、桂阳、常宁、耒阳、桂东广大地
区，并击溃了当地桂唐守军，解放了上述县城。坚持宜章斗争任务不能不由宜章县
委来承担，而军事指挥责任就落到了胡少海同志的肩上。主力北进以后，宜章县迅
速组成了工农革命军第三师，胡少海同志担任师长的职务。第三师成立以后，在县
委的领导下，继续在广东的坪石，临武的水东，宜章的黄沙、岩泉、观音寺等地，
积极地展开了对胡凤璋、邝镜明、李绍文、刘占甲等匪部的作战，给了地主武装以
严重打击，掩护了群众斗争，从南面保障了湘南起义的胜利。少海同志在上述一系
列的战斗中，表现了忠于党、忠于人民和对敌人无限仇恨的斗争意志。大概就是在
这些斗争的日月里，胡少海同志光荣地加入了中国共产党组织。当范石生匪部从韶
关、乐昌之线大举向北进犯时，胡少海同志指挥第三师部队配合宜章县广大群众，
进行了积极的群众性的阻击战，最后利用折岭的有利地势，并在郴县人民和工农革
命军第七师（邓允庭师长所率）的协助下，给了进犯的敌人以多方面的打击，然后

掩护群众向资兴、桂东、酃县地区转移，直至与主力会合。部队进到井冈山附近的沔渡、砻市一线后，朱德同志、毛泽东同志所率主力部队和各方面的工农武装大会师，随即组成了工农红军第四军。宜章第三师改编为四军第十师第二十九团，胡少海为团长。二十九团在创立井冈山革命根据地的斗争过程中，在将近半年的时期中，在党的领导下，受到了一些军事、政治的锻炼，战斗中获得了一定的成绩，本身在逐步地成长着。胡少海个人的进步亦在增长。值得特别指出的是：二十九团在反对敌人对井冈山根据地第三次"会剿"的七溪岭战斗中，协同三十一团第一营，在新七溪岭阵地上独当一面，确是发挥了它战斗的积极性，和忘我的牺牲精神，艰苦地从正面抑制住敌人，配合主力从老七溪岭方面包围敌人，取得了巨大的胜利。但是，七月（注：阳历8月）袭击郴县范石生匪部的战斗中，二十九团却暴露出政治上严重的弱点和进步的极不够。由于部队中党的工作、政治工作的薄弱无力，农民家乡观念没有被克服，为错误的行动方针所利用，结果在夜间退出战斗中二十九团遭到了完全可以避免的严重损失。除团部指挥机关少数部队和团的领导骨干，随主力向东撤退外，第一、二、三营都失去了掌握，大部干部遭到敌人的捕杀。正如毛泽东同志所说："八月失败，完全在于一部分同志不明了当时正是统治阶级暂时稳定时期，反而采取在统治阶级破裂时期的政策，分兵向湘南冒进，致使边界和湘南同归失败。"（《毛泽东选集》第1卷第159页）即使在这种黑夜撤退的极端混乱困难情况下，少海同志还是尽了他个人最大努力来挽救的，但是由于败局已定，已无能为力。

进攻郴县的主力返回井冈山后，由于部队缩编，少海同志被任命担任二十八团第一营营长的职务。他同样积极地负责工作和指挥战斗，在井冈山地区的新城战斗、遂川城战斗、第四次进攻永新城的战斗中，和1929年1月向闽赣进军行动中的大庾战斗、芥子圩战斗、大柏地战斗、长汀战斗等一系列的战斗中，都表现了他艰苦奋斗英勇牺牲的精神。曾记得新城战斗时，他腿上的伤还没有好，裹着绷带，但是少海同志仍然身先士卒，率领部队攀登险峻冲击敌人，取得消灭蒋匪军周浑元一部的胜利。大柏地战斗中，少海同志率领部队绕道进攻敌人的侧背，包围突击敌人，配合正面部队取得了具有决定性的歼灭刘士毅旅的伟大胜利。

1929年春间，部队改编为三个纵队，少海同志被分配在第一纵队某个支队担任支队长的工作。但是从此因为几个纵队多分散行动，很少在一起，我同他见面的机会就少了。红军一天天的扩大，常常要从红军主力部队中抽调一些军事指挥骨干去带领新的部队。好像在 1929 年底，少海同志被派到福建地方红军部队中工作了，最初被任命担任第四纵队司令员，不久，他被任命为红军第二十一军军长。后来，当我们在反对敌人的"围剿"斗争中，我们在中央苏区北方战线上胜利地进行了一次战斗以后，忽然传来了胡少海同志在东线上的永福一带，在扫荡敌人碉堡的战斗中英勇牺牲的消息。听到这个消息的同志，没有不对少海同志表示悼念和敬佩的，而对于敌人则感到无比的仇恨。少海同志在闽西斗争中的光荣事迹，闽西的党和人民当会留下很多的记忆，不用我去追述了。

我觉得少海同志，出生于他这样的家庭，由于受到进步思想的影响，抛弃一切旧的羁绊，投奔到工人阶级队伍中来，由于他自己追求真理的自我奋斗，由于党的抚育，最后终于成为坚决的共产主义战士，成为党忠实的儿女，成为红军高级军事指挥骨干。他走过的道路，正是中国千千万万青年走的道路。他的牺牲是光荣的，他流的血和上千上万烈士的鲜血一样，将浇灌成社会主义幸福生活的花朵。他的忠实于人民、忠实于共产主义事业的奋斗精神，将永远留在人民的记忆中。

胡少海同志永垂不朽！

作者简介：张际春（1900—1968），湖南省宜章县人。1928 年 1 月参加湘南起义，任中共宜章县委农民运动委员会书记和县农民协会秘书长。中华人民共和国成立后，任中共中央宣传部副部长、国务院文教办主任。中共第八届中央委员。

原载《回忆湘南暴动》，江西人民出版社 1982 年版，第 58—63 页。

湘南起义与陈佑魁

龙 淑

1927 年上海"四一二事变"以后，党内决定各地成立工农武装，采取应变措施，当时佑魁同志是衡阳地委书记，他把原来的工农武装交给屈森澄、夏明震等同志领导，即亲自出发到湘南各县指导工作。有一天，他由东阳渡兵工厂视察后，便到水口山，立刻召开了党团会议，讲解当前形势和应变策略，连续开了三天三夜的会议。那时水口山党支部书记是何寅修，矿工会委员长是刘汉生，团委书记余锡藩。会上，陈佑魁同志即做出应变计划措施，他说："我们的工作要跑到时间前面，首先必须迅速解除反动透顶的矿警队的武装，争取自己的工人纠察队，为衡阳地区成立 3 个工农师做好准备。"根据佑魁同志的指示，水口山党组织领导召开了一次工农代表联席会议，决定召开工农联合的群众大会，并进行工农第一次军事演习，还请矿警队派人出面维持秩序。过了几天，又召开工农第二次大会，进行第二次军事演习，仍请矿警队协助。到第三次工农大会召开和军事演习时，才把各组组长召集到矿工会的办公楼上，党组织向他们说明这次军事演习的主要任务是解除矿警队的武装，建立工人自卫队。当即组织标语队、口号队，贴出"打倒 800 块钱包打矿工会的黄宪尧"、"打倒压迫工农群众的矿警队"等标语，大会召开前，早把矿务局局长"请到"矿工会软禁起来，再由陈章甫同志以国民党市党部名义，通知矿警队队长黄宪尧与两个排长到市党部参加召开的紧急会议。他们一进会议室，立即被梭镖队监视起来，马上拉响了工厂的汽笛，分兵两路，一路包围了驻在一个高山上的矿警队部；另一路直冲矿务局，迅速解除防守矿务局的一排武装。总起来不到两个小时，就把两处的反动武装全部解除了。这次暴动除我方陈章甫同志借矿警一支短枪外，全靠工人群众的梭镖、大刀解除了 360 多支枪支的矿警队。这完全是与党领导的正确和陈佑魁同志的精心策划亲自布置分不开的。事后召开了一次庆祝胜利大会，成立了纠察队，并由黄埔军校毕业的党员萧××同志担任队长。这个部队几经挫折，后来由屈森澄同志率领，参加了湘南武装起义，接着随朱德同志所领导的起义部队上了井冈山，成为红四军独立团的基础，参加了二万五千里长征。1927 年秋，湖南省委召开紧急会议，这次会议是为了纠正陈独秀的右倾机会主义错误路线，要建立革命的正确路线。当时反动派在长沙进行大搜捕、大屠杀，许多革命同志为党的事业英勇斗争而牺牲。陈佑魁同志为挽救革命走向胜利的心情十分迫切，冒着生命危险即日起程。我为了掩护和保卫他的安全，坚决与他一同赴省。

毛泽东同志肩负着传达党中央关于八七会议的重任到达长沙，以中央特派员身份出席省的这次紧急会议，大家聚在一起，研究讨论党的一系列重大问题，改组湖南省委，选举了省委常委。

1927 年 8 月 18 日在长沙市郊沈家大屋召开会议，毛泽东同志在大会上做了重要的讲话，传达中央八七会议精神，总结革命失败的惨痛教训，组织发动秋收起义，建立革命根据地，武装工农，拿起武器继续战斗，并提出了"枪杆里面出政权"的光辉思想。这样一宣传教育，湖南各地区工农革命干部和群众立即行动起来，高唱着：

"梭镖亮堂堂，

擒贼先擒王。

打倒蒋介石，

活捉许克祥。"

会议结束以后，佑魁仍回衡阳领导工作，便积极发动工农群众，组织武装力量，建立革命根据地。他根据这次会议主要精神，宣传秋收起义的重要意义，又充分肯定过去湘南农民运动的伟大成就，高度赞扬了农民革命行动，揭露、批判土豪劣绅的反革命罪行，更进一步宣传共产党的政治主张和秋收起义的伟大意义。在那繁忙紧张的时间里，还编写了标语、传单和歌谣，来鼓舞群众的革命热情。听！他当时写的："建立武装，参加秋收起义"的诗歌：

工农革命游击队，

团结起来向前进！

拿着枪，扛着炮，

纪律严明，精神百倍，

冲向帝国主义大本营！

军爱民，民拥军，

军民团结向前进！

工农武装齐奋战，

要把新旧军阀一扫平！

最后胜利一定属于我们！

在毛泽东同志领导秋收起义以后，湖南省委又布置了年关暴动，敌人惶恐万分，调动大军守卫衡阳，我党领导广大的工农部队也准备与敌人开展武装斗争。

1926年秋毛泽东同志与佑魁同志曾对陈独秀右倾投降主义路线提出了批评意见，可是他不但仍坚持错误路线，而且采取打击压制手段，真令人气愤。1927年上海出现的"四一二事变"，湖南的"马日事变"，屠杀革命同志成千上万，使我辈青年同志立场更坚定，要和敌人战斗到底！这时佑魁同志和湖南的领导同志们研究讨论目前形势及应采取的措施。大家一致认为把党的工作转入地下活动。所有的武装统一领导，主力由屈森澄、夏明震、吴先瑞、胡世俭、王典球、彭平之等9人率领去郴州一带活动和开辟根据地。

1927年10月，佑魁同志对我说："现在，你坐的机关，是湘南特委机关，我是特委书记，并担任湘南24个县游击队总指挥，领导湘南24个县党的工作。根据秋收起义在各地建立革命根据地，我们在郴州一带已建立了根据地，又要在耒阳建立革命根据地。"1927年10月这两个根据地尚未建立，派周鲁同志上郴州，不久又派杜家俊与傅模同志去耒阳根据地。佑魁在衡阳指挥四乡农民组织自卫队，人达数千，枪支千余，还有梭镖、大刀、炸弹等武器。自卫队纪律严明，大家一致提出口号："宁肯牺牲生命，不能损失武器。"

毛泽东同志指出的"枪杆子里面出政权"的思想已深入人心。自卫队深深感到有枪才能更好地打击敌人，取得胜利，保卫胜利果实，否则生命都难保。这时湘南农民要求暴动，要从地主团防手中夺枪的热情很高。

1928年1月（即阴历腊月）朱德同志率领南昌起义保留下来的部队，在湘南特委，宜章、郴州、资兴、永兴、耒阳等县委及5县农民军的有力配合下，发动了著名的年关暴动。当朱德同志率领部队在广东韶关犁铺头整训时，佑魁以湘南24县总指挥的身份，前往秘密联系，与朱德、陈毅同志共同研究湘南的年关暴动等问题。随即亲临各根据地检查和布置工作。在朱德、陈毅、胡少海同志领导下的宜章暴动的成功，许克祥带领第24师反扑宜章被粉碎后，大大地鼓舞了湘南农民暴动胜利的信心。过阴历年时（即1928年1月20日）佑魁同志领导衡阳年关暴动，在敌人炮火中冲锋向前，指挥游击队追击敌人，一直到衡阳城边，缴获许多枪支弹药，沉重地打击了敌人。另外我方也有损失，我游击队长夏明霁、戴今吾、黄文标等同志，年轻力壮，猛勇冲锋，陷入敌人包围之中而被俘，事后佑魁同志一面千方百计地营救，一面秘密的〔地〕派人进狱慰问，鼓励他们坚持与敌斗争，迫使反动当局每天放风3次，不许克扣囚粮，废除一切旧牢规等。他们经过多次斗争，取得了一定胜利。后来，被俘的3位同志虽然被敌人杀害了，但是他们斗争的精神鼓舞了在狱同志，并使一些坐牢的人们的生活在很多方面得到改善。

为了总结这次暴动的经验教训，慰问参加这次暴动的同志及研究今后的工作怎样开展，佑魁当时叫我买香肠、腊肉、火腿、面条、点心等类东西100多斤。大年初二那天（即1928年1月24日）早上吃完饭，把东西装在箩筐里，佑魁穿上新蓝布长衫，担着"礼物"。我穿着有颜色的花衣服装扮成新娘子，像一对新结婚的夫妇去乡下给岳丈拜年。然后上了我们交通船，划到一个僻静的河面上，召集湘南特委一些负责同志开会讨论研究今后的工作和行动计划，并决定以西山宝塔为开会接洽地点。我与佑魁表示向同志们慰问，随即开餐同庆新年，大家过得非常愉快，有些同志开玩笑："今天闺女和女婿都来了，岳丈是谁?"竟引起一场哈哈大笑! 等到天将晚时，我们俩才胜利地由江东岸转潇湘门回到家中。

湖南军阀何键留守郴州的有5个连，听说"王达三"（即陈佑魁同志总指挥的化名）的人马到了郴州，就望风逃窜。领导湘南24县的总指挥部就设在郴州，佑魁同志是湘南24县总指挥，迅速开展工作。以后朱德同志率领的部队也浩浩荡荡地向郴州进发。

正月初四，朱德同志进入郴州。很快就成立了郴州苏维埃政府，李才佳同志任委员长，各区乡的赤卫队，合编为工农革命军第7师，邓允庭同志任师长。各种群众组织也建立起来了，革命运动如火如荼。

湘南特委领导的农民军，由于得到朱德同志领导的主力军支持，迅速攻克资兴、永兴、直取耒阳。"工农革命军就要来耒阳了!"这个消息在耒阳县委机关报《耒潮》上登出来了，散发到城乡各处，宣传标语也贴近〔进〕城里。广大群众早就热烈地盼望着耒阳的解放，听到这一消息无不欢欣鼓舞。当时耒阳没有敌人正规军，挨户团也解散了，土豪劣绅胆战心惊，纷纷逃往衡阳城。

1928年2月16日，春日放晴，耒阳城家家户户挂着红旗，欢迎的群众有组织地排列在道路两旁。中午，工农革命军排成2路纵队，在口号声、鞭炮声、鼓掌声中，浩浩荡荡地开进了耒阳城，全城一片欢腾。

2月19日，成立了县苏维埃政府，推举刘泰同志担任主席。接着，全县18个区，300多个乡的苏维埃政府也相继成立。在工农革命军具体指导下，原来分散的游击小组，小队都集中起来，组织了农民军独立团。缺少武器就自己动手开炉打梭镖、大刀、土枪、土驳壳；用酒瓶装盛火药，造出了手榴弹；把松树挖空，做成了松树炮。起义的农民有了政权，有了武装，扬眉吐气，大家打土豪分财物，镇压地主阶级。耒阳县大劣绅大恶霸谢黄吾就是这时被起义的农民枪毙了的。

宁汉战争结束后，蒋介石便电令桂系军阀立刻转兵湘南。尤其是桂系第19军李宜煊师，沿衡郴公路直扑耒阳。为了避敌锋芒，更好地消灭敌人，我党研究决定，撤出耒阳。3月1日敌军进入县城，纵兵四乡，"血洗、火烧"，激起我军民万分仇恨。入夜，我赤卫队佯装攻城，喊声震天，把鞭炮和纸大炮放在煤油桶里燃放，听起来枪炮声不断，敌人盲目还击，一直打到天亮，才发觉"上当"了，消耗许多弹药，正在互相埋怨。突然，我反攻枪声大作，耒阳南门、金牛门已被我攻破，敌人仓皇从西门逃跑。3000多名赤卫队在工农革命军配合下，又收复了耒阳城。

朱德等同志领导的工农革命军，在湘南党组织的配合下，与湘南农民运动相结合，发动湘南起义，建立了5个县及包括100多万人口的临近地区苏维埃政权，进行土地革命，扩大人民武装，使湘南各县迅速赤化，大大震惊了湖南、广东两省的敌人，也极大地鼓舞了附近地区的党和群众的斗志。但是，由于"左"倾盲动主义路线干扰，出现一些极左的口号，再加之敌人从中造谣破坏，挑拨离间，使湘南暴动遭受到一定的影响。阶级敌人乘机策动反革命暴乱，杀害了县委书记夏明震等同志，还有一些党员干部也被害。朱德同志与陈佑魁同志对"左"倾错误做法及时做了纠正，并派陈毅同志到郴州代理县委书记，镇压了反革命，做了各方面的恢复工作。

1928年三四月间，蒋介石调集白崇禧、许克祥、范石生等部，联合当地反动地主恶霸武装挨户团，分别从曲江、乐昌向北，由衡阳向南，出动"会剿"妄图扑灭湘南革命的烈火。在敌人强大的联合进攻下，党内则做出决定：（1）决定朱德同志率领部队，包括第1师在内，退出湘南，向井冈山地区转移；（2）决定陈佑魁同志速回湖南省委汇报工作情况，并须与毛泽东同志取得联系。佑魁由郴州回衡阳时，又沿途布置游击队与敌人作战的方式方法，4月初才到达衡阳。重新安排了一下工作，嘱咐"一定要积蓄革命力量"，随即赴长沙去了。

湘南暴动，是农民武装割据及土地革命斗争的伟大实践，取得了许多宝贵经验和教训，是一次具有重大历史意义的行动。毛泽东同志总结了这些经验和其他地区农民割据的经验，特别是他直接领导的湘赣边界的斗争，发现了在四周白色政权的包围中，有一小块或若干小块红色政权的区域长期地存在，这是世界各国从没有的事。毛泽东同志把这种事提到马克思列宁主义理论的高度，做了系统的总结和科学的说明，后来从中发现了中国革命的新道路——农村包围城市的道路。

作者简介：龙淑（1907—2001），女，湖南省怀化市麻阳苗族自治县人，苗族。中共党员，杨开慧同学。中共湘南特委书记陈佑魁妻子。陈佑魁牺牲后，带着一双儿女回麻阳故乡，一生未再嫁。晚年任河南省政协委员、郑州市金水区人民代表。

选自中国人民解放军历史资料丛书编审委员会编《土地革命时期各地武装起义·湖南地区》，解放军出版社1997年版，第833—838页。

板子桥参军

杨得志

到了衡阳，我和哥哥仍旧干老本行——挑脚。只不过在安源挑的是煤，在这里挑的是石灰。我由于身体特别好，一次能挑一百六十斤。可这里的工头很刁，对我们总是不放心，每次石灰装挑时他都派人过秤，到工地他还要过一遍秤，少了——不管是撒了，还是什么原因，一律扣工钱。很多人干了一段时间，受不了这种窝囊气，便不干了。我跟哥哥考虑到这里每天可以挣到六角钱，比安源稍好一点，除了我们俩的生活费，还可以寄一点钱给父亲，便咬着牙，坚持下来了。

尽管我们工人住的是低矮的工棚，一个工棚住二三十人，尽管活是那么重，但由于年轻力壮，大家休息的时候还是有说有笑。我很快发现他们中有许多乐观自信的人。从他们的言谈里，我又听到了安源矿上老朱讲过的那些故事，听到了老朱讲不出来的许多道理。其中，在我心目中最能讲，并且讲起来最能令人信服的要数老唐了。

老唐是湘潭人，个子不高，脸膛黑红黑红的，很健壮。他是我们那个工棚里年岁最大的一个，是被公认的中心人物。有人说他是"穷党"（那时工人中有人把共产党叫作"穷党"），他听了，总是把手一恭，抱起拳，像过年时人们相互贺喜那样，说："高抬了。不敢，不敢！"要不就习惯地两手卡着腰，说："弟兄们，我当过国民党的兵，见过国民党。共产党嘛，听说过，那是些'神人'。你老哥没得那个福分，一个也没见过，可不敢乱说。当共产党可不易，得准备好几个脑袋才成，懂吗？"

那时候，我确实不懂。

转眼一年多了，到一九二七年夏天，共产党在南昌举行武装起义的消息旋风般地吹遍了湘江两岸，也传到了我们筑路工地。传来的消息虽然说法不一，但有一条是一致的，那就是这支起义的队伍是为穷人打天下的。这不禁使我对这支队伍产生了钦佩之情，恨不得立即见到他们！那些天，我一有空就去打听起义军的消息，先听说他们到了大庾，又传说去了崇义，后来很长一段时间打听不到他们的消息了。到冬天，突然又传来了起义军到达广东韶关的消息。当时我们正在郴州北边的板子桥筑路。大家都知道，韶关离郴州不远。共产党和起义军何时来我们这里呢？人们心里盼着，却又不便直说，每当大家拐弯抹角地议论着这些事情时，爱说爱笑的老唐总爱没头没脑地说："快了！快了！"

红军越来越近，农民扬眉吐气，扛红缨枪、拿大刀片的越来越多了。我们的老板也不像以往那么凶了。那些见了工人不抬鞭子不讲话的工头，对我们也客气起来，有的还主动同我们工人打招呼。

隔了些日子，工地附近的村庄里发生了打土豪的零星暴动。规模虽不大，但有钱人开始往北逃了。他们造了很多谣言，说什么共产党共产共妻，杀人放火。这些谣言对我们这些穷得叮当响的工人来说，似乎根本不起作用。

那些天我哥哥的话反倒多了起来，总是给我讲农民暴动的消息。当然，我们最关心的还是今后的出路，一天晚上，他在工棚里突然问我："你听说这里要散伙的事了吗？"

"为什么？"我问。

"听说从南昌出来的红军要来了，老板、工头还能不跑吗？"

"那我们怎么办？"我有些着急地问。

哥哥停了一会才说："没处去的话，只好回家了。"

虽然回家的事我也想过，因为我想父亲，想叔父，想桂泗姐姐他们。但我毕竟十七岁了，懂得的事情比在安源时多了。这时更牵动我的心的已经是红军了。

哥哥见我不做声，便问道："你怎么想？"

"等等吧。现在心里没有底。"我说。

哥哥又停了一会，说："要不，就投红军去！"

"投红军！"我欣喜地叫了起来。

哥哥赶忙对我摇了摇手，我发觉自己也过于兴奋了。这时，门外有脚步声，我们真有点紧张。正在担心，老唐推门进来了。

"好兄弟，"老唐轻轻地把门关上，说，"你的嗓门太大了，若给外人听见，是要坏事的。"他把我和哥哥引到工棚一头的地铺上，压低声音说："红军已经进了湖南地界，这里很乱。听说工头接到命令，发给每个工人二十五斤大米，让我们走。"

"二十五斤大米，够吃几天的？"哥哥愤愤地说。

"是啊，"老唐说，"要不是红军来，近处的农民也动起来，他们会发善心给我们米？现在老板、老板娘全逃了，连大小工头也在收拾东西准备溜了。"

"应该抓住他们！"哥哥把拳头碰在稻草铺上，狠狠地说。

"哎，他们跑他们的，我们另外想办法嘛！"老唐显然是在鼓动。

"……"三个人都没有马上说话。我知道大家都在想着投红军的事，只是谁也没开口就是。停了一会，我实在憋不住了，一拍胸脯，说："我不回家了。投穷人的队伍，干红军去！"

"对，投红军去！"我的话刚落地，老唐紧接着说。

"说干就干，现在就走！"哥哥立刻站起来，显得比我还急！

老唐却仍然坐着不动。他沉思了一会，指了指工棚里的空铺，用很严肃的语气说："好兄弟，要走的话应当大家一起走，有饭大家吃，有事大家干，人多好使劲哟！"

我和哥哥一听，觉得还是老唐年岁大，比我们想得周到，互相交换了一下眼色，不约而同地点起头来。

"晚上再商量商量吧。"老唐又说。

夜晚，我们二十多个人坐在各自的草铺上。铺当中一盏小油灯闪着微弱的光亮。老唐离灯最近，黑红的脸膛在灯光下略微显得有些黄。棚子里鸦雀无声，人们的表情异常严肃，像在等待宣告什么重大决策似的。

"说吧，弟兄们。"老唐第一个打破了沉寂，"不管老板、工头逃不逃，我们总得活下去呀！"

长时间仍没有人开口。棚子里只听见人们的喘息声。

又过了一会，一个曾在北伐时当过兵，我们平日叫他大胡子的人说："我有家口，也尝够了当兵的苦，想来想去，还是想回家种田去！"

"回家固然好。"说话的这个人我们叫他李大叔，是湘潭人，"可乱世年月，你想种田行吗？我也没得田。听说如今这红军和以往的队伍不一样，我倒真想投红军当兵去。"李大叔停了停，转向老唐。"老唐，你就领个头吧！"然后又转向大家，鼓动说，"有种的，一起去！"

李大叔的话，牵动了大家的衷肠。大家你一句我一句开了腔。有的说回家好，有的说投红军好，还有的主张一起到长沙去做工。但是议论来议论去，最后还是认为投红军好，单就打土豪分田地这一条，就没有一个不赞成的。

夜深了。窗外不时刮来一阵阵冷风，但谁也不觉得冷。闷在肚子里的话多少年了，都想说个痛快。老唐见各种意见讲得差不多了，便说："弟兄们，天不早了，灯油也快熬干了。谁想去哪里，自己拿主意，我呢，是赞成投红军的。愿意跟我去的，把手举起来。"

人们庄重地举起了手。五……十……二十五！真没想到，最初要回家的大胡子也举起了手。老唐抑制不住内心的高兴，说了声："那么，我们明天就出发，现在大家就睡觉吧！"人都躺在床上了，可是谁也睡不着，仍旧不停地议论着，一直到天亮。

清晨，我和哥哥杨海堂等二十五个筑路工人，各自背着自己的衣服被子上路了。这时红军在韩家村，离板子桥只有十几里路，中间隔着一条河。可是人们好像忘记了这一切，一路上有说有笑。这天，我把离家时桂泗姐姐替我做的、一直没舍得上脚的新鞋也穿上了。走着走着，我们碰到另外一些打算回家的筑路工人，他们听说我们要去投红军，有些也跟着我们来了。爬上一座山，老唐指着远处一个山凹的小村说："看，那就是韩家村。"

"啊，红军就在那里！"我高兴地拍着哥哥的肩膀喊，"快走呀！"

哥哥禁不住笑了起来："看你，比回到自己的家还高兴哩！"

韩家村驻扎的部队是中国工农红军独立第七师的师部。

村头的一块开阔地上插着一面小旗，像旧时店铺招徕顾客的幌子，上面写着"招募新兵"四个大字。小旗下围满了人。有穿蓝色军服的，也有穿绿色军服的，有打绑腿的，也有穿大皮靴的，更多的却和我们一样，穿着破旧的布裤褂，头上缠块白毛巾，他们手里大都是拿着红缨枪和大刀片，只有少数人拿的是步枪，有的坐着，有的站着，还有一些年龄比我小的伢子，三个一群，五个一伙，相互嬉戏着，看他们那个欢快劲，准是被批准加入红军了。

我带着羡慕的眼光瞅着他们，跟着哥哥和老唐挤进人群里，好不容易才挤到一张八仙桌跟前。

八仙桌后边坐着一个戴红星军帽的人，正在往本本上记桌子前面人的姓名。我指着那个给老唐看，他忙告诉我，那叫花名册，要当红军得先上册子才行。这时我的目光转到站在桌子旁边的那个留仁丹胡子的高个子身上。嗬，呢子军农，马裤，皮靴子，阔皮带，虽然没带帽子，却神气得很哩。说真的，要不是他站在那个戴红星军帽的人的旁边，我真把他当成白军了呢！他眯着眼，拖着长腔慢吞吞地问站在他前面的人：叫什么名字，家住哪里，家里几口人，什么成分，干过什么活，问得可细啦，连娶没娶过老婆，他都要问。有时我还听到他大声地向喧闹的人群喊着，

"安静,安静!"可是任他怎么喊,眼前这些报名的人争先恐后往前挤,总也安静不下来。

这会儿,我们板子桥来的人,老唐第一个报了名,算是很顺利。紧接着我哥哥杨海堂也报了名。我赶紧挤过去,抢着说:

"还有我哩!"

"叫什么名字?"那个穿皮靴、被叫作副官长的人问我。

"杨得志。"我生怕他听不清似的,大声地说。这个名字是离开板子桥时哥哥替我改的。我不明白他为什么给我改名字。但为了纪念哥哥,后来我就一直用这个名字。

副官长拍拍我的肩,又问:"多大了?"

"十八。"

"正是好时候。"副官长说着用拳头轻轻地朝我前胸捶了两下,"行,就留在这里当红军吧!"

"是!"我高兴地跑到哥哥身边,提起行李准备到指定的房子去,忽然又听副官长喊道:

"哎!那个叫杨得……对,叫杨得志的,你回来!"

我有点惊慌地转过身来,心里想,莫不是又不要我了吧?副官长仔仔细细地打量了我一番,说:

"杨得志同志,你留在这里,在师部当通信员。"

"不!"我拉起哥哥的手说,"他是我哥哥,我得和他在一起。"

"哎,当红军嘛,要听命令。再说你哥哥就在师部特务连,离这里不远,你们可以天天见面的。"

哥哥对我说:"听长官的话,不要挑拣了。"

于是,我就在红军中当了一名通信员。尽管这时没有发给我军装,也没有人给我发武器,我穿的还是从家里带出来的破棉袄,盖的还是从家里带出来的破棉被,但是我毕竟是一名红军战士了。过了好几天,每人发了一个土布做的红袖章。这就是我们区别于老百姓的唯一标志。

这是一九二八年的一月。

衡阳的路我们没有修成,风起云涌的工农革命却把我们这些工农子弟送上了一条完全崭新的大路。

………

整整二十二年以后，见到长安城下河南乡亲所引起的回忆，使我觉得革命虽然取得了巨大的胜利，但真要使我们的国家富强起来，使我们的人民摆脱贫困，前面的道路还很长，自己肩上的责任还很重。也提醒我不要忘记过去的苦难，因为这苦难还没有结束——尽管河南乡亲们遇到的苦难，和二十二年前的我不完全一样。

作者简介：杨得志（1911—1994），原名杨敬堂，湖南省醴陵南阳桥人。1928年元月在湖南郴县加入工农革命军第七师，任通讯员，参加湘南起义，同年加入中国共产党。中华人民共和国成立后，曾任中国人民志愿军司令员，济南、武汉、昆明三大军区司令员，国防部副部长等职。1955年被授予中国人民解放军上将军衔。

节录自杨得志著《横戈马上》第一章，解放军文艺出版社1984年版，第13—20页。

耒阳新兵营

郑效峰

朱德率工农革命军第 1 师进驻耒阳

我记得朱老总率工农革命军进驻耒阳,反复有 3 次,都是在 1928 年阴历正月间,具体日子记不清了,相隔的时间只三四天。

第 1 次,先来了几个便衣。那时,耒阳城里只有警察和挨户团的兵,没有正规军,便衣队进城没有打仗,只是当天夜里,警察查户口,在城南一个饭店查出便衣队,便衣队员跑,警察去追,便衣队把警察打死了。第二天工农革命军就进了城,我们都在欢迎,这时,我参加了儿童团。只有几天时间,国民党军队来了,工农革命军转移了,地方上的干部也走了、散了,黄龙飞就是这时被国民党抓住杀的。杀黄龙飞时,我在立昌宝号亲戚家里,黄龙飞从县衙里拉了出来游街,背上插了灵牌子,写着"暴徒黄龙飞"的字。黄龙飞讲耒阳话,边走边喊冤枉。第一次工农革命军到耒阳,在城关只杀了两个土豪劣绅,一个叫伍玉楼,另一个的名字记不清了。

第 2 次,在马埠岭打了一仗,这次进城后,组织了耒阳县苏维埃政府,在社陵书院办公,工农革命军驻扎在李家祠堂里。第 1 次来时,地方上的干部是用红带子系在颈上,第 2 次是把红布拴在左臂上,这次只住了 3 天,国民党来了,革命军从水东江撤退。这次,我也同时躲到了羊耳嘴,在亲戚家里躲了 3 天,耒阳城里平息了,我就从羊耳嘴回县城,在西门口受到盘问。

第 3 次复取耒阳县城后,朱德的部队与国民党的部队打了一下,从灶市来的,进城后,朱德的部队就驻扎到东江敖山庙去了。

工农革命军到耒阳,老百姓都很拥护,不害怕,老百姓都晓得工农革命军是保护、发动老百姓的。北伐时,老百姓对北伐军和农民自卫军有良好的印象,第一次工农革命军进驻耒阳,农会、妇女会、儿童团只向土豪劣绅募款,搞得比较文明。第二次工农革命军进驻耒阳后,就开始了砌灶吃大户的办法。第三次工农革命军进驻耒阳后,开始了抄土豪劣绅的家,挑谷、烧土豪劣绅的屋,捉土豪劣绅杀,儿童团去动员人们剪辫子、放小脚,不准穿长衫子、不准坐轿,还组织了农民武装,都是用梭镖做武器。

新兵营

新兵营是工农革命军第3次进驻耒阳县城后建立的。在1928年阴历正月二十，朱老总派人有意识地为扩大正规部队而组建的。新兵营组建人是谢勋甫，又名谢香云，耒阳聂家洲人。他到了耒阳，利用熟人、亲戚，向大家讲"参加工农革命军好，官兵平等，每月还有20元薪水"。很快就有许多人自愿报了名。把新兵营建立起来了，3个连，300多人。新兵开始住在培兰斋，新兵年纪大的有50多岁的，年纪小的只有12岁。我父亲郑厚珍，40多岁，也参了军，到部队改名郑席之。我那时只有13岁，也参了军。在培兰斋时，营长是谢勋甫，新兵营的战士城关附近的多，还有竹市、夏塘、上架桥、小水铺、哲桥的。到了敖山庙后，敖山方面也有些参加了军队，住培兰斋时，没有伙食单位，都是在家里吃饭。阴历正月底二月初，部队集合到了敖山庙，据说是阴历正月十六离开耒阳县城去敖山庙的。出发敖山庙时，天下着毛毛雨，是从青龙塔脚下过的渡。出发时群众还欢送了我们到了敖山庙后，部队在庙门下码头边的坪里集合，朱老总讲了话。新兵营就驻扎在敖山庙下的刘家村及附近几个村庄。朱司令的司令部住在敖山庙里，朱司令住在庙前殿左边的房里，营部就扎在刘家村横厅屋里。到敖山庙后，朱司令给新兵营正式派了1个营长，名叫曹鹏飞，谢勋甫为副营长，建制是：新兵营3个连，每连3个排，每排3个班，后来新兵营发展到400多人。在敖山庙，新兵营主要是军事训练，训练队列，走步，派了两个教练官，一个名叫邓毅刚（汝城人），还有一个小名叫×席之，全营只20多支土枪，其余都是梭镖，我从家中也带了1支短柄梭镖。

在敖山庙，我们有了伙食单位，只管吃饭，没有薪水。在敖山庙发展一批党员和团员当时叫C.P.和C.Y.，当时入党入团的有几十个人，在敖山庙侧的平房行入党入团宣誓，在新兵营建立了党团支部，我父亲和黎宗任就是那时入党的，我和龙承凤就是那时候入的团，新兵营的党代表姓张，名字记不清楚了。

过去有句话，"好铁不打钉，好儿不当兵"，因为工农革命军是革命的，许多人参了军，我一家就有4个人参了军，我去新兵营当司号兵，当时师部有个司号官（相当营级），云南人，教过我吹号，团部有司号长，营有司号目，连有司号兵。

在敖山庙训练有1个多月，从敖山庙上井冈山，出发的具体时间记不清了，井冈山的路线是敖山—永兴—资兴—酃县—砻市，具体地名记不清了。

　　上井冈山开了会师会，新兵营成建制编为28团1营4连，2营8连、3营11连。也有些人编入了28团的单位，我父亲在团部任上士军需，伍永陆调为王尔琢的勤务员，他是耒阳南门伍家村人。会师会上，朱德讲了话，我记得的有这么几句：我师长还没有当好，现在要当军长，我会当不好……。在井冈山取消团组织。因为当时把团组织称为第二党，闹独立性，取消团组织，团员转为党员，我也是这个时候转为党员。经过一、二、三次打永新。新兵营的梭镖全部换成了枪，在井冈山，耒阳人打仗很勇敢，很有名。

　　新兵营的战士的去向问题，在三打永新等10多次战斗中有些伤亡。打郴州时有个别人离了队。1929年1月下井冈山，在项山战斗时有伤亡，军部的司号排全部被俘。上饶、大柏地战斗牺牲不多。三次打龙岩，打得顺利，2纵队去樟坪战斗，耒阳的谷朝要是个司号员，牺牲了。5次反"围剿"牺牲得多。在长征路上，耒阳的人就没看到几个了，当兵的没有了。归纳是：牺牲得多，被俘，受伤离队的有一部分，开小差的是少数几个。我第一次回耒阳（1951年）在耒阳看到了谢雄甫、黎宗任、郑德昌、匡家喜、谢为钧等人，记得牺牲的有谢勋甫兄弟2人、谢青云（长得高大，打仗勇敢，在第2次反"围剿"中牺牲了）、谢朝法、谢安甫（当连党代表）、谢朝宣（打开吉安后，当班长，被错杀），谢为从（在福建一个医院病死了）。

　　新兵营补充了朱老总南昌起义部队，这些人出身都是穷苦农民，自动报名参的军，打仗勇敢，对补充壮大主力部队28团，坚持井冈山的斗争，起了重大作用。

作者简介：郑效峰（1916—1993），原名郑德风。湖南耒阳人，1928年参加湘南起义。同年加入中国共产主义青年团。1932年转入中国共产党。1955年被授予少将军衔。

　　选自中国人民解放军历史资料丛书编审委员会编《土地革命时期各地武装起义·湖南地区》，解放军出版社1997年版，第827—829页。

敖山庙伏击

刘显宜

这事发生在一九二八年二月间。

那时国民党反动派联合地主武装挨户团，到处疯狂地清乡，逮捕共产党员和农民协会会员；捉到后，不问青红皂白，一律砍脑袋。当时我担任湖南省耒阳县敖山庙乡农民协会的副乡长（当时我们那一带地方的乡长、区长都是农民协会选出来的），是敌人追捕的重点对象之一。不能在家待，我就扛上梭镖跟随农民协会的区长吴子云同志去打游击，黑夜白日在山沟里和敌人打转转。

一天晚上，我们在一个小山洞里落了脚，由于过度疲劳，脑袋一贴地就入梦境了。

"老刘，起来!"吴子云同志狠狠地拍了拍我的肩膀。

"敌人来了?"像往常一样，我连忙拿起压在身侧的那杆闪闪发光的梭镖，两眼直盯着他。

"红军要来了!"

"什么?……"

听到"红军"二字，我无法抑制兴奋的心情，恨不得一下问明底细。可是吴子云同志却不慌不忙地从口袋里掏出封信说："刚送来的。"然后用手电筒照着纸上密密麻麻的小字念给我听："……朱德同志的红军最近要去和井冈山毛泽东同志的红军会师，经过我们这里，望你们见信后即刻抽调人力，组织一个招待所，地点设在敖山庙，任务是帮助过路红军筹备粮食、油、盐、柴、米等……"落款是"中共耒阳县委会"。

这个意外的消息，使我激动得说不出话来。离开家乡半年多了，敖山庙不知被敌人蹂躏得成了什么样子，这回该回去看一看了。想到这里，我挥了挥手。

"走，马上就干!"

"朱德司令的红军过来了!"村传村，镇传镇，风声很快就传到了敌人耳朵里，反动的县政府和挨户团还没见着红军的影子，就如夹尾巴狗似的逃出了县城。

我们回到敖山庙，乘势恢复了农民协会的组织。招待所也已组成，办公地点设在大庙里，吴子云同志负责全盘指挥，我带领农民协会会员扛上梭镖、大刀，每天到各个村的土豪劣绅家去，征集粮食，油盐柴菜。这些天虽然忙得吃不上饭睡不好觉，但不知哪里来的一股劲头，不知道饿也不觉得累。搞了七八天，敖山庙四周几十里以内的村子，每天都有人挑着担子向招待所送粮送肉；大街里，地上很快堆满了大米、油盐酱醋，墙上也挂着一个个刮得雪白的大肥猪。这批丰盛的劳军品是招待所全体同志辛勤工作的结果，眼望着这些东西，我说不出的兴奋和喜悦。

准备大体就绪，红军一个连就来了，太阳偏西的时候，到达了敖山庙。

这支队伍看样子不过百把人，大部分都穿着单军服，也有少数着便服的。从他们疲惫的神情上可以猜想到，他们一定是经过长途跋涉来到这里的。

南昌起义军到达湘南的消息早就传到这里来了，但在这以前老乡们谁也没见过；这次自己队伍来了，都想看个稀罕：当队伍在大庙的院子里停下来时，庙院里一下就拥满了人。

这时一个中等身材、面貌清秀、像个学生模样的青年人站在队前，操着湖北口音向战士们讲了几句话。记得大意是要战士们切实遵守纪律，爱护群众，不要任意走动。之后，队伍就解散休息了。

我把给部队烧水做饭的事情安排好以后，回到大街。这时，那位讲话的青年人正在屋里和吴子云同志商量什么。我没有立刻进去，只站在门外不远的地方，一面查看摆在院里的物品，一面好奇地偷瞧他们。青年人态度坦然，有时用手在桌子上比画，说完之后，两目注视着对方，好像等待着回答。吴子云同志则紧紧皱着眉头，有时点点头，有时两眼望着窗子发呆……

末了，青年人告辞往外走时，吴子云同志给我介绍："这位是连长同志。"青年人和我拉了拉手，道了声："谢谢你们！"就微笑着走了。

"连长对我们的工作有啥意见吗？"我忙问。

"没有。"不知怎么的，吴子云同志平时的笑容倏然不见了，变得局促起来。

"出了什么事吗？"我惊异地问他。

"你马上动员村里的老乡们扛上大刀、梭镖，带上红旗，到村外山头上埋伏起来。"

"怎么?!"他这句没头没脑的话使我蒙住了。

"连长说敌人今晚可能到这里来，他们准备在这里打仗，要我们组织老乡们给助威。"

我一抬头看见堆积如山的劳军品，就着急地问："这些个大米、猪肉怎么办？"

"连长说摆在这里不要动，招待敌人。"

"招待敌人？……"越说越不成话了，为了招待我们自己的红军，我们大家没黑没白地这村跑，那村串，好不容易才弄到这些个东西，自己的队伍还没尝到口，怎么能白白地招待敌人？这位连长呀！……

"区长，我一定想办法把这些东西弄到山上去！"

吴子云同志望着我那着急的样子，同情地说："这话我早和连长说过了，他坚决不同意呀！"

我直挺挺站在那里，看看大米，瞧瞧猪肉，一动也不动。吴子云同志看势头不对，若再耽误一些时候，组织老乡上山的任务就难以完成了，于是他劝我说："打仗的事我们是外行，就照连长安排的办吧。"看来，他也没有想通。

"好吧。"我糊里糊涂地走回家去，晚饭也无心去吃，就拿上梭镖动员老乡们去了。

敖山庙，三面环山，一面背水。村东北角有条小河，河上有座桥，从大路出进村子，非经此桥不可。东、南、西三面峭立的山峰像几把巨型铁钳，紧紧地扼住了村子的咽喉。我带领二百多个老乡就埋伏在三面山头上。

夜很静，连村子里谁家的娃娃在哭也能辨别出来。大多数老乡们都没有参加过战斗，都睁大着眼，东张西望，好像战斗随时都会发生。

拂晓，吹起了阵阵微风。老乡们等待了一夜，这会正三个一撮，五个一伙地围在一起谈论着什么。不知是谁嚷了一声："敌人来了！"我朝小桥上一望，果然有二十多个敌人端着枪踏上了小桥，正贼头贼脑地向村里前进。这群家伙好像刚出洞的老鼠，东瞧瞧，西望望，有时仓皇卧倒，有时狂叫："站住，不准动！"好久，见村里并无动静，才大摇大摆走进了村子。这时敌人大队人马也接近了小桥。

我急得身上直冒汗，老乡们也都眼巴巴望着我。

大队敌人闯进村去，一下子包围了大庙——我们的招待所，便乱抢起东西来：有的背上猪肉往外走，有的抢大米，……为了争夺这些劳军品，院内院外，一片吵嚷声，对骂声。亲眼看着敌人抢东西，我再也无法忍下去了。"红军现在在哪里？为啥还不打呀？"

正在这时，突然"哒哒哒！"敌人的背后枪声响成一片，随着"答的，答的"的冲锋号声，我们的队伍一下从村外山下的密林里冲向大庙。敌人被这场意外的袭击弄得蒙头转向，扔下东西拼命往大庙里钻。我们的队伍接着包围了庙院子，枪声、手榴弹声响成一团。我看时机已到，喊了声："冲呀！"刹时，三面山坡上满是闪闪发光的大刀、梭镖和迎风招展的红旗。声势浩大的队伍，饿虎似的扑向村子，把敌人团团围住了。

约个把小时，战斗胜利结束了。路上、山坡上到处是打死打伤的敌军官兵。俘虏全被关在庙院子里。从俘虏口里知道了今天被消灭的是敌人的一个小团，大约四百余人。

我急忙带领老乡们收集敌人扔下的劳军品，收完数了数，分毫不差。

参战的老乡们全拥在大庙门口，有的要进去看俘虏，有的想摆弄一下堆在院里的缴获的枪支，也有的津津有味地谈论着刚才的战斗和自己的见闻，大家一个个红光满面，兴高采烈。这时那位年轻的连长在门口台阶上出现了，他微笑着向大家说："多谢你们的支持，老乡们，我们打了胜仗。以后，我们还要在一起打反动派打挨户团，现在把缴来的枪发给大家，武装起来，叫敌人有来的，没回去的。"老乡们欢呼起来了。农民协会的工作人员配合战士们把一百多支枪当场发给大家。我也领到一支汉阳造。这时我才明白过来：连长不让把劳军品搬上山去，原来是用的"香饵钓鱼"计呀！

后来我才知道，那位年轻的连长就是林彪，当时他是工农革命军第一师一营二连的连长。

作者简介：刘显宜（1903—1976），湖南耒阳县人。1928年参加湘南起义，时任耒阳县敖山庙乡农协委员长。中华人民共和国成立后，曾任中国人民解放军总后勤部车辆管理部副部长、党组书记。1955年，被授予中国人民解放军少将军衔。

本文选自人民文学出版社1958年版《星火燎原》第一卷上集，第131—136页。

痛歼许克祥

陈 茂

1927 年农历十二月二十下午，朱德、陈毅同志率领南昌起义后保存下来的部队约五六百人，从广东边界来到我的家乡栗沅堡。

当晚，朱德同志住在我们村陈东日同志家里。陈东日同志是共产党员。他曾同村里的陈俊同志一起在衡阳三师读过书，后又到广州黄埔军校学习。1926 年，他们在黄埔军校毕业后，回到栗沅堡，在村里的堡城学校教书，以此为掩护，领导开展农民运动。朱德同志来到陈东日同志家里后，马上召开了一个小型座谈会，了解当地群众的生活和农民运动的情况；询问了"马日事变"后，土豪劣绅怎样猖狂地反攻倒算，农民群众遭受了哪些损失，如今村里还有多少共产党员和革命积极分子等等。被邀参加座谈会的同志一一做了回答，并要求朱德同志把部队留下来，一起打土豪劣绅。

第二天上午，由陈东日同志主持，在堡城学校的院子里召开群众大会。朱德同志穿了一身和普通士兵一样的灰布棉军衣，腰上扎了一根皮带，由陈东日同志介绍，在大会上讲了话；他讲话的四川口音很重，我们基本上都能听懂。朱德同志首先说："你们栗沅堡是个有名的革命堡垒，大革命时，你们打土豪劣绅，干得很好，对北伐军支援很大。"接着说："我们工农革命军是共产党领导的，是工农群众自己的队伍，是专打土豪劣绅和反动派的。"他号召我们重新组织农会，成立赤卫队，挺起腰杆，握紧枪把子，和土豪劣绅斗，和反动派斗。大家听了，欢欣鼓舞，个个眉开眼笑。

这天下午，朱德、陈毅同志率领工农革命军离开栗沅堡，向宜章县城方向进发。陈东日同志也随军走了。当时同去的，还有胡少海同志率领的一支农民赤卫队。

1928 年 1 月 12 日，工农革命军与农民赤卫队，都扮成国民党范石生的部队，很顺利地进驻了宜章县城。现任县长杨孝斌、前任县长黄得珍和挨户团副主任刘秉均，信以为真，以为是来协助他们镇压农民运动的，都兴致勃勃地派人前往欢迎。朱德、陈毅和胡少海同志把一切布置好后，立即召集杨孝斌、黄得珍、刘秉均等 20 多个反动头目，在县参议局开欢迎宴会。宴会开始，朱德同志举杯为号，顿时，工农革命军战士一齐动手，将到会的反动头目一网打尽。接着，工农革命军又以迅雷不及掩耳之势，进击养正书院的保安队，除保安队长邝镜明侥幸逃脱外，其余全部就擒。

这时，朱德、陈毅同志将部队番号改为中国工农革命军第 1 师。朱德同志任师长，陈毅同志任党代表，王尔琢同志任参谋长；并把缴获的枪支弹药武装工农群众，推动革命迅速发展。我们栗沅堡得知县城解放后，立即恢复农民协会、妇女联合会，成立了村苏维埃和农民赤卫队，陈促章担任村苏维埃主席，陈光担任赤卫队队长，对地主豪绅展开了新的斗争。

宜章县的解放，震惊了国民党反动派，当时驻防在广东坪石的反动师长许克祥，闻讯后立即率领 6 个团约 2000 人的反动武装，向宜章县城疯狂扑来。为了诱敌深入，待机聚歼，朱德、陈毅同志率领工农革命军迅速撤离县城，转移到笆篱堡、圣公坛一带山地。许克祥这个"马日事变"的大刽子手气焰嚣张，率领部队跟踪追击，很快开进了栗沅堡和岩泉圩，妄图消灭工农革命武装。

许克祥进驻栗沅堡的是两个团，这伙禽兽见人就杀，见东西就抢，简直无恶不作。我的侄子陈济昌，有迷信思想，用红布做了一个符袋子拴在身上"避邪"，谁知被这伙匪军发现了，立即抓去当作共产党杀了。当时，我们村里的农民赤卫队，虽有四五十个人，但缺乏枪支弹药，只有一些梭镖、马刀和几条鸟铳，无法直接与这些反动军队硬拼，只好离开村子钻进山沟，与敌人"捉迷藏"。

一天下午，村农民赤卫队长陈肖派我回家探听村里敌人的虚实，当我走到北门口，就被两个放流动哨的匪兵抓住了，一个匪班长问我："你是哪里人？"我回答说："本村人。"他又问："你来干什么？"我说："帮你们找粮食的。"同时，就便反问他一句："贵军有多少人打算住多久？需要多少粮食？我好叫老百姓准备送粮。"匪班长叼着一支香烟，恶狠狠地说："我们有两个团，1000 多人，赶快送粮来，不然的话，老子砍你的头，血洗你们这个土匪窝子。"我假意应承："好，好，好。"于是敌人把我放进村去了。我先回家一看，大门口斜挂着一面青天白日旗，屋子里的东西被搞得乱七八糟。然后又在村子里绕了一圈，各家各户都是空空荡荡的，只见敌军有的在翻箱倒柜抢东西，有的在杀猪、杀鸡做饭，有的在打牌赌钱。我从南门出来，突然两个卫兵端起上了刺刀的长枪挡住我："妈的，只准进，不准出，你往哪里跑？"我故意装着笑脸解释说："老总，请莫误会，我是帮你们找渡船的，好让贵军过河去。"因为敌军来到栗沅堡之前，我们赤卫队就把栗水河的渡船拖走了，敌军急于渡河去攻击圣公坛的工农革命军，却到处找不到渡船。两个卫兵听我这么一说，很是高兴，立即把我放走，并说："快去快回！"我出了南门，朝河边走了一段，假装寻船，其实我绕了一个弯，又回到了狮子山，将村里敌军的兵力和动态，报告给陈光队长。陈光又立即派人去圣公坛报告给朱德、陈毅同志。

许克祥进驻岩泉圩的另一个团，离栗沅堡有8里路。根据这个情况，朱德、陈毅同志与胡少海同志一起计议：趁敌人兵力分散，站脚未稳，兵分两路，奇袭岩泉。那天，天刚蒙蒙亮，敌人刚起床，事先埋伏在岩泉圩周围的工农革命军与赤卫队，听得朱德同志一声令下，即从四面八方涌向岩泉圩，打得敌人措手不及，晕头转向。敌人无力招架，慌忙向栗沅堡方向狼狈逃窜。这时敌人驻在栗沅堡的两个团，匆忙赶去援救，正渡栗水河时，朱德同志率领工农革命军从后边勇猛追击过来，农民赤卫队紧密配合，四面围攻，顿时，许克祥的3个团陷入了重重包围之中，有的当场被打死，有的掉进河里被淹死，剩下的残敌，像一群丧家之犬，没命地逃往广东边界。

我们的部队乘胜猛追，看到天色已晚，加上前面有条河，不便继续前进，朱德同志便命令部队在董水头村宿营。他对大家说：今天我们打了个大胜仗，这是广大人民群众和农民赤卫队帮助我们的结果。但是，敌军还没有消灭，我们还要同心协力，继续战斗。今晚好好休息，明天再乘胜追击，打到坪石去，活捉许克祥。战士们都休息去了，他和陈毅、胡少海等同志还在开会，研究部署明天的战斗。

第二天，天刚蒙蒙亮，我们就起床了。朱德同志在河滩上集合队伍讲话。他说，许克祥已退到了对河的长岗岭，他想居高临下，阻止我军前进。我们要发扬昨天猛打猛冲的精神，坚决拿下长岗岭，彻底消灭许克祥匪军。接着，他命令工农革命军由武阳司过河，走大路，正面进攻；农民赤卫队从左边的牛井坪过河，侧面进攻。当时，我们由胡少海、陈光带领，抄近路，沿着羊肠小道，迅速爬上了长岗岭，出其不意地攻击敌人的阵地。敌军因为先后遭到惨败，军心惶惶，加上通宵抢修工事，又没吃上饭，士气更加低落。一见我们突然出现在他们阵地前面，都惊得发呆了。有的放下手中的枪，乖乖地当俘虏，有的丢了枪就没命地往山下跑。朱德、陈毅同志率领的工农革命军从正面压过来后，敌人更加慌乱，争先恐后地往坪石方向逃命。我们趁热打铁，乘胜追击，一口气直追到坪石街上。这时，许克祥留在坪石守老巢的教导团与补充团想出来增援，但一看工农革命军与农民赤卫队像洪水一样，漫山遍野地涌来，吓得丧魂失魄，纷纷举手投降。我们冲进许克祥的司令部，只见满地是枪支弹药、电话机、文件、银圆和乱七八糟的衣物，连许克祥老婆用的梳子、化妆品等也散落在门口。

战斗很快结束，我们打扫战场，清理战利品：缴获枪1000多支，各种炮30多门，子弹和各种军用品无数。除许克祥只身化装逃脱外，敌5个团全被彻底歼灭。

坪石解放后，朱德、陈毅同志率领工农革命军带着胜利品，乘胜前进，又杀回了宜章县城，将宜章农民赤卫队改编为工农革命军第3团（后又改为工农革命军第3师），胡少海同志任团长，陈东日同志任副团长。我也正式成为工农革命军的一名战士，跟随朱德、陈毅同志领导的工农革命军，参加了轰轰烈烈的湘南暴动，最后上了井冈山。

作者简介：陈茂（1896—1980），湖南省宜章县人，1928年参加湘南起义，时为工农革命军宜章第三师战士。中华人民共和国成立后，任湖南省总工会总务科长、行政科长。离休后享受厅级老干待遇。

选自中国人民解放军历史资料丛书编审委员会编《土地革命时期各地武装起义·湖南地区》，解放军出版社1997年版，第819—822页。

后 记

湘南起义，是中国土地革命战争时期中国共产党领导的 500 余次武装起义中，很有影响、极有特色的一次工农武装起义。

1980 年，中央决定修订中共党史，在全国开展大规模党史资料征集工作，各级党委成立党史资料征集工作办公室。1981 年 1 月，江西人民出版社出版了一本 8.5 万字的《回忆湘南暴动》小册子，收录了 10 篇湘南起义亲历者的回忆录，5 篇历史文献，3 篇研究文章。1982 年，湘南起义被列入中共郴州地委党史资料征集专题，开始了对湘南起义的专题调研工作。1986 年 11 月，湖南人民出版社出版了由中共郴州地委党史资料征集办公室编写，李沥青、季益贵、萧伯崇执笔的《湘南起义史稿》。这是有关湘南起义的第一部研究专著。作者在后记中首次表述为："湘南起义是中国共产党在大革命失败后发动和领导的一系列武装起义中一次具有伟大历史意义的武装起义。"

此后，研究湘南起义的作者作品多了起来。1988 年纪念湘南起义 60 周年学术讨论会上收到来自全国各地的 50 篇论文，郴州地委党史办编辑成册。2008 年纪念湘南起义 80 周年学术研讨会上，又收到来自全国各地的论文 70 余篇，入选大会 46 篇，大会宣读 10 篇。入选大会的 46 篇论文由中央文献出版社正式出版。与此同时，湘南衡阳、郴州、永州，相邻的韶关、赣州均编辑出版了市县中共党史第一卷，其中各地对湘南起义的史实均有详尽的叙述。两次学术大讨论，及各地党史资料正本的面世，使党史学界取得了较一致的新的共识：一是湘南起义实现了武装斗争、政权建设、土地革命三者的结合，是实行工农武装割据的一次伟大尝试，为中国革命走农村包围城市，武装夺取政权的道路的理论，提供了宝贵的经验，在党的历史上具有重要地位。二是毛泽东在湘南起义中的重要历史作用得到肯定。包括毛泽东为湘南创建党的组织对起义的作用，毛泽东草拟的《湘南运动大纲》对起义产生了巨大影响，毛泽东创建的井冈山革命根据地对湘南起义军提供了可靠的战略基地。三是参与湘南起义的主体，确认是三大起义余部和湘南农军。四是湘南起义的结局不是失败，是胜利，胜利的标志是：湘南起义由 1000 余人发动起义，发展到"安全转移" 10000 多人上井冈山，发展壮大了十倍的有生力量。

2018 年，《湘南起义》纳入《湖南红色基因文库》书目之一。经中共郴州市委党史资料征集办公室研究决定，组建编纂委员会和专门的起草班子，由郴州市文联原副主席曾广高为主笔。历时一年，写出了《湘南起义》初稿 50 余万字。后由本市多名党史专家进行了三轮评审，并经中共湖南省委党史研究院副院长、一级巡视员王文珍，二级巡视员彭岗，湖南省委党史研究室原副主任陈清林，湖南人民出版社原总编辑李雄伟的精心审改，六易其稿，终得付梓。此书付梓之际，特向郴州、衡阳、永州、韶关、赣州各地党史部门领导和党史工作者，以及所有对本书提供帮助的同志致谢。

由于湘南起义已过去 90 多年了，当年起义过程中产生的文案大多在战争中丧失，起义亲历者留下的资料不多，且难以考证，加之我们的水平有限，书中还有不少缺陷和错误，敬请读者批评指正。

本书编纂组
2023 年 5 月